ま え が き

　私たちが生きる現代社会は、グローバリゼーションの進展した時代であり、これから は日本のことだけでなく、地球全体のことを考えていかなければならない時代となりま した。そのため、日本国民であるという意識だけでなく、世界のなかの一員であるという自 覚と責任をもつことが求められています。このような情勢のもと、新学習指導要領では 「歴史総合」の学習を前提として、「世界史探究」が設置されることになりました。つまり、 これからは「歴史総合」と「世界史探究」により世界史を学ぶことになります。新科目の「歴 史総合」では、日本の歴史が日本国内だけで完結しているのではなく、世界情勢の影響を 強く受けているということを意識できるような内容になっています。これまで以上に、世 界のなかの日本という視点が重要となってくるとともに、世界史学習の意義も大きくなっ ていくのではないでしょうか。古代ローマの弁論家であるキケロは、「自分が生まれる前 のことについて無知でいることは、ずっと子どものままでいることだ」と述べています。 世界史の様々な知識は、現代の問題を見つめ直すうえで有用な教養となるものです。ぜひ 世界史を学ぶ意義を感じながら、学習に取り組んで欲しいと思います。

　本書は、目標に向かって世界史を学習している学生諸君のために刊行された問題集で す。世界史学習のキーポイントは、膨大かつ多岐にわたる内容を合理的・系統的に整理 し、その内容が歴史の流れのなかにおいて、どのような重要性をもつかを理解することに あります。そのうえで徹底して復習を重ねていけば、より効率的な世界史学習が可能と なり、いかなる大学入試問題にも対応が可能となります。本書は、現在市販されているど の問題集よりも、大学合格の栄冠にもっとも近い問題集であると、編者一同自負していま す。普段の学習に加えて、本書を活用して一通り内容をマスターしていけば、世界史の大 学入試問題における合格力を身につけることができます。本書が、皆さんの学力向上・大 学合格につながることを願ってやみません。

2023年10月

編者一同

1　本書は、センター試験および大学入学共通テストを中心とする過去の大学入試の出題傾向を綿密に分析したうえで編集したものであり、世界史の基本的事項はほぼ完璧に網羅している。

2　問題形式は、各問題とも最初にリード文を掲げ、文中には空欄と下線部分を設けるという、きわめてオーソドックスな形式を主体とした。また、各問題の冒頭に付すべき「次の文の空欄に適当な語句を入れ、かつ下線部については問いに答えよ」などの但し書きは、冊子全体をコンパクトなものにするため、割愛している。

3　最重要語句については、文中の空欄や下線部に関する設問で問うている。事項名の空欄については（　　　）、人名については［　　　］、書名等については『　　　』を使用し、問題を解きやすくした。また、空欄の語句に次ぐ重要事項については、問題文中で、重要度順に赤ゴチック・黒ゴチックで示した。

4　解答欄は各ページの欄外に設け、問題文を読みながら記入できるようにした。また欄外の余白部分には囲み記事を設け、まとめや図版（column）、写真（visual）や地図（geographic）、小論述問題（challenge）などを適宜出題し、世界史を多面的に理解できるように配慮した。

5　小論述問題（challenge）については、問題を解くうえでのヒントとして指定語句を適宜提示し、別冊解答にはその部分に下線を付した。ただし、余白の都合で解答欄は割愛した。

6　本書は、山川出版社の世界史探究教科書『詳説世界史』（世探704）をベースに編集されたものであるが、他の教科書を使用している諸君にも、十分活用ができるよう配慮している。

・・・・・・・・・・・・・・・・・・・・・・・・・・・・・ 目　　次 ・・・・・・・・・・・・・・・・・・・・・・・・・・・・・

世界史へのまなざし

visual **1**

〈(　　　　　)(仏)
の洞穴絵画〉

約2万年～1万5千年前の
新人により、牛・馬などの
野生動物が写実的に描かれ
ている。

自然環境と人類の進化

1 自然環境と人類のかかわり／人類の進化／人類と言語 ──────

　人類が出現したのは今から約700万年前とされ、人類の歴史のほとんどの期間
は(¹　　　　)・(²　　　　　　)・漁労によって生活が営まれ、気候変動や自然災害、
疫病の流行といった自然環境のもとにおかれていた。しかし人類はこれに適応し、
自然に働きかけることを通じてきびしい自然条件を克服して生き抜いてきた。

　人類を他の動物と区別する最大の特徴は、つねに直立二足歩行をおこなった点
にある。それによって両手を使って**道具**をつくり、使うことで脳を発達させ、**言**
語などの高度なコミュニケーション能力をもつようになった。こうして人類は、
自然環境の変化に適応しながら、長い進化の過程を経て**文化**を発展させていった。

　約700万年前のアフリカに最初の人類が出現した。最初に出現した人類は猿人
で、サヘラントロプスや(³　　　　　)などがこれに属する。彼らのなかには簡単な
打製石器(礫石器) を使用するものもいた。やがて約240万年前に原人が登場した。
ホモ＝ハビリスや@**ホモ＝エレクトゥス**などである。彼らはアフリカからヨーロ
ッパ、アジアにまで広がり、改良された打製石器(ハンドアックスなど)と、
(⁴　　　　　)を使用していた。さらに約60万年前には、より進化した旧人が現れた。
ヨーロッパに分布した(⁵　　　　　)**人**がその代表である。旧人は現代人と同等の脳
容積をもち、用途に応じて**剝片石器**を用い、(⁴　　　)や毛皮で寒さをしのぎ、氷期
のきびしい環境に適応した。また彼らには、ⓑ宗教意識や美意識も芽ばえていた。

　今から約20万年前、すなわち地質学でいう(⁶　　　　　)の終わりに、現生人類の
直接の祖先となる新人(ホモ＝サピエンス)がアフリカに出現し、やがてユーラシ
ア大陸各地に広がった。ヨーロッパの(⁷　　　　　)**人**や中国の**周口店上洞人**などが
その代表である。彼らは剝片石器をつくる技術をさらに進歩させ、またⓒ動物の
骨や角を加工して、釣針や縫針、銛の穂先などに利用するようになった。スペイ
ンの(⁸　　　　　)や南フランスの(⁹　　　　　)などでは、動物などを写実的に描いた
洞穴絵画が残されており、また**女性裸像**も世界各地で出土している。これらは多
産や豊穣などを祈る宗教儀礼に用いられたと考えられている。新人は当時陸続き
であったベーリング海峡を渡ってアメリカ大陸にも移住した。人類が打製石器を
用いて(¹　　)・(²　　)・漁労の生活を営んでいた時代を(¹⁰　　　　　)時代と呼ぶ。

　人類が世界各地に広がり、各地の環境に適応していくなかで、ⓓ言語や習慣は
多様になり、皮膚や毛髪の色といった身体的特徴の違いも現れた。

問ⓐ**ア**　19世紀末にジャワ島で発見された原人を何というか。

　　イ　中国の北京郊外で発見された原人を何というか。

問ⓑ　どのような風習から、宗教意識の芽ばえがうかがえるか。

問ⓒ　このような道具を何というか。

問ⓓ**ア**　**言語**や宗教、社会的習慣などで人類を分類した集団を何というか。

　　イ　共通の言語から派生した同系統の言語グループを何というか。

　　ウ　**皮膚・毛髪の色**など、身体的特徴で人類を分類した集団を何というか。

第1章　文明の成立と古代文明の特質

1　文明の誕生

1　農耕と牧畜のはじまり／文明の誕生

　約1万年前に地質学上の**更新世**(氷期)が終わり、地球は温暖化して(¹　　　　)に入った。この頃には海・陸の地形は現在のような姿になり、動植物の分布も大きく変化した。こうした環境変化に適応するため、人類はそれまでの狩猟・採集によって食料を得る(²　　　　)**経済**から、農耕・牧畜によってみずから食料をつくりだす(³　　　　)**経済**の段階に移った。ⓐ約9000年前の西アジアで麦類の栽培やヤギ・羊・牛などの飼育が始まったのが、その最初である。農耕・牧畜が始まると、人類は集落を形成して定住生活へ移行した。また、農耕・牧畜に適した道具として(⁴　　　　)**石器**(石斧・石臼など)が用いられた。ⓑ新石器時代の始まりである。

　初期の農耕は雨水に頼る不安定な乾地農法で、かつ肥料を用いない略奪農法であったため生産力は低く、頻繁に耕地を替える必要があった。やがてメソポタミア南部で、人工的に水を供給する(⁵　　　　)**農業**が始まると、生産力は飛躍的に向上し、より大規模な集団生活が可能となった。また、農民以外に商人や職人など多様な職業が生まれ、**分業**が始まった。さらに集団のなかから指導者となる者や、祭祀を司る神官が出現し、階層分化が進んで**国家**が成立した。国家は初期段階では**都市国家**であったが、しだいにより広い領域をもつようになった。この頃、(⁶　　　　)**器**が使用されるようになって金属器時代が始まり、同時に、記録手段としてのⓒ文字も発明された。こうして人類は文明の段階に入ったが、それは(⁷　　　　)川、(⁸　　　　)・ユーフラテス川、(⁹　　　　)川、**黄河・長江**などの流域で誕生し、やや遅れてアメリカ大陸にも独自に文明が形成された。

問ⓐ　人類最初の農耕・牧畜が始まったメソポタミアからシリア・パレスチナに至る地域は、何と呼ばれるか。

問ⓑ　新石器時代には、貯蔵や調理に用いる新しい道具も登場した。それは何か。

問ⓒ　文字の登場以前を**先史時代**というが、文字の登場以降を何時代というか。

新石器時代を特徴づける、砂や砥石で磨いた石器。写真は磨製石斧。

2　Exercise　文明の誕生

　次の年表中の空欄に、適当な語句を記入せよ。

実年代	700万年前	240万年前	60万年前	20万年前	9000年前	5500年前	3500年前
地質年代	更新世				(ア)		
歴史年代	(イ)時代				歴史時代		
考古年代	旧石器時代〈(ウ)使用〉				新石器時代〈(エ)使用〉	青銅器時代	鉄器時代
人類	猿人(オ)	原人(カ)	旧人(キ)	新人(現生人類、ホモ=サピエンス)(ク)・周口店上洞人			
技術・文化	礫石器	火の使用	(ケ)	洞穴絵画	土器・織物	(コ)の発明	
経済	採集・狩猟・漁労				農耕・牧畜	灌漑農業・商業・手工業	
社会	群社会・洞穴生活				村落・定住	都市の発生→国家の成立	

シュメール人の都市国家ウルの遺跡から発見された工芸品。実際の用途は不明。

1 _____
2 _____
3 _____
4 _____
5 _____
問ⓐ _____
問ⓑ _____

1 _____
2 _____
3 _____
4 _____
5 _____
6 _____
7 _____
8 _____
問ⓐ _____

（b　　　　）文字で282の条文が刻印されている。

2 古代オリエント文明とその周辺

❶ オリエントの風土と人々 ─────────

　ⓐオリエントとは、今日の西アジアからエジプトにかけての地域を指し、その大半が乾燥地帯で、古くから羊やラクダを飼育する遊牧とともに、麦・豆類・ナツメヤシなどを栽培する農業が営まれてきた。とくに(¹　　　　)川・(²　　　　)川、**ナイル川**など大河の流域では、定期的な増水を利用して早くから灌漑農業がおこなわれ、高度な文明が発達した。またこの地では、ⓑ大河の治水や灌漑などの大事業を遂行するために強力な指導者が求められ、宗教の権威によって統治する強力な王権が出現した。

　(¹　　　)川・(²　　　)川流域のメソポタミアは、この地の豊かな富を求めて、周辺から(³　　　**)語系**や(⁴　　　**)語系**の遊牧民が侵入し、複雑な歴史を展開した。一方、ナイル川の恵みを受けるエジプトは、閉鎖的地形であったことから、エジプト語系民族の王朝が長期にわたって存続した。シリア・パレスチナ地方は、メソポタミアとエジプト、さらには地中海を結ぶ交通の要衝であり、(³　　　)語系民族が海陸の交易に従事した。

　オリエントの西に広がる**地中海沿岸部**は、少雨で乾燥しており石灰岩質の土壌のため、(⁵　　　　　)・ブドウなどの**果樹栽培**や牧畜に適していた。そのため、古来より地中海を利用して穀物を輸入し、(⁵　　　)油・ブドウ酒などを輸出する交易が活発におこなわれてきた。

問ⓐ　「オリエント」とは、ラテン語でどのような意味をもつか。

問ⓑ　オリエント社会に出現した、宗教の権威によって統治する強力な政治を何というか。

❷ シュメール人の都市国家／メソポタミアの統一と周辺地域 ─────────

　メソポタミア南部では、前2700年頃までに(¹　　　　)・**ウルク**など(²　　　　　)人(民族系統不明)の**都市国家**が数多く形成され、これらの都市国家では、王は最高の神官として**神権政治**をおこない、神官・役人・戦士などが実権を握って人々を支配する階級社会が成立した。しかし、絶え間ない戦争のために都市国家は衰え、前24世紀にセム語系の(³　　　　)人によって征服された。

　(³　　　)人の王サルゴン１世は、メソポタミアの都市国家を統一して広大な領域国家を建設したが、その国家は前22世紀に滅亡した。その後、前19世紀初めにⓐバビロン第１王朝がおこり、前18世紀の**ハンムラビ王**のときに全メソポタミアを支配して最盛期を迎えた。王は運河を含む交通網を整備するとともに、ⓑハンムラビ法典を発布して、法にもとづく政治をおこなった。

　(⁴　　　**)語系**のヒッタイト人は、早くから(⁵　　　　)を使用しており、前17世紀半ば頃、アナトリア高原に強力な国家を建設してⓒバビロン第１王朝を滅ぼし、シリアにも進出してエジプトと戦った。

　ⓓメソポタミアは**多神教**の世界で、(²　　　)人が創始した**楔形文字**は、言語の違いをこえて多くの民族に広まり、(⁶　　　　)に刻まれて使用された。また、(⁷　　　**)進法**や(⁸　　　**)暦**が使用されたが、(⁸　　　)暦に閏月を挿入して季節とのずれを解消した太陰太陽暦もつくられるなど、実用的な学問が発達した。

問ⓐ　バビロン第１王朝を建設した、セム語系民族は何か。

問ⓑ　次の資料は、ハンムラビ法典から抜粋したものである。この文面から、この法典のどのような特質がわかるか。2点あげよ。

> 196条　他人の目をつぶしたならば、自分の目をつぶさなければならない。
> 199条　他人の奴隷の目をつぶしたり、他人の奴隷の骨を折ったならば、奴隷の値段の半額を支払わなければならない。

問ⓒ　**ア**　ザグロス山脈方面から南メソポタミアに侵入して、バビロン第1王朝滅亡後のバビロニアを支配した民族は何か。
　　　イ　前2千年紀後半、北メソポタミアにおこり、西方のシリアに領土を広げ、のちヒッタイトに服属した国家は何か。

問ⓓ　右の写真は、「バベルの塔」伝説の由来とされる、メソポタミア諸都市で建設された聖塔である。この名称をカタカナで答えよ。

3　**エジプトの統一国家**

　古代ギリシアの歴史家ヘロドトスの「[¹　　　　　]」という言葉にみられるように、エジプトでは、ナイル川の定期的氾濫（はんらん）を利用して、豊かな灌漑農業による文明が栄えた。ナイル川の治水には住民の共同労働と、彼らを統率する強力な指導者が必要であった。そのためメソポタミアより早く、前3000年頃にⓐ国王による統一国家が成立した。その後、約30の王朝が交替したが、そのなかでも**古王国・中王国・新王国**の3時代に繁栄した。

　エジプトでは、太陽神**ラー**の子とされる王が、神官や書記を官僚として専制的な神権政治をおこなった。ナイル川下流域の（²　　　　）を中心に栄えた古王国では、王らが巨大なⓑピラミッドを築かせた。これは、生ける神である王の絶大な権力を示している。中王国時代には、中心は上エジプトの（³　　　　）に移ったが、その末期には馬と戦車で武装した遊牧民（⁴　　　　）がシリアから流入し、ナイル下流域を支配した。前16世紀におこった新王国は（⁴　　）を撃退し、ⓒシリア方面にまで支配を拡大した。前14世紀、第18王朝の王[⁵　　　　]（**アクエンアテン**、イクナートン）は（⁶　　　　）に都を定め、従来の神々の崇拝を禁止して（⁷　　　　）という唯一神のみを信仰する改革をおこなった。この改革は王の死により挫折したが、信仰改革の影響で古い伝統にとらわれないⓓ写実的な美術が生み出された。

　エジプト人の宗教は**多神教**で、太陽神ラーが信仰の中心とされたが、新王国時代には首都テーベの守護神**アメン**と結合したアメン＝ラーが信仰され、その神官団が強い力をもった。エジプト人は霊魂の不滅と死後の世界を信じて、遺体をミイラにして保存し、ⓔ「死者の書」を残した。エジプトの文字には、神殿や墓に刻まれた象形文字のⓕ**神聖文字（ヒエログリフ）**と、ナイル川の湿地帯に繁茂するカヤツリ草を材料としてつくった、一種の紙である（⁸　　　　）に記された神官文字（ヒエラティック）や**民用文字（デモティック）**があった。エジプトで発達した**測地術**はギリシアの幾何学のもとになり、（⁹　　　　）暦は、のちにローマで採用されて**ユリウス暦**となった。

問ⓐ　「大きな家」という意味をもつ、古代エジプト王の称号を何というか。
問ⓑ　ギザに造営された最大のピラミッドは、第4王朝の何という王のものか。

問ⓑ
_____

問ⓒア
_____
イ
_____

問ⓓ
_____

visual ❸

〈(a　　　　　　　)〉

上から順に**神聖文字・民用文字・ギリシア文字**が刻まれており、この石碑を手がかりに[b　　　　]が神聖文字の解読に成功した。

1 _____
2 _____
3 _____
4 _____
5 _____
6 _____
7 _____
8 _____
9 _____
問ⓐ _____
問ⓑ _____

visual ❹

〈(a　　　　　　　)〉

冥界の神（b　　　　）による審判を描いた**パピルス文書**。ミイラとともに副葬された。

問ⓒ _____

問ⓓ _____

問ⓔ _____

問ⓕア _____

イ _____

challenge ❶

メソポタミア文明とエジプト文明について、その歴史と文化の特徴を、100字程度で比較せよ。

| セム語系　　天然の要害 |
| 六十進法　　太陽暦 |

1 _____

2 _____

3 _____

4 _____

5 _____

6 _____

7 _____

8 _____

9 _____

10 _____

11 _____

12 _____

13 _____

問ⓐ _____

問ⓑ _____

問ⓒ _____

geographic ❶

〈東地中海の諸都市〉

ⓐアラム人の交易の中心都市

ⓑフェニキア人の海港都市

ⓒフェニキア人の海港都市
　（カルタゴの母市）
　（　　　　　　　　）

ⓓヘブライ王国の都
　（　　　　　　　　）

問ⓒ　シリアの領有をめぐり、新王国と抗争したアナトリア（小アジア）の王国は何か。

問ⓓ　右の写真（アクエンアテンの妃ネフェルティティの像）に代表される、この写実的な美術を何というか。

問ⓔ　これには、冥界の王が死者に最後の審判をくだす様子などが描かれているが、この冥界の王とみなされた神は何か。

問ⓕア　神聖文字の解読者は誰か。

イ　上記アは何を手がかりに解読に成功したか。

4　東地中海の諸民族

　東地中海沿岸のシリア・パレスチナ地方は、エジプトとメソポタミアを結ぶ通路として、また地中海への出入り口として、海陸交通の要衝であり、前1500年頃からカナーン人による交易がおこなわれていた。前13世紀頃にギリシア・エーゲ海方面から「¹　　　」が襲来すると、シリアに進出していたヒッタイト王国は後退し、エジプト新王国も衰退した。その後、前12世紀末頃からセム語系のアラム人・フェニキア人・ヘブライ人らの活動が活発になった。

　アラム人は、前1200年頃からシリアの（²　　　　）を中心に**内陸の中継貿易**に活躍した。そのため**アラム語**は国際商業語として各地で用いられ、**アラム文字**も楔形文字にかわってオリエント一帯に広まり、西アジアではヘブライ文字やアラビア文字の、東方ではソグド文字・ウイグル文字などの母体となった。

　フェニキア人は、現在のレバノン南部に（³　　　　）・（⁴　　　　）などの都市国家を建設し、すぐれた造船・航海技術によって**地中海交易**を独占し、各地にⓐ多くの植民市を建設した。フェニキア人の文化史上の功績は、カナーン人の**表音文字**をもとに**フェニキア文字**をつくり、これをギリシア人に伝えて、（⁵　　　　）の起源をつくったことにある。

　ヘブライ人は遊牧民であったが、前1500年頃パレスチナに定着し、一部はエジプトに移住した。しかしエジプトでは新王国の圧政に苦しみ、前13世紀頃に指導者[⁶　　　]のもとでⓑパレスチナへ脱出した。前1000年頃、ヘブライ人はパレスチナに王国を建て、**ダヴィデ王とソロモン王**の時代に繁栄したが、ソロモン王の死後に王国は北の（⁷　　　　）**王国**と南の（⁸　　　　）**王国**に分裂した。その後、（⁷　　　）王国は（⁹　　　　）に滅ぼされ（前722）、（⁸　　　）王国も新バビロニアに征服されて、ⓒ前586年に住民の多くはその都のバビロンに連行された。ヘブライ人は**唯一神**（¹⁰　　　）を信仰し、彼らだけが選ばれた民として救済されるという（¹¹　　　）**思想**や、（¹²　　　）（救世主）の出現を待望する信仰を生み出した。彼らはのちアケメネス朝により解放されて帰国すると、**イェルサレム**に（¹⁰　）の神殿を再興し、**ユダヤ教**を確立した（ユダヤ教成立以降のヘブライ人を、**ユダヤ人**と呼ぶ）。その教典は『¹³　　　』と呼ばれ、ヘブライ人の伝承や預言者の言葉がヘブライ語で記されている。ユダヤ教を母体に生まれたのが**キリスト教**である。

問ⓐ　北アフリカ北岸（現在のチュニジア）に建設され、のちにローマとのあいだに**ポエニ戦争**を戦った植民市は何か。

問ⓑ　このパレスチナへの脱出は、何と呼ばれるか。

問ⓒ　新バビロニア王ネブカドネザル2世による、バビロンへの強制移住事件を何というか。

5 エーゲ文明

東地中海のエーゲ海周辺地域では、**エーゲ文明**と総称される、オリエントの影響を受けた([1]　　　　)**器**文明が発展した。その前半期が、前2000年に始まるⓐクレタ文明である。この文明を築いた人々の民族系統は不明であるが、宗教的権威を備えた王が海上交易を支配し、クレタ島の([2]　　　　)に壮大で複雑な構造をもつ宮殿を造営した。この宮殿には、人物や海洋生物がいきいきと描かれた壁画が残されており、城壁も存在しなかったことから、クレタ文明が平和な海洋文明であったことがうかがえる。

一方、前2000年頃にインド＝ヨーロッパ語系の**ギリシア人**が、バルカン半島やエーゲ海沿岸部に移住・南下しはじめ、前1600年頃からギリシア本土にⓑミケーネ文明を建設した。彼らは**ミケーネ**や([3]　　　　)・ピュロスなどに巨石でできた城塞(じょうさい)王宮をもつ小王国を建て、前15世紀にはクレタ文明を滅ぼし、さらにⓒアナトリアにも進出した。これらの小王国では、王が役人を通じて村落から農産物・家畜や手工業製品を王宮に集め、それらを再び各地に分配していたことがわかっている。ミケーネ文明の諸王国は前1200年頃、突然に破壊され滅亡した。王による支配体制の行き詰まりや気候の変動、ⓓ外敵の侵入など複数の原因によるものと推定されるが、滅亡のはっきりとした理由は不明である。

問ⓐ　この文明の遺跡を発掘した、イギリスの考古学者は誰か。

問ⓑア　この文明の遺跡を発掘し、その実在を証明したドイツ人は誰か。

　イ　イギリス人のヴェントリスらが解読に成功した、この文明で使用された文字を何というか。

問ⓒ　叙事詩『イリアス』の舞台ともなった、アナトリア北西岸の遺跡は何か。

問ⓓ　前13世紀末から東地中海一帯の諸国家・諸都市を攻撃し、ミケーネ文明滅亡の一因となったとも考えられている諸民族を、総称して何というか。

visual 5

〈(　　　　)宮殿の壁画〉

海洋生物や人物などが写実的に描かれている。

1
2
3
問ⓐ
問ⓑア
イ
問ⓒ
問ⓓ

visual 6

〈(　　　　)の獅子門〉

王宮の正門とそれを飾るライオンのレリーフ。ミケーネ文明の軍事的・尚武的な性格がうかがえる。

6 オリエントの統一と分裂

前2千年紀初めにメソポタミア北部におこった([1]　　　　)**王国**は、前15世紀には一時ミタンニ王国に服属した。その後独立を回復した([1]　　)は、鉄製武器と戦車・騎兵を用いてⓐ前8世紀には強盛となり、**前7世紀**前半にエジプトを含む全オリエントを統一して、最初の世界帝国となった。([1]　　)は、国内を州に分けて総督を派遣し、駅伝制を設けて統治した。しかし、この大帝国も重税や圧政によって服属民の反乱をまねき、前612年に崩壊してⓑオリエントには4王国が分立することとなった。

エジプトでは、前11世紀に新王国が滅亡したのち、ナイル川上流におこった([2]　　　　)**王国**が前8世紀からエジプトに進出していたが、前7世紀に([1]　　)の攻撃を受けて南に後退した。その後、([2]　　)王国は([3]　　　　)に都を遷すと、製鉄と商業によって繁栄し、([3]　　)文字(未解読)を使用した。しかし、後4世紀にエチオピアから侵入した**アクスム王国**に滅ぼされた。

問ⓐ　この頃、首都はティグリス川中流東岸の何という都市におかれたか。

問ⓑア　このうち、**アナトリア**(小アジア)に成立して、世界最初の**金属貨幣**をつくった国を何というか。

　イ　同じく、カルデア人が**メソポタミア**に建てた国を何というか。

　ウ　同じく、イラン系の人々が**イラン高原**に建てた国を何というか。

1
2
3
問ⓐ
問ⓑア
イ
ウ

geographic 2

〈アッシリア滅亡後の4王国分立〉

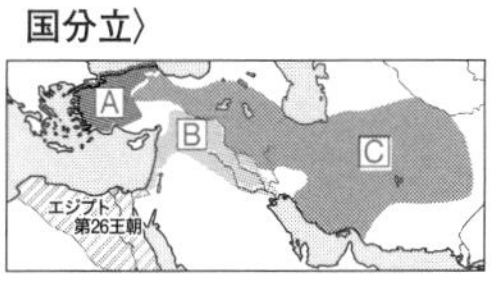

A (　　　　)
B (　　　　)
C (　　　　)

〈インダス文明の遺跡〉

ⓐ（　　　　　　　）
ⓑ（　　　　　　　）

1 _____
2 _____
3 _____
4 _____
5 _____
6 _____
7 _____
8 _____
9 _____
10 _____
問ⓐ _____
問ⓑ _____
問ⓒ _____

visual ❶

〈（　　　　）文字〉

モエンジョ゠ダーロから出土した印章。上部に文字を刻印。

ア _____
イ _____
ウ _____
エ _____
オ _____
カ _____
キ _____
ク _____
ケ _____

3 南アジアの古代文明

1 南アジアの風土と人々／インダス文明／アーリヤ人の進入とガンジス川流域への移動 ────

　南アジアとは、インドとその周辺地域を指し、世界最高峰の山々や砂漠、大平原、大河を含む多様な地域である。**季節風**（モンスーン）の影響を受け、雨季と乾季の差がはっきりしており、人々は農業・牧畜・手工業・交易など、それぞれの土地と気候にあわせた生活を営んできた。また、古くから異民族の進入が繰り返されたことから、多くの民族・言語・宗教が共存する独自の世界を形成した。

　南アジア最古の文明は、前2600年頃インダス川流域におこったⓐ<u>インダス文明</u>である。（¹　　　　　）地方（インダス川中流）の（²　　　　　　）、シンド地方（同下流）の（³　　　　　　）に代表される遺跡は、**都市計画**にもとづいて住宅・穀物倉・沐浴場・排水溝などが焼煉瓦を用いてつくられている。一方、壮大な宮殿や王墓がないことから、強力な王権が存在しなかったと考えられている。遺跡からは彩文土器や青銅器とともに、未解読の**インダス文字**が刻み込まれた**印章**が出土している。インダス文明は前1800年頃までに衰退したが、その原因は解明されていない。

　前1500年頃、**インド＝ヨーロッパ語系**の牧畜民である（⁴　　　　　）人が、中央アジアからカイバル峠をこえて（¹　　　）地方に進入した。彼らは部族社会を構成し、雷や火などの自然現象を神として崇拝し、ⓑ<u>神々への賛歌や儀礼をまとめた文献群</u>のヴェーダを編纂した。このヴェーダを根本聖典とし、のちにヒンドゥー教へと発展したものが（⁵　　　　）**教**である。

　前1000年頃から（⁴　　）人は（⁶　　　　　）川上流域に進出し、森林の開墾に適した鉄器を用いるようになった。また、先住民と融合して定住農耕社会を形成したが、この過程で（⁷　　　　　）制と呼ばれる４つの身分階層が生まれた。その最上位に位置したのが、（⁵　　）教をつかさどる司祭階層の（⁵　　）であり、その下には武士階層の（⁸　　　　　）、続いて庶民階層（農民・牧畜民・商人）の（⁹　　　　　）、最下位に隷属民階層の（¹⁰　　　　　）がおかれた。なお、（⁷　　）制の枠外には被差別民が存在し、不可触民として差別された。今日、インド独自の社会制度として知られるカースト制度は、（⁷　　）制と、ⓒ<u>職業の分化や世襲で複雑化した、生まれを意味する集団</u>とが長いあいだに組み合わされて形成されてきたものである。

問ⓐ　インダス文明を建設したと考えられているインドの先住民族で、現在は南インドやスリランカに居住する人々を何というか。

問ⓑ　神々に対する賛歌集のなかで、最古のものを何というか。

問ⓒ　このようなカースト集団を、とくにインドでは何と呼ぶか。

2 Exercise 南アジアの古代文明 ────

　次の表中の空欄に、適当な語句を記入せよ。

インダス文明 （前2600〜 前1800頃）	（　ア　）系による建設：青銅器文明・計画都市（沐浴場・穀物倉）・インダス文字 遺跡：（　イ　）（中流域のパンジャーブ地方）、（　ウ　）（下流域のシンド地方）
ヴェーダ時代 （前1500〜 前６Ｃ頃）	（　エ　）人の進入（前1500頃）……パンジャーブ地方に居住 　　自然神崇拝 →『　オ　』（賛歌集、最古のヴェーダ）形成 （エ）人、ガンジス川上流域に進出（前1000頃）……鉄器の使用 　　（　カ　）制・バラモン教の成立 　　└バラモン（祭司）、（　キ　）（武士）、（　ク　）（庶民）、（　ケ　）（隷属民）

4　中国の古代文明

■ 東アジアの風土と人々／中華文明の発生／殷・周王朝 ────

　東アジアとは、ユーラシア大陸東部と沿海の諸島を指す。降水量の比較的少ない黄河（こうが）流域では**畑作**が中心であり、長江（ちょうこう）流域からベトナム北部、日本列島、朝鮮半島南部は、季節風（モンスーン）の影響により湿潤な気候で、おもに**稲作**がおこなわれてきた。中国東北地方の森林地帯では**狩猟・採集**が生業とされ、東アジアに隣接するモンゴル高原・チベット高原など草原・砂漠地帯では、**遊牧生活**（じゅきょう）が営まれた。東アジアは自然環境も生業も多様であるが、漢字や仏教・儒教など共通の文化によって結ばれてきた。

　黄河流域一帯には、内陸の高原・砂漠地帯から風で運ばれた（¹　　　）が堆積し、前6000年頃までにアワなどの雑穀を中心とした農耕が始まった。前5000年紀になると、黄河中流域では豚・鶏・犬などの家畜を飼育し、雑穀栽培（ざっこく）を営む集落が多く誕生し、ⓐ素焼の地に文様を施した土器が広く用いられた。この農耕文化は、河南省にある代表的な遺跡の名から（²　　　）**文化**と呼ばれる。ⓑ同じ頃、長江の中・下流域でも、稲作を中心とする農耕集落が広がり、水田もつくられた。

　前3000年紀に入ると、西方から麦・羊が黄河流域にもたらされ、中・下流域では、ⓒ黒色で良質の磨研土器を特徴とする農耕文化が発達した。この時期の文化は、山東省の遺跡の名をとって（³　　　）**文化**と呼ばれる。また、各地で集落の大型化と地域間の交流が進み、各地域の政治的統合や相互の紛争をうながした。

　前2000年紀には、氏族集団を中心に（⁴　　　）と呼ばれる城郭都市が各地で形成され、やがてそれらを統合する王朝国家が成立した。伝説では（⁵　　　）王朝が中国最初の王朝とされるが、現在確認されている最古の王朝は、**商**という城郭都市を中心とした殷（いん）である。ⓓ河南省安陽市にある遺跡から、（⁶　　　）文字が刻まれた**亀甲**（きっこう）や**獣骨**、人畜が殉葬（じゅんそう）された王墓および宮殿跡が発掘され、その実在が証明された。殷では、ⓔ王が神への祭祀をおこない、また神意を占ってすべての国事を決定した。現在の漢字のもとである（⁶　）文字はその占いの記録に用いられたものであり、祭祀には複雑な文様をもつ（⁷　　　）**器**が使用された。

　渭水（いすい）流域におこった周（西周）（せいしゅう）は、はじめ殷に服属していたが、前11世紀頃ⓕ殷を滅ぼし、現在の西安付近の（⁸　　　）に都をおいて華北を支配した。周は一族や功臣に（⁹　　　）（領地）を与えて世襲の（¹⁰　　　）とし、軍役と貢納の義務を課した。王や（¹⁰　）に仕えたⓖ世襲の家臣団にも地位と領地が与えられた。こうした周の統治体制を（¹¹　　　）制と呼ぶ。また、**血縁関係**をもつ氏族集団を基盤に、親族（**宗族**）関係の秩序や祭祀の方法を定めた（¹²　　　）がつくられた。

問ⓐ　このような土器（右の**写真Ⅰ**）を何というか。
問ⓑ　浙江省にある、代表的な遺跡を何というか。
問ⓒ　このような土器（右の**写真Ⅱ**）を何というか。
問ⓓ　この遺跡の名称を答えよ。
問ⓔ　このような、**祭政一致**の政治は何と呼ばれるか。
問ⓕ　天命を受けた天子が悪政をおこなえば、天命が革（あらた）まり、別の有徳者が天子となって姓（王朝）が易（か）わるとする、孟子の説いた王朝交代の理論を何というか。
問ⓖ　この世襲の家臣団を何というか。3つ答えよ。

visual ❶

〈（　　　　）文字〉

亀甲・獣骨に刻まれ、漢字の原型となった。

1 _____
2 _____
3 _____
4 _____
5 _____
6 _____
7 _____
8 _____
9 _____
10 _____
11 _____
12 _____
問ⓐ _____
問ⓑ _____
問ⓒ _____
問ⓓ _____
問ⓔ _____
問ⓕ _____
問ⓖ _____

Ⅰ

Ⅱ

visual ❷

〈殷・周代の（　　）器〉

表面には呪術的な力をもつとされる複雑な文様（饕餮（とうてつ）文）がほどこされている。

2 春秋・戦国時代／春秋・戦国時代の社会と文化 ─────────

前8世紀に周は、都を鎬京から(¹　　　　)に移した。これ以降を東周といい、さらに東周時代の前半(前770年～前403年)を春秋時代、後半(前403年～**前221年**)を戦国時代と呼ぶ。春秋時代の初め、ⓐ有力諸侯は諸侯の同盟を指導し、周王を支えて秩序を維持していた。その後、諸侯間の抗争が激化するにつれて、周王を無視して王を自称する諸侯が増え、諸国間の統一的秩序が崩れて戦国時代に移った。富国強兵策を進める国々は周辺の小国を併合し、やがてⓑ戦国の七雄と呼ばれる7つの強国が分立する情勢となった。

春秋時代末期に出現した(²　　　　)器は、戦国時代に広まって社会を大きく変化させた。(²　　)器によって森林の開墾が効率化して農地が増加するとともに、多くのⓒ木材が燃料、建材・工業原料として供給された。また、(²　　)製農具の普及と(³　　　　)の発明は農業生産力を向上させ、諸国の富国策も商工業の発展をうながして、ⓓ青銅貨幣の普及と大商人の出現につながった。こうした社会の変化にともなって、個人の才能も認められるようになり、各国も有能な人材を求めた。そのため、諸子百家と呼ばれる多くの学派や思想家がこの時期に現れた。

春秋時代末期に現れ、儒家の祖となった孔子は、孝・悌という家族道徳の実践を基礎にする人間のあり方を仁とし、その実践による理想的な社会秩序の実現を説いた。孔子の言行は弟子たちによって『⁴　　　　』にまとめられたが、これは孔子が編集した魯の国の年代記『⁵　　　　』とともに、儒学の経典となった。孔子の思想は、**性善説**をとなえた[⁶　　　　]や、**性悪説**をとなえて礼による規律の維持を強調する[⁷　　　　]など、戦国時代の儒家の思想家に受け継がれた。**法治主義**をとなえた法家の**商鞅**・[⁸　　　　]・**李斯**らの思想は、秦の制度改革を支えた。墨子を祖とする学派(**墨家**)は、儒家を批判してⓔ無差別の愛を説くとともに、戦争否定論(非攻)を主張した。[⁹　　　　]・[¹⁰　　　　]に代表される道家は、ⓕ人為的なものを排して天の道に従うことを説いた。[¹¹　　　　]や**張儀**らに代表される縦横家は外交策を論じた。これらのほかにも天体の運行と人間・社会の関連を説いた(¹²　　　　)家、兵法・戦略を説いた**兵家**などがあり、様々な分野で思想・学問の基礎が築かれた。

春秋・戦国時代を代表する文学作品としては、華北の民謡を中心に編纂された『¹³　　　　』や、楚の屈原らの韻文をおさめた『¹⁴　　　　』などがあげられる。

問ⓐ　諸侯の同盟を指導した、有力諸侯を何と呼ぶか。

問ⓑ　戦国の七雄を示した右の地図中のA～Dの国名を答えよ。

問ⓒ　戦国時代には、文字を記録するため木や竹を細長く裁断したものが用いられた。これを何というか、順に答えよ。

問ⓓア　山西・河南で使用された青銅貨幣(右の**写真Ⅰ**)を何というか。

　　イ　おもに河北・山東で使用された青銅貨幣(右の**写真Ⅱ**)を何というか。

問ⓔ　この無差別の愛を何というか。

問ⓕ　道家のこのような主張を何というか。

Ⅰ　　　　　Ⅱ

1
2
3
4
5
6
7
8
9
10
11
12
13
14
問ⓐ
問ⓑA
B
C
D
問ⓒ
問ⓓア
イ
問ⓔ
問ⓕ

geographic ❶
〈中国の古代文明〉

ⓐ彩陶文化の代表遺跡
(　　　　)
ⓑ黒陶文化の代表遺跡
(　　　　)
ⓒ殷王朝後期の都の遺跡
(　　　　)
ⓓ西周の都
(　　　　)
ⓔ東周の都
(　　　　)

challenge ❶
周の封建制の特徴を120字程度で説明せよ。
主従関係　宗法　封土

5 南北アメリカ文明

1 南北アメリカの風土と先住民／中南米の先住民文明

　3万年前、**ベーリング海峡**がユーラシア大陸と陸続きであった氷期に、**モンゴロイド系**(黄色人種)と思われる人々がアメリカ大陸へ移動し、およそ1万年前には大陸の南端にまで広がった。のちにヨーロッパ人から(^{1}　　　)と呼ばれたこのアメリカの先住民は、大陸各地の環境に適応して、独自の文化・文明を発展させた。メキシコと中央アメリカでは(^{2}　　　)を、南アメリカのアンデス地域では(^{2}　　)に加えて、(^{3}　　　)を主食とする農耕文化が前2000年紀におこり、やがて都市を中心とする高度な文明が成立した。なお、金や銀などの貴金属や青銅器が用いられたものの、(^{4}　　　)**器**は知られていなかった。また、馬や牛などの**大型の家畜**や**車輪**は利用されなかった。

　前1200年頃、メキシコ湾岸地方に成立した**オルメカ文明**は、巨石人頭像などを特徴とし、のちのメキシコ高原や中央アメリカの文明に大きな影響を与えた。一方、**ユカタン半島**に成立した(^{5}　　　)**文明**は、4〜9世紀に繁栄期を迎え、ピラミッド状神殿、(^{5}　　)文字や精密な暦法、ⓐ独特な数の記数法を特徴とする。メキシコ高原では、前1世紀頃から後6世紀頃まで**テオティワカン文明**が栄え、太陽のピラミッドをはじめ、多数の建造物がつくられた。その後、メキシコ高原では14世紀半ばに、(^{6}　　　)**人**がⓑ現在のメキシコシティの地を首都に強大な(^{6}　　)**王国**を建設した。この(^{6}　　)**文明**でも、ピラミッド状の神殿が造営され、絵文字を用いたほか、メキシコ各地を結ぶ道路網が整備された。

　南アメリカの**アンデス高地**では、前1000年頃に**チャビン文化**が成立して以降、各地に様々な王国が興亡したが、15世紀半ばにケチュア人がコロンビア南部からチリにおよぶ(^{7}　　　)**帝国**を建てた。この帝国の皇帝は、太陽の子として神権政治をおこない、ⓒ首都に通じる道路網を整備して広大な地域を支配した。また、急峻な山岳地帯に築かれた(^{8}　　　)遺跡が示すようにすぐれた石造技術をもっており、文字はなかったがⓓ縄の結び方や色で情報を伝える方法を用いた。

問ⓐ　何進法による記数法が用いられたか。

問ⓑ　当時の首都の名称を答えよ。

問ⓒ　この帝国の首都を答えよ。

問ⓓ　この方法(右の写真)を何というか。

2 Exercise 南北アメリカ文明

　地図中の**A〜C**の地域におこった文明・国家の名称、ⓐ・ⓑの都市名を答えよ。

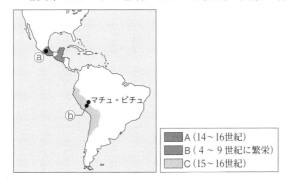

マチュ＝ピチュ

■ A (14〜16世紀)
■ B (4〜9世紀に繁栄)
□ C (15〜16世紀)

visual **1**

〈(　　　　)文明
の巨石人頭像〉

1　　　　　　　　
2　　　　　　　　
3　　　　　　　　
4　　　　　　　　
5　　　　　　　　
6　　　　　　　　
7　　　　　　　　
8　　　　　　　　
問ⓐ　　　　　　　
問ⓑ　　　　　　　
問ⓒ　　　　　　　
問ⓓ　　　　　　　

visual **2**

〈(　　　　)遺跡〉

アンデス山中の標高2400mに位置する**インカ帝国**の都市遺跡。

A　　　　　　　　
B　　　　　　　　
C　　　　　　　　
ⓐ　　　　　　　　
ⓑ

第2章　中央ユーラシアと東アジア世界

1 中央ユーラシア──草原とオアシスの世界

1 遊牧国家とオアシス民

　中央ユーラシアの草原地帯では、遊牧・狩猟の生活を主とする遊牧民が居住していた。やがて彼らは、前9～前8世紀頃には**騎馬遊牧民**として活躍するようになり、有能な指導者のもとで**遊牧国家**を形成した。彼らは騎馬と騎射の技術によって軍事面で優位に立ち、ⓐ東西貿易にも従事して利益を得るだけでなく、しばしばオアシス地帯や農耕地帯に進出した。

　前7世紀頃、南ロシアの草原地帯に現れた(^{1}　　　　　)が最初の遊牧国家を築いた。中央ユーラシア東部でも前4世紀以降、タリム盆地東部の**月氏**、モンゴル高原の(^{2}　　　　)などが現れた。(^{2}　　)はⓑ前3世紀末に強大化し、月氏を甘粛から西方へ駆逐し、中央アジアのオアシス地帯を支配した。またオルドス地方に進出して前漢の初代皇帝[^{3}　　　　]を破るなど、最盛期を迎えた。しかし、ⓒ前漢の第7代皇帝**武帝**の反撃によって後退すると、前1世紀以降の内紛によって分裂・衰退していった。(^{2}　　)の衰退後も、騎馬遊牧民の興亡は続いた。モンゴル高原では2～4世紀頃に(^{4}　　　　)が有力となり、ⓓ五胡の1つとして華北に侵入して建国した。その後、5世紀頃になるとモンゴル系の(^{5}　　　　)が勢力をもち、南北朝時代の中国と対立した。またユーラシア西部では、(^{2}　　)の一派ともいわれる**フン人**の大規模な西進によって、**ゲルマン人**の大移動がうながされた。

　中央ユーラシアの砂漠地帯では、河川や地下水を利用できるオアシスで、灌漑農業や牧畜による生活が営まれた。また東西交易もおこなわれ、とくに天山山脈・崑崙山脈・パミール高原に囲まれた(^{6}　　　　)盆地には、ⓔ多数のオアシス都市が点在し、**隊商交易**の拠点として栄えた。これらの都市を結ぶルートが、「(^{7}　　　　)の道」として形づくられていった。

問ⓐ　騎馬遊牧民らが東西交易や文化交流で利用した、中央ユーラシアの草原地帯をつらぬくルートを何というか。

問ⓑ　前3世紀末に即位し、最盛期を現出した(^{2}　　)の君主は誰か。

問ⓒ　(^{2}　　)を挟撃するために、武帝によって**大月氏**に派遣されたのは誰か。

問ⓓ　**拓跋氏**が4世紀後半に建国し、**439年**に華北を統一した王朝を何というか。

問ⓔ　次のオアシス都市ア・イの名称を答え、その場所を地図中A～Dから選べ。
　　ア　**仏図澄**や**鳩摩羅什**ら西域の仏僧の出身地。
　　イ　**莫高窟**と呼ばれる仏教の石窟寺院で知られる都市。

2 秦・漢帝国

■1 「皇帝」の出現

　秦は中国西方の大国であり、戦国時代に「戦国の七雄」の１つに数えられ、ⓐ前４世紀の孝公のときには変法と呼ばれる改革によって強大化した。その後、**秦王**の政は[¹　　　　]を登用して**法家**の思想にもとづく政治を推進し、東方の６国をつぎつぎに滅ぼして、**前221年**に中国を統一した。政は「王」にかえて新たに「皇帝」の称号を採用し、のちにⓑ**始皇帝**と呼ばれた。

　始皇帝は都を引き続き**咸陽**におくと、すでに秦でおこなわれていた(²　　　)制を全国に拡大し、中央から派遣した官吏による統治をおこなった。また、度量衡・文字(小篆)を統一する一方で、ⓒ医薬・占い・農業関係以外の書物を焼却して学者を生き埋めにするなど思想・言論を統一した。また対外的には、モンゴル高原の騎馬遊牧民である(³　　　)と戦い、その侵入を防ぐために**長城**を修築した。南方でも、華南・ベトナム北部に進出して南海郡など３郡を設置した。

　しかし、急激な統一政策や大規模な土木工事の負担は、秦に滅ぼされた旧６国の支配地域や民衆の反発をまねいた。始皇帝の死後に、「王侯将相いずくんぞ種あらんや」というスローガンをとなえて(⁴　　　)の乱という農民反乱がおこると、東方各地で反乱が広がり秦は滅亡した。

問ⓐ　孝公に仕えて変法を推進した、法家の思想家は誰か。

問ⓑ　始皇帝の征服活動で東方に広まった、円形方孔の青銅貨幣を何というか。

問ⓒ　この思想統制を何というか。

■2 漢代の政治

　秦滅亡後の混乱のなかで、楚の名門出身の[¹　　　　]と農民出身の[²　　　　]が有力となった。[¹　　]を破った[²　　]は中国を統一し、皇帝の位につくと(**高祖**)、**前202年**に都を(³　　　)に定めて**漢(前漢)**王朝を建てた。高祖は秦の失敗を踏まえ、急激な中央集権化を避けてⓐ郡県制と封建制を併用する支配体制をとった。対外的には、**匈奴**に大敗後、和親策をとって対立を避けた。高祖の死後、漢が諸侯勢力を抑圧したため、ⓑ**景帝**のときには諸侯による反乱がおこった。この反乱が鎮圧されると、実質的に郡県制とかわらない中央集権体制が確立された。

　前２世紀に即位した第７代の[⁴　　　]の時代に、前漢は最盛期を迎えた。彼は匈奴を撃退するとともに、西方にも勢力をのばし、**敦煌**など４郡を設置した。また、匈奴挟撃の交渉のために[⁵　　　]を**大月氏**に派遣したことを契機に**西域**の事情が知られるようになり、イリ川上流の**烏孫**や、汗血馬の産地である(⁶　　　)に使者や遠征軍が派遣された。さらに東方では**衛氏朝鮮**を滅ぼして(⁷　　　)など４郡を、南方では(⁸　　　)を征服して**南海**など９郡をおき、領域をベトナム北部まで広げた。

　一方、たびかさなる遠征により財政は窮乏した。そこで[⁴　　]は新たな貨幣として**五銖銭**を鋳造し、国家財政を立て直すためⓒ経済政策をおこなった。しかし、[⁴　　]の死後は後宮に仕える**宦官**や、皇后・妃の親族である(⁹　　　)などの権力が強まり、ⓓ豪族は官僚となって政界に進出して影響力をもつようになった。こうしたなか、１世紀初めに(⁹　　)の[¹⁰　　　]が帝位を奪って(¹¹　　　)を建てた。しかし、[¹⁰　　]はⓔ時代にそぐわない政策をおこなったために混乱をもた

visual ❶

始皇帝陵の(　　　　　)

死後も始皇帝を守るための陶製の兵士と軍馬の像。

1 _____
2 _____
3 _____
4 _____

問ⓐ _____
問ⓑ _____
問ⓒ _____

challenge ❶

西周の封建制、秦の郡県制、前漢の郡国制の違いについて100字程度で説明せよ。

　封土　直轄地　官吏

1 _____
2 _____
3 _____
4 _____
5 _____
6 _____
7 _____
8 _____
9 _____
10 _____
11 _____

12 _____

13 _____

14 _____

15 _____

16 _____

らし、(¹²　　　　)の乱などの農民反乱をまねいた。そして後23年、わずか15年で滅亡した。その後も混乱は続いたが、前漢の一族の[¹³　　　　]が⨍豪族の支持を得て皇帝となり、(¹⁴　　　)を都に漢を再興した(後漢)。

　後漢は各地の**豪族**の連合的性格をもち、安定した政権を維持した。当初、対外的には消極策をとったが、やがて攻勢に転じ、匈奴を討って⑧西域の経営に力を注いだ。しかし2世紀以降は(⁹　　　)と宦官との権力争いだけでなく、豪族出身の官僚と宦官との対立が激化し、ⓗ宦官が反対派の官僚や知識人を弾圧するなど政治は混乱した。こうした状況のなかで、地方では重税と豪族の圧迫に苦しんだ農民が各地で反乱をおこした。とくに**張角**が創始した宗教結社の(¹⁵　　　)を主力とする(¹⁶　　　)の乱を契機として、群雄割拠の状態になり**220年**に後漢は滅んだ。

問ⓐ　この支配体制を何というか。

問ⓑ　この反乱を何というか。

問ⓒア　国家の専売とされたものを2つあげよ。

　　イ　特産品などを不足地に輸送・転売して物価調整と国家の収益増大をはかる方法を何というか。

　　ウ　物価低落時に物資を買い取り、物価高騰時に売り出して、物価の安定と国家の収益増大をはかる方法を何というか。

問ⓓ　漢代におこなわれた官吏登用制度で、豪族の子弟が多く推薦されて官僚となったものを何というか。

問ⓔ　[¹⁰　]は、何という国を理想として政治をおこなったか。

問ⓕ　この人物の皇帝名(諡号<ruby>諡号<rt>しごう</rt></ruby>)は何か。

問ⓖア　西域都護<ruby>都護<rt>とご</rt></ruby>に任じられ、西域経営にあたった人物は誰か。

　　イ　上記アの人物に命じられ、**大秦**<ruby>大秦<rt>たいしん</rt></ruby>(ローマ帝国)に派遣された部下は誰か。

問ⓗ　官僚・知識人のグループが、終身公職追放とされた事件を何というか。

問ⓐ _____

問ⓑ _____

問ⓒア _____

イ _____

ウ _____

問ⓓ _____

問ⓔ _____

問ⓕ _____

問ⓖア _____

イ _____

問ⓗ _____

③　漢代の社会と文化 ━━━━━━━━

　秦では国家の統治思想として法家が採用されたが、漢代の初めには黄老<ruby>黄老<rt>こうろう</rt></ruby>の政治思想が重んじられた。しかし、武帝の時代に[¹　　　]の活躍などもあって**儒学**の影響力が強まると、前漢末までに官学化された。戦国時代以降、地方では大土地所有が進み、**豪族**と呼ばれる有力者が現れた。大土地所有を制限しようとする動きもあったが効果はあがらず、武帝の時代に地方長官の推薦による官吏登用制度である**郷挙里選**<ruby>郷挙里選<rt>きょうきょりせん</rt></ruby>が本格的に実施されると、豪族は儒学を身につけ、官僚となって権力を握った。儒学の研究も盛んになり、後漢の[²　　　]らは経典の字句解釈をおこなう(³　　　)**学**を発展させた。また紀元前後には、西域から**仏教**が伝来した。歴史では、伝説の時代から武帝の時代までを記した**司馬遷**<ruby>司馬遷<rt>しばせん</rt></ruby>の『⁴　　　』がⓐ中国正史の標準となり、後漢の時代には、前漢時代を記した[⁵　　　]の『**漢書**』が編纂された。書物の素材として、従来は**木簡**・**竹簡**<ruby>木簡<rt>もっかん</rt></ruby><ruby>竹簡<rt>ちくかん</rt></ruby>が使用されていたが、後漢の[⁶　　　]が**製紙法**を改良すると紙の使用が広まり、のちにイスラーム圏を経てヨーロッパまで伝わった。また2世紀半ばには、ⓑ**大秦王安敦**<ruby>安敦<rt>あんとん</rt></ruby>の使節とみられる者が海路で日南郡(ベトナム中部)に達した。さらに『**後漢書**』には、光武帝が倭人<ruby>倭人<rt>わじん</rt></ruby>(奴国<ruby>奴国<rt>なこく</rt></ruby>の使者)に金印を賜ったという記述もある。

問ⓐ　本紀と列伝を中心に記述をおこなう歴史書の形式を何というか。

問ⓑ　この人物に該当するとされるローマ皇帝は誰か。

visual❷

〈志賀島で出土した金印〉

「　　　　」と刻まれている。

1 _____

2 _____

3 _____

4 _____

5 _____

6 _____

問ⓐ _____

問ⓑ _____

3 中国の動乱と変容

1 動乱の時代 ―――――

　後漢末の**黄巾の乱**によって、中国は群雄割拠の時代となった。そのなかでもっとも有力であった**曹操**の子の[¹　　　　]が、後漢の皇帝に位を譲らせて帝位につき、都を**洛陽**において(²　　　　)を建国すると、[³　　　　]が成都を都に**蜀**を、**孫権**が江南に(⁴　　　　)を建国し、中国を三分する三国時代となった。蜀は(²　)によって滅ぼされたが、(²　)もまた将軍の[⁵　　　　](武帝)によって帝位を奪われた。彼は洛陽を都に**晋(西晋)**を建国し、**280年**に(⁴　)を滅ぼして中国を統一した。しかし[⁵　]の死後、@一族による後継者争いがおこって晋は混乱におちいった。この内乱は、ⓑ**五胡**と呼ばれる遊牧諸民族の華北への侵入をまねき、このなかの**匈奴**によって晋は316年に滅んだ。以後、華北では五胡を中心とする諸政権が興亡する(⁶　　　　)時代に入った。一方、晋の一族である**司馬睿**は、江南に逃れて晋を復興した(**東晋**)。

　華北では、五胡の１つである(⁷　　　　)の**拓跋氏**が(⁸　　　　)を建国し、**439**年、**太武帝**のときに華北を統一した。その後、第６代皇帝の[⁹　　　　]の時代にⓒ**都は洛陽に移されて**、ⓓ**漢化政策**が進められた。しかし漢化政策は人々の強い反発をまねき、**六鎮の乱**をきっかけに(⁸　)は東魏と西魏に分裂して滅亡した。さらにそれぞれが北斉と北周にかわり、北周が北斉を併合した。(⁸　)から北斉・北周までの５王朝を**北朝**と総称する。一方、江南では東晋滅亡後、(¹⁰　　　　)・**斉・梁・**(¹¹　　　　)という漢人による王朝がつぎつぎに建国された。この４王朝を**南朝**といい、(⁴　)・東晋を加えた６王朝は(¹²　　　　)とも呼ばれる。これらは、いずれも(¹³　　　　)を都とした。三国時代から南朝・北朝までの動乱期は、**魏晋南北朝時代**と称される。

問@　この内乱を何というか。
問ⓑ　チベット系の民族を２つ答えよ。
問ⓒア　都は当初、どこにおかれたか。都の名称と、その位置を地図中から選び、記号で答えよ。
　　　イ　新たな都とされた洛陽の位置を地図中から選び、記号で答えよ。
問ⓓ　漢化政策の具体的な内容を答えよ。

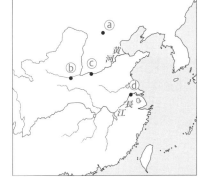

1	
2	
3	
4	
5	
6	
7	
8	
9	
10	
11	
12	
13	

問@＿＿＿＿＿＿
問ⓑ＿＿＿＿＿＿
問ⓒア＿＿＿＿＿
　　　＿＿＿＿＿＿
　　イ＿＿＿＿＿＿
問ⓓ＿＿＿＿＿＿

2 魏晋南北朝の社会と文化 ―――――

　三国時代の**魏**で、漢代の**郷挙里選**にかわる官吏登用制度として(¹　　　　)が始められると、しだいに@**高級官職は有力な豪族が独占**するようになり、**門閥貴族**が形成された。土地を失った農民が現れ、豪族・貴族による大土地所有や農民支配が進むと、国家は対応をせまられた。魏は耕作者集団に官有地を耕作させる(²　　　　)**制**をおこない、北魏の孝文帝は国家による土地の給付と返還を原則とする(³　　　　)**制**を始めたが、大土地所有制限の効果は限定的であった。

　文化の面でも、新しい展開がみられた。江南では**貴族的**な文化が発達し、優雅な**六朝文化**が生まれた。一方、華北では質実剛健な文化が発達した。またⓑ**乱世**を反映して儒教は振るわず、**仏教**や**道教**の発達がめざましかった。紀元前後、西

1	
2	
3	

4
5
6
7
8
9
10
11
問ⓐ
問ⓑ
問ⓒア
イ
問ⓓ

域から伝来した仏教は、ⓒ西域の仏僧が布教を始めたことから、4世紀後半以降に拡大した。東晋の[4　　　]は**グプタ朝**時代のインドを訪れ、旅行記『5　　　』を著した。また仏教美術では、**敦煌**・(6　　　)(大同付近)・(7　　　)(洛陽付近)に巨大な**石窟寺院**がつくられた。さらに民間信仰や神仙思想、老荘思想を融合した道教が成立し、[8　　　]によって大成され、北魏の太武帝の時代に国教とされた。

江南では、対句を用いた四六駢儷体が主流となり、梁の**昭明太子**によって編纂された『9　　　』には古今の名文が集められた。また詩文の分野では、「帰去来辞」「桃花源記」で知られる東晋の[10　　　]や宋の謝霊運が現れた。絵画やⓓ書道も発達し、絵画では「女史箴図」を描いた東晋の[11　　　]が画聖と称された。

問ⓐ　この状況を批判して表現した言葉を答えよ。
問ⓑ　「竹林の七賢」にみられるように、老荘思想の影響を受けて、道徳や規範にとらわれない世俗を超越した論議が流行したが、これを何というか。
問ⓒア　亀茲の僧で、五胡十六国時代の洛陽で布教したのは誰か。
　　イ　亀茲の僧で、五胡十六国時代の長安を訪れ、**仏典を漢訳**したのは誰か。
問ⓓ　書聖と称され、「蘭亭序」で有名な東晋の書家は誰か。

challenge②
7世紀後半の朝鮮半島をめぐる政治的状況について、80字程度で説明せよ。
唐　新羅　白村江の戦い

1
2
3
4
問ⓐ
問ⓑア
イ

3 朝鮮・日本の国家形成

魏晋南北朝時代には、中国の周辺で国家の形成が進んだ。中国東北地方におこった(1　　　)は、4世紀初めに朝鮮半島北部に勢力をのばし、前漢の武帝時代におかれた(2　　　)**郡**を滅ぼして、ⓐ4世紀後半には最盛期を迎えた。一方、朝鮮半島南部では、馬韓・弁韓・辰韓の三韓にわかれて小国家群が形成されていたが、4世紀半ばには西の馬韓の地に(3　　　)が、東の辰韓の地に(4　　　)が成立し、朝鮮半島は三国時代となった。また南端の加耶(加羅)諸国でも連合が進んだ。三国は中国の諸政権と通交し、これらの権威を借りながら抗争を続けた。

倭と呼ばれていた日本でも、3世紀に連合が進み、ⓑ**卑弥呼**が魏に**朝貢**して「親魏倭王」の称号を得た。その後、4世紀には**ヤマト政権**による統一が進んだ。5世紀の**倭の五王**の時代にも、たびたび南朝に使節が送られ、自国の地位の強化がはかられた。

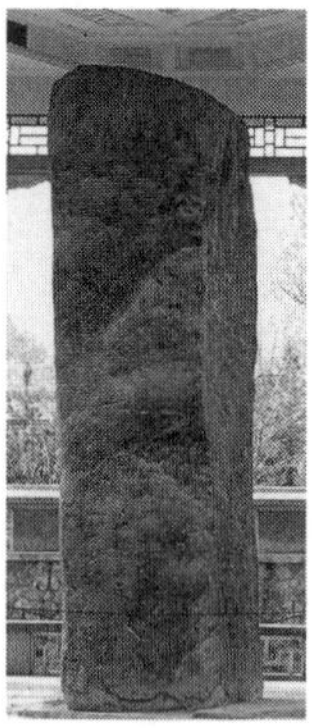

問ⓐ　右の写真は、このときの王の功績がきざまれた石碑である。この王の名を答えよ。
問ⓑア　卑弥呼は、何という国の女王か。
　　イ　このことは、中国の何という歴史書に書かれているか。

ア
イ
ウ
エ
オ
カ
キ

4 Exercise 魏晋南北朝時代

次の王朝興亡図の空欄に、適当な王朝名を記入せよ。

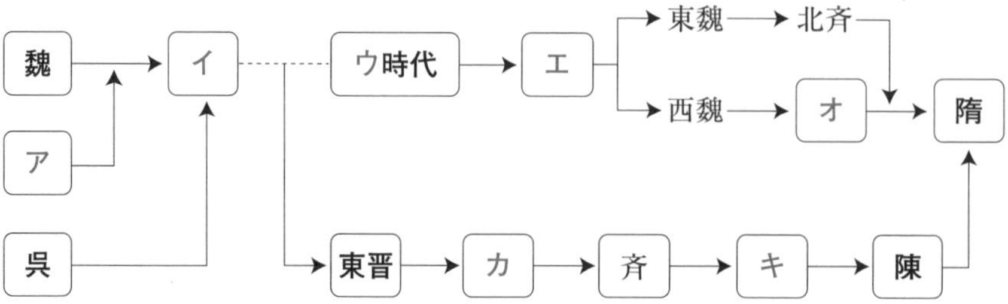

魏
ア
呉
イ
ウ時代
エ
東魏
北斉
西魏
オ
隋
東晋
カ
斉
キ
陳

4 東アジア文化圏の形成

1 隋から唐へ／唐代初期の制度

6世紀末に北周の外戚(がいせき)である[1　　　　]（文帝）が実権を握り、隋を建国した。彼は新しい都として**大興城**(だいこうじょう)を築き、**589年**には南朝の(2　　　　)を倒して中国を統一した。隋は北朝の諸制度を継承し、土地制度では北魏で創始された(3　　　　)**制**、兵制では**西魏**で創始された(4　　　　)**制**を採用した。また税制として(5　　　　)**制**を確立して、財政と軍事の基盤を強化した。さらに門閥貴族を抑えるため、**九品中正**(きゅうひんちゅうせい)を廃止してⓐ学科試験（儒学）による官吏登用制度を実施した。あとを継いだ文帝の子の[6　　　　]は、江南の経済地帯と華北の政治・軍事の中心地を結ぶ(7　　　　)を完成させた。また外征にも力を注ぎ、東突厥(とっけつ)やチャンパー（林邑(りんゆう)）への遠征、東方へは3回にわたる(8　　　　)**遠征**をおこなった。(8　)遠征が失敗に終わると、たびかさなる外征や大土木工事への不満から各地で反乱がおこり、隋はわずか38年で滅んだ。

隋末の混乱のなかで、各地の勢力を抑えて中国を再統一したのが、[9　　　　]（**高祖**）とその子[10　　　　]（**太宗**）父子であった。高祖は**618年**に(11　　　　)を都として唐を建国し、第2代皇帝の太宗は国内の支配を確立した。また**東突厥**を撃破し、西北遊牧民の首長から「天可汗(てんカガン)」の称号を贈られるなど、太宗の治世でⓑ唐の国力は伸張した。その子の**高宗**の時代には、西方では西突厥を撃破して西域のオアシス諸都市に進出し、東方では**新羅**(しんら)と結んで(12　　　　)・(8　)を滅ぼして、唐の領土は最大となった。唐は周辺民族に対しては、それぞれの首長に統治をまかせ、おもにⓒ6つの統治機関を設置して監督する**羈縻政策**(きび)をおこなった。

唐は隋の制度を受け継ぎ、国家体制の根本をなす法体系としてⓓ**律**(りつ)・**令**(れい)・**格**(かく)・**式**(しき)を定めた。この**律令国家体制**の中核をなす中央行政機関としてⓔ**三省**(さんしょう)・**六部**(りくぶ)・**御史台**(ぎょしだい)を設け、地方では**州県制**をしいた。さらに、これらの制度を支える基盤が、上記の(3　)制・(4　)制・(5　)制の諸制度であった。ただし、土地を均等に支給する(3　)制のもとでも、高級官僚の大土地所有は公認されたため、貴族たちによる**荘園**（大土地）支配は進められた。

問ⓐ　この官吏登用制度を何というか。
問ⓑ　これを称えて、太宗の治世はその元号を用いてのちに何といわれたか。
問ⓒ　この統治・監督機関を何というか。
問ⓓア　このうち、**刑法**を指すものはどれか。
　イ　同じく、おもに**行政法**を指すものはどれか。
問ⓔア　三省のうち、**詔勅**(しょうちょく)を作成する機関を何というか。
　イ　三省のうち、詔勅の審議をおこなう機関で、貴族が皇帝権力に制約を加える拠点となったものを何というか。
　ウ　三省のうち、六部を統括して詔勅の実施にあたる機関を何というか。

1
2
3
4
5
6
7
8
9
10
11
12

column 1

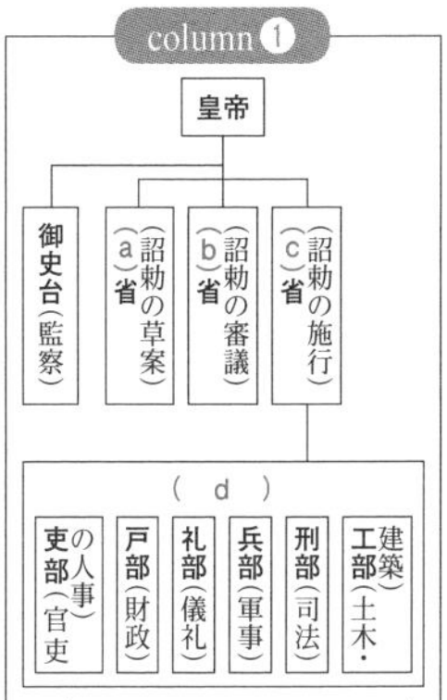

a (　　　　)
b (　　　　)
c (　　　　)
d (　　　　)

問ⓐ
問ⓑ
問ⓒ
問ⓓア
イ
問ⓔア
イ
ウ

2 唐と近隣諸国／突厥とウイグル／ソグド人

律令体制など唐の文物や制度は、外交関係を通じて近隣諸国に広がり、唐を中心とする**東アジア文化圏**が形成された。

朝鮮半島では三国の緊張状態が続いていたが、7世紀後半に唐と連合してⓐ**百済**(ひゃくさい)と**高句麗**(こうくり)を破った(1　　　　)が統一国家を樹立した。(1　)は都を(2　　　　)

1
2

3

4

5

6

7

8

9

〈仏国寺の多宝塔〉

（　　　　）の時代に建立された。

問ⓐ

問ⓑ

問ⓒ

問ⓓ

1

2

3

4

5

におき、ⓑ特権的身分制度を定める一方で、唐にならった官僚国家をつくり仏教を奨励した。中国東北地方では、7世紀末に大祚栄が高句麗の遺民と靺鞨人を率いて(³　　　)を建国した。(³　　)は唐の文化を取り入れ、都を上京竜泉府において碁盤目状の都城制を取り入れた。チベットでも、7世紀にソンツェン＝ガンポが諸王国を統一して(⁴　　　)を建て、8世紀には一時長安に侵入した。(⁴　　)ではⓒインドから仏教を受容して、チベットの民間信仰と融合させた宗教や、インド系の文字をもとにしたチベット文字が生み出された。雲南では、チベット＝ビルマ系の人々によって(⁵　　　)が建国され、唐の文化が導入された。

　日本も遣隋使や遣唐使を通して中国文化を導入し、7世紀に律令国家が形成された。長安にならった都城制や均田制を模した土地制度も施行され、唐の影響を受けた(⁶　　　)文化が開花した。

　モンゴル高原では、柔然を倒したトルコ系の突厥が6世紀半ばに広大な遊牧国家を樹立した。突厥は西域のオアシス都市を支配下におき、イラン系の(⁷　　　)人を保護するとともに、ⓓ中国と貿易をおこなって利益を得た。(⁷　　)人はソグディアナ地方を原住地とし、早くから隊商交易に乗り出した商業民で、突厥の保護を受けて中央ユーラシア一帯に通商ネットワークを築いた。突厥は隋の時代に東西に分裂し、東は一時唐に服属したが、独立後に独自の突厥文字をもった。

　8世紀に突厥を倒して草原を支配したトルコ系の(⁸　　　)は、(⁷　　)人との共存関係を維持した。彼らは安史の乱後に唐との関係を深めると、見返りに貿易などの利益を得た。(⁷　　)人の多くはイラン起源の(⁹　　　)教を信仰し、(⁸　　)は同じくイラン起源でササン朝に弾圧されたマニ教を信仰していた。9世紀に(⁸　　)はトルコ系のキルギスに敗れて滅亡し、一部はタリム盆地に移動した。

問ⓐ　百済再興のために日本の水軍が出兵し、唐と(¹　　)の連合軍に大敗した663年の戦いを何というか。

問ⓑ　この身分制度を何というか。

問ⓒ　この宗教を何というか。

問ⓓ　中国と遊牧民との貿易を、扱われた商品名から何と称するか。

③ 唐の変容と五代

　7世紀末、第3代高宗の死後に皇后の[¹　　　]がⓐ中国史上唯一の女帝となった。彼女は科挙官僚を積極的に登用し、政治の担い手が門閥貴族から新興の地主・商人層に移行する転機をつくった。その死後の混乱を収め、8世紀初めに即位した[²　　　]は、国政の安定につとめてⓑ唐の最盛期をもたらした。しかし同時に、律令体制のほころびが露呈した時代でもあった。律令体制を支えていた均田制は、没落した農民の逃亡や貴族の私有地である(³　　　)の拡大などによってしだいに維持できなくなった。そのため租調庸制や府兵制を施行することが難しくなり、府兵制にかわってⓒ傭兵を用いる制度が採用され、その軍団の指揮官である(⁴　　　)に辺境の防備が任せられた。

　こうしたなかで、[²　]が晩年に楊貴妃を寵愛し、その一族が重用されると、(⁴　)の[⁵　　　]とその部下の史思明がⓓ755年に反乱をおこした。この反乱は9年におよぶ大乱となったが、ウイグルの援軍を得てようやく鎮圧された。その後、(⁴　)は内地にもおかれるようになり、行政・財政権も握って軍閥（藩鎮）として各地に割拠した。またウイグルや吐蕃の侵入もあって、中央政府の力のお

よぶ範囲は縮小した。唐は財政を再建するため、**780年**に⊕**両税法**を実施した。塩の専売もおこなわれ重要な財源となったが、民衆の生活は困窮した。9世紀後半には唐の衰退が進み、各地で軍隊や農民の反乱が続いた。875年に山東で塩の密売人がおこした[⁶　　　]の乱は全国に広がり、**907年**に(⁴　　)の[⁷　　　　]によって唐は滅ぼされた。その後、華北では、[⁷　　]が建国した(⁸　　　　)から始まる**後唐**・(⁹　　　)・**後漢**・(¹⁰　　　)という⊕**5つの王朝**が興亡し、そのほかの地域でも10余りの国が乱立した。その建国者の多くは(⁴　　)ら武人であり、武断政治がおこなわれて旧来の貴族層は没落した。かわって社会の支配階級として登場したのが、佃戸(小作人)を使役して大土地所有をおこなう新興の地主層である。彼らは宋代に**形勢戸**と称され、官僚を出した家は**官戸**となり、**士大夫階級**の母体となった。

問⊚　[¹　　]によって唐は一時中断するが、国号を何と改めたか。

問ⓑ　これを称えて[²　　]の治世は後世に何といわれたか。

問ⓒ　この制度を何というか。

問ⓓ　この反乱を何というか。

問ⓔ　この内容について、簡潔に説明せよ。

問⊕ア　この時代を何というか。

　　イ　華北の5つの王朝の都は、後唐の洛陽を除き、すべてどこにおかれたか。

④　唐の文化

　唐の文化の特徴の一つは、北朝の質実剛健な文化と南朝の貴族文化が融合したことであり、二つめは東西交流でもたらされた外国文化が流入して国際的な性格を形成したことである。都の長安には、周辺諸国の使節や留学生、商人などが訪れた。外来の宗教も流入し、⊚**ゾロアスター教**やⓑ**景教**と呼ばれる**キリスト教の一派**、ササン朝で異端とされた(¹　　　　)**教**の寺院もつくられた。ムスリム商人も海路で中国を訪れ、ⓒ**揚州**や**広州**などの海港都市も繁栄した。仏教は帝室や貴族の保護を受けて発達し、ⓓ**直接インドを訪れる**僧も現れた。彼らのもたらした仏典は漢訳され、研究も進んで**浄土宗**や**禅宗**などの宗派が成立した。また科挙の導入で儒学が盛んとなり、ⓔ**訓詁学**が発達した。文学では、[²　　　　]・**柳宗元**によって**古文の復興**がとなえられ、また科挙で詩作が重んじられたことから**唐詩**が栄えた。唐中期の詩人としては、**王維**・[³　　　　]（「詩仙」）・[⁴　　　　]（「詩聖」）が活躍し、唐後期には「**長恨歌**」で有名な[⁵　　　　]が活躍した。書道では、安史の乱で義勇軍を率いて活躍した唐中期の[⁶　　　　]が現れた。また絵画では、唐中期に山水画の名手である[⁷　　　　]が活躍し、工芸では、緑・褐色・白などの釉薬で彩色した(⁸　　　　)と呼ばれる陶器がつくられた。

問⊚　ゾロアスター教の中国名は何か。

問ⓑ　これを何というか。

問ⓒ　広州にはじめて設置された、海上貿易の管理機関を何というか。

問ⓓア　このうち陸路でヴァルダナ朝時代のインドに渡った僧と、その著書をそれぞれ答えよ。

　　イ　同じく海路でインドに渡った僧と、その著書をそれぞれ答えよ。

問ⓔア　太宗の命令で、五経に注釈をつけた書を編纂したのは誰か。

　　イ　上記アの人物の注釈書で、五経の解釈を確立・固定化したものは何か。

（右欄・解答欄）

6

7

8

9

10

問⊚

問ⓑ

問ⓒ

問ⓓ

問ⓔ

問⊕ア

イ

visual ❷

〈大秦景教流行中国碑〉

（a　　　）派キリスト教(中国での名称：（b　　　）)の流行を称えて長安に建立された。

1

2

3

4

5

6

7

8

問⊚

問ⓑ

問ⓒ

問ⓓア

イ

問ⓔア

イ

第3章　南アジア世界と東南アジア世界の展開

1　仏教の成立と南アジアの統一国家

1　都市国家の成長と新しい宗教の展開／統一国家の成立 ────────

　南アジアでは、前6世紀頃になると、アーリヤ人の政治・経済の中心地はガンジス川上流域から中・下流域へ移った。城壁をもった都市国家が多数誕生し、そのなかで有力となった(¹　　　　)国が、前5世紀に**コーサラ国**を滅ぼした。政治的統合とともに経済的な発展も進み、交易活動が盛んになった。

　こうした社会変化のもとで、新たな思想や宗教が生まれた。まず、バラモン教の祭式至上主義・形式主義への批判から、前7世紀頃、内面的な思索を重視する(²　　　　)哲学が現れた。これは梵我一如(ブラフマンとアートマンの一体化)によって、輪廻転生からの解脱を説くものである。前6～前5世紀頃、シャカ族の王子として生まれた[³　　　　](ブッダ)は、業・輪廻・解脱の考えを深めて**仏教**を創始し、**八正道**の実践による輪廻転生からの解脱を説いた。また(⁴　　　)教を創始した**ヴァルダマーナ(マハーヴィーラ)**は、**苦行**と**不殺生**の実践による解脱を説いた。両宗教は、バラモン教やバラモンを最上位の身分とする(⁵　　　　)**制**を否定したものであり、ⓐバラモンの権威に不満をもつ階層の人々に支持された。

　前4世紀、アレクサンドロス大王が西北インドに進出したことは、インドの政治的統一の気運を高めた。前4世紀末に**チャンドラグプタ**が(¹　　)国のナンダ朝を倒して(⁶　　　　)**朝**を開き、ⓑインド最初の統一王朝となった。この王朝の最盛期の王は前3世紀の[⁷　　　]**王**であり、領土は南端を除くインド亜大陸の大部分におよんだ。また彼は、征服活動のなかで多くの犠牲者を出したことへの反省からⓒ仏教に帰依し、その保護につとめた。そして**ダルマ**(法、守るべき社会道徳)にもとづく政治を理想とし、その勅令を刻んだ**磨崖碑・石柱碑**を各地につくらせ、各地に仏塔(**ストゥーパ**)を建立した。しかし王の死後、財政難やバラモン階層の反発により、王朝は衰退した。

問ⓐア　おもに仏教を支持した武士階層を何というか。

　　イ　おもに(⁴　　　)教を支持した商人階層を何というか。

問ⓑ　この王朝の都はどこか。

問ⓒア　王は仏典の収集や編纂をおこなわせたが、これを何というか。

　　イ　王子マヒンダを派遣して、仏教を布教したとされる南方の島はどこか。

2　クシャーナ朝と大乗仏教／インド洋交易と南インドの諸王朝 ────────

　マウリヤ朝の衰退に乗じて、前2世紀にバクトリアのギリシア人が西北インドに侵入し、前1世紀にはイラン系の遊牧民も侵入した。さらに後1世紀に、イラン系のクシャーン人が進出して(¹　　　)**朝**を建国した。この王朝は(²　　　　)を都とし、2世紀半ばの[³　　　]**王**の時代が最盛期となった。(¹　　)朝は、漢とローマを結ぶ交通の要衝にあり、東西交易で繁栄した。ローマとの交易では大量の金がインドにもたらされ、ローマの貨幣を参考にして金貨が発行された。

　紀元前後、ⓐ修行によって自己の救済をめざす従来の仏教に対する革新運動と

──

1 _____

2 _____

3 _____

4 _____

5 _____

6 _____

7 _____

visual ❶

〈サーンチーの(　　　)〉

ブッダの遺骨を納めた建造物。

問ⓐア _____

イ _____

問ⓑ _____

問ⓒア _____

イ _____

1 _____

2 _____

3 _____

して、**菩薩信仰**を中心に万人の救済をめざす(⁴　　　　)仏教がおこった。この仏教の教理は、[⁵　　　　]によって確立され、(¹　　)朝はこの(⁴　　)仏教を保護した。またⓑ**ギリシア神像（ヘレニズム）**の影響を受けて、**仏像**彫刻も発達した。この仏教美術は(⁴　　)仏教とともに、中央アジアを経て中国や日本にも伝わった。一方、南インドでは古くから季節風（モンスーン）を利用して、ⓒ**ローマや東南アジア、中国**などと海上交易がおこなわれていた。ローマとの貿易の様子は、ⓓ**1世紀頃ギリシア系商人**によって書かれた案内記に記されている。マウリヤ朝の衰退後、**前1世紀頃**にデカン高原を中心に成立した(⁶　　　　)**朝**は、海上交易で繁栄した。また南端部では、前3～後4世紀にかけて、(⁷　　　　)**朝**が存在し、海上交易をおこなった。これら南インドの王朝は(⁸　　　　)**系**の民族によってつくられ、**タミル語**を使用した文学活動がさかんにおこなわれた。

問ⓐ　このような旧来の仏教は、**セイロン島**（スリランカ）や東南アジアに広がった。この仏教は何と呼ばれるか。

問ⓑ　この仏教美術を何というか。

問ⓒ　地中海から紅海やペルシア湾を通り、インド洋を経て東南アジア・中国にいたる海上交易ルートを何というか。

問ⓓ　この航海案内記を何というか。

4 _____
5 _____
6 _____
7 _____
8 _____
問ⓐ _____
問ⓑ _____
問ⓒ _____
問ⓓ _____

〈(　　　　)美術〉

ヘレニズムの影響を受け、彫りの深い顔立ちやひだのある衣服の表現などが特徴。

3 **Exercise❶** 南インドの諸王朝 ──────

次の表中の空欄に、適当な王朝名を記入せよ。

王　朝	（　ア　）朝	（　イ　）朝	（　ウ　）朝
年　代	前3世紀頃～後4世紀頃、9～13世紀	前3世紀頃～後14世紀	前1世紀～後3世紀
地　域	南インドの東海岸	インド半島南端部	デカン高原～インド洋沿岸
民　族	ドラヴィダ系タミル人	ドラヴィダ系タミル人	ドラヴィダ系アーンドラ人
特　色	・セイロン島北部も支配し、シュリーヴィジャヤに遠征（11世紀） ・**パーンディヤ朝の侵攻**により滅亡（13世紀）	・ローマ皇帝アウグストゥスに使節を派遣 ・**ハルジー朝の侵攻**により滅亡	・**インド洋交易**で栄える ・北インドの文化を積極的に取り入れ、北インドと南インドとの文化交流が進む

ア _____
イ _____
ウ _____

challenge❶

古代インドで生まれた仏教とジャイナ教の共通点や異なる点について、80字程度で説明せよ。
　　解脱　クシャトリヤ
ヴァイシャ　バラモン教

4 **Exercise❷** 古代インドの王朝（1） ──────

インドの統一王朝に関する次の図について、空欄に適当な語句を記入せよ。

1 前3世紀

A 朝 都：（ ⓐ ）
├最盛期：[ア]王
│法（**ダルマ**）による統治
│仏典結集（第3回）
└（ イ ）島布教

2 2世紀

B 朝 都：（ ⓑ ）
├最盛期：[ウ]王
│（ エ ）**仏教**の確立
└（ オ ）**美術**

C 朝
└**季節風貿易**による繁栄

A _____
B _____
C _____
ⓐ _____
ⓑ _____
ア _____
イ _____
ウ _____
エ _____
オ _____

1
2
3
4
5
6
7
8
9

visual ①
〈(　　　　　　　　)
石窟寺院の壁画〉

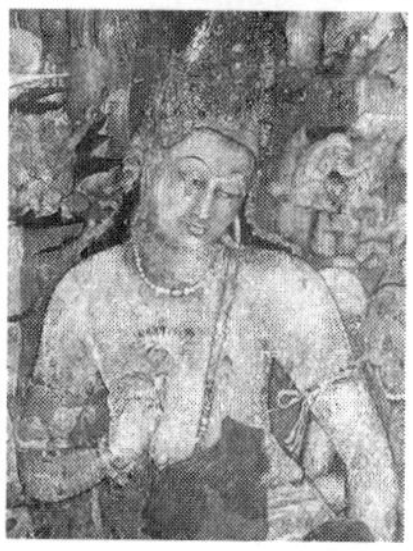

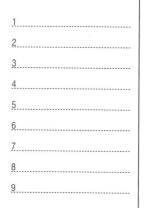

純インド的な**グプタ様式**の仏画が描かれている。

問ⓐア
イ
問ⓑ
問ⓒ

問ⓓ
問ⓔ

A
B
ⓐ
ア
イ
ウ
エ
オ
カ
キ

2 インド古典文化とヒンドゥー教の定着

[1] グプタ朝とインド古典文化の黄金期／地方王権の時代

北インドでは4世紀初めにグプタ朝が建国され、([1]　　　　)を都とした。4世紀後半、ⓐ第3代の王の時代に最盛期を迎え、支配体制は分権的ながらも北インドの大半を支配した。グプタ朝の時代には、バラモン教と民間信仰が融合したⓑヒンドゥー教が社会に定着し、インド独自の生活様式や思考にかかわる宗教となった。またインドの古典文化も黄金時代を迎えた。この時代にバラモンが影響力を回復し、彼らの言葉である([2]　　　　)**語**が公用語として用いられた。文学の分野では、詩人の[[3]　　　　]が([2]　)文学の傑作『**シャクンタラー**』などを残した。また([2]　)語で書かれたⓒ二大叙事詩や、4つのヴァルナごとの義務や生活規範を定めた『[4]　　　　』もこの時代に完成した。数学・天文学・文法学なども発達し、**ゼロの概念**やインド数字、十進法などが生み出され、のちにイスラーム圏を経てヨーロッパに伝わり近代科学の発展に貢献した。美術の分野では、ガンダーラ美術の影響から抜け出て、純インド的なⓓ**グプタ様式**が完成した。

グプタ朝は、地方勢力の台頭や遊牧民([5]　　　　)の侵入で弱体化し、6世紀に滅亡した。7世紀初め、[[6]　　　　]**王**が北インドを統一し、カナウジを都に([7]　　　　)**朝**を建国した。この時代のインドを訪れたのが、唐の僧[[8]　　　　]である。彼は[[6]　]王の厚遇を受けてⓔ仏教を学び、帰国後『**大唐西域記**(だいとうさいいきき)』を記した。7世紀後半にも唐の僧[[9]　　　　]がインドを訪れ、帰国途上で『**南海寄帰内法伝**(なんかいききないほうでん)』を著した。[[6]　]王の死後、王朝は急速に衰退し、北インドでは**ラージプート**と総称されるヒンドゥー諸勢力の抗争が続いた。王朝の保護や商人からの支持を失った仏教やジャイナ教は、ヒンドゥー教のバクティ運動からの攻撃を受けて、衰退に向かった。

問ⓐア　この王の名を答えよ。
　イ　この王の時代に、インドを訪れた東晋の僧は誰か。
問ⓑ　破壊と創造をおこない、舞踊の姿で表現される神の名称を答えよ。
問ⓒ　この二大叙事詩の名称を答えよ。
問ⓓ　インド西部の仏教遺跡で、グプタ美術の代表とされる壁画が残る石窟寺院を答えよ。
問ⓔ　[[8]　]が学んだインド東部の仏教学院で、仏教教学の中心を何というか。

[2] Exercise 古代インドの王朝(2)

インドの統一王朝に関する次の図について、空欄に適当な語句を記入せよ。

[1]

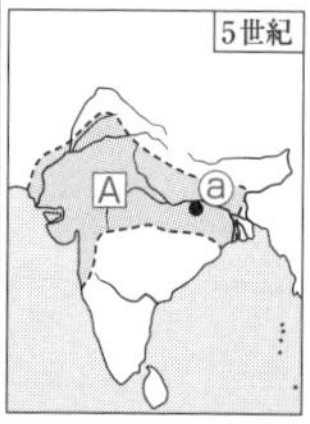

A 朝　都：(　ⓐ　)
- 最盛期：[　ア　]
- ヒンドゥー教の定着
- 『(　イ　)**法典**』完成
- [　ウ　]『シャクンタラー』
- グプタ様式
  - (　エ　)石窟寺院
- 数学(ゼロの概念)

[2]

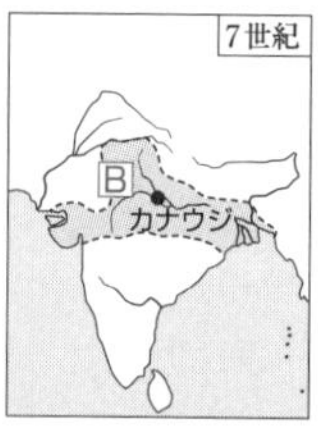

B 朝　都：カナウジ
- 最盛期：[　オ　]王
- 唐僧[　カ　]の来印
  - (　キ　)**僧院**で学ぶ
  - 『大唐西域記』(旅行記)

3　東南アジア世界の形成と展開

1　東南アジアの風土と人々／南アジア・中国文明の受容と東南アジアの国家形成

　東南アジアは海上交易路である「**海の道**」の要衝にあり、交易の拡大にともなって物資の集散、水や食料の補給などの機能を果たす(¹　　　　)**国家**が誕生し、中継貿易や内陸からの物産の輸出によって栄えた。また、早くから中国やインドの影響を受けて、独自の文明が築かれた。

　大陸部では、前4世紀頃のベトナム北部に、中国文化の影響を受けて独特な鉄器・青銅器を用いる(²　　　　)**文化**が形成された。インド文化は1世紀頃からインドシナ半島へ伝わり、その文化的影響のもとに、1世紀末、メコン川下流域に(³　　　　)が建国された。ⓐこの国の外港の遺跡からは、ローマの金貨・インドの神像・後漢の鏡などが出土している。また2世紀末には、ベトナム中部に(⁴　　　　)(林邑、のち環王・占城)が建国された。(³　　　)は6世紀まで栄えたが、この頃メコン川中流域には(⁵　　　　)人の**カンボジア(真臘)**がおこり、7世紀にこれに併合された。ⓑ9世紀末〜12世紀に建てられたカンボジアの建造物には、ヒンドゥー教や仏教などインド文化の強い影響とともに、土着文化の独自の様式がよく示されている。7世紀には、チャオプラヤ川下流に**モン人**のドヴァーラヴァティー王国がおこり、同じ頃エーヤワディー(イラワディ)川下流域にはビルマ(ミャンマー)系のピュー人の国があった。11世紀になると、この川の中流域に(⁶　　　　)**朝**がおこり、ミャンマーのほぼ全域を支配してインドやセイロン島とも交流をもち、**上座部仏教**が広まった。また13世紀半ばには、タイ北部にタイ人による最古の王朝である(⁷　　　　)**朝**がおこり、同じく上座部仏教を信仰した。

　諸島部では、7世紀に**スマトラ島**のパレンバンを中心に(⁸　　　　)がおこり、交通の要衝**マラッカ海峡**を掌握して栄え、ⓒ**大乗仏教**が盛んであった。その後、これを引き継いで小交易国家群の三仏斉が栄えた。ジャワ島中部には、8世紀半ばから9世紀前半にかけてⓓ**仏教の遺跡**を残した(⁹　　　　)**朝**がおこり、また8世紀前半にはヒンドゥー教のマタラム朝が成立した。

　ベトナムでは前漢以来、北部地域が中国に服属していたが、10世紀に独立した。その後、11世紀初めに(¹⁰　　　　)**朝**が成立し、のちに国号を**大越(ダイベト)**と称した。続いて13世紀に(¹⁰　　　)朝にかわった(¹¹　　　　)**朝**は、モンゴル(元)軍に抵抗してこれを撃退し、ⓔ**漢字をもとにした民族文字**もつくった。

問ⓐ　この外港を何というか。

問ⓑ　このうち、12世紀にスールヤヴァルマン2世によってつくられた建造物の名称を答え、その遺跡の写真を右のⅠ・Ⅱより選べ。

問ⓒ　インドへの往復の途中にこの国に立ち寄り、大乗仏教が盛んな様子を記録した唐の僧は誰か。

問ⓓ　8世紀半ばから9世紀にかけて造営された大乗仏教の遺跡の名称を答え、その遺跡の写真を右のⅠ・Ⅱより選べ。

問ⓔ　この文字を何というか。

Ⅰ

Ⅱ

〈(　　　　)文化の銅鼓〉

青銅製の太鼓。中国南部・東南アジアに広く分布。

1　　　　　　　
2　　　　　　　
3　　　　　　　
4　　　　　　　
5　　　　　　　
6　　　　　　　
7　　　　　　　
8　　　　　　　
9　　　　　　　
10　　　　　　
11　　　　　　

問ⓐ　　　　　
問ⓑ　　　　　

問ⓒ　　　　　
問ⓓ　　　　　

問ⓔ　　　　　

column ❶

〈(a　　　　　　)〉
(ジャワ島の影絵芝居)

ジャワ島で、インドの二大叙事詩『マハーバーラタ』と『b　　　　　　』を題材に、演じられるようになった。

第4章　西アジアと地中海周辺の国家形成

1　イラン諸国家の興亡とイラン文明

1　アケメネス朝の興亡

　アッシリアの滅亡後、イランは(^{1}　　　　)の支配下におかれた。その後、前550年にイラン人(ペルシア人)は、**キュロス2世**のもとで(^{1}　)から独立してアケメネス朝を建国し、まず(^{1}　　)、ついでアナトリア(小アジア)の(^{2}　　　　)を征服した。さらにメソポタミアの(^{3}　　　　)を征服してユダヤ人を捕囚から解放した。第2代の**カンビュセス2世**は**前525年**にエジプトを征服し、第3代の王[^{4}　　　]は、西はエーゲ海北岸から、東は(^{5}　　　)川に至る大帝国を建設してオリエントの再統一を実現し、王都(^{6}　　　)に壮大な宮殿を築いた。[^{4}　　]は全国を約20州に分け、各州に@知事をおいて統治させ、ⓑ監察官を巡回させた。また、金貨・銀貨を発行して税制を整え、(^{7}　　　　)人の海上交易を保護して財政の基礎を固めた。陸上では、都の**スサ**と全国の要地を結ぶⓒ国道をつくり、**駅伝制**を整備した。アケメネス朝は服属した異民族には、彼ら固有の法・宗教・慣習を尊重するなどの寛大な政治をおこなったが、ⓓ前5世紀前半にギリシアと戦って敗れ、ついに**前330年**マケドニアの[^{8}　　　]によって滅ぼされた。

　アケメネス朝では、オリエントの諸民族の文化が融合した高度な文化が生み出された。楔形文字を表音化したペルシア文字が使用されるとともに、アラム語やアラム文字も商業語として用いられた。宗教では、善悪二元論にたつ(^{9}　　　)教(拝火教)が信仰された。この(^{9}　　)教は、この世を善(光明)神(^{10}　　　)と、悪(暗黒)神**アーリマン**(アンラ=マンユ)との闘争と説き、「**最後の**(^{11}　　　)」の思想や天国などの観念は、ユダヤ教やキリスト教、イスラーム教に影響を与えた。

問@　この知事を何というか、カタカナで答えよ。
問ⓑ　この監察官を何というか、2つあげよ。
問ⓒ　この国道は、何と呼ばれるか。
問ⓓ　この戦争を何というか。

2　パルティアとササン朝／イラン文明の特徴

　フィリッポス2世のあとを継いだ**アレクサンドロス大王**は、マケドニア・ギリシアの連合軍を率いて、ギリシアに干渉するアケメネス朝を討伐するため、**前334年**から東方遠征を開始し、ギリシア・エジプトからインド西北部に至る大帝国を建設した。大王の死後、帝国のアジア領のほとんどはギリシア系の(^{1}　　　　)朝に継承された。**前3世紀半ば**、**アム川**上流域のギリシア人が独立して(^{2}　　　)を建てると、遊牧イラン人の族長**アルサケス**はカスピ海東南に@パルティアを建国した。パルティアは前2世紀半ばにメソポタミアを併合して(^{3}　　　)に都を定め、「絹の道」(「シルク=ロード」)による東西交易で大いに繁栄した。しかし2世紀以降、ローマ帝国との抗争でしだいに衰退した。

　224年、農耕イラン人が建国したササン朝はパルティアを滅ぼした。建国者の**アルダシール1世**は(^{3}　　　)に首都をおき、(^{4}　　　　)教を国教とした。第2代の

visual ①
《(　　　　　　)》

ダレイオス1世が造営した王都。アレクサンドロス大王よって焼かれ廃墟となった。

1
2
3
4
5
6
7
8
9
10
11
問@
問ⓑ
問ⓒ
問ⓓ

visual ②
《(　　　　　　)
の宮殿跡〉

パルティア・ササン朝の首都。写真は「ホスローのアーチ」。

1
2
3
4

皇帝 [⁵　　　] は、シリアに侵入してローマ軍を破り、軍人皇帝のウァレリアヌスを捕虜とした。また、ⓑ東方ではインダス川西岸に至る広大な地域を統合し、中央集権体制を確立した。ササン朝は 5 世紀後半、中央アジアの遊牧民 (⁶　　　) の侵入に苦しんだが、**6 世紀の皇帝** [⁷　　　] はトルコ系遊牧民の (⁸　　　) と結んで (⁶　　) を滅ぼし、西方では東ローマ帝国 (ビザンツ帝国) との抗争も優勢に進めた。しかし、その後ササン朝はしだいに衰え、7 世紀半ばにⓒイスラーム教徒のアラブ人に征服されて滅んだ。

　初期のパルティアの文化はヘレニズムの影響を強く受けていたが、紀元 1 世紀頃から、イランの伝統文化が復活しはじめた。ササン朝の時代には、イランの民族的宗教である (⁴　) 教が国教となり、教典『⁹　　　』が編纂された。また、3 世紀には (⁴　) 教や**仏教・キリスト教**を融合した (¹⁰　　) 教も成立した。(¹⁰　) 教は国内では異端として弾圧されたが、ⓓ北アフリカや中央アジアに広まり、ⓔ唐代の中国にも伝播した。ササン朝時代には建築・美術・工芸の分野も大いに発達した。精巧につくられた銀器・ガラス器・彩釉陶器などの技術や様式は次のイスラーム時代に受けつがれ、西方ではビザンツ帝国を経て地中海世界に、東方では南北朝・隋唐時代の中国を経て、ⓕ飛鳥・奈良時代の日本に伝えられた。

問ⓐ　パルティアは、中国では何と呼ばれたか。

問ⓑ　インドの何という王朝を攻めて、インダス川西岸にまで領土を拡大したか。

問ⓒ　**642年**の何という戦いが、ササン朝滅亡の原因となったか。

問ⓓア　北アフリカのヌミディアに生まれ、青年期に (¹⁰　) 教を信奉していたが、のちにキリスト教に回心し、古代最大の**教父** (著書『告白録』『神の国』) とされたローマ帝国末期の思想家は誰か。

　イ　(¹⁰　) 教は、モンゴル高原や中央アジアで活動した、何というトルコ系民族に信仰されるようになったか。

問ⓔ　(¹⁰　) 教とともに、唐代の中国に伝わり、**景教**と呼ばれたのは、何派のキリスト教か。

問ⓕ　右の写真は、ササン朝美術の影響を受けた日本の美術工芸品の漆胡瓶である。これは東大寺 (奈良) の何という勅封宝物倉に所蔵されているか。

5 _____
6 _____
7 _____
8 _____
9 _____
10 _____
問ⓐ _____
問ⓑ _____
問ⓒ _____
問ⓓア _____
　イ _____
問ⓔ _____
問ⓕ _____

第4章

〈ササン朝 (5 世紀)〉

　ササン朝の領域
ⓐ　ササン朝の都
　(　　　　　　)
ⓑ　ササン朝滅亡の契機となった戦いがおこなわれた地
　(　　　　　　)
ⓒ　ササン朝に侵入した、中央アジアの遊牧民
　(　　　　　　)

3 **Exercise** **イラン諸国家** ────

　イラン人の諸国家について、次の表中の空欄に適当な語句を記入せよ。

国　名	アケメネス朝	パルティア〈中国名 (　カ　)〉	ササン朝
建　国	・[ア] がメディアを滅ぼして建国 (前550)	・アルサケスがセレウコス朝から自立 (前248頃)	・アルダシール 1 世がパルティアを倒して建国 (224)
最盛期	・[イ] (前522～前486) ・各州に (ウ) (知事) をおき、「王の目」「王の耳」を派遣 ・王都ペルセポリス建設	・ミトラダテス 1 世 (前 2 世紀) ・新都 (キ) 建設	・[ク] (6 世紀) ・**突厥**と結んで (ケ) を滅ぼし、ビザンツ皇帝ユスティニアヌスと抗争
経　済	・金・銀貨発行、フェニキア人の海上貿易保護	・**東西交易路** (絹の道、シルク＝ロード) をおさえ、中継貿易により繁栄	
滅　亡	・ダレイオス 3 世が [エ] に敗れて滅亡 (前330)	・ササン朝により滅亡 (224)	・アラブ人との (コ) の戦い (642) に敗れ滅亡 (651)
文　化	・(オ) 教の信仰 (善神アフラ＝マズダ・悪神アーリマン、**最後の審判**の思想)	・ギリシア文化の普及とイラン文化の復興	・『 サ 』(ゾロアスター教の教典) 編纂、(シ) 教成立、(ス) 派キリスト教伝来

ア _____
イ _____
ウ _____
エ _____
オ _____
カ _____
キ _____
ク _____
ケ _____
コ _____
サ _____
シ _____
ス _____

2 ギリシア人の都市国家

1 ポリスの成立と発展／市民と奴隷／アテネとスパルタ ─────

　ミケーネ文明の崩壊後、ギリシアは約400年間におよぶ(¹　　　　)**時代**と呼ばれる文字史料の少ない時期に入り、(²　　　　)**器時代**に移行した。この時代に、ギリシア人は新たな定住地を求めて各地へと移動したが、方言の差異が生じて(³　　　　)**人**(アテネを建設)・**アイオリス人**(テーベを建設)、(⁴　　　　)**人**(スパルタを建設)に分かれた。

　前8世紀に入ると、貴族の指導のもとでいくつかの集落が連合し、(⁵　　　　)(城山、砦)を中心に人々が(⁶　　　　)(シノイキスモス)してポリスと呼ばれる都市国家が建設された。ポリスは城壁で囲まれた市域と周囲の田園からなり、市域の中心の(⁵　　)には守護神を祀る神殿がつくられ、ふもとの(⁷　　　　)(広場)を政治・経済活動(集会・裁判・交易市場)の場とした。田園には成年男性市民に「持ち分地」(クレーロス)が割り当てられ、耕作がおこなわれた。

　前8世紀半ば、人口増加にともない、@**ギリシア人は黒海や地中海沿岸各地に植民市を建設した**。前7世紀後半には、ⓑ**金属貨幣の製造・使用**が伝わるとともに、(⁸　　　　)**人**から伝播した**アルファベット**も普及して、商工業が発展した。

　各ポリスは独立した国家であり、互いに対立抗争をくり返して、統一国家をつくることはなかった。しかし、文化的には言語・宗教・[⁹　　　　]の詩などを共有し、(¹⁰　　　　)**の神託**や(¹¹　　　　)**の祭典**などを通じて同一民族としての意識を失わず、みずからを(¹²　　)、異民族を(¹³　　)と呼んで区別した。

　ポリスの住民は自由民である**市民**とこれに隷属する**奴隷**からなり、市民には**貴族**と**平民**の区別があった。貴族は高価な武器を自弁し、騎士として国防の主力を担っていたため、貴族が政治を独占する**貴族政治**が一般的となった。平民は貴族に従属せず、土地や奴隷を所有する独立した市民であった。一方、奴隷はⓒ**借財により市民身分から転落した者**や戦争捕虜、輸入された異民族からなり、人格を認められず、売買の対象であった。

　(³　　)人のポリスであるアテネでは、**奴隷制度**が典型的に発達した。家内奴隷や農業奴隷が一般的であったが、ラウレイオン銀山の採掘にも多数の奴隷が使役された。一方、(⁴　　)人が建設したスパルタは征服型のポリスであり、少数のスパルタ市民が被征服民の(¹⁴　　　　)(隷属農民)を支配した。(¹⁵　　　　)(周辺民)と呼ばれる半自由民もスパルタ市民に隷属し、商工業に従事して従軍義務を負ったが、参政権は認められなかった。スパルタ市民は、はるかに多数の(¹⁴　　)の反乱を防ぐため、ⓓ**きびしい軍国主義的規定**(貴金属貨幣の使用禁止、共同食事、鎖国政策など)に従って生活し、ギリシア最強の陸軍国をつくりあげた。

　問@ 地図中のA～Cはギリシア人が建設した植民市である。これらの都市名を当時の名称で答えよ。

A　現在のマルセイユ
B　現在のナポリ
C　現在のイスタンブル

---

1 _____
2 _____
3 _____
4 _____
5 _____
6 _____
7 _____
8 _____
9 _____
10 _____
11 _____
12 _____
13 _____
14 _____
15 _____
問@A _____
　B _____
　C _____

column❶

〈アテネとスパルタの比較〉

アテネ		スパルタ
(a)人	建設	(b)人
集住型	形成	征服型
アテネ市民 12万人 在留外人 3万人 奴隷 8万人	社会構成	スパルタ市民 5000人 ペリオイコイ 2万人 (c) 5万人
貴族政 →民主政	政体	貴族政
開放的	外交	閉鎖的
海軍主体	軍事	陸軍主体
商工業・貿易	経済	農業主体

a (　　　　　　)
b (　　　　　　)
c (　　　　　　)

問ⓑ　アナトリア(小アジア)の何という国から、金属貨幣の使用が伝えられたか。

問ⓒ　このような奴隷を何というか。

問ⓓ　伝説的指導者が制定したとされる、この軍国主義的規定を何というか。

問ⓑ _____

問ⓒ _____

問ⓓ _____

2 民主政への歩み／ペルシア戦争とアテネ民主政 ―――――――――

　商工業の発達によって武具が安価になり、平民のなかにも富裕になる者が現れた。富裕化した平民は、**武具を自弁して**(¹　　　　)部隊を組織して@国防の主力となった。こうして軍事的に大きな役割を果たすようになった平民は、参政権を要求して貴族と対立しはじめ、**民主政への歩み**が始まった。

　民主政が典型的に発展したのは**アテネ**であった。前７世紀後半、[²　　　　]が慣習法を成文化し、法による秩序の維持をはかった。ついで**前594年**、貴族と平民の調停者となった[³　　　　]は、**負債の帳消し**をおこなって市民が(⁴　　　　)奴隷に転落することを防ぐ一方で、ⓑ**市民を財産額によって４等級にわけ、それぞれの権利・義務を定めた**。しかし平民と貴族の対立は解消されず、やがて平民の不満を背景に、非合法的に政権を奪って独裁をおこなう**僭主**(せんしゅ)が現れた。アテネでは前６世紀半ばに[⁵　　　　]が僭主として実権を握り、中小農民の保護や商工業の奨励などにより平民の力を充実させた。しかし、その子の代に暴政となり打倒された。**前508年**、指導者となった[⁶　　　　]は、血縁にもとづく旧来の４部族制を廃止し、地縁にもとづくデーモス(区)を基礎とする10部族制を創設して民主政の基礎を築いた。さらに僭主の出現を防ぐため、(⁷　　　　)の制度を設けた。

　前６世紀後半、**アケメネス朝(ペルシア)**がアナトリア(小アジア)西岸に進出し、ギリシア人植民市のある(⁸　　　　)地方を支配下に入れた。やがて(⁸　)諸都市がペルシアに反乱をおこすと、これをアテネが支援したため、**前500年**からⓒ**ペルシア戦争**が始まった。**前490年**の(⁹　　　　)の戦いでアテネの重装歩兵軍がペルシア軍を撃破し、**前480年**には(¹⁰　　　　)の**海戦**でⓓ**ギリシア艦隊はペルシア艦隊を大敗させた**。翌年の**プラタイアの戦い**でギリシア連合軍がペルシア陸軍を撃破し、ギリシア側の勝利が確定した。ペルシア戦争後、アテネはエーゲ海周辺の諸ポリスに呼びかけて、ペルシアの再侵攻に備える(¹¹　　　　)同盟を結成した。その盟主となったアテネは、加盟したポリスに対する支配を強めていった。一方、国内では将軍[¹²　　　　]の指導のもと、市民権をもつすべての**成年男性市民**が参加する(¹³　　　　)が最高機関となり、ここにⓔ**アテネの民主政が完成した**。なお、英語のデモクラシーは、ギリシア語のデモクラティア(「民衆の支配」の意)が語源となっている。

問ⓐ　右の写真のような、兵士が槍と盾を構えて横並びで隣人の防御をしつつ隊列を組んで戦った隊形を何と呼ぶか。

問ⓑ　こうした政治形態を何というか。

問ⓒ　ギリシアに派兵し、ペルシア戦争をおこしたアケメネス朝の王は誰か。

問ⓓア　アテネ艦隊を指導して、この海戦を勝利に導いたアテネの将軍は誰か。
　　イ　この海戦で**三段櫂船**(かい)の漕ぎ手として活躍し、のちにアテネ民主政の完成に大きな影響を与えたのは、どのような人々か。

問ⓔ　アテネの民主政が現在の民主政と異なる点を、２点あげよ。

visual ❷

⟨(　　　　　)⟩

僭主の出現を防止するための陶片追放(オストラキスモス)に用いられた。

第４章

1 _____

2 _____

3 _____

4 _____

5 _____

6 _____

7 _____

8 _____

9 _____

10 _____

11 _____

12 _____

13 _____

問ⓐ _____

問ⓑ _____

問ⓒ _____

問ⓓア _____

　イ _____

問ⓔ _____

geographic ❶

〈ペルシア戦争〉

ア(　　　　　)(ポリス名)
イ(　　　　　)(ポリス名)
ウ(　　　　　)地方
a(　　　　　)の戦い
b(　　　　　)の海戦

1
2
3
4
5
6
7
8
9
10
11
12
問ⓐ
問ⓑ
問ⓒ
問ⓓ

challenge 1

アテネの民主政は、ペルシア戦争を経て完成に至る。その経緯について100字程度で説明せよ。
無産市民　三段櫂船
ペリクレス　民会

geographic 2

〈ヘレニズム3国〉
A～Cの王朝名とⓐの都市名を答えよ。

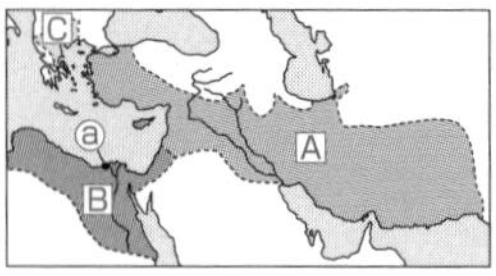

A（　　　　　　　）朝
B（　　　　　　　）朝
C（　　　　　　　）朝
ⓐ（　　　　　　　）

3 ポリス社会の変容／ヘレニズム時代

デロス同盟を率いたアテネが勢力を増すと、スパルタを盟主とする（1　　　　）同盟との対立が深まり、**前431年**にギリシア世界を二分する（1　　）**戦争**に突入した。当初はアテネが優勢であったが、疫病の流行でペリクレスを失って以降、政治は混乱し、前404年、アケメネス朝と結んだスパルタに敗れた。その後、前371年のレウクトラの戦いでスパルタを破った（2　　　　）が一時覇権を握ったが、それも長くは続かず、諸ポリスはアケメネス朝に操られて抗争を繰り返した。この間、ポリス内部ではⓐ貧富の差が拡大し、ポリス社会は変容しはじめた。

前4世紀後半、ギリシア北方の（3　　　　）**王国**が国王［4　　　　］のもとで台頭し、**前338年**の（5　　　　）**の戦い**でアテネ・（2　　）の連合軍を破ってギリシアの諸ポリスを制圧した。翌年、［4　　］はスパルタを除く全ギリシアのポリスを集めて（6　　　　）**同盟**を結成し、（3　　）の支配下においた。

［4　　］のあとを継いだⓑ**アレクサンドロス大王**は、マケドニア・ギリシアの連合軍を率い、ギリシアに干渉するアケメネス朝を討伐するため、**前334年**に**東方遠征**を開始した。大王は**前333年**の（7　　　　）**の戦い**でアケメネス朝軍に大勝し、そののちエジプトを征服した。ついでⓒ前331年の**アルベラの戦い**に勝利してアケメネス朝を滅ぼし（**前330年**）、さらに中央アジアから（8　　　　）**川**流域まで遠征をおこない、大帝国を建設した（アレクサンドロス帝国）。ⓓ大王が急死したのち、その領土をめぐって部下の有力者たちが争い、帝国は（9　　　　）**朝マケドニア**、（10　　　　）**朝シリア**、（11　　　　）**朝エジプト**の3国に分裂した。大王の東方遠征から（11　　）朝の滅亡（**前30年**）までの約300年間を**ヘレニズム時代**という。

ヘレニズム時代には、多くのギリシア人がオリエントの各地に移住したことでギリシア文化・ギリシア語が東方に広まった。また、ギリシア風の都市も各地に建設され、（11　　）朝の首都（12　　　　）は、商業や文化の中心として繁栄を極めた。

問ⓐ　この時代には市民で構成される軍隊のほか、金銭で雇われた兵の使用も増加したが、これを何というか。

問ⓑ　アレクサンドロス大王の幼少期にその家庭教師をつとめた、古代ギリシア最大の哲学者は誰か。

問ⓒ　アルベラの戦いに敗れたのち、暗殺されたアケメネス朝最後の王は誰か。

問ⓓ　アレクサンドロス大王の後継者をめざして抗争した、部下の有力者たちを何と呼ぶか。

1
2
3
4
5

4 ギリシアの生活と文化

オリエント文化の影響を受けつつ、ギリシア人は明るく合理的で人間中心的な文化を生み出し、その文化遺産はのちのヨーロッパ近代文明の模範とされた。

ギリシア人の宗教は多神教で、**ゼウス**を主神とする（1　　　　）が信仰され、神々は人間と同じ姿や感情をもつと考えられた。前8世紀に成立した［2　　　　］の2大叙事詩『イリアス』『オデュッセイア』には、そうした神々と人間との関わりがうたわれている。また、［3　　　　］は『**神統記**』で神々の系譜をまとめ、『4　　　　』で勤労の尊さを説いた。前7世紀頃からはⓐ叙情詩も盛んになり、人間の感情を高らかにうたいあげた。前6世紀には（5　　　　）**地方**の**ミレトス**を中心にⓑ自然の本質と根源を探究する**自然哲学**がおこり、ⓒ合理的・科学的思考をうながすことにつながった。

ⓓ<u>前 5 世紀に民主政盛期を迎えたアテネでは、国家的行事として演劇が競演された</u>。また、民会や法廷での弁論・修辞の技術を教える(⁶　　　)と呼ばれる職業教師が現れたが、その代表とされる[⁷　　　]は、「**万物の尺度は人間**」と説いて客観的真理の存在を否定した。これに対してソクラテスは、客観的真理の存在と知徳合一を主張し、ポリス市民としての生き方を説いたが、市民の誤解と反感を受けて刑死した。その弟子[⁸　　　]は**イデア論**をとなえ、『**国家**』を著して哲人政治を理想とした。[⁸　]の弟子[⁹　　　]は、あらゆる分野の学問を集大成したことから「**万学の祖**」と称され、のちのイスラームの学問や中世ヨーロッパのスコラ学に大きな影響を与えた。歴史叙述では、[¹⁰　　　]がペルシア戦争史を詳細に記述して(『**歴史**』)、「歴史の父」と称された。一方、[¹¹　　　]はペロポネソス戦争史を厳密な史料批判にもとづいて記述し(『**歴史**』)、科学的歴史記述の祖と呼ばれた。美術と建築では、調和と均整の美しさが追求された。美術では、「**アテナ女神像**」で知られる[¹²　　　]や、プラクシテレスがすぐれた彫刻を残した。建築は神殿建築に特色がみられ、柱の形式によって、荘重な(¹³　　　)**式**、優美な**イオニア式**、繊細な**コリント式**に大別される。アテネの(¹⁴　　　)**神殿**は、(¹³　)式の代表例であり、[¹²　]が再建工事に参加したことでも知られる。

　アレクサンドロス大王の東方遠征にともない、ギリシア文化はオリエントに広がり、各地の文化と融合して**ヘレニズム文化**と呼ばれる独自の文化が生まれた。その中心地はプトレマイオス朝の都アレクサンドリアであり、ⓔ<u>ギリシア語が共通語として普及した</u>。ヘレニズム時代には、ポリスや民族などの枠にとらわれない(¹⁵　　　)**主義**(**コスモポリタニズム**)や**個人主義**の風潮が広がった。哲学では、[¹⁶　　　]が創始した(¹⁷　　　)**派**は**禁欲**を、[¹⁸　　　]が創始した[¹⁸　]**派**は**精神的快楽**を説いた。

　ヘレニズム時代には、ⓕ<u>自然科学</u>が発達し、平面幾何学を大成した[¹⁹　　　]、浮体の原理で知られる[²⁰　　　]、地球の円周を計算で求めた[²¹　　　]、地球の自転・公転や太陽中心説をとなえた[²²　　　]など、すぐれた科学者を輩出した。ⓖ<u>彫刻では、感情や肉体の躍動の表現にすぐれた作品が数多くつくられ</u>、その様式はインド・中国・日本にまで影響を与えた。

問ⓐ　多くの恋愛詩を残した、レスボス島出身の女性詩人は誰か。

問ⓑア　「万物の根源は**水**」であるとし、自然哲学の祖と称される人物は誰か。
　　　イ　「万物の根源は**原子**(**アトム**)」ととなえたのは誰か。
　　　ウ　「万物の根源は**数**」ととなえた、自然哲学者・数学者は誰か。
　　　エ　「万物の根源は**火**」「万物は流転する」ととなえた自然哲学者は誰か。

問ⓒ　病因を科学的に探究し、「医学の父」と称されたのは誰か。

問ⓓア　**三大悲劇詩人**の一人で、『**アガメムノン**』で知られるのは誰か。
　　　イ　同じく、『**オイディプス王**』で名高いのは誰か。
　　　ウ　同じく、『**メデイア**』で知られるのは誰か。
　　　エ　ペロポネソス戦争を批判した『**女の平和**』で名高い**喜劇**作家は誰か。

問ⓔ　ヘレニズム世界の共通語となったギリシア語を何というか。

問ⓕ　プトレマイオス朝の都におかれた王立研究所を何というか。

問ⓖア　アテナ女神に殺されるトロイアの神官を主題とした、ヘレニズム時代の代表的な彫刻は何か。
　　　イ　女性の理想美を表現した、ヘレニズム時代の代表的彫刻は何か。

第4章

visual ❸
〈「　　　　」〉
アテナ女神の怒りにふれ、海蛇に殺されるトロイアの神官を題材とした、代表的なヘレニズム彫刻。

3 ローマと地中海支配

1 ローマ共和政

イタリア半島では、前1000年頃からインド＝ヨーロッパ語系の古代イタリア人が南下し、その一派の(^{1}　　　)人は半島中西部の(^{2}　　　)河畔に都市国家ローマを建設した。はじめローマは、先住民族である(^{3}　　　)人の王に支配されており、文化的影響を受けていたが、前6世紀末に王を追放して共和政を樹立した。ⓐ共和政ローマでは、**貴族と平民**(主として中小農民)**の身分**があり、最高官職である任期1年・2名の執政官〈(^{4}　　　)〉は貴族が独占していた。そして最高諮問機関である(^{5}　　　)も貴族によって構成され、強大な権威をもっていた。またⓑ非常時に全権を委任された任期半年の官職も(^{5}　　　)の提案で設置された。

やがて平民が(^{6}　　　)として国防や領土拡大に貢献するようになると、彼らは政治的要求を強めて貴族と対立しはじめた。前5世紀前半、平民保護のための官職で、(^{5}　　　)や(^{4}　　　)の決定に拒否権をもつ(^{7}　　　)と、平民で構成される**平民会**が設置された。前5世紀半ば、従来の慣習法を成文化した(^{8}　　　)**法**が制定され、平民の地位向上に役立った。**前367年**に(^{9}　　　)法が制定され、ⓒ2名の執政官のうち1名を平民から選出することが定められた。さらに**前287年**には(^{10}　　　)法が制定されて、ⓓ平民と貴族との政治上の平等が確立された。こうして平民の権利は拡大していったが、旧来の貴族に一部の有力な平民を加えた新貴族(ノビレス)が政治の実権を握るようになり、また(^{5}　　　)も指導権を保ち続けていたため、アテネのような徹底した民主政とは異なっていた。

問ⓐ　ローマにおける貴族・平民の呼称を順に答えよ。
問ⓑ　この官職を何というか。
問ⓒ　このこと以外に、(^{9}　　　)法ではどのような内容が定められたか。
問ⓓ　どのような形で政治的平等が確立されたか、具体的に述べよ。

2 地中海征服とその影響

ローマは、中小農民の重装歩兵を軍事力の中核として諸都市を征服し、**前272年**に全イタリア半島を統一した。ⓐローマは半島内の服属都市の団結と反抗を防ぐため、個別にローマと同盟を結ばせて、それぞれ異なる権利と義務を与えた。また、都市の上層民には**ローマ市民権**を与えて支配に協力させた。ついでローマは、地中海西方を支配していたフェニキア人植民市の(^{1}　　　)と**前264年**から3回にわたる(^{2}　　　)戦争をおこした。第1回の戦争は、当時最大の穀物生産地であった(^{3}　　　)島をめぐって戦われ、勝利したローマは(^{3}　　　)島を最初の(^{4}　　　)(イタリア半島以外の征服地)とした。第2回の戦争では、カルタゴの将軍[^{5}　　　]のイタリア侵入に苦しんだが、ⓑ**スキピオの活躍によって最終的には勝利した**。そして**前146年**の第3回の戦争でカルタゴを完全に滅ぼした。ローマは(^{2}　　　)戦争と並行して地中海東方にも進出し、前2世紀半ばに、マケドニア・ギリシアの諸ポリスを征服して地中海全域をほぼ支配下におさめた。

しかし、急速な領土の拡大はローマ社会を変質させた。元老院議員など支配者の一部は(^{4}　　　)統治やⓒ徴税請負によって莫大な富を蓄えた。また彼らは、農民が手放した土地や征服戦争で獲得された公有地を手に入れて、ⓓ大量の奴隷を使役して大規模な農場経営をおこない、オリーヴやブドウなどを生産した。一方で、

geographic ❶
〈共和政初期のイタリア〉

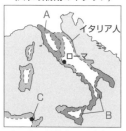

A〜Cの民族名・国家名を答えよ。
A(　　　　)人
B(　　　　)人
C(　　　　)

1　＿＿＿＿
2　＿＿＿＿
3　＿＿＿＿
4　＿＿＿＿
5　＿＿＿＿
6　＿＿＿＿
問ⓐ　＿＿＿＿

重装歩兵として軍隊の中核を担っていた**中小農民の没落**が進行していた。彼らは長期の従軍による疲弊と、(4　　)からの安価な穀物の大量流入によって窮乏し、首都ローマに流れ込んで、食料の配給と娯楽(**「パンと見世物」**)を受け取るだけの無産市民となる者も増加した。こうして市民の経済的格差が拡大した結果、ローマの都市国家としての性格は変質し、共和政は大きくゆらぎはじめた。貧富の対立が激化すると、政治家は元老院の権威を尊重する(6　　　)**派**と民衆の支持を基盤とする**平民派**にわかれて争うようになった。

問ⓐ　このような統治策を何というか。
問ⓑ　スキピオ率いるローマ軍が、カルタゴ軍に大勝した前202年の戦いを何というか。
問ⓒ　征服地の徴税請負などで台頭した新興富裕階級を何というか。
問ⓓ　このような大土地所有制を何というか。

3　内乱の１世紀

中小農民の没落は、ローマの軍事力と共和政の基盤をゆるがす大問題であった。この危機に対して[1　　　　]**兄弟**は、**前133年**以降あいついで護民官となり、有力者が占有していた公有地を無産市民に分配することで(2　　　　)**の再建**を試みた。しかし、この改革は有力者の反発をまねいて失敗に終わった。以後、ⓐ私兵を擁する有力政治家たちによる党争が激しくなり、ローマは「内乱の１世紀」と呼ばれる混乱の時代に入った。またⓑ前91年にはイタリア半島内の諸都市が**ローマ市民権**を要求して反乱をおこし、さらに**前73年**には、見世物に使われた**剣闘士**(剣奴)の[3　　　　]が指導する奴隷反乱がおこるなど、混乱は頂点に達した。

社会の混乱が続くなか、平民派の実力者カエサル、地中海の海賊平定に活躍した将軍[4　　　　]、大富豪[5　　　　]の三者は、私的な政治同盟を結んで元老院と閥族(ばつぞく)派に対抗し、**前60年**に政権を握って**第１回三頭政治**を実現した。その後、カエサルは現在のフランスにあたる(6　　　　)に遠征をおこない、この地を属州とすることに成功した。しかし、カエサルが遠征しているあいだに、[5　　]がパルティアに遠征して戦死し、[4　　]が元老院と結んでカエサルと敵対するようになったため、三頭政治は崩壊した。[4　　]を倒したカエサルは、前46年に独裁官に就任し、様々な改革を進めたが、元老院を無視して「王」の称号を得ようとしていると批判され、前44年にⓒ共和主義者らによって暗殺された。

前43年にカエサルの養子[7　　　　]・カエサルの部下[8　　　　]、およびレピドゥスが再び政治同盟を結んで、**第２回三頭政治**を樹立した。その後、[7　　]はプトレマイオス朝の女王[9　　　　]と結んだ[8　　]と対立し、**前31年**に(10　　　　)**の海戦**で彼らを破り、ⓓ翌年にはプトレマイオス朝を滅ぼしてローマの属州とした。ここに「内乱の１世紀」は終息し、地中海世界はローマによって統一された。

問ⓐア　平民派を代表する政治家で、無産市民を志願兵として活用する軍制改革をおこなったのは誰か。
　イ　閥族派を代表する政治家で、上記アと抗争したのは誰か。
問ⓑ　これを何というか。
問ⓒ　カエサルを暗殺した共和主義者を１人あげよ。
問ⓓ　プトレマイオス朝の滅亡は、約300年におよぶ何という時代の終わりでもあったか。

問ⓑ
問ⓒ
問ⓓ

column 1

〈(　a　) 統治〉

ローマ

- 植民市：ローマの植民により建設。自治権およびローマと同等の完全な市民権を保有
- 自治市：自治権を保有するが不完全な市民権(参政権なし)納税・従軍の義務
- (b)：市民権なし・従軍の義務 ↓のち、市民権を求めて(b)**戦争**をおこす

a (　　　　　　)
b (　　　　　　)

1
2
3
4
5
6
7
8
9
10
問ⓐア
イ
問ⓑ
問ⓒ
問ⓓ

column 2

〈[　　　　　]の改革〉

〔**自作農の再建**をはかる改革を試みた人物の演説〕

「イタリアの野に草を食む野獣でさえ、洞穴を持ち、それぞれ自分の寝ぐらとし、また隠処としているのに、イタリアのために戦い、そして斃れる人たちには、空気と光のほか何も与えられず、彼らは、家もなく落着く先もなく、妻や子供を連れてさまよっている。……」

(長谷川博隆訳『世界古典文学全集(23)――プルタルコス』筑摩書房)

（document id: 9784634032279）

〈[　　　　　]街道〉

ローマ最古の軍道で、ローマから南イタリアのブルンディシウムに至る。

4 ローマ帝国／帝国の変容

アクティウムの海戦に勝利して権力の頂点に立った**オクタウィアヌス**は、**前27年**、元老院から(¹　　　　)(尊厳者)の称号を与えられた。彼は共和政の伝統を尊重し、ⓐ市民のなかの第一人者と自称したので、その統治は(²　　　　)と呼ばれる。しかし、実際はただ一人の皇帝による支配であったので、これ以後を帝政時代という。帝政の成立から約200年間は「³　　　　」と呼ばれ、空前の繁栄と平和が続いた。とくにⓑ五賢帝（ごけんてい）の時代(96年～180年)はローマの最盛期で、ⓒ帝国内各地にローマ風の都市が建設され、ⓓローマからのびる街道網と地中海の航路によって緊密に結ばれた。経済活動も活発となり、中央アジアからは陸路で中国産の絹織物が、ⓔインド洋からは香辛料などがもたらされた。また、**ローマ市民権**は徐々に属州民にも拡大され、**212年**には[⁴　　　　]帝によって、帝国内のすべての自由人にローマ市民権が与えられた(アントニヌス勅令)。

ローマ帝国は、五賢帝時代末期頃から、財政難や経済不振にみまわれるようになった。**3世紀**には、外敵と戦うために属州に駐屯する軍隊が、それぞれ独自に皇帝を擁立して争いあう(⁵　　　　)の時代となった。この時代に皇帝となった者には一般兵士出身が多く、また多数の皇帝が軍隊に殺害されるなどして短期間のうちに交替した。一方で、北方からは(⁶　　　　)**人**、東方ではⓕサ**サン朝**の侵入が激化し、帝国は分裂の危機におちいった。

内乱と異民族の侵入といった危機のなかで、社会の仕組みも変化した。軍隊の維持のため都市は重税を課されて衰退し、富裕層のなかには、都市を去って農村に大所領を経営するものが現れた。彼らは、都市から逃げ出した下層市民などを(⁷　　　　)(小作人)として大所領で働かせた。こうした生産体制を(⁸　　　　)と呼び、従来の**奴隷制**にもとづく**ラティフンディア**にとってかわるようになった。

問ⓐ これをラテン語で何というか。

問ⓑア 五賢帝の1人で、**ダキア**(現在のルーマニア)を征服したことにより、**ローマ領が最大**になった時の皇帝は誰か。

　　イ 五賢帝の3番目の皇帝で、ブリタニア北部に長城を構築したのは誰か。

　　ウ 五賢帝の最後の皇帝で、**ストア派**哲学者としても著名で「**哲人皇帝**」と称され、また後漢（ごかん）時代の中国に使者を派遣したとされるのは誰か。

問ⓒア この時代に建設された都市で、当時ロンディニウムと呼ばれていた都市の現在の名称を答えよ。

　　イ 同じく、当時ルテティアと呼ばれていた都市の現在の名称を答えよ。

　　ウ 同じく、当時ウィンドボナと呼ばれていた都市の現在の名称を答えよ。

問ⓓ ローマからカプアを経て南イタリアのブルンディシウムに至る、ローマ最古の軍道を何というか。

問ⓔア 1～2世紀頃、インド洋を舞台におこなわれた海上貿易は、「ヒッパロスの風」を利用しておこなわれた。「ヒッパロスの風」とは何を指すか。

　　イ デカン高原から南西岸一帯を支配し、ローマや東南アジアとの海上貿易で繁栄したインドの王朝は何か。

　　ウ 当時の海上貿易の様子をギリシア人が記した、紅海・アラビア海・インド洋の航海案内書(1世紀成立)を何というか。

問ⓕ 3世紀のササン朝の王で、ローマの軍人皇帝**ウァレリアヌス**を捕虜にしたのは誰か。

1＿＿＿＿＿＿＿
2＿＿＿＿＿＿＿
3＿＿＿＿＿＿＿
4＿＿＿＿＿＿＿
5＿＿＿＿＿＿＿
6＿＿＿＿＿＿＿
7＿＿＿＿＿＿＿
8＿＿＿＿＿＿＿
問ⓐ＿＿＿＿＿
問ⓑア＿＿＿＿
イ＿＿＿＿＿＿
ウ＿＿＿＿＿＿
＿＿＿＿＿＿＿
問ⓒア＿＿＿＿
イ＿＿＿＿＿＿
ウ＿＿＿＿＿＿
問ⓓ＿＿＿＿＿
問ⓔア＿＿＿＿
イ＿＿＿＿＿＿
ウ＿＿＿＿＿＿
問ⓕ＿＿＿＿＿

column 3

〈『　　　　　』〉

[ローマとインドとの**季節風貿易**を記した史料]
「……始めて舵手（だしゅ）のヒッパロスが商業地の位置と海の状態とを了解して、大海横断による航海を発見した。それ以来インド洋で局部的に、われわれの辺でと同じ頃に、大洋から吹く季節風である南西風は、横断航路を最初に発見した人の名にちなみ、ヒッパロスと呼ばれるように思われる。」
(山田憲太郎『香料の歴史』紀伊国屋書店)

5　西ローマ帝国の滅亡

　帝国分裂の危機を収拾したのは、284年に即位した[¹　　　　]帝であった。彼は帝国を東西にわけ、それぞれに正帝と副帝をおく(²　　　　)を導入し、軍事機構や徴税機構の改革などを断行した。さらに政治権力を強化するため、ⓐ皇帝の神格化につとめ、専制君主として支配した。こうした[¹　　]帝以後の皇帝主導による統治は、それまでの**元首政**と区別して(³　　　　)と呼ばれる。[¹　　]帝の政策を引き継いだ[⁴　　　　]帝は、それまで迫害されてきたキリスト教を公認することで帝国の統一をはかり、330年には新たな首都をⓑコンスタンティノープルに定めた。また、強力な軍隊と巨大な官僚組織を維持するため、コロヌスの移動を禁止して税収を確保し、下層民の身分や職業を世襲化した。

　しかし、軍隊と官僚制を維持するための重税は、あいつぐ属州の反乱をまねき、さらに**375年に始まる**(⁵　　　　)**人**の大移動によって、帝国の統一は著しく困難となっていった。こうしたなかで、[⁶　　　　]帝は**392年にキリスト教を国教化**して帝国の維持をはかろうとしたが、彼の死後の**395年**、帝国は東西に二分された。コンスタンティノープルを首都とする東ローマ帝国(ビザンツ帝国)は、商業と貨幣経済が引き続き活発で、ⓒ1453年まで存続した。一方、西ローマ帝国は(⁵　　)人の侵入で混乱をきわめ、ⓓ476年に滅亡した。

問ⓐ　皇帝の神格化のため、人々に何を強制したか。

問ⓑ　この都市はギリシア人が建設した植民市が起源である。この都市のギリシア時代の名称を答えよ。

問ⓒ　1453年に東ローマ帝国(ビザンツ帝国)を滅ぼしたイスラーム教国は何か。

問ⓓ　476年に西ローマ帝国を滅ぼしたゲルマン人傭兵隊長は誰か。

1 _____
2 _____
3 _____
4 _____
5 _____
6 _____
問ⓐ _____
問ⓑ _____
問ⓒ _____
問ⓓ _____

visual ❷
〈(　　　　　)を記念する彫刻〉

ディオクレティアヌス帝が開始した統治体制。東西の正帝・副帝 4 人が肩を組み合っている。

6　Exercise　ローマ帝政

　ローマ帝政の推移について、次の表中の空欄に適当な語句を記入せよ。

前期帝政=(　ア　)政(プリンキパトゥス)	後期帝政=(　ケ　)政(ドミナトゥス)
最盛期…「イ」(パクス゠ロマーナ) ／ **3世紀の危機**	**3世紀の危機** ／ **分裂・解体期**
[　ウ　](初代皇帝)(前27〜後14)・プリンケプス(第一の市民)として元首政を開始・ラテン文学の黄金時代	[　コ　]帝(284〜305)・オリエント風の専制君主政を開始・四帝分治制(テトラルキア)の採用・キリスト教の大迫害
[　エ　]帝(54〜68)・キリスト教迫害…ペテロ・パウロ殉教	[　サ　]帝(306〜337)・ミラノ勅令でキリスト教公認(313)・ニケーア公会議(アタナシウス派を正統、325)・コンスタンティノープル遷都(330)・コロヌスの移動を禁止、職業の固定化
五賢帝時代(96〜180)・ネルウァ帝・[　オ　]帝…帝国領最大・ハドリアヌス帝…ブリタニアに長城造営・アントニヌス゠ピウス帝・[　カ　]帝…**ストア派の哲人皇帝**	◇ゲルマン民族の大移動(375〜)
	[　シ　]帝(379〜395)・キリスト教の国教化(392)
[　キ　]帝(211〜217)・帝国内の全自由人に**市民権**賦与(212)	◇ローマ帝国の東西分裂(395)
(　ク　)の時代(235〜284)・皇帝の乱立、ゲルマン人・ササン朝の侵入	◇西ローマ帝国の滅亡(476)ゲルマン人傭兵隊長オドアケルによる

ア _____
イ _____
ウ _____
エ _____
オ _____
カ _____
キ _____
ク _____
ケ _____
コ _____
サ _____
シ _____

challenge ❶
帝国の統一を維持するため、コンスタンティヌス帝がとった政策について、100字程度で説明せよ。
　キリスト教　官僚制
　職業・身分の固定

❼ ローマの生活と文化 ―――――

　ローマ人は、ギリシアから学んだ知識を帝国支配に応用する実用的文化において、すぐれた能力をみせた。彼らはギリシア文字から**ローマ字**をつくり、その言語である(¹　　　　)語は、近代に至るまで教会や学術の国際公用語となった。

　また、**アーチ構造**を用いたローマの建築技術はきわめてすぐれており、都市には**公共浴場**(ローマ市にカラカラ帝が造営したものが有名)・**凱旋門**（がいせんもん）・**パンテオン**（万神殿）（ばんしんでん）・ⓐ**闘技場**などの公共施設がつくられ、(²　　　　)**街道**に代表される軍道やⓑ**水道施設**も整備された。

　ローマ人が、後世にもっとも影響を与えたものがローマ法である。ローマ法は当初はローマ市民だけに適用される**市民法**であったが、領土の拡大にともない、帝国内のすべての人民に適用される(³　　　　)**法**としての性格を強めていった。6世紀の東ローマ皇帝[⁴　　　　]の命によりトリボニアヌスが編纂した『⁵　　　　』はその集大成であり、のちのヨーロッパ世界の法体系の規範とされた。**カエサル**はエジプトの太陽暦をもとに(⁶　　　　)**暦**を制定したが、この暦は16世紀に修正されて**グレゴリウス暦**となり、今日も用いられている。

　(¹　)語の文学では、雄弁家であり、カエサルの政敵としても知られる[⁷　　　　]が模範的な散文を残した。アウグストゥス時代は「(¹　)**文学**の黄金時代」といわれ、[⁸　　　　]はローマの建国叙事詩『**アエネイス**』を著し、叙情詩人のホラティウスやオウィディウスらが活躍した。歴史記述では、[⁹　　　　]が『**ローマ建国史**』を著し、[¹⁰　　　　]は『**年代記**』やⓒ移動前のゲルマン人社会を記した重要史料『**ゲルマニア**』を著した。そのほか、政体循環史観にもとづく『**歴史**』を著した**ポリビオス**、ギリシア・ローマの英雄的人物の伝記『**対比列伝（英雄伝）**』（たいひれつでん）を著した[¹¹　　　　]らのⓓ**ギリシア人著作家**も活躍した。自然科学では、[¹²　　　　]がギリシア以来の知識を集大成した『**博物誌**』を著した。また、ギリシア人の天文・数学者[¹³　　　　]は、地球中心の**天動説**をとなえた。

　哲学では、ⓔ**ストア派**の哲学が政治家や知識人のあいだで流行した。奴隷出身のエピクテトスや、五賢帝の最後の皇帝で「哲人皇帝」と称されたⓕ**マルクス゠アウレリウス゠アントニヌス**らが著名である。

問ⓐ　下の**写真Ⅰ**は、剣闘士を戦わせるなどの見世物がおこなわれたローマ市の円形闘技場である。その名称を答えよ。

問ⓑ　下の**写真Ⅱ**は、南フランスに残るローマ時代の上水道施設である。その名称を答えよ。

問ⓒ　『**ゲルマニア**』とともにゲルマン研究の重要史料となっている、カエサルが著した遠征の記録は何か。

問ⓓ　各地を旅行して『**地理誌**』を著した、ギリシア人の地理学者は誰か。

問ⓔ　『**幸福論**』などの著作で知られるストア派の哲学者で、**ネロ帝**の師でもあり、のちに自殺を強要されたのは誰か。

問ⓕ　ストア派の理念にもとづいて著された、その代表的著作を答えよ。

（左欄 解答欄）

1 ＿＿＿＿＿＿
2 ＿＿＿＿＿＿
3 ＿＿＿＿＿＿
4 ＿＿＿＿＿＿
5 ＿＿＿＿＿＿
6 ＿＿＿＿＿＿
7 ＿＿＿＿＿＿
8 ＿＿＿＿＿＿
9 ＿＿＿＿＿＿
10 ＿＿＿＿＿＿
11 ＿＿＿＿＿＿
12 ＿＿＿＿＿＿
13 ＿＿＿＿＿＿

問ⓐ ＿＿＿＿＿
問ⓑ ＿＿＿＿＿
問ⓒ ＿＿＿＿＿
問ⓓ ＿＿＿＿＿
問ⓔ ＿＿＿＿＿
問ⓕ ＿＿＿＿＿

visual ❸
〈コンスタンティヌス帝の（　　　　）〉

皇帝の戦勝記念としてローマ市に建設された。

visual ❹
〈（　　　　）（万神殿）〉

種々の神を祀った神殿。

4　キリスト教の成立と発展

■1 キリスト教の成立／迫害から国教へ

　1世紀初め、ローマ支配下のパレスチナにイエスが現れ、ユダヤ教の律法主義^{りっぽう}と祭司^{さいし}らの堕落^{だらく}を批判し、身分や貧富の差をこえた神の愛と隣人愛を説いて神の国の到来を約束した。民衆はイエスこそが救世主〈ヘブライ語の（¹　　　）、ギリシア語で**キリスト**〉であるとして従った。しかし、イエスはユダヤ教の祭司や律法^{じゅんしゅ}の遵守を主張する（²　　　）**派**らによって反逆者として訴えられ、属州総督**ピラト（ピラトゥス）**により**十字架**にかけられて刑死した。その後、弟子たちのあいだにイエスが復活したという信仰が生まれ、イエスの死と復活は人類の罪をあがなう行為であると信ずるキリスト教が成立した。キリスト教は、ⓐ**使徒**^{しと}**たちの熱心な伝道**によって、下層民や女性・奴隷に広まり、各地に信徒の団体である**教会**が設立され、イエスの言行を記した『**福音書**^{ふくいんしょ}』や使徒の活動を伝える『**使徒行伝**^{ぎょうでん}』などが『³　　　』（コイネーで記された）にまとめられて教典となった。

　当時のローマは多神教で、皇帝も神の1人とされており、それにもとづいて（⁴　　　）が強化されていった。しかしキリスト教徒は、ローマの国家祭祀や（⁴　　）を拒んだので、ⓑ**反社会的集団としてたびたび迫害され、殉教者**^{じゅんきょうしゃ}**を出した**。4世紀の初頭、[⁵　　　]**帝**は帝国全土で大迫害をおこなったが、キリスト教は身分や民族をこえて拡大していった。帝国の統一を維持するために、[⁶　　　]**帝**は313年に（⁷　　　）を発布してキリスト教を公認し、教会組織を帝国の統治機構に組み込んで支配の強化をはかった。また[⁶　　]帝は、325年に教義の統一のため、（⁸　　　）**公会議**を開催した。そこでは、神とキリストを同一視する（⁹　　　）**派**が**正統**とされ、ⓒ**その説は、のちに正統教義の根本**となった。一方、キリストを人間であるとする（¹⁰　　　）**派**は**異端**とされ、北方の**ゲルマン人**のあいだに広まった。ⓓ**4世紀には、異教復興による混乱もみられた**が、392年に[¹¹　　　]**帝**は（⁹　　）派キリスト教を**国教**とし、他の宗教を全面的に禁止した。ローマ帝国末期には、**五本山**と呼ばれる有力教会が信徒たちを指導して重要な役割を担った。また、ⓔ**教父と呼ばれるキリスト教思想家たち**が正統教義の確立につとめ、後世の信仰や学問、とりわけ西ヨーロッパ中世の**スコラ学**に大きな影響を与えた。

　431年の（¹²　　　）**公会議**では、イエスの神性と人性とを分離する（¹³　　　）**派**が異端とされ、ササン朝を経て唐代の中国に伝播して**景教**と呼ばれた。451年の**カルケドン公会議**では、イエスの神性と人性は融合して一つであるとする**単性論**が異端とされたが、エジプトの**コプト教会**は以後も単性論を奉じた。

問ⓐア　十二使徒の長とされ、ローマで殉教したと伝えられる人物は誰か。

　　イ　イエスの死後入信し、異邦人伝道に活躍した人物は誰か。

　　ウ　上記ア・イはいずれも何というローマ皇帝の時代の迫害で殉教したか。

問ⓑ　キリスト教徒が礼拝所として利用した地下墓地を何というか。

問ⓒ　神・イエス・聖霊^{せいれい}の三者は同質で不可分とする考えを、何説というか。

問ⓓ　異教の復活を企図して、「**背教者**^{はいきょうしゃ}」と呼ばれた4世紀後半の皇帝は誰か。

問ⓔア　マニ教から改宗して自伝『**告白録**』を著し、正統教義の確立につとめた古代最大の教父は誰か。

　　イ　彼の代表的著作で、教会の権威を確立した神学書は何か。

1 _____
2 _____
3 _____
4 _____
5 _____
6 _____
7 _____
8 _____
9 _____
10 _____
11 _____
12 _____
13 _____
問ⓐア _____
　イ _____
　ウ _____
問ⓑ _____
問ⓒ _____
問ⓓ _____
問ⓔア _____
　イ _____

column ❶

〈（a　　　　）勅令〉
[**コンスタンティヌス帝**が313年に発布した勅令]

　われらは幸いにも（a　）に相会せる時……次のことを定むべきであると考えた。すなわち、われらはクリスト者に対しても万人に対しても、各人が欲した宗教に従う自由な権能を与える。……われらはクリスト者の礼典にもあれ、みずから自分に最適だと感じている宗教にもあれ、それらに帰依したいかなる人に対しても決して許可を拒むべきでないと考える。（弓削達訳『西洋史料集成』平凡社）

visual ❶

〈（　　　　　）〉

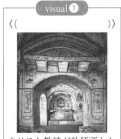

キリスト教徒が礼拝所として用いた地下墓地。

第5章　イスラーム教の成立とヨーロッパ世界の形成

1　アラブの大征服とイスラーム政権の成立

1　アラブ゠ムスリム軍による大征服

　6世紀の西アジアでは、@<u>ビザンツ帝国</u>が東地中海を支配する一方、ⓑ<u>ササン朝</u>は国王[¹　　　]のもとで最盛期を迎え、両者は抗争を続けていた。両者は7世紀に疲弊すると、やがて(²　　　)**半島**の**アラブ人**勢力が急拡大することとなった。その原動力となったのがイスラーム教である。

　(²　　)半島西部の都市(³　　　)の**クライシュ族**ハーシム家に生まれたムハンマドは、610年頃に唯一神(⁴　　　)の啓示を受け、みずからを(⁵　　　)であると自覚して、(⁴　　)への**絶対的服従**を意味するイスラームを説いた。しかし(³　　)の有力者はその教えを受け入れず、彼を迫害したので、**622年**にムハンマドと信徒たちは北方の都市(⁶　　　)(「預言者の町」の意)に移住した。この移住は(⁷　　　)と呼ばれて、**イスラーム暦**〈(⁷　　)暦〉の元年とされている。(⁶　　)ではムハンマドの教えが受け入れられて、ⓒ<u>イスラーム教徒の共同体</u>が組織された。その後、ムハンマドは630年に(³　　)を征服すると、その権威にアラブ諸部族の多くが従い、それまで多神教の神殿であった(⁸　　　)はⓓ<u>イスラーム教の聖殿</u>にあらためられた。

　ムハンマドが632年に没すると、義父の**アブー゠バクル**がⓔ<u>カリフ(後継者の意)</u>に選出された。ところがアラブ諸部族内に共同体の統治や後継者の地位をめぐる対立が生まれると、彼は人々の関心をそらすために(²　　)半島外への征服活動を開始した。アラブ゠ムスリム軍は、すでにアラブ諸部族の移住が始まっていたイラク・シリア方面に侵攻した。**642年**には(⁹　　　)の戦いでササン朝を破ってイラン・イラクを獲得し、さらにビザンツ帝国からは**シリア**やⓕ<u>エジプト</u>を奪った。この大征服活動のなかで、イラク・シリア・エジプトなどの支配地域に(¹⁰　　　)と呼ばれる軍営都市がつくられ、多数のアラブ人が移住して新たな支配者層となった。

問ⓐ　6世紀のビザンツ帝国皇帝で、かつてのローマ帝国領をほぼ回復したのは誰か。

問ⓑ　6世紀にササン朝は、遊牧民**エフタル**を滅ぼすために何というトルコ系遊牧民と同盟を結んだか。

問ⓒ　神の啓示を信じた人々の集団を意味する、この共同体を何と呼ぶか。

問ⓓ　右の図は、この聖殿におけるムハンマドを描いたものであるが、彼の顔には白布が被せられている(左上)。その理由を簡潔に説明せよ。

問ⓔ　初代から4代目までのカリフを何と呼ぶか。

問ⓕ　エジプトの都市のなかで、7世紀にアラブ人に占領されるまで、キリスト教の総大司教座教会がおかれて繁栄していた都市はどこか。

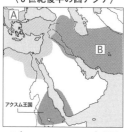

2　ウマイヤ朝の成立と拡大／アッバース朝の成立とその繁栄 ─────

　ムハンマドの死後、イスラーム共同体を率いた４人のカリフは選挙で選出され、ムハンマドの教えもきびしく守られていた。支配領域もアラビア半島から西アジア全体へと大きく拡大したが、４人のカリフのうち３人は暗殺されるなど、その地位をめぐる争いが激しくなっていった。第４代カリフの[¹　　　　]が暗殺されると、彼と対立して、すでにカリフを名乗っていたシリア総督で**ウマイヤ家**出身の[²　　　　]は、661年に(³　　　　)を首都としてウマイヤ朝を開き、カリフ位を世襲した。これに対し、第４代カリフ[¹　]の血統を支持する少数派の人々は「分派」を意味する(⁴　　　　)派と呼ばれて、ⓐ<u>ウマイヤ朝を支持する多数派</u>と対立した。

　ウマイヤ朝の時代にもアラブ＝ムスリム軍による領土拡大は続き、東ではインド北西部から中央アジア、西では北アフリカから**イベリア半島**に進出した。711年にはゲルマン人国家の(⁵　　　　)**王国**を滅ぼし、さらにその後ピレネー山脈をこえてフランク王国内にも進出したが、**732年**の(⁶　　　　)**の戦い**に敗れ、その拡大はイベリア半島にとどまった。

　ウマイヤ朝の時代には、被征服地の住人から**人頭税**〈(⁷　　　　)〉と**土地税**〈(⁸　　　　)〉を徴収した。これらはいずれもⓑ<u>ユダヤ教徒やキリスト教徒などが</u>、信仰の自由と生命・財産を保護される代償として納めるものであったが、実際には被征服地の人々がイスラーム教に改宗しても免除されず、アラブ人のみが免税などの特権を認められて優位な地位が保たれていた。

　イスラーム教がアラビア半島以外の地域に広まり、ⓒ<u>非アラブ人ムスリム</u>が増えると、アラブ人支配層とのあいだに対立がおこった。**750年**、ムハンマドの叔父の子孫であるアッバース家が、ウマイヤ朝の支配に反対する(⁴　)派の協力を得てウマイヤ朝を倒し、**アッバース朝**を創始した。その直後の**751年**にはⓓ<u>中央アジアへ進出し、唐と戦って勝利をおさめた</u>。

　アッバース朝の第２代カリフである**マンスール**は762年以降、ウマイヤ朝時代の(³　)にかわる新都(⁹　　　　)を建設し、国家の中心をシリアからイラン・イラクに移した。アッバース朝のもとではイスラーム教徒間の平等がはかられて、それまでイスラーム教徒であっても非アラブ人に課せられていた(⁷　)は、キリスト教徒やユダヤ教徒ら異教徒が払うようになり、また土地をもつ者は例外なく(⁸　)を払うこととなった。灌漑による農業生産力の向上や手工業の発達によって新都は繁栄し、広大な地域が統合されて交通路が整備され、**ムスリム商人**(イスラーム教徒の商人)によって新都と各地を結ぶ交易も発展した。こうしてアッバース朝は、第５代カリフ[¹⁰　　　　]の時代に最盛期を迎えた。

問ⓐ　ウマイヤ朝を支持した多数派は、「預言者の言行に従う人々」とされ、のちに何派と呼ばれるようになったか。

問ⓑ　ムハンマドは『旧約聖書』と『新約聖書』をイスラーム教に先立つ啓示の書とみなし、ユダヤ教徒とキリスト教徒に信仰の自由を認めた。彼らは何と呼ばれたか。

問ⓒ　イスラーム教に改宗した、アラブ人以外の人々のことを何と呼ぶか。

問ⓓ ア　この戦いを何と呼ぶか。

　　イ　このとき唐軍の捕虜から伝えられたとされる技術は何か。

visual **1**

〈メッカの（　　　）聖殿〉

イスラーム教の聖殿。ムハンマドがメッカを征服するまで多数の神像がおかれていた。

1 ＿＿＿＿＿＿＿＿
2 ＿＿＿＿＿＿＿＿
3 ＿＿＿＿＿＿＿＿
4 ＿＿＿＿＿＿＿＿
5 ＿＿＿＿＿＿＿＿
6 ＿＿＿＿＿＿＿＿
7 ＿＿＿＿＿＿＿＿
8 ＿＿＿＿＿＿＿＿
9 ＿＿＿＿＿＿＿＿
10 ＿＿＿＿＿＿＿
問ⓐ ＿＿＿＿＿＿＿
問ⓑ ＿＿＿＿＿＿＿
問ⓒ ＿＿＿＿＿＿＿
問ⓓ ア ＿＿＿＿＿＿
イ ＿＿＿＿＿＿＿＿

geographic **3**

〈8世紀の西アジア〉

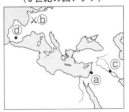

ⓐウマイヤ朝の都
　（　　　　　　）
ⓑウマイヤ朝とフランク王国
　の戦いがおこなわれた場所
　（　　　　　　）
ⓒアッバース朝の都
　（　　　　　　）
ⓓ後ウマイヤ朝の都
　（　　　　　　）

3 イスラーム文化の成立／イスラーム政権の多極化

イスラーム教が拡大した地域では、文化的な伝統が融合して多様な学問が発展した。ⓐインドの数学がイスラーム圏に伝わって(¹　　　)数字が生まれ、代数学で有名な[²　　　]に代表されるアラビア数学は、世界でもっとも早く発展した。また9世紀初め以降、バグダードの「知恵の館(バイト＝アルヒクマ)」では、ギリシア語のⓑ医学・天文学・幾何学・哲学などの文献が(¹　)語に翻訳され、とくに[³　　　]の哲学は、イスラーム神学の形成に大きな影響を与えた。

ⓒイスラーム教の信仰に対する関心も高まり、聖典の『⁴　　　』と、ムハンマドの言行についての伝承であるⓓハディースを扱う学問が発展した。(⁴　)とハディースにもとづいた規範がイスラーム法(シャリーア)としてまとめられ、イスラーム法を学んだ(⁵　　　)と呼ばれる法学者が司法や政治で活躍するようになった。また、インドやイラン・ギリシア・アラビアなどを起源とする説話を集大成した『⁶　　　』がのちにまとめられた。

美術・建築では、イスラーム教が偶像崇拝の禁止を徹底したこともあって、礼拝施設である(⁷　　　)などには、植物や文字を文様化した(⁸　　　)が装飾に用いられた。また、ⓔ中国から製紙法が伝播してバグダードやサマルカンドに製紙場がつくられ、アッバース朝期の文化の発達を支えた。

ウマイヤ朝が750年に滅亡すると、その一族はⓕイベリア半島に逃れて(⁹　　　)を都に756年に後ウマイヤ朝を建て、10世紀前半のアブド＝アッラフマーン3世のときにカリフを称した。これ以降、イスラーム政権は分裂のきざしを見せはじめた。10世紀初めにアッバース朝がエジプトを奪回したのもつかの間、909年にチュニジアにおこった(¹⁰　　　)朝が969年にエジプトを征服し、その後、イスラーム圏の政治・経済の中心となる都(¹¹　　　)を建設した。(¹⁰　)朝は(¹²　　　)派を奉じ、建国当初からカリフを名乗ってアッバース朝に対抗した。こうしてイスラーム政権の分裂は決定的なものとなった。

西アジアでは、アッバース朝時代から(¹³　　　)と呼ばれるトルコ系の奴隷軍人が台頭して、カリフ権は弱体化していった。それに乗じて(¹²　)派の最大宗派である十二イマーム派を奉じるイラン系の軍事政権(¹⁴　　　)朝が、946年にバグダードに入城してアッバース朝カリフを支配下におき、(¹⁵　　　)の称号を得てⓖ実質的な権力を握った。こうしてアッバース朝カリフの支配は名目的なものとなっていった。

問ⓐ インドで発見された、もっとも重要な数学的概念は何か。

問ⓑ 10世紀後半に中央アジアのブハラに生まれた学者で、のちにヨーロッパで医学の教科書として用いられた『医学典範』を著したのは誰か。

問ⓒ ムスリムが信者として信仰したり、おこなうべき行為を総称して何と呼ぶか。漢字4文字で答えよ。

問ⓓ 9～10世紀のウラマーで、ハディースの収集につとめて年代記『預言者たちと諸王の歴史』を著したのは誰か。

問ⓔ 製紙法を改良したといわれる、後漢時代の宦官は誰か。

問ⓕ 711年にウマイヤ朝によって滅ぼされた、ゲルマン人国家は何か。

問ⓖ この王朝では、軍事奉仕の代償として、軍人に一定地域の徴税権を付与した。その後も西アジアで広く継承された、この制度を何と呼ぶか。

visual ❷

《(　　)》

植物やアラビア文字などを図案化したもの。名称はヨーロッパ人が「アラブ風の」という意味で使用したことが由来。

challenge ❶

イスラーム教徒の学問の特徴と、ギリシア哲学がおよぼした影響について、以下の語句を用いて100字以内で説明せよ。

**アラビア語　コーラン
アリストテレス
イスラーム神学**

2　ヨーロッパ世界の形成

1　ヨーロッパの風土と人々／ゲルマン人の移動とイスラーム勢力の侵入 ──

　ヨーロッパ中西部には、前6世紀頃からインド＝ヨーロッパ語系の(¹　　　　)人が広く居住していたが、ローマやゲルマン人の圧迫を受けて同化が進んだ。

　バルト海沿岸を原住地とするゲルマン人は、(¹　　)人を西に圧迫しながら、しだいに居住地域を拡大してローマと国境を接するようになった。ローマ帝国初代皇帝の**アウグストゥス**がゲルマン人の部族連合軍に手痛い敗北を喫するなど、ローマにとっては手強い敵であった。ⓐ初期ゲルマン人社会は数十の部族にわかれ、貴族・平民・奴隷の身分があり、重要な決定は成年男性自由人の全体集会である(²　　　　)でおこなわれていた。その後、しだいに人口が増えて耕地が不足してくると、下級官吏や傭兵、(³　　　　)などとして平和的にローマ帝国内に移住するゲルマン人も多く現れた。また彼らの社会では、小部族が軍事的指導者である王のもとで統合され、大部族へと成長した。

　4世紀後半、アジア系の(⁴　　　　)人が西進を開始し、ゲルマン人の一派である(⁵　　　　)人の大半を征服、さらに(⁶　　　　)人を圧迫すると、(⁶　　)人は**375年**に南下を開始し、翌年ローマ帝国領内に移住した。これを契機にほかのゲルマン諸部族も大規模な移動を開始して、約200年も続くⓑ**ゲルマン人の大移動**が始まった。(⁶　　)人は410年にローマを略奪したのち、イベリア半島に移動して建国した。(⁷　　　　)人は北アフリカに、(⁸　　　　)人はガリア東南部に、(⁹　　　　)人はガリア北部にそれぞれ移動して建国し、(¹⁰　　　　)人は**大ブリテン島**に(¹¹　　　　)(ヘプターキー)を建てた。

　(⁴　　)人はヨーロッパに進入したのち、5世紀前半に[¹²　　　　]**王**が**パンノニア**(現ハンガリー)に大帝国を建てたが、451年の**カタラウヌムの戦い**で西ローマ・ゲルマン連合軍に敗れ、[¹²　　]王の死後に帝国は崩壊した。

　一方、この混乱のなか、**476年**に**ゲルマン人傭兵隊長**の[¹³　　　　]によってⓒ**西ローマ帝国は滅亡**した。その後、568年北イタリアに[¹⁴　　　　]**王国**が建てられたのを最後に、ゲルマン人の大移動も一応の終息をみた。

問ⓐ　初期ゲルマン人社会の様子を記録した、ア　**カエサル**の著作と、イ　『**ゲルマニア**』の著者を、それぞれ答えよ。

問ⓑ　次の地図はゲルマン人の大移動における諸部族の移動を示したものである。地図中の記号**A～G**の部族名または民族名を答えよ。

問ⓒア　西ローマ帝国を滅ぼした人物を倒して、イタリアに建国したゲルマン人国家は何か。

　　イ　そのときの王の名を答えよ。

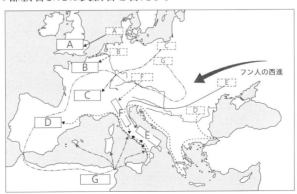

フン人の西進

geographic ❶

〈ヨーロッパの言語分布〉

ケルト語系　ウラル語系

b 語系　c 語系

a 語系

a (　　　　　　)語系
b (　　　　　　)語系
c (　　　　　　)語系

1 _____
2 _____
3 _____
4 _____
5 _____
6 _____
7 _____
8 _____
9 _____
10 _____
11 _____
12 _____
13 _____
14 _____
問ⓐア _____
イ _____
問ⓑA _____
B _____
C _____
D _____
E _____
F _____
G _____
問ⓒア _____
イ _____

1
2
3
4
5
6
7
8
問ⓐ
問ⓑA
B
C

visual ❶
〈皇后テオドラ〉

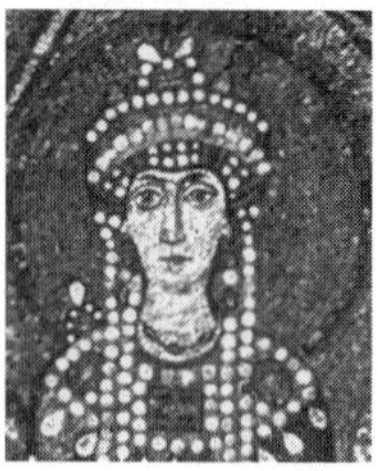

[　　　　　　]**大帝**の皇后。貧しい踊り子からビザンツ帝国の共同統治者となり、大帝を支えた。

2 ビザンツ帝国の成立

ゲルマン人の大移動の影響をほとんど受けなかったビザンツ帝国(**東ローマ帝国**)では、貨幣経済が進展して商業が発達し、首都(1　　　　)(旧名ⓐビザンティウム)はヨーロッパ最大の貿易都市として繁栄した。また、(2　　　　)教とギリシア古典文化を融合した独自の文化が形成された。ビザンツ皇帝は帝政ローマ期以来の皇帝専制支配を続けており、政治面のみならず宗教面でもキリストの代理人として(2　　)教会を支配し、巨大な官僚制度が帝国を支えていた。

西ヨーロッパを席巻していたゲルマン諸国家もビザンツ皇帝の権威を認め、西ローマ帝国滅亡後、しばらくは服従した。6世紀には[3　　　　]**大帝**が旧ローマ帝国領の回復を企図して、北アフリカの(4　　　　)**王国**やイタリア半島の(5　　　　)**王国**を滅ぼし、ⓑ一時的に地中海のほぼ全域を支配することに成功した。国内では『6　　　　』の編纂や(7　　　　)**聖堂**建立など文化事業に力を注ぎ、また東方から伝来した養蚕(ようさん)を奨励して、(8　　　　)**産業**を育成した。

問ⓐ　330年、この地に遷都したローマ皇帝は誰か。
問ⓑ　右の地図中の記号A・Bのゲルマン国家名、およびCの王朝名を答えよ。

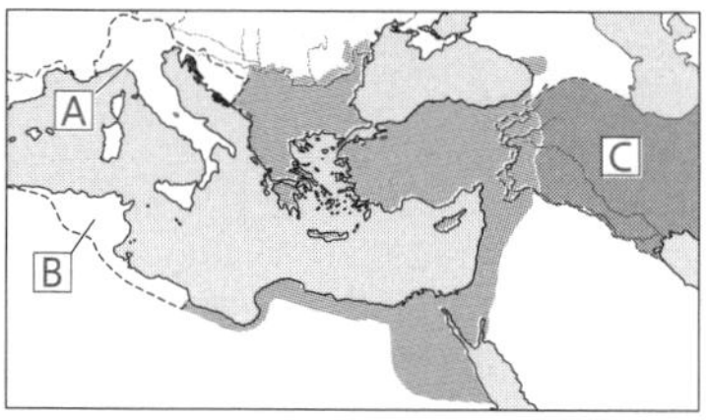

1
2
3
4
5
6
7
8
問ⓐ
問ⓑA　　　　朝
B　　　　王国
C　　　　王国
D　　　　帝国
問ⓒア
イ

3 フランク王国の発展

ライン川東岸から拡大する形で**ガリア**北部に進出した**フランク人**は、はじめいくつかの部族にわかれていたが、481年に[1　　　　]が統一してフランク王に即位し、(2　　　　)**朝**を開いた。当時、ⓐ多くのゲルマン人が**アリウス派**キリスト教を信仰していたなかで、[1　　]は正統派の(3　　　　)**派**に改宗してローマ人貴族を支配層に取り込み、フランク王国が西ヨーロッパの中心勢力となる基礎を築いた。

フランク王国は、6世紀に**ブルグンド王国**を滅ぼして全ガリアを統一したが、8世紀には(2　　)朝の権威は衰え、かわって王家の行財政の長官である**宮宰**(きゅうさい)(**マヨル＝ドムス**)が実権を握るようになった。

この頃、西アジアから北アフリカに急速に拡大したイスラーム勢力が、**ジブラルタル海峡**をこえてイベリア半島へと侵入し、**711年**にゲルマン国家の(4　　　　)**王国**を滅ぼすと、さらにピレネー山脈をこえてガリアに侵攻した。フランク王国の宮宰[5　　　　]は、**732年**(6　　　　)**の戦い**でイスラーム軍を撃退し、ⓑ西方キリスト教世界を外部勢力から守った。その子[7　　　　]はⓒ**ローマ教皇**の承認のもと、**751年**に(2　　)**朝**を廃して新たに(8　　　　)**朝**を開いた。

問ⓐ　アリウス派が異端とされた、**325年**の公会議は何か。
問ⓑ　当時の状況を示す、右の地図中の記号A～Dの国名を答えよ。
問ⓒ　当時のローマ教皇は[7　　]から土地の寄進を受けていた。その土地は、あるゲルマン国家から奪った地域である。ア　そのゲルマン国家名と、イ　その地域名をそれぞれ答えよ。

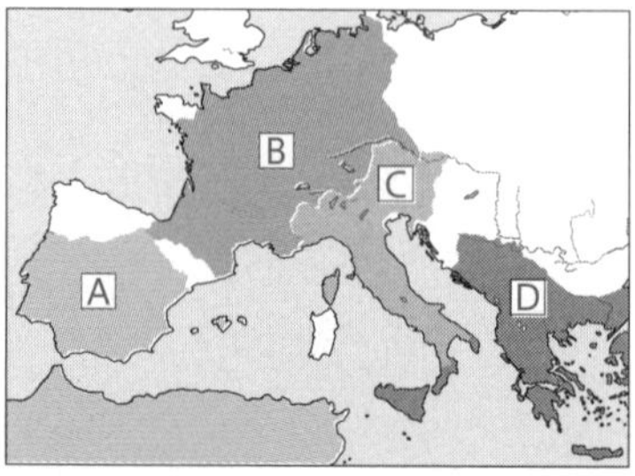

4　ローマ＝カトリック教会の成長

　西ヨーロッパにおいて、フランク王国と協同して独自の世界の形成に貢献したのがローマ＝カトリック教会である。ローマ帝国末期に@**五本山**と呼ばれた教会のうち、**コンスタンティノープル教会**が最有力であったが、西ローマ帝国滅亡後は**ローマ教会**がそこから分離する傾向を見せはじめた。6世紀のローマ教皇[1　　　　]はゲルマン人への布教に力を注ぎ、ⓑ**修道院運動**を支持して学問や教育・農業技術の発展に貢献した。こうしてローマ教会は西ヨーロッパに勢力を拡大し、イエスの弟子である(2　　　　)の後継者を自任したローマの司教は、**教皇**として権威を高めた。

　7世紀になると西アジアにイスラーム教が成立し、偶像崇拝（ぐうぞうすうはい）を禁じるその厳格な教えは、キリストや聖母・聖人の聖像を礼拝するキリスト教への批判を生んだ。すると、ビザンツ皇帝[3　　　　]は、キリスト教の初期の教理に回帰すべく、**726年**に(4　　　　)を発布した。これに対して、ゲルマン人への布教に聖像が欠かせなかったローマ教会は反発し、東西両教会は対立を始めた。ローマ教会はビザンツ帝国に対抗できる強力な政治勢力の庇護（ひご）を求めるようになり、宮宰[5　　　　]のもとでイスラーム勢力を撃退したフランク王国に接近した。[5　　　]の子[6　　　　]がフランク国王となることを教皇に認められると、その返礼に[6　　　]は北イタリアの(7　　　　)**王国**に遠征して(8　　　　)地方を奪い、これをⓒ**ローマ教皇に寄進**した。これが**教皇領**の始まりで、これ以降もローマ教会とフランク王国は結びつきを深めていった。

問@　五本山の位置を示した右の地図中の記号**A～E**の教会名を答えよ。

問ⓑ　6世紀に修道院を創設した人物が定めたモットーで、西欧における中世以前の労働に対する意識を大きくかえたとされる言葉は何か。

問ⓒ　756年のこの出来事を何というか。

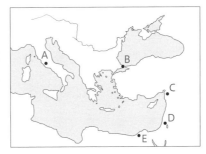

5　カール大帝／分裂するフランク王国

　カロリング朝を創始したピピンの子**カール大帝（シャルルマーニュ）**は、**ランゴバルド王国**を征服してイタリア北部を支配下におさめたほか、西方のイスラーム勢力と戦って領土を広げ、東方では(1　　　　)**人**を撃退した。さらに北東はドイツの**ザクセン人**を服従させるなど、周辺に領土を拡大していった。彼は広大な領土を支配するために全国を**州**にわけ、地方の豪族を(2　　　　)に任命して各州の長官とし、**巡察使**（じゅんさつし）を派遣して(2　　　)を監視した。こうしてフランク王国はビザンツ帝国に並ぶ大国となった。またカールは、アーヘンなどの宮廷にイギリスから[3　　　　]らの学者をまねいて@**ラテン語文芸の復興**につとめ、アルファベットの小文字(**カロリング小字体**)も、このとき発明された。

　ここに至ってローマ教皇[4　　　　]は、**800年**のクリスマスにカールをローマに呼び出してローマ皇帝の帝冠を与え、「(5　　　　)**帝国**」の復活を宣言した。このカールの戴冠（たいかん）によって、西ヨーロッパ世界は政治的・文化的・宗教的に独立し、ローマ文化・キリスト教・ゲルマン人が融合した**西ヨーロッパ中世世界**が誕生することとなった。

1
2
3
4
5
6
7
8
問@A　　　　教会
B　　　　教会
C　　　　教会
D　　　　教会
E　　　　教会
問ⓑ
問ⓒ

第5章

visual ❷

〈(a　　　　)修道院〉

6世紀に[b　　　　]が開いた中部イタリアの修道院(写真は現在のもの)。

visual ❸

〈[　　　　]大帝〉

フランス語でシャルルマーニュ。800年のクリスマスに教皇レオ3世からローマ帝国の帝冠を与えられた。

1
2
3
4
5

geographic ❷
〈カール大帝の征服地〉

a (　　　　　　)人
b (　　　　　　)人
c (　　　　　　)王国
d (　　　　　　)教徒

6 _____
7 _____
8 _____
9 _____
10 _____
11 _____
問ⓐ _____
問ⓑア _____ 条約
イ _____ 条約
A _____ 王国
B _____ 王国
C _____ 王国
問ⓒ _____ 王国

〈[　　　　　]〉

東フランク(ドイツ)王国ザクセン朝の王。962年の戴冠により、神聖ローマ帝国初代皇帝となった。

1 _____
2 _____
3 _____
4 _____
5 _____
6 _____
7 _____

ローマ教会はビザンツ皇帝の支配から独立し、**1054年**に両教会が正統性を主張して互いを破門した結果、キリスト教世界は、ローマ教皇を首長とするローマ＝カトリック教会と、ビザンツ皇帝を首長とする(⁶　　　　　　)教会に完全に分裂した。こうして地中海世界は東・西ヨーロッパ世界とイスラーム世界の３つにわかれ、それぞれ独自の道を歩むこととなった。

カールの死後は国内に内紛がおこり、フランク王国はⓑ**東・西フランク王国とイタリアの３つに分裂した**。

東フランク(ドイツ)では、10世紀初めにカロリング朝が断絶すると、諸侯の選挙によって王が選ばれるようになった。**ザクセン家の**(⁷　　　　　)はウラル語系のⓒ**マジャール人**を撃退し、さらに北イタリアを制圧したため**962年**に教皇からローマ皇帝の位を与えられた。これによって**1806年**まで続く(⁸　　　　　)帝国が誕生した。皇帝はドイツ王を兼ねたが、ドイツ国内の統治よりも(⁹　　　　　)**政策**に熱中したため、ドイツの諸侯は自立する傾向を示した。

西フランク(フランス)でも10世紀末にカロリング朝が断絶すると、パリ伯の[¹⁰　　　　　]が王位について(¹¹　　　　　)朝を開いた。しかし王権は弱体で、王と同等の大諸侯が国内に分立していた。

イタリアでもカロリング朝が９世紀後半に断絶して統一は崩れ、(⁸　　)皇帝による(⁹　　)政策や、イスラーム勢力の侵入などで混乱が続いた。

問ⓐ この文芸復興を何と呼ぶか。

問ⓑ フランク王国が分裂した次の地図中ア・イの条約名と、地図中のＡ・Ｂ・Ｃの国名をそれぞれ答えよ。

問ⓒ 彼らは(⁷　　)に敗れたのち、パンノニアに移住してキリスト教を受け入れ、11世紀には王国を建てた。この王国名を答えよ。

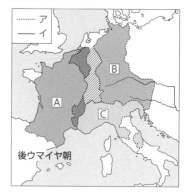

後ウマイヤ朝

6　外部勢力の侵入とヨーロッパ世界 ─────────

８世紀から10世紀にかけて、西ヨーロッパには東方からインド＝ヨーロッパ語系の**スラヴ人**が拡大し、アジア系の**アヴァール人**や(¹　　　　　)**人**もあいついで侵入した。南方からもイスラーム勢力の侵攻が繰り返された。

北方のスカンディナヴィア半島やユトランド半島に居住していたゲルマン人の一派ノルマン人は、８世紀後半からヨーロッパ各地で商業活動をおこなう一方、ⓐ**海賊行為で沿岸地帯を荒らし回る**ようになった。彼らは底が浅く細長い船に乗って河川をさかのぼり、内陸深くまで侵入し、遠洋航海もさかんにおこなった。10世紀初め、[²　　　　　]に率いられた一派は北フランスに上陸してシャルトルを包囲すると、西フランク王は彼らを臣従させて略奪行為を停止させ、(³　　　　　)公国が成立した(**911年**)。さらに、この国からわかれた一派は**1130年**にシチリアと南イタリアに進出して、(⁴　　　　　)**王国**を建てた。

またノルマン人は、イングランドに成立していたⓑ**アングロ＝サクソン王国**にも侵入した。９世紀末に[⁵　　　　　]**大王**が一時的に撃退したものの、**1016年**に王国は**デーン人**(デンマーク地方のノルマン人)の王[⁶　　　　　]に征服された。その後、アングロ＝サクソン系の王国が復活したが、**1066年**に[⁷　　　　　]がⓒ**イング**

ランド王位を主張して攻め込み、**ウィリアム１世**として即位して**ノルマン朝**が成立した。

　一方、９世紀中頃から首領[^{8}　　　　　]に率いられた(^{9}　　　　　)と呼ばれる一派は、バルト海沿岸からロシアに入り、スラヴ人と同化しつつ**862年**に(^{10}　　　　　)国、**882年**に(^{11}　　　　　)**国**を建国し、これが**ロシア**の起源となった。さらに別の一派は**アイスランド**や**グリーンランド**に移住し、北米大陸まで到達したものもいた。ノルマン人の原住地のスカンディナヴィア半島に**スウェーデン**と**ノルウェー**、ユトランド半島には**デンマーク**の諸王国が建てられた。

問ⓐ　ノルマン人は、「入江の人」を意味する別名で何と呼ばれたか。

問ⓑ　９世紀前半に**七王国（ヘプターキー）**を統一して、この王国を形成したウェセックス王は誰か。

問ⓒ　この事件を何と呼ぶか。

7　封建社会の成立

　民族大移動後の長い混乱の時代に、西ヨーロッパでは商業と都市が衰えて、農業に大きく頼るようになり、(^{1}　　　　　)**経済**は衰えて自給自足的な(^{2}　　　　　)**経済**が支配的となった。また、異民族の侵入・略奪から生命や財産を守るために、弱者は近隣の強者に保護を求めた。こうして生まれた西ヨーロッパ中世世界に特有の仕組みが**封建的主従関係**と**荘園**であり、そのうえに成り立つ社会を**封建社会**という。

　皇帝・国王・(^{3}　　　　　)**（大貴族）・騎士（小貴族）**などの有力者は、主君として家臣に対し、(^{4}　　　　　)を与えて保護するかわりに、ⓐ家臣は主君に対して忠誠を誓い、軍事的な奉仕の義務を負った。こうした契約による結びつきを封建的主従関係といい、主君と家臣の双方に契約を守る義務（**双務的契約**）があり、主君が契約に反すれば家臣は服従を拒否する権利が認められた。こうした主従関係は古代ローマの(^{5}　　　　　)**制度**とゲルマン社会の(^{6}　　　　　)**制**に起源があり、とくにフランク王国の分裂以後、本格的に出現した。

　封建社会のなかの有力者たちは、それぞれが領地を所有し、そこで暮らす農民を支配する領主であった。その所有地を**荘園**といい、村落を中心にⓑ耕地の**領主直営地・農民保有地**および牧草地や森などの**共同利用地**から成り立っていた。

　農民の多くは、ゲルマンの自由農民の子孫やローマ帝政末期の(^{7}　　　　　)などを起源とする(^{8}　　　　　)で、ⓒ領主直営地での労働と農民保有地での生産物を納める義務（**貢納**）のほか、結婚税・死亡税、水車の使用税など様々な税を課せられて、**移動の自由**もなかった。ⓓ領主は、国王の役人による荘園への立ち入りや課税を拒否する権利をもち、農民を(^{9}　　　　　)によって裁くことができた。このように、荘園制と封建的主従関係による階層組織をもつ社会が西ヨーロッパ中世の基本的な仕組みであった。

問ⓐ　武勇と忠誠、弱者や教会の保護、女性への礼節など、騎士がもつべきとされた徳目を何というか。

問ⓑ　中世ヨーロッパの荘園において10〜11世紀頃から広くおこなわれて、農業生産力を向上させた農法を何というか。

問ⓒ　この労働は何と呼ばれるか。漢字２字で答えよ。

問ⓓ　このような権利を何というか。

8　_____

9　_____

10　_____

11　_____

問ⓐ　_____

問ⓑ　_____

問ⓒ　_____

geographic ❸

〈ノルマン人の移動〉

A　(　　　　　)
B　(　　　　　)
C　(　　　　　)
D　(　　　　　)

1　_____

2　_____

3　_____

4　_____

5　_____

6　_____

7　_____

8　_____

9　_____

問ⓐ　_____

問ⓑ　_____

問ⓒ　_____

問ⓓ　_____

visual ❺

〈中世ヨーロッパの荘園〉

（a　　　　　）制

（b　　　　　）耕地

第**6**章　イスラーム教の伝播と西アジアの動向

1　イスラーム教の諸地域への伝播

1　中央アジアのイスラーム化

　8世紀以降、中央アジアのオアシス地帯には西方からイスラーム勢力が進出し、この地の住民のイスラーム化が進んだ。**751年**、アッバース朝は(¹　　　　)の戦いで@<u>唐軍を破り</u>、その勢力を後退させた。その後、**875年**にアッバース朝の地方政権として成立したイラン系の(²　　　　)朝は、ブハラを都に中央アジアからイラン東北部を支配するとともに、ペルシア語をアラビア文字で表記するなど、イラン＝イスラーム文化の基礎を築いた。また(²　)朝は、中央アジアの遊牧民であるトルコ人が騎馬戦士としてすぐれていたことから、ⓑ<u>彼らを奴隷軍人として西アジアに供給</u>した。なお、イスラームにおいては奴隷の解放は善行とされ、解放された奴隷軍人のなかには将軍や総督を経て自立し、王朝を開く者も現れた。

　9世紀半ば以降、中央ユーラシアの草原地帯ではⓒ<u>トルコ系遊牧集団の西方への移動</u>が活発化して、10世紀半ばに(³　　　　)朝が建国された。(³　)朝は、中央アジアにおける最初のトルコ系イスラーム王朝であり、(²　)朝を倒して中央アジアのオアシス地帯を支配下においた。このため、この地のイラン系住民のトルコ化が急速に進展した。ペルシア語で「トルコ人の土地」を意味する「⁴　　　　」という呼称がのちに生まれたのは、こうした事情による。

問ⓐ　この戦いで捕虜となった唐の兵士を通じて、イスラーム圏に伝えられたとされる技術は何か。

問ⓑ　トルコ人をはじめとする、白人の奴隷軍人を何と呼ぶか。

問ⓒ　その契機は、840年に**キルギス**の攻撃を受けたトルコ系民族の国家が滅亡したこととされる。このトルコ系民族の国家とは何か。

2　南アジアへのイスラーム勢力の進出／東南アジアの交易とイスラーム化

　7世紀初め、**ハルシャ王**の開いた(¹　　　　)朝が北インドを支配したが、王の死後に急速に衰退し、南アジア各地には諸勢力が割拠した。**アフガニスタン**におこったイスラーム王朝の(²　　　　)朝や(³　　　　)朝は、10世紀末から北インドへの侵入を繰り返した。両王朝の侵入は、はじめ略奪を目的としたものであったが、分裂状態にあったⓐ<u>北インドのヒンドゥー教徒の諸勢力</u>はこれに対抗することができなかった。このため、両王朝の軍隊はしだいに北インドにとどまるようになり、この地のイスラーム化を促進した。

　1206年、(³　)朝の武将[⁴　　　　]が、(⁵　　　　)を都として南アジア最初のイスラーム王朝である(⁶　　　　)**王朝**を開いた。この王朝は[⁴　]が(⁶　)出身であり、彼の後継者にも(⁶　)出身者が多かったため(⁶　)王朝と呼ばれる。以後、北インドでは(⁵　)を都に、ハルジー朝・トゥグルク朝・サイイド朝・**ロディー朝**が交替した。(⁶　)王朝を含むⓑ<u>これら5つのイスラーム王朝</u>は、ヒンドゥー教徒と共存しながら統治をおこない、イスラーム教を強制することはなかった。一方で、ムスリム商人やⓒ**イスラーム神秘主義**教団の活動が活発になり、彼

visual ❶
〈(　　　　)系の騎馬戦士〉

騎馬戦術に長けた彼らは奴隷軍人(**マムルーク**)としてイスラーム圏に供給され、政治的・軍事的に大きな役割を果たした。

1　　　　　　　　　　
2　　　　　　　　　　
3　　　　　　　　　　
4　　　　　　　　　　
問ⓐ　　　　　　　　
問ⓑ　　　　　　　　
問ⓒ　　　　　　　　

geographic ❶
〈アフガニスタンのイスラーム王朝〉

ゴール
ガズナ
デリー
ア
イ

(ア　　　　)朝の最大領域
(イ　　　　)朝の最大領域

1　　　　　　　　　　
2　　　　　　　　　　
3　　　　　　　　　　
4　　　　　　　　　　
5　　　　　　　　　　
6

らによりイスラーム教への改宗がうながされた。また、神への献身を求める**バクティ思想**やヨーガなど旧来の信仰が、イスラーム教と共通性をもっていたことも改宗者増加の要因となった。こうして旧来の信仰とイスラーム教は、長い時間をかけて融合しつつ北インド社会に浸透し、**インド=イスラーム文化**を生み出した。

8世紀以降、ⓓ**ムスリム商人**の海上交易が活発となり、その活動は東南アジアからⓔ中国沿岸にまでおよんだ。一方、唐の衰亡にともなって朝貢貿易が不振になったことから、ⓕ**中国商人**も東南アジア各地に進出するようになった。

13世紀後半、**元**朝の軍事侵攻は東南アジアにもおよんだ。ベトナムの(7　　　　)**朝**はこれを撃退したが、ビルマの(8　　　　)**朝**は滅亡した。他方、ジャワでは元軍の侵攻を撃退したのち、**1293年**にヒンドゥー国家の(9　　　　)**王国**が成立した。

東南アジアのイスラーム化は、海上交易に従事したムスリム商人や**イスラーム神秘主義教団**によって促進された。13世紀末には、スマトラ島に東南アジアで最初のイスラーム王朝が成立した。14世紀末に成立し、**マレー半島**からスマトラ島東岸一帯を支配した(10　　　　)**王国**は、15世紀に明の派遣した**鄭和**艦隊の補給基地となったことから、国際交易都市として急速に発展した。その後、(10　　)王国は、東南アジアの海上交易の中心となり、イスラーム教もⓖジャワ島やスマトラ島、フィリピンへと広まっていった。

問ⓐ　クシャトリヤに属する、北インドの戦士カースト集団は何と呼ばれたか。

問ⓑ　これら5つの王朝を総称して何と呼ぶか。

問ⓒ　イスラーム神秘主義のことを何と呼ぶか。

問ⓓ　ムスリム商人が用いた木造帆船(右の**写真Ⅰ**)で、大きな三角帆を特徴とするものを何というか。

問ⓔ　唐代にはじめて**市舶司**がおかれたほか、外国人居留地である**蕃坊**も設けられた、広東省の海港都市はどこか。

問ⓕ　中国商人が用いた、遠洋航海用の木造帆船(右の**写真Ⅱ**)を何というか。

問ⓖア　16世紀末、(9　　)王国滅亡後の**ジャワ島**東部に成立したイスラーム王国は何か。

イ　15世紀末、**スマトラ島**北部に成立したイスラーム王国は何か。

Ⅰ

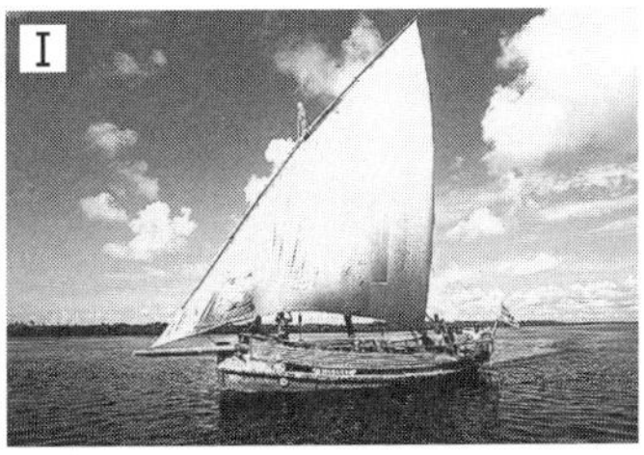

Ⅱ

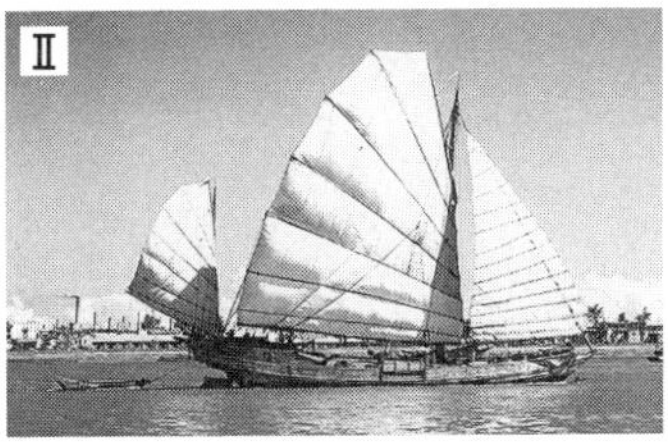

7

8

9

10

問ⓐ

問ⓑ

問ⓒ

問ⓓ

問ⓔ

問ⓕ

問ⓖア

イ

visual ❷

〈(　　　　　　)〉

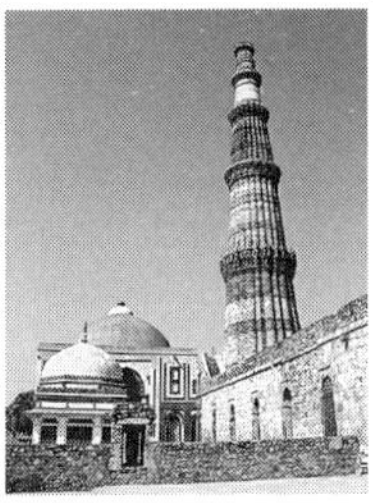

奴隷王朝の建国者**アイバク**が建設したとされる、インド最古のモスクにある塔。

visual ❸

〈イスラーム教徒の分布〉

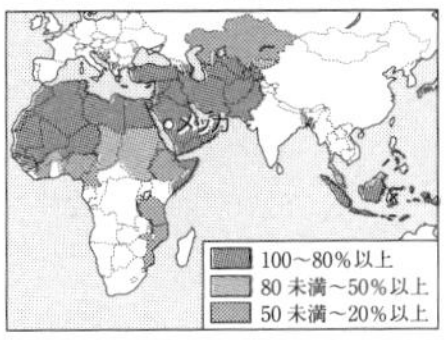
100～80%以上
80 未満～50%以上
50 未満～20%以上

3　Exercise 東南アジアへのイスラームの伝播

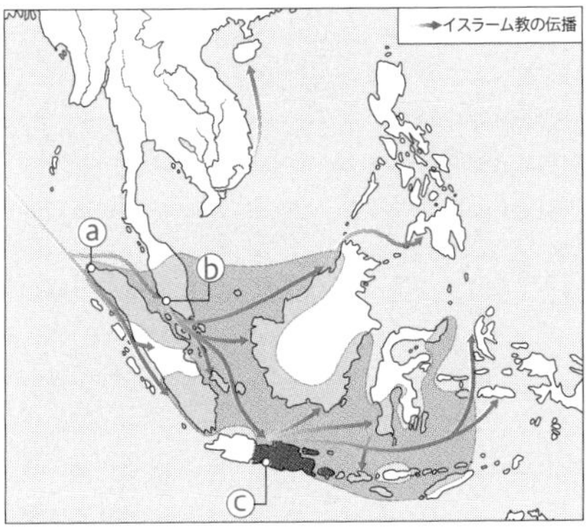
→イスラーム教の伝播
ⓐ
ⓑ
ⓒ

次の地図は14～16世紀の東南アジアを示している。以下の問いに答えよ。

ア　地図中の▢(最大領域)を領有(建国当初の領域である■を含む)したヒンドゥー教王国(1293～1520年頃)の名称を答えよ。

イ　地図中のⓐ・ⓑ・ⓒの都市を中心として成立したイスラーム王国の名称をそれぞれ答えよ。

ア

イⓐ

ⓑ

ⓒ

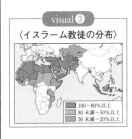

1
2
3
4
5
6
7
問ⓐ
問ⓑ
問ⓒ
問ⓓ

4 アフリカのイスラーム化

紀元前後頃、エチオピアにおこった(1　　　　)**王国**は、4世紀にキリスト教を受容し、ⓐナイル川流域と紅海方面を結んで金や奴隷(どれい)、象牙(ぞうげ)を扱う交易で繁栄した。エチオピア以南のアフリカ東岸の港市には、8世紀からムスリム商人が象牙・金・奴隷などを求めて来航していた。やがて、モガディシュ・(2　　　　)・**モンバサ**・ザンジバル・キルワなどのⓑアフリカ東岸の港市に住みついたムスリム商人は、アフリカ内陸部から象牙や奴隷などを購入し、**ダウ船**を用いて各地に輸出するインド洋交易を活発におこなった。その南方のザンベジ川以南では、14世紀頃から(3　　　　)**王国**などがインド洋交易で繁栄した。ⓒこの地の遺跡からは、中国製の陶磁器(とうじき)やイランのガラス器などが出土しており、ムスリム商人による交易の活発さがうかがえる。

西アフリカの**ニジェール川**上流域に成立した(4　　　　)**王国**は、ムスリム商人によるⓓサハラ縦断交易で繁栄したが、**11世紀**後半に北アフリカにおこった**ベルベル人**の**ムラービト朝**の攻撃を受けて衰退した。その後、この地のイスラーム化が進展し、**13世紀**には「黄金の国」と呼ばれた(5　　　　)**王国**がおこった。この王国は14世紀の国王マンサ＝ムーサの時代に最盛期を迎えたが、**15世紀**後半に(6　　　　)**王国**にとってかわられた。両王国の支配階級はイスラーム教徒であり、さかんにメッカ巡礼をおこなった。またこの時代、ニジェール川中流の都市(7　　　　)は、アフリカ内陸部における経済・文化の中心として繁栄し、16世紀には黒人による最初の大学も創設された。

問ⓐ　4世紀に(1　　)王国が滅ぼした、ナイル川上流(ヌビア)の黒人王国は何か。
問ⓑ　アラビア語の影響を受けて成立した、東アフリカの広域共通語は何か。
問ⓒ　右の写真は、「石の家」を意味する巨大な石造建築遺跡である。この遺跡を何というか。

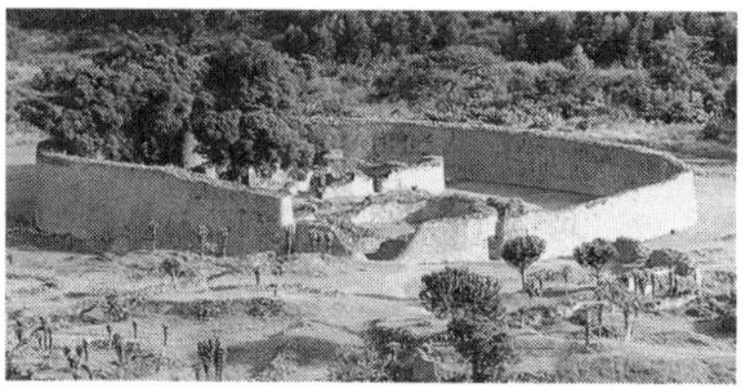

問ⓓ　この交易は、サハラ砂漠以北に産する何という物産と、ニジェール川流域に産する何という物産とを交換したか、順に答えよ。

visual 4
〈(　　　　　)のモスク〉

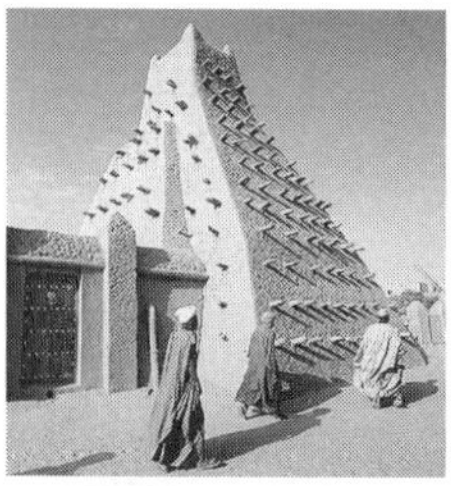

マリ王国から**ソンガイ王国**の時代に、アフリカ内陸部の商業・文化の中心地として繁栄した。

column 1
〈マンサ＝ムーサ〉
(　　　　)**王国**最盛期の王(位1312～37)、カンカン＝ムーサともいう。数千人の従者を連れてメッカ巡礼の途上、カイロで湯水のように金を使い、カイロの金相場を長期にわたって下落させたといわれる。

5 Exercise アフリカのイスラーム化

次のアフリカの地図に関して、地図中のA～Dの地域を支配した国の名称、およびⓐ～ⓒの都市の名称を答えよ。

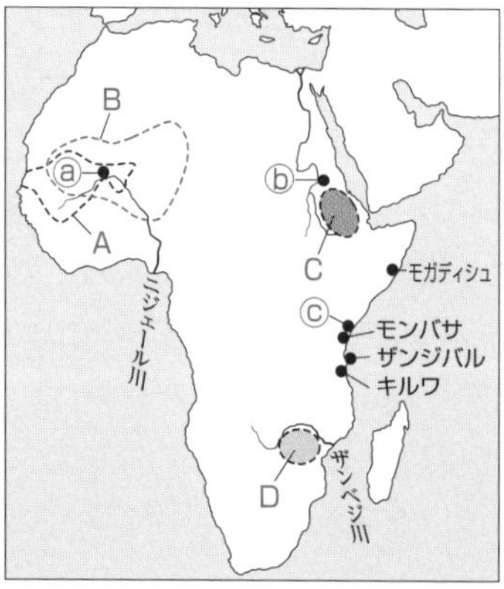

A　14世紀、**マンサ＝ムーサ**王のもとで繁栄した黒人王国
B　15世紀にAを滅ぼし、内陸交易で繁栄した黒人王国
C　エチオピアにおこり、4世紀に**クシュ王国**を滅ぼし、キリスト教が信仰された王国
D　ジンバブエを中心に、インド洋交易で繁栄した王国
ⓐ　アフリカ内陸部における商業・文化の中心地として繁栄した都市
ⓑ　前7世紀以降のクシュ王国の都で、製鉄と商業で繁栄した都市
ⓒ　15世紀に明の**鄭和**の艦隊や**ヴァスコ＝ダ＝ガマ**が来航した港市

A
B
C
D
ⓐ
ⓑ
ⓒ

2　西アジアの動向

[1]　トルコ人の西アジア進出とセルジューク朝／十字軍とアイユーブ朝

９世紀以降、アッバース朝のカリフはトルコ系奴隷軍人の([1]　　　　)を親衛隊として登用し、この([1]　　)を活用する手法は各地のイスラーム王朝に広まった。

中央アジアから西進したトルコ系遊牧部族が建国した([2]　　　　)**朝**は、**1055年**にイラン系の([3]　　　　)**朝**を追放して**バグダード**に入城した。([2]　　)朝の創始者[[4]　　　　]は、**スンナ派**を信奉し、名目的な存在となっていたアッバース朝カリフから([5]　　　　)(支配者)の称号を与えられた。以降、この称号はスンナ派諸王朝において支配者の称号として用いられるようになった。ついで([2]　　)朝は、アナトリア東部においてビザンツ帝国軍を破る一方、シリア方面にも進出した。このことは、その後のキリスト教諸国による**十字軍**遠征の契機となった。([2]　　)朝は軍事面では([1]　　)を重用した一方、行政面ではイラン系の人々を登用し、宮廷ではⓐペルシア語を用いた。なかでもイラン人宰相の[[6]　　　　]は、ⓑスンナ派神学と法学を奨励するために各地にⓒ**マドラサ(学院)**を創建した。([2]　　)朝では、([3]　　)朝が創始した([7]　　　　)**制**と呼ばれる軍事封土制度が広く施行された。この制度は、俸給(ほうきゅう)(アター)のかわりに軍人に国家所有の**分与地**(ぶんよち)〈([7]　　)〉の徴税権を与えたもので、のちにほかのイスラーム王朝に継承されていった。

エジプトでは、クルド系軍人の[[8]　　　　]が12世紀後半に**シーア派**の([9]　　　　)**朝**を廃して([10]　　　　)**朝**を建国し、スンナ派の信仰を回復した。またⓓ彼は十字軍から聖地を奪回し、シリアを支配下におさめた。これに対し**第**([11]　　　　)**回十字軍**は聖地回復をめざしたが成功せず、[[8]　　]と休戦条約を結んで帰国した。

問ⓐ　ペルシア語文学の代表作とされる『**ルバイヤート**』(『四行詩集』)の作者であり、ジャラリー暦の制定にも参加したイラン系の詩人・科学者は誰か。

問ⓑ　神秘主義(スーフィズム)の要素を取り入れてスンナ派神学を大成した、イラン系イスラーム神学者は誰か。

問ⓒ　**ウラマー**を養成するために[[6]　　]が創建したマドラサを何というか。

問ⓓ　ユダヤ教・キリスト教・イスラーム教の共通の聖地はどこか。

1
2
3
4
5
6
7
8
9
10
11

column 1

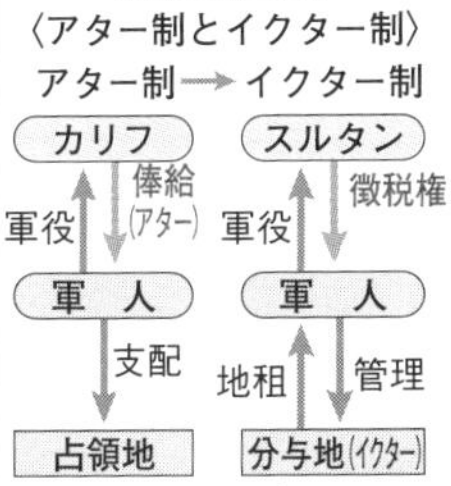

(　　　　)朝が創始した軍事封土制度。軍人に俸給のかわりに分与地の徴税権を与えた。

問ⓐ
問ⓑ
問ⓒ
問ⓓ

[2]　イル＝ハン国の西アジア支配

11世紀末、アム川下流域におこった**ホラズム＝シャー朝**は、12世末にはセルジューク朝を滅ぼしてイランにまで支配を広げたが、13世紀前半、**チンギス＝カン**の率いるモンゴル軍に征服された。その後、チンギス＝カンの孫[[1]　　　　]の率いるモンゴル軍は西アジアに進出し、**1258年**にバグダードを攻略した。これによりアッバース朝は滅亡し、500年余り続いた**カリフ制**もいったん消滅した。[[1]　　]は([2]　　　　)**＝ハン国**([[1]　　]＝ウルス)を樹立してイラン・イラクを支配下においた。建国当初の([2]　　)＝ハン国はシリアに進出してエジプトの([3]　　　　)**朝**と敵対したが、第７代の[[4]　　　　]は**イスラーム教を国教**とし、みずからもこれに改宗することで、統治下のムスリムとの融和をはかった。また、地租(ハラージュ)を中心とするイスラーム式税制を採用して農村の復興につとめる一方、イスラーム文化の保護にも力を入れたため、ⓐ**イラン＝イスラーム文化**が発展した。

問ⓐ　([2]　　)＝ハン国に仕えたイラン人宰相で、ユーラシア全般の世界史である『**集史**』を著したのは誰か。

1
2
3
4
問ⓐ

challenge 1

９世紀頃になると、アッバース朝カリフの周辺にはトルコ人の姿が目立つようになった。彼らはアラビア語で何と呼ばれ、カリフは彼らをどのように用いたのか、60字程度で説明せよ。

第6章

1
2
3
4
5
6

問ⓐ
問ⓑ
問ⓒ
問ⓓ

3 マムルーク朝とカイロの繁栄

シリアとエジプトを領有したアイユーブ朝では、**マムルーク**と呼ばれたトルコ系奴隷軍人がしだいに政権内部で力を増していき、**1250年**にマムルークの有力者がカリフの位を奪って**マムルーク朝**を樹立した。その後、マムルーク朝はⓐシリアに侵入した**イル＝ハン国**のモンゴル軍を撃退する一方、**メッカ・メディナ**の両聖都を管理下において、ムスリムの正統な統治者であることを示した。さらに1291年には、十字軍国家をシリアから駆逐した。マムルーク朝でもイクター制が施行され、軍人たちは農村の徴税権を与えられ、農民と農業生産を管理した。また、ナイル川の治水や運河の開削・整備が進められて農業生産力が向上した。

10世紀以降アッバース朝が衰退しはじめると、バグダードにかわって**ファーティマ朝**以来の都(1　　　)が、西アジアの商業・手工業の中心地として繁栄した。(1　)市内には、(2　　　)(礼拝所)がそびえ、隣接してⓑ**マドラサ**(学院)や(3　　　)(市場、ペルシア語でバザール)が設けられており、外部から訪れる商人のための(4　　　)(隊商宿)なども設置されていた。ⓒこれらの宗教・公共施設はスルタンや有力な軍人らの寄進によって建設され、その維持・運営費も市場や店舗などの収入が財源とされた。しかし、14世紀半ば以降、たびかさなる黒死病(ペスト)の流行が都市の繁栄に打撃を与えた。

アイユーブ朝・マムルーク朝の保護下で、(5　　　)**商人**と呼ばれるムスリム商人集団がインド洋と地中海の交易に従事した。彼らはアラビア半島のアデンで香辛料や陶磁器などを買いつけ、アレクサンドリアでイタリア商人に売却した。

マムルーク朝の時代には、それまで蓄積されてきた諸学の体系化が進められ、百科事典や伝記集が編纂された。[6　　　]は『**世界史序説**』を著して、都市と遊牧民の関係を中心に歴史の法則性を論じた。また、10世紀以降には信仰の形式化に反発して、神への愛や神との一体化を強調するⓓ**神秘主義**(**スーフィズム**)が盛んになった。12世紀以降、各地で聖者を中心に多くの神秘主義教団が生まれ、教団員は人々のあいだに新たなイスラームの信仰を広めていった。

問ⓐ　モンゴル軍を撃退した、マムルーク朝の第5代スルタンは誰か。
問ⓑ　ファーティマ朝時代、その都に創建された大学で、イスラーム神学・法学の最高学府の権威を保持したものは何か。
問ⓒ　イスラーム法にもとづく**寄進**(寄付)**行為**を何というか。
問ⓓ　イスラームにおける神秘主義者を何と呼ぶか。

visual 1
〈(a　　　)＝モスク〉

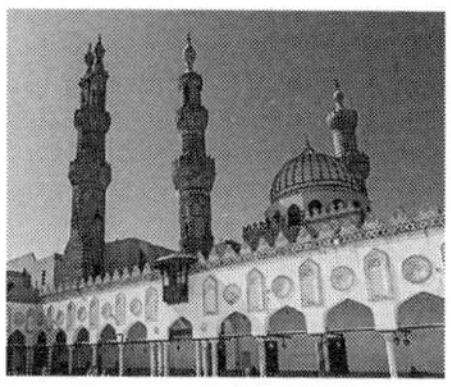

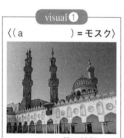

ファーティマ朝が首都**カイロ**に造営したモスク。付属の(　a　)**学院**は、当初はシーア派の教義を教えたが、アイユーブ朝以降はスンナ派の最高学府となり、現在でも大きな権威を有している。

column 2
〈カリフ・大アミール・スルタンの関係〉

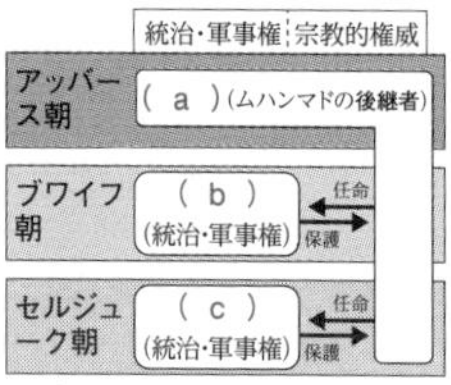
統治・軍事権
宗教的権威
アッバース朝
(　a　)(ムハンマドの後継者)
ブワイフ朝
(　b　)
(統治・軍事権)
任命
保護
セルジューク朝
(　c　)
(統治・軍事権)
任命
保護

a (　　　)
b (　　　)
c (　　　)

1
2
3
4
5

4 北アフリカ・イベリア半島の情勢

11世紀半ば、北アフリカのモロッコからアルジェリアに至る地域(**マグリブ**)では、先住民(1　　　)**人**のあいだに熱狂的な宗教運動がおこり、イスラーム化が急速に進んだ。彼らは**マラケシュ**を都に(2　　　)朝(11世紀)、ついで(3　　　)朝(12世紀)を建設した。両王朝は、ⓐサハラ砂漠の南への遠征をおこない、アフリカ内陸部にイスラーム教が広がるきっかけをつくった。

イベリア半島では、後ウマイヤ朝の滅亡後は小国家が分立していたが、ⓑ北部のキリスト教徒によるイスラーム勢力駆逐運動がおこると、これに対抗するため(2　)朝・(3　)朝は半島に進出した。こうしたなかで、ⓒイベリア半島ではしだいにイスラーム教とアラビア語が受容されていった。イベリア半島最後のイスラーム王朝は(4　　　)を都とする(5　　　)**朝**であったが、**1492年**にスペイン

王国に滅ぼされた。なお、(⁴　　　)には(⁶　　　　　)**宮殿**などのすぐれた建造物が残されている。イスラーム文化を代表する文人も、イベリア半島や北アフリカから輩出された。コルドバ生まれの哲学者[⁷　　　　　]は**アリストテレス**の著作の注釈で知られ、モロッコ生まれの旅行家[⁸　　　　　]は『**大旅行記**』(『**三大陸周遊記**』)を著した。

問ⓐ　11世紀に(²　　　)朝の攻撃を受けて衰退した、西アフリカの黒人王国は何か。

問ⓑ　イベリア半島における、イスラーム勢力駆逐運動を何というか。

問ⓒ　アラビア語文献のラテン語への翻訳がさかんにおこなわれた、イベリア半島中部の都市はどこか。

6	_____
7	_____
8	_____
問ⓐ	_____
問ⓑ	_____
問ⓒ	_____

5　**Exercise❶**　**イスラーム世界**

次の10〜13世紀までの各地図に関して、地図中のＡ〜Ｉの国名を答えよ。

A	_____
B	_____
C	_____
D	_____
E	_____
F	_____
G	_____
H	_____
I	_____

6　**Exercise❷**　**イスラーム諸王朝の変遷**

次のイスラーム王朝の変遷図中のア〜ケに、適当な王朝名を記入せよ。

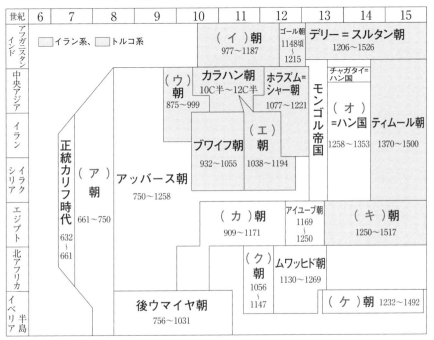

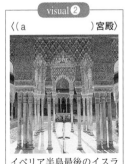

〈(a　　　　　)宮殿〉

イベリア半島最後のイスラーム王朝の(b　　　　)朝の都グラナダに残る、代表的なイスラーム建築。

ア	_____
イ	_____
ウ	_____
エ	_____
オ	_____
カ	_____
キ	_____
ク	_____
ケ	_____

第7章　ヨーロッパ世界の変容と展開

1　西ヨーロッパの封建社会とその展開

column 1

《(　　　　　　　　　)》
ローマ＝カトリック教会において信者に対して与えられる最大の罰。この罰は、キリスト教世界からの追放を意味した。

1
2
3
4
5
6
7
8
問ⓐア
イ
ウ
問ⓑア
イ

visual 1

〈教皇［a　　　　　　　］〉

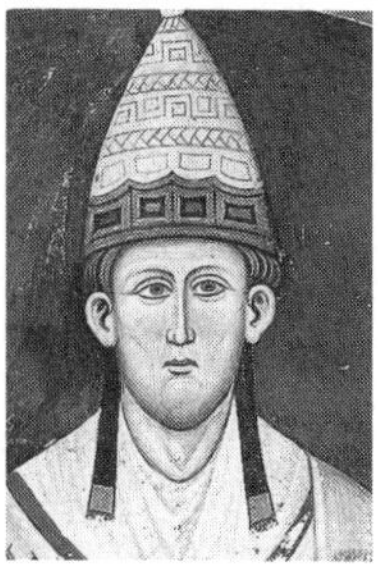

絶頂期の教皇。英王・独皇帝を破門、仏王を屈服させた。彼の言葉とされる「b　　　　　　　」は、その権勢の大きさを示している。

1
2
3

[1]　教会の権威

中世の西ヨーロッパでは、**ローマ＝カトリック教会**が政治・社会・文化のうえで大きな権威をおよぼす存在となっていった。(1　　　　　)を頂点とするピラミッド型のⓐ**階層制組織**がつくられ、上位聖職者は荘園を経営する**領主**でもあった。また各地の農村には教区教会がおかれ、**司祭**が農民の信仰を指導して管理し、さらには(2　　　　　)**税**を農民から徴収した。

聖職者の選任については、領主は自己の所領内の聖職者を任命することが多く、ときには聖職者ではない俗人(ぞくじん)を任命するなど、皇帝や国王などの世俗権力がしばしば教会に介入するようになった。そのため、本来禁止されている聖職者の妻帯や、聖職者の地位の売買(**聖職売買**)などの腐敗が目立つようになった。

10世紀初め、フランスのブルゴーニュ地方に建てられた(3　　　　　)**修道院**が、11世紀以降に教会改革運動の中心となり、その改革を継承した教皇[4　　　　　]が教会の刷新に乗り出し、さらに聖職者を任命する権利〈**聖職**(5　　　　　)**権**〉を世俗権力から教会の手に移そうとした。これに対してドイツ王(のちの神聖ローマ皇帝)[6　　　　　]は強く反発し、(5　　)**権闘争**が始まった。[6　　]が[4　　]を排除する動きをみせると、[4　　]は[6　　]を**破門**した。これを知ったドイツ諸侯が、破門を解除されなければ国王を廃位すると決議したため、[6　　]はイタリアにおもむいて[4　　]を訪ね、ⓑ<u>謝罪してようやく破門を解かれた</u>。その後も皇帝と教皇の対立は続いたが、**1122年**に(7　　　　　)**協約**が成立して、両者の妥協により闘争は終わり、13世紀の教皇[8　　　　　]の時に教皇権は絶頂を迎えた。

問ⓐ　階層制組織を表した図Aのア～ウに適する語句を答えよ。

問ⓑア　この事件を何というか。図Bを参考に答えよ。

イ　その年代を答えよ。

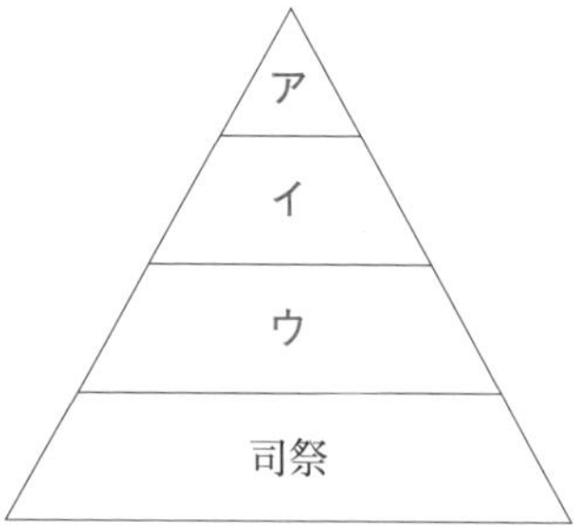

A

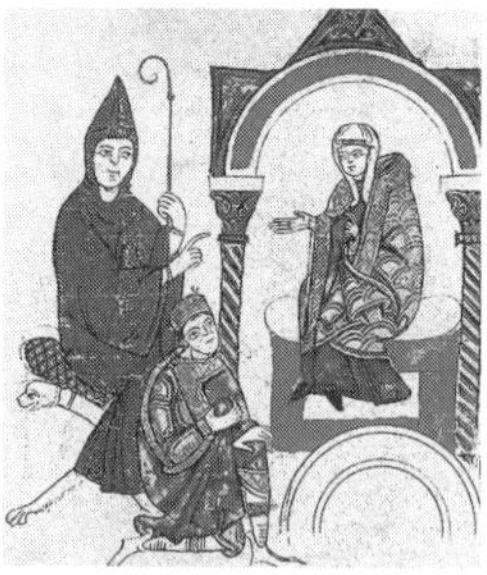

B

[2]　十字軍とその影響

11世紀の西ヨーロッパは気候が温暖で、農村では**開放耕地制**のもと(1　　　　　)**制**と呼ばれる農法が普及し、**水車**の利用も拡大した。さらに鉄生産の隆盛によって**重量有輪犂**(じゅうりょうゆうりんすき)などの鉄製農具が使用されはじめるなど、農業技術の革新がおこり、人口が増加しはじめた。こうした背景から西ヨーロッパ世界では、修道院を中心とする開墾運動、オランダの干拓、**エルベ川以東**への(2　　　　　)、イベリア半島における(3　　　　　)、**巡礼の流行**などⓐ<u>内外への膨張</u>の動きが始まった。そのなかでも中世西ヨーロッパ社会を大きく変化させたのが、十字軍であった。

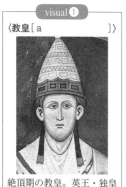

11世紀前半、イスラーム圏で急成長した([4]　　　　)**朝**は聖地([5]　　　　)を支配下におき、さらにアナトリアにも進出した。これに脅威を感じたビザンツ皇帝がローマ教皇に救援を求めると、教皇[[6]　　　　]は、1095年に([7]　　　　)**宗教会議**において聖地奪回を提唱した。翌**1096年**、**第1回十字軍**がフランス諸侯を中心に編制され、十字軍は地中海東岸や聖地を占領して、([5]　　)**王国**をはじめとする十字軍国家を建設した。その後、イスラーム勢力の反撃を受けると、第2回十字軍が編制されたが失敗に終わり、([5]　　)はアイユーブ朝の[[8]　　　　]によって奪われた。これに対して、神聖ローマ皇帝・フランス王・イギリス王が第3回十字軍を結成し、とくにイギリス王リチャード1世は拠点アッコンの攻防で奮戦したが失敗に終わり、[[8]　　]と講和を結んで帰国した。

1202年に教皇[[9]　　　　]の提唱で始まった**第4回十字軍**は、商業圏回復をもくろむ([10]　　　　)**商人**の要求により、商業上のライバルであるビザンツ帝国の首都([11]　　　　)を攻撃し、([12]　　　　)**帝国**が建設された。第5回十字軍は神聖ローマ皇帝**フリードリヒ2世**が主導して、外交交渉により一時聖地を回復した。第6回・第7回十字軍はⓑフランス王**ルイ9世**がエジプトやチュニスを攻撃したが、王が捕虜になるなど失敗に終わり、1270年にルイ9世が遠征途中に病死して、約200年におよんだ十字軍は終わった。結局聖地奪回はならず、**少年十字軍**のように悲劇的な結末となった運動もあった。この間、聖地防衛や巡礼の保護のため、ヨハネ騎士団や([13]　　　　)騎士団〈→13世紀以降、([2]　　)で活躍〉などの**宗教騎士団**が結成された。

十字軍の失敗は**教皇の権威**を**失墜**させ、また十字軍に参加した**諸侯**や**騎士**のなかには**没落**する者も多かった。その一方、遠征を指揮した国王の権威は高まった。また、十字軍による人と物の輸送は商業活動を活発化させて都市が繁栄する契機となり、東方との交易も盛んになってビザンツ帝国やⓒイスラーム圏から文化が流入し、中世西ヨーロッパ世界が大きく変容することになった。

問ⓐ　次の地図は西ヨーロッパ世界の膨張を示したものである。地図中のA・Bの運動名、および第4回十字軍が攻略したCの都市名を、それぞれ答えよ。

問ⓑ　「聖王」と称されるこの人物は、イスラーム教徒を挟撃するため、何という人物をモンゴルに派遣したか。

問ⓒ　イスラーム圏からの文物の流入の窓口となった、イベリア半島中部の都市はどこか。

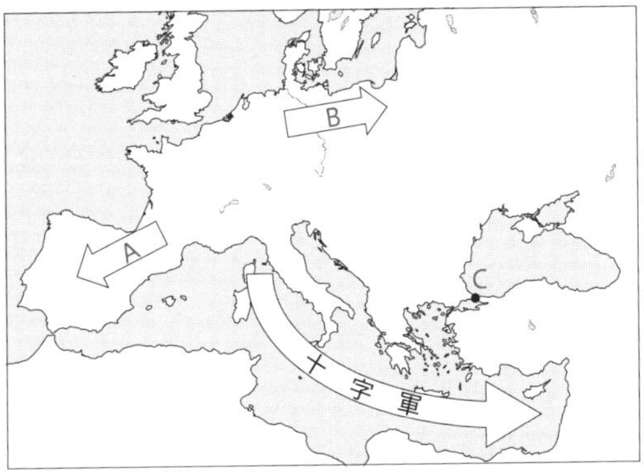

3 商業の発展／中世都市の成立／都市の自治と市民たち

西ヨーロッパでは封建社会が安定して農業生産が増大すると、**余剰生産物**の交換が活発化してⓐ都市と商業が発展し、さらにノルマン人やムスリム商人の活動によって([1]　　　　)**経済**が普及するようになった。また十字軍による交通の発達により、([2]　　　　)**貿易**で繁栄する都市も現れた。

地中海商業圏では、([3]　　　　)・([4]　　　　)・ピサなどイタリアの港市とムス

visual 2

〈〈　　　　　　〉〉

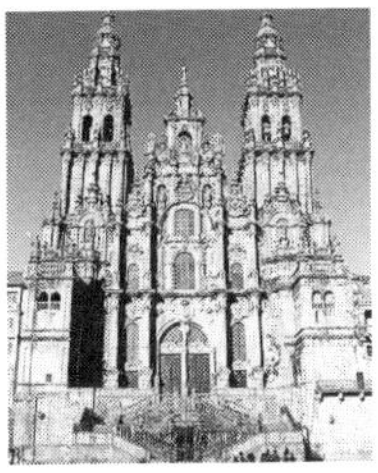

スペイン北西部の町。使徒ヤコブの墓が見つかったとされ、イェルサレム、ローマと並び三大巡礼地の1つとされた。

4
5
6
7
8
9
10
11
12
13
問ⓐA
B
C
問ⓑ
問ⓒ

challenge 1

十字軍運動が西ヨーロッパにおよぼした影響について、次の語句を用いて100字以内で説明せよ。
教皇　諸侯・騎士
都市　ビザンツ帝国

1
2
3
4

第7章

5 _____

6 _____

7 _____

8 _____

9 _____

10 _____

11 _____

12 _____

13 _____

14 _____

15 _____

16 _____

17 _____

〈「水の都」(　　　　　)〉

6世紀中頃、ランゴバルド人の侵入から逃れた人々が潟(ラグーン)の島に都市を建設した。「アドリア海の女王」と呼ばれる。

問ⓐA _____

B _____

C _____

D _____

E _____

ア _____ 地方

イ _____ 地方

問ⓑ _____

問ⓒ _____

問ⓓ _____

visual ❹

〈(　　　　)家の紋章〉

盾に描かれた丸い模様は、丸薬だとする説がある。

リム商人とのあいだで貿易がおこなわれ、南アジア・東南アジアの(⁵　　　　)や中国の**絹織物**、陶磁器などがもたらされた。またミラノや(⁶　　　　)など内陸都市においても、(⁷　　　　)**工業**や金融業などが発展した。

　北海・バルト海を中心とする北ヨーロッパ商業圏では、(⁸　　　　)・**ハンブルク・ブレーメン**などの北ドイツ諸都市が海産物や穀物などを取引し、また**ガン(ヘント)**や**ブリュージュ**など(⁹　　　　)**地方**の都市は(⁷　　　　)工業で繁栄した。イギリスでは**ロンドン**が北海貿易の中心であり、(⁹　　　　)地方に**羊毛**を輸出した。

　地中海商業圏と北ヨーロッパ商業圏を結ぶ内陸の通商路沿いの都市も発展し、とくにフランスの(¹⁰　　　　)**地方**が定期市で繁栄した。そのほか、銀の産出で南ドイツの(¹¹　　　　)などが発展した。

　中世都市は、はじめ封建領主の保護と支配を受けていたが、しだいに自由と自治を求めるようになり、**自治権**を獲得して**自治都市**になった。北イタリアの諸都市は、貴族・大商人が中心になってコムーネと呼ばれる自治都市となった。またドイツの諸都市は皇帝から**特許状**を得て、皇帝直属の(¹²　　　　)(帝国都市)となり、諸侯と同等の地位を獲得した。

　このような中世都市のなかには、共同で商業的利益や特権を守るためにⓑ<u>都市同盟</u>を結成するものもあった。なかでも(⁸　　　　)を盟主とする(¹³　　　　)**同盟**はドイツを中心に広範囲の都市が加盟して、ヨーロッパの主要な都市に在外商館を設けるなど大きな経済的勢力となった。

　自治都市に住む市民は、封建領主の束縛から脱して自由を得た。また、ⓒ<u>周辺の荘園からは、農奴たちが自由を求めて都市に逃れてくる</u>こともあった。

　自治都市の運営にあたったのは、**ギルド**と呼ばれる同業組合であった。はじめは大商人を中心とした**商人ギルド**が市政を独占していたが、これに不満をもった手工業者が(¹⁴　　　　)を組織して、ⓓ<u>大商人と対立しながら市政に参加していった</u>。(¹⁴　　　　)の組合員は(¹⁵　　　　)と呼ばれ、熟練した技術をもつ独立した手工業者で、**職人**や**徒弟**を指導した。(¹⁴　　　　)には扱う商品の価格や生産量、品質について細かい規定があり、手工業者の経済的安定をもたらした反面、**自由競争を禁止**することで経済の発展を妨げる面もあった。都市の上層市民のなかには(¹¹　　　　)の(¹⁶　　　　)**家**のように皇帝に融資したり、(⁶　　　　)の(¹⁷　　　　)**家**のように一族から教皇を出すような大富豪も現れた。

問ⓐ　右の地図中の記号A〜Eについては中世都市名を、ア・イについては地方名を答えよ。

問ⓑ　都市同盟のうち、12〜13世紀にかけて神聖ローマ皇帝の**イタリア政策**による干渉に対抗するため、北イタリアの自治都市が結成した同盟を何というか。

問ⓒ　農奴が都市に逃れて1年と1日住めば、自由民になれることを示した、ドイツのことわざを答えよ。

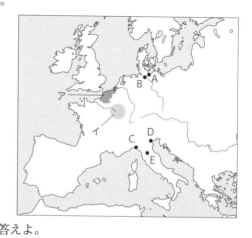

問ⓓ　13世紀頃から盛んになり、手工業者の市政参加への道をひらいた、この争いを何と呼ぶか。

2 東ヨーロッパ世界の展開

1 ビザンツ帝国の統治とその衰退／ビザンツ文化

6世紀の[1　　　]**大帝**の死後、ビザンツ帝国は(2　　　)**王国**や**フランク王国**にイタリアを奪われ、7世紀にはアラブ人ムスリムの進出により<u>ⓐシリア・エジプト</u>を失った。バルカン半島にはインド＝ヨーロッパ語系の(3　　　)**人**が数多く移住し、さらにトルコ系の(4　　　)**人**が**ブルガリア帝国**を建設するなど、徐々に支配領域を縮小させていった。11世紀後半にはトルコ系イスラーム王朝である(5　　　)**朝**のアナトリア進出が十字軍の契機となり、**1204年**には<u>ⓑ**第4回十字軍**</u>によって首都(6　　　)が占領され、(7　　　)**帝国**が建てられて、ビザンツ帝国は一時的に滅亡した。その後に帝国は復活したが、かつての繁栄は戻らず、首都とその周辺のみを支配する地方政権となり、**1453年**には(8　　　)**帝国**に滅ぼされた。

ビザンツ帝国では、はじめコロヌスを使用する大土地所有制がおこなわれていたが、7世紀以降は異民族の侵入に対処するため、帝国をいくつかの(9　　　)にわけ、その司令官に行政と軍事の権限を与える(9　　)**制**がしかれた。また、それぞれの(9　　)の農民には**屯田兵制**により兵役を課した。11世紀末以降、貴族に軍役奉仕と引き換えに領地を与える(10　　　)**制**がおこなわれるようになると、大土地所有制が拡大して、皇帝の権力は衰えていった。

ビザンツ文化の特色は**ギリシア古典文化**と(11　　　)教の融合にあり、7世紀以降公用語は(12　　　)語が用いられ、(12　　)**古典**がさかんに研究された。学問はキリスト教神学が中心で、<u>ⓒ**聖像崇拝論争**</u>などがたたかわされた。美術ではドームと(13　　　)**壁画**を特色とする<u>ⓓ**ビザンツ様式**の教会建築</u>が有名で、イエスや聖母などの聖画像を描いた(14　　　)美術も特徴的である。

問ⓐ　両地域の政治・経済・文化の中心都市を、順に答えよ。

問ⓑ　この十字軍を提唱したローマ教皇は誰か。

問ⓒ　論争のなか、**726年**に**聖像禁止令**を出したビザンツ皇帝は誰か。

問ⓓア　ビザンツ様式の教会建築の代表である、Ⅰの聖堂の名称を答えよ。

　イ　Ⅱの壁画の人物(中央)は、サン＝ヴィターレ聖堂を建立した皇帝であるが、この聖堂はイタリアの何という都市に現存するか。

Ⅰ
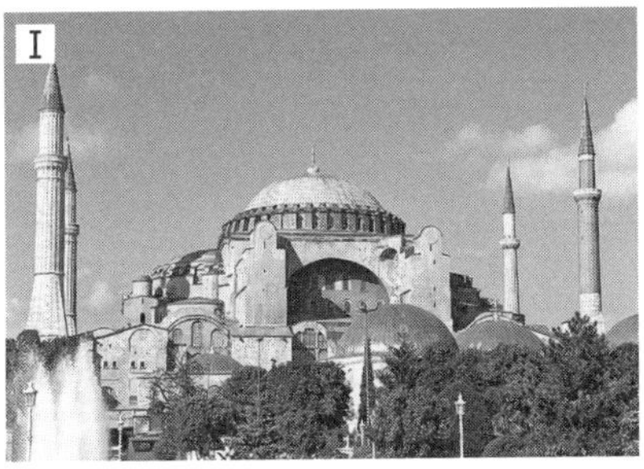

Ⅱ
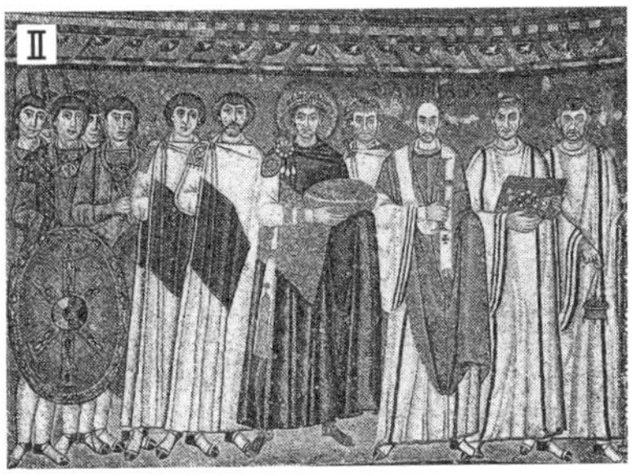

2 スラヴ人と周辺諸民族の自立

スラヴ人は**カルパティア山脈**北方を現住地としていたが、6世紀以降東ヨーロッパに拡大して、ビザンツ帝国北方にも急速に広がった。そのうち東スラヴ人と南スラヴ人は**ビザンツ文化**と(1　　　)教の影響を強く受け、西スラヴ人は西欧文化と(2　　　)教の影響を受けつつ、自立と建国の道を歩んでいった。

1
2
3
4
5
6
7
8
9
10
11
12
13
14
問ⓐ
問ⓑ
問ⓒ
問ⓓア
イ

visual 1

〈(　　　　)美術〉

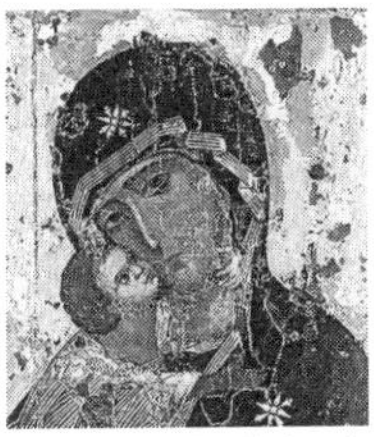

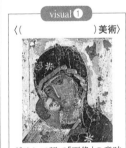

ギリシア語で「画像」の意味。東方キリスト教世界でさかんに用いられた聖画像。

column 1

〈(　　　　)文字〉

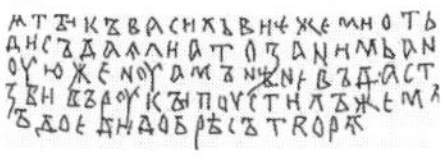

9世紀、スラヴ人にギリシア正教を布教した宣教師、キュリロスが考案したグラゴール文字が原形。東欧で使用。

1
2

ドニエプル川中流域に広がったロシア人や(3　　　)**人**などの**東スラヴ人**が住むロシアでは、ⓐ**ルーシ**と呼ばれた**ノルマン人**によって**862年**に(4　　　)**国**が、ついで882年に(5　　　)**公国**が建国され、まもなくスラヴ人に同化していった。(5　　)公国は10世紀末の[6　　　]の時が最盛期で、彼は(1　　)**教**に改宗してこれを国教とし、ビザンツ風の専制君主政を取り入れた。その後は農民の農奴化と貴族の大土地所有が進み、諸侯が乱立して国内は分裂状況が続いた。

13世紀には、[7　　　]が率いるⓑ**モンゴル軍**が侵入して、南ロシアは(8　　　)**=ハン国**の支配下に入り、(5　　)公以下の諸侯は、その後2世紀以上にわたってモンゴルの支配を受けることとなった(「**タタールのくびき**」)。

15世紀には、(9　　　)**大公国**が急速に勢力を広げた。大公[10　　　]は、**1480年**に(8　　)**=ハン国**から独立して強大な権力を握り、ビザンツ帝国最後の皇帝の姪(めい)と結婚してローマ皇帝の後継者を自認し、はじめて(11　　　)の称号を用いた。彼の孫の[12　　　]の時代には、さらに中央集権化が進展した。

南スラヴ人のうち、最大勢力の(13　　　)**人**はビザンツ帝国に服属し(1　　)教に改宗したが、12世紀に独立し、のちバルカン半島北部を支配する強国となった。同じ南スラヴ人の**クロアティア人**はフランク王国の影響で(2　　)教を受容した。

西スラヴ人の(14　　　)**人**・**チェック人**・スロヴァキア人は、(2　　)教に改宗して西方ラテン文化圏に入った。そのなかの(14　　)人は10世紀頃に建国し、14世紀前半には**カジミェシュ**(カシミール)**大王**のもとで繁栄した。その北部にいたバルト語系の**リトアニア人**は、ⓒドイツ人の**東方植民**に対抗するため**1386年**に(14　　)と同君連合を結んで(15　　　)**朝リトアニア=**(14　　)**王国**を建て、東ヨーロッパ最強の国として繁栄した。チェック人は10世紀に**ベーメン**(ボヘミア)**王国**を建設したが、11世紀には**神聖ローマ帝国**に編入された。

東ヨーロッパでは、スラヴ人以外の民族の活動も活発であった。(16　　　)**人**は7世紀にバルカン半島北部にブルガリア帝国を建国し、(1　　)教に改宗した。その後ビザンツ帝国に併合され、12世紀に再び独立したが、14世紀にはオスマン帝国に征服された。(17　　　)**人**は10世紀半ば、レヒフェルトの戦いでドイツ王[18　　　]に大敗したのち、パンノニアに移動して**ハンガリー王国**を建てた。ハンガリー王国は(2　　)**教**を受容して15世紀に最盛期を迎えたが、16世紀にオスマン帝国の支配下に入った。

問ⓐ　ルーシの首長で、(4　　)国を建てたのは誰か。

問ⓑ　(7　　)による遠征を命じた、モンゴル帝国の第2代皇帝は誰か。

問ⓒ　この運動をおこなった宗教騎士団は何か。

3..................
4..................
5..................
6..................
7..................
8..................
9..................
10..................
11..................
12..................
13..................
14..................
15..................
16..................
17..................
18..................

問ⓐ..................
問ⓑ..................
問ⓒ..................

geographic ①

〈14世紀頃の東ヨーロッパ〉

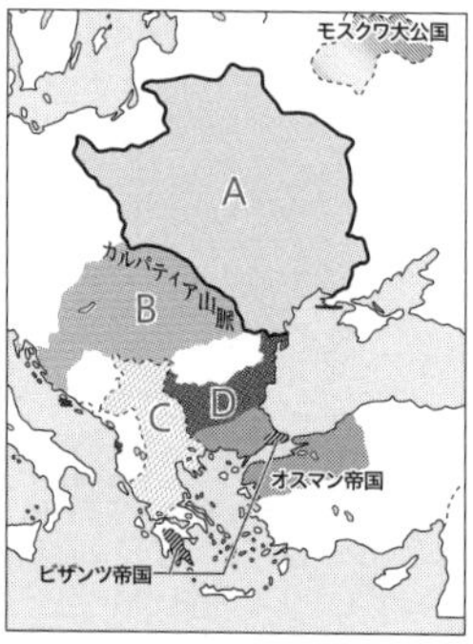
モスクワ大公国
A
カルパティア山脈
B
C
D
オスマン帝国
ビザンツ帝国

A～Dの国名を答えよ。

A (　　　　　　)
B (　　　　　　)
C (　　　　　　)
D (　　　　　　)

3 Exercise ビザンツ帝国の盛衰

下の図中の空欄に、適当な語句を記入せよ。

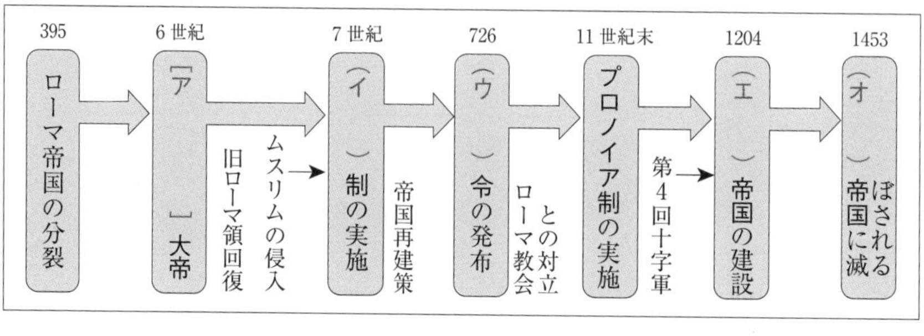
395
ローマ帝国の分裂
6世紀
[ア　]大帝
ムスリムの侵入
旧ローマ領回復
7世紀
(イ　)制の実施
帝国再建策
726
(ウ　)令の発布
ローマ教会との対立
11世紀末
プロノイア制の実施
第4回十字軍
1204
(エ　)帝国の建設
(オ　)帝国に滅ぼされる
1453

ア..................
イ..................
ウ..................
エ..................
オ..................

3　西ヨーロッパ世界の変容

1　封建社会の衰退／教皇権の衰退

西ヨーロッパでは**貨幣経済**が浸透するにつれて、荘園の領主は貨幣を獲得するために領主直営地での([1]　　　)をやめて、農民に生産物や**貨幣**で地代を納めさせるようになった。農民は生産物を市場で売り、地代を納めた残りの貨幣を蓄えて、経済的に力をつける者も現れた。14世紀になると、気候が寒冷化して凶作や飢饉、戦乱が頻発し、さらに([2]　　　)という疫病が流行して人口が激減すると、領主は労働力確保のために農民の待遇を改善して、農民の身分的な束縛はゆるめられた。こうして**封建社会**の仕組みが解体に向かった。

イギリスやフランス、西南ドイツなどでは、農奴から解放された農民が自営農民に成長していった。とくに貨幣地代が普及したイギリスでは、([3]　　　)と呼ばれる**独立自営農民**が成長した。やがて領主層が経済的に困窮するようになり、再び農民への束縛を強化しようとすると(**封建反動**)、農民たちは各地で大規模な農民一揆をおこした。フランスの([4]　　　)の乱(1358年)やⓐイギリスのワット=タイラーの乱(**1381年**)が、その代表的なものである。一揆はすべて鎮圧されたが、ⓑ領主層の経済的窮乏はさらに深刻となっていった。

一方、都市の市民たちは商業圏の拡大にともない、市場を統一する**中央集権的な政治権力**を望むようになった。そこで国王は諸侯をおさえ、王権の強化に乗り出した。没落した**諸侯**や**騎士**は国王に仕える廷臣(ていしん)となり、領地で農民から地代を取り立てる地主となっていった。こうして封建社会の政治体制は崩壊に向かい、西ヨーロッパ各国は国王を中心とする中央集権国家へと歩みはじめた。

王権が伸張する一方で、教皇権は十字軍の失敗以降、衰退しはじめた。13世紀末の教皇[[5]　　　]は教皇権の優位を主張して、フランス王による聖職者への課税に反対した。しかし、教皇は**1303年**に国王[[6]　　　]に捕らえられ、ⓒ釈放されたのち屈辱のうちに急死した。その後、[[6]　]の影響力のもとに、教皇庁がローマから南フランスの([7]　　　)へと移り、ⓓ以後約70年間この地にとどまった。のちに教皇がローマに戻ると、([7]　)にも教皇が立ち、ともに正統性を主張して対立した。これを([8]　　　)と呼び、教皇と教会の権威は失墜した。それとともに教会の腐敗・堕落を批判する運動がおこった。

14世紀後半になると、イギリスの[[9]　　　](オクスフォード大学神学教授)は**聖書**を信仰の根本であるとして教皇の権威を否定し、聖書を**英訳**して自説の普及につとめた。また、ベーメンの[[10]　　　](プラハ大学総長)も[[9]　]の説に共鳴して教会を批判すると、神聖ローマ皇帝が**1414年**に提唱した([11]　　　)**公会議**は、彼らを異端として[[10]　]を火刑にするとともに([8]　)を解消した。しかし、ベーメンではチェコ民族運動と結んだ[[10]　]派の反乱([[10]　]**戦争**)が長く続き、教皇権の衰退は明らかであった。

問ⓐ　この反乱の思想的指導者で、「アダムが耕しイヴが紡(つむ)いだとき、誰が貴族であったか」と説教した聖職者は誰か。

問ⓑ　領主層の衰退のもう一つの要因として、ある武器の発明による戦術の変化があげられる。それは何か。

問ⓒ　この事件を何というか。

問ⓓ　このことを『旧約聖書』の故事になぞらえて、何と呼ぶか。

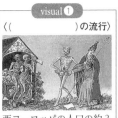

visual 1

〈(　　　　　　)の流行〉

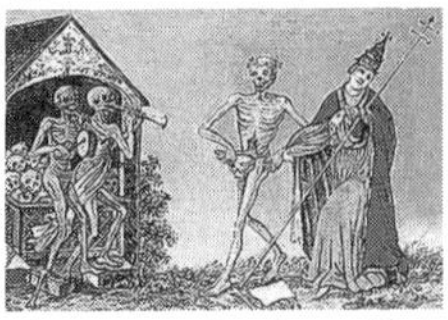

西ヨーロッパの人口の約3分の1が失われたという。

1

2

3

4

5

6

7

8

9

10

11

問ⓐ

問ⓑ

問ⓒ

問ⓓ

visual 2

〈[a　　　　　]の乱(1381年)〉

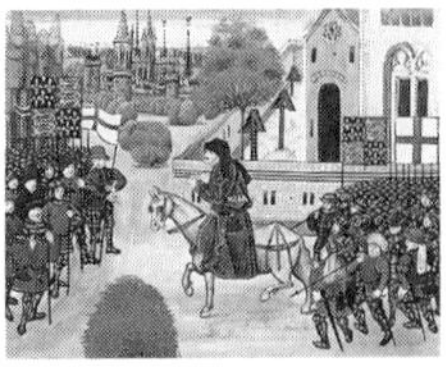

中央馬上の人物は下級聖職者の[b　　　　]で、思想的指導者であった。

visual 3

〈[a　　　　]の火刑〉

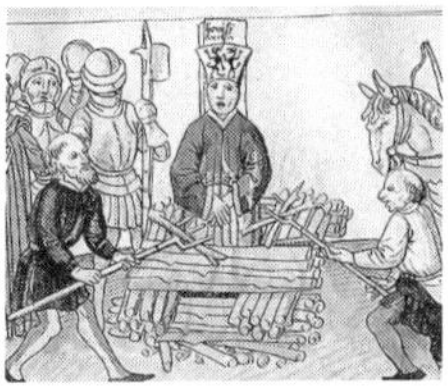

(b　　　　　)公会議(1414年)で異端とされ、火刑に処された。

第7章

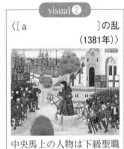

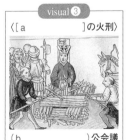

visual **4**
〈クレシーの戦い〉

[　　　　　]（英）の
率いた長弓隊が活躍した。

1　　　　　　　　　　
2　　　　　　　　　　
3　　　　　　　　　　
4　　　　　　　　　　
5　　　　　　　　　　
6　　　　　　　　　　
7　　　　　　　　　　
8　　　　　　　　　　
9　　　　　　　　　　
10　　　　　　　　　　
11　　　　　　　　　　
12　　　　　　　　　　
13　　　　　　　　　　
14　　　　　　　　　　
15　　　　　　　　　　
16　　　　　　　　　　
17　　　　　　　　　　
18　　　　　　　　　　
19　　　　　　　　　　
20　　　　　　　　　　
21　　　　　　　　　　

13〜14世紀以降、ヨーロッパ各国では国王が課税などを要請するため、貴族・聖職者・都市の代表が出席する**身分制議会**を開いて、国内の統一をはかった。

1066年に成立したイギリスの(^{1}　　　　　)朝は、当初より王権が強く、また初代国王ウィリアム1世が同時にフランス王の臣下でもあるという関係から、フランス国内にも領土を所有していた。

その後、1154年に(^{1}　　)朝が断絶すると、ⓐフランスの大貴族が国王[^{2}　　　　]として(^{3}　　　　　)朝を創始した。その子[^{4}　　　　]王はフランス王[^{5}　　　]と争って敗れ、フランス内の領土の大半を失った。また、カンタベリ大司教の叙任権をめぐって教皇[^{6}　　　　]と争い、破門されて屈服した。そのうえ財政難におちいって重税を課したため、貴族たちは団結して王に反抗し、(^{7}　　　　)を認めさせた（1215年）。これは、徴税に際しては貴族と聖職者の同意を必要とすることなど王権を制限するものであり、イギリス立憲政治の出発点ともなった。

次のヘンリ3世は(^{7}　　)を無視したため、貴族の首領[^{8}　　　　　]が反乱をおこし、身分制議会の招集を認めさせた（1265年）。これがイギリス議会の起源である。

1295年、国王エドワード1世が高位聖職者・大貴族のほか各地のⓑ**騎士**・市民・下級聖職者を加え、(^{9}　　　　　)を招集した。さらに14世紀には、高位聖職者・大貴族の上院と、州・都市を代表する下院にわかれて**二院制**となった。

フランスではカロリング朝断絶後、987年に成立した**カペー朝**は当初から王権が弱く、大諸侯の勢力が強かった。しかし、12世紀末の国王[^{5}　　]はイギリス王[^{4}　　]と争って国内のイギリス領の大半を奪い、孫の[^{10}　　　　]は異端の(^{11}　　　　)派を征服して王権を南フランスに拡大した。また国王[^{12}　　　　]は、教皇ボニファティウス8世との教会課税問題をめぐる争いに際して、1302年に(^{13}　　　　)を招集して国内諸勢力の支持を取りつけ、教皇を屈服させて王権を伸張させた。

古くから**毛織物産業**が盛んであった(^{14}　　　　)**地方**では、11世紀以降イギリス産の羊毛を原料としていっそうの発展をみた。フランス国王はこの地を直接支配下におこうとしたが、イギリス国王は強く反発した。このように、(^{14}　　)地方はギエンヌ地方とともに、イギリス・フランス間の抗争の地となった。

フランスでカペー朝が断絶して(^{15}　　　　)**朝**が新たに成立すると、イギリス国王[^{16}　　　　]はフランス王位継承権を主張し、ここに1339年、**百年戦争**が始まった。イギリスはクレシーの戦いで、**長弓兵**の活躍によってフランス騎士軍を破り、ポワティエの戦いでも**エドワード黒太子**が活躍するなど、戦争の前半はイギリス軍が優勢であった。

フランス国内は(^{17}　　　　)の流行による人口の激減やⓒ**農民一揆**などにより荒廃し、国王[^{18}　　　　]の時には王国は崩壊寸前となった。この時、神の託宣を信じた農民の娘[^{19}　　　　]がフランス軍に加わり、**オルレアンの包囲**を破ってイギリス軍を大敗させると、形勢は逆転した。イギリスは**カレー**を除く大陸内の領土をすべて喪失して、ついに戦争は1453年、フランスの勝利に終わった。

長期にわたる戦争によって、フランスでは**諸侯・騎士**が**没落**する一方、国王[^{18}　　]は大商人と結んで財政を建て直し、さらに常備軍を設置して王権を強化したため、中央集権化が急速に進展した。

一方、敗れたイギリスでは王位継承をめぐって(^{20}　　　　)家と(^{21}　　　　)家が対立し、1455年にⓓ**イギリスを二分する内乱**がおこった。この内乱は(^{20}　　)**派**の

visual **5**
〈[　　　　　　]〉

オルレアンの包囲を破り、
フランスを勝利に導いた。

ヘンリが**1485年**に[²² 　　　　]としてイングランド王に即位し、(²³ 　　　)**朝**が成立して終結した。この内乱に参加した諸侯・騎士は没落し、[²² 　]は王権に反対する者を処罰して絶対王政の基礎を確立した。その後、イギリスはケルト系の隣国ウェールズを併合したが、スコットランドは独立を保った。

問ⓐ　この大貴族とは誰か。

問ⓑ　イギリスでは、騎士が早くから軍事的な性格を失って地方の地主となっていたが、彼らを何と呼ぶか。

問ⓒ　このうち、1358年にフランスでおきた農民一揆は何か。

問ⓓ　この内乱を何というか。

3　**スペインとポルトガル／ドイツ・スイス・イタリア・北欧** ────────

　イベリア半島では、**756年**にイスラーム勢力が半島南部に(¹ 　　　)**朝**を建てた。これに対してキリスト教徒は約800年にわたる(² 　　　)を続け、回復された地には(³ 　　　)**王国**や(⁴ 　　　)**王国**が成立し、その後、(³ 　)王女[⁵ 　　　　]と(⁴ 　)王子[⁶ 　　　]の結婚により、**1479年**に両国は統合して**スペイン王国**が成立した。スペインは、**1492年**にイスラーム勢力の最後の拠点(⁷ 　　　)を陥落させて、ⓐ半島最後のイスラーム王朝である**ナスル朝**を滅ぼし、(² 　)を完成させた。国土統一を実現したスペインは、その後海外進出を積極的におこなった。一方、12世紀に(³ 　)王国から分離した(⁸ 　　　)**王国**も、15世紀後半に国王ジョアン2世がⓑ**バルトロメウ＝ディアス**の航海を支援するなど、スペインとともに大航海時代の先がけとなった。

　ドイツ(神聖ローマ帝国)では、**シュタウフェン朝**滅亡後、皇帝が不在の「(⁹ 　　　)**時代**」(1256〜73年)が続くなど政治的混乱が進んだ。その後、皇帝[¹⁰ 　　]が**1356年**に(¹¹ 　　　)を発布して、皇帝の選出権を聖俗の**七選帝侯**に定めた。14世紀以降のドイツは**領邦**ごとに中央集権が進められ、大諸侯は帝国から自立する勢いをみせた。統一は困難な状況となったが、15世紀後半以降、神聖ローマ皇帝はオーストリアの(¹² 　　　)家から出されるようになった。

　他方、エルベ川以東の地には12世紀以降ドイツ人による(¹³ 　　　)がおこなわれ、(¹⁴ 　　　)**辺境伯領**や**ドイツ騎士団領**などが成立した。これらの地方では15世紀以降、ⓒ西欧向けの穀物生産が大規模におこなわれるようになった。

　スイスは、13世紀末に(¹² 　)家の支配からの独立闘争を開始し、15世紀末には神聖ローマ帝国から事実上独立した。その後、1648年にはウェストファリア条約で国際的に独立が承認された。

　イタリアでは、南部の(¹⁵ 　　　)**王国**が**シチリア王国**と**ナポリ王国**に分裂し、中部はローマ教皇領が、北部には(¹⁶ 　　　)・(¹⁷ 　　　)・**ジェノヴァ・ミラノ**などの都市国家が分立していた。神聖ローマ皇帝の**イタリア政策**による介入がおこると、諸都市の内部で(¹⁸ 　　　)(教皇党)と(¹⁹ 　　　)(皇帝党)が争い、混乱が続いた。

　北欧では、**1397年**に**デンマーク**の摂政[²⁰ 　　　]の主導でデンマーク・スウェーデン・ノルウェー3国の(²¹ 　　　)同盟が結ばれ、同君連合王国が成立した。

問ⓐ　ナスル朝の都に残る、代表的なスペイン＝イスラーム建築は何か。

問ⓑ　この人物が到達した、アフリカ南端の岬はどこか。

問ⓒ　このような大規模な農場経営を何というか。

──右欄──

22 ＿＿＿＿＿
23 ＿＿＿＿＿
問ⓐ ＿＿＿＿＿
問ⓑ ＿＿＿＿＿
問ⓒ ＿＿＿＿＿
問ⓓ ＿＿＿＿＿

geographic ❶

〈(　　　　　)運動
(レコンキスタ)〉

（イベリア半島の地図：ナバラ王国、A王国、B王国、C王国、ア、イ、ウ、D朝）

A (　　　　　)
B (　　　　　)
C (　　　　　)
D (　　　　　)
ア (　　　　　)
イ (　　　　　)
ウ (　　　　　)

1 ＿＿＿＿＿
2 ＿＿＿＿＿
3 ＿＿＿＿＿
4 ＿＿＿＿＿
5 ＿＿＿＿＿
6 ＿＿＿＿＿
7 ＿＿＿＿＿
8 ＿＿＿＿＿
9 ＿＿＿＿＿
10 ＿＿＿＿＿
11 ＿＿＿＿＿
12 ＿＿＿＿＿
13 ＿＿＿＿＿
14 ＿＿＿＿＿
15 ＿＿＿＿＿
16 ＿＿＿＿＿
17 ＿＿＿＿＿
18 ＿＿＿＿＿
19 ＿＿＿＿＿
20 ＿＿＿＿＿
21 ＿＿＿＿＿
問ⓐ ＿＿＿＿＿
問ⓑ ＿＿＿＿＿
問ⓒ ＿＿＿＿＿

第7章

4 西ヨーロッパの中世文化

1 教会と修道院／学問と大学

中世の西ヨーロッパでは、人々の日常生活全般にキリスト教が絶大な影響をおよぼしていた。出生・結婚・臨終(りんじゅう)などに際して教会から**秘蹟**(ひせき)の儀式を授かり、魂の救済こそ人生最大の目的であった。一方、**破門**は最大の罰で、社会からの追放を意味した。

キリスト教における修行の場が修道院で、**6世紀**頃に[1　　　　]がイタリアの(2　　　　)に開いたのが最初である。この修道会はⓐ清貧・純潔・服従のきびしい戒律を修道士に課して、ヨーロッパ各地に広まった。12～13世紀は**大開墾時代**と呼ばれ、**シトー修道会**がその先頭に立った。学問もキリスト教の影響が強く、(3　　　　)が最高の学問で、哲学や自然科学は(3　　)に従属した。この時代では、学者や知識人は聖職者や修道士であり、彼らは**ラテン語**を国際共通語として用いた。信仰を論理的に体系化しようとする(4　　　　)学は中世西ヨーロッパ特有の学問で、その中心的な議論は**実在論**と**唯名論**(ゆいめい)との(5　　　　)**論争**であった。実在論の代表は[6　　　　]、唯名論の代表は**アベラール**や[7　　　　]で、とくに[7　　]は近代合理思想の基礎を築いた。

12世紀には、ビザンツ帝国やイスラーム圏からもたらされた**ギリシアの古典**が、**シチリア島**やⓑイベリア半島でラテン語に翻訳されたことにより、ⓒ学問や文芸が大きく発展した。ギリシアの古典のなかでも、[8　　　　]の哲学の影響を受けた(4　　)学は壮大な体系となり、13世紀にイタリアの神学者[9　　　　]によって大成された。彼の著作『10　　　　』は、中世キリスト教神学を体系的に解説した書である。イスラーム科学の影響も大きく、13世紀イギリスの自然科学者[11　　　　]は実験と観察を重視して、のちの近代科学を準備することとなった。

12世紀頃からはⓓ大学も誕生した。学生や教授による一種のギルドとして始まり、皇帝や教皇の特許状を得て自治権を認められた。おもな大学には神学・法学・医学の**3学部**があり、教養科目として**自由七科**も教育された。

ヨーロッパ最古の大学は北イタリアの(12　　　　)**大学**で、**法学**で有名である。またフランスの(13　　　　)**大学**は**神学**で、南イタリアの(14　　　　)**大学**はイスラームの影響を受けた医学で、それぞれ有名であった。イギリスでは(15　　　　)**大学**と、そこからわかれたケンブリッジ大学が、独自の学寮(コレッジ)制をもとに発展した。

問ⓐ この修道会のモットーとされた言葉で、古典古代以来の労働に対する考え方を大きく変えたものは何か。

問ⓑ ギリシア古典がギリシア語やアラビア語から、ラテン語に大規模に翻訳された都市はどこか。

問ⓒ ギリシアの古典やイスラームの学問が伝播したことにより、西ヨーロッパの学問が大きく発展したことを何というか。

問ⓓ 地図中のA～Dの大学名を答えよ。

A：イギリス最古の大学
B：神学で有名なフランスの大学
C：法学で有名な北イタリアの大学
D：医学で有名な南イタリアの大学

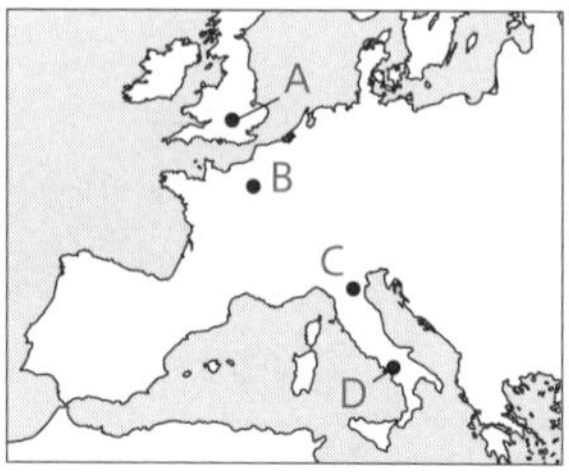

column 1
〈托鉢(たくはつ)修道会〉
財産や土地をもたず、信者からの施しのみで生活する会派。清貧を貫いて説教活動をおこない、民衆に大きな影響を与えた。(a　　　　)**修道会**(イタリア)や(b　　　　)**修道会**(フランス)が有名。

1
2
3
4
5
6
7
8
9
10
11
12
13
14
15
問ⓐ
問ⓑ
問ⓒ
問ⓓ A　　　　大学
B　　　　大学
C　　　　大学
D　　　　大学

challenge 1
古代ギリシアの学術文献は、どのようにして12世紀の西ヨーロッパに伝えられたか。以下の語句を用いて、120字程度で述べよ。
ギリシア語　アラビア語　トレド　ラテン語

2 美術と文学

　中世ヨーロッパの美術はⓐ教会建築に代表され、そこにはいくつかの潮流がみられる。まず６世紀を頂点として、ビザンツ帝国で確立されたのが**ビザンツ様式**で、ギリシア式の正十字の構造にドーム(丸屋根)を組み合わせ、内壁は(1　　　　)で装飾されて神秘的な雰囲気を表現した。

　ついで11世紀には(2　　　　)様式が生み出された。これは「ローマ風」の意味で、厚い石壁と小さな窓を特色として重厚な雰囲気をもつ。代表的な建築はドイツのシュパイアー大聖堂やヴォルムス大聖堂、フランスのクリュニー修道院(フランス革命時に破壊)、イタリアの(3　　　　)**大聖堂**などである。

　12世紀頃、北フランスから西ヨーロッパに広がったのが(4　　　　)様式である。これは「ゴート人風」の意味で、特徴は頭頂部の**尖頭**（せんとう）**アーチ**と高くそびえる塔で、技術が向上して広くなった窓を、美しい(5　　　　)で飾った。代表的な建築はフランスのランス大聖堂や(6　　　　)**大聖堂**、パリの**ノートルダム大聖堂**(2019年焼失)、ドイツの(7　　　　)**大聖堂**などである。

　中世の文学は、学問に用いられたラテン語ではなく、口語(俗語)で表現された。その代表が**騎士道物語**で、武勇と主君への忠誠、女性や弱者の保護などを重視する騎士道を背景に、ⓑ騎士たちの英雄的な武勲や恋愛をテーマにした文学作品がつくられた。代表的な作品は、カール大帝時代のイスラーム軍との戦いを描いた『8　　　　』、ドイツ中世の英雄叙事詩である『9　　　　』、ケルト人の伝説的英雄や、円卓の騎士の伝承などが盛り込まれた『10　　　　』などである。

問ⓐ　次の写真Ⅰ～Ⅲの聖堂の建築様式をそれぞれ答えよ。

Ⅰ
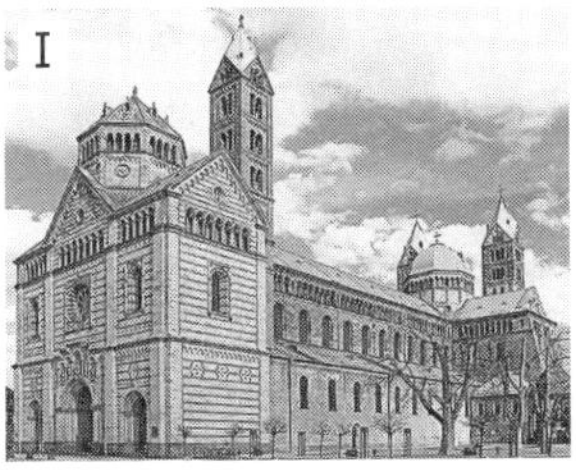

Ⅱ
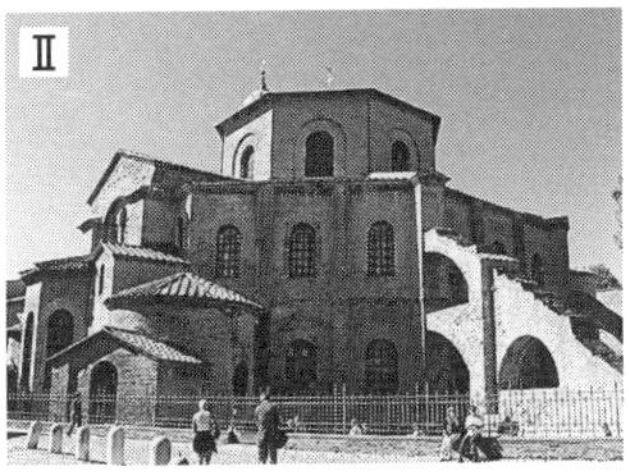

Ⅲ
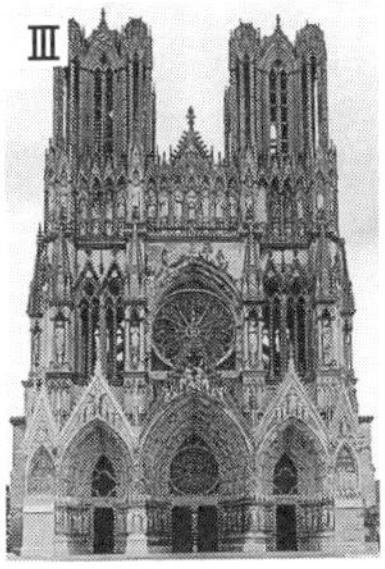

問ⓑ　12世紀を最盛期として、宮廷で騎士の恋愛を叙事詩にうたった人々(南フランスのトゥルバドゥールなど)を何というか。

1 ________
2 ________
3 ________
4 ________
5 ________
6 ________
7 ________
8 ________
9 ________
10 ________
問ⓐⅠ ________ 様式
Ⅱ ________ 様式
Ⅲ ________ 様式
問ⓑ ________

第7章

visual 1

〈(　　　　　　　)
(絵ガラス)〉

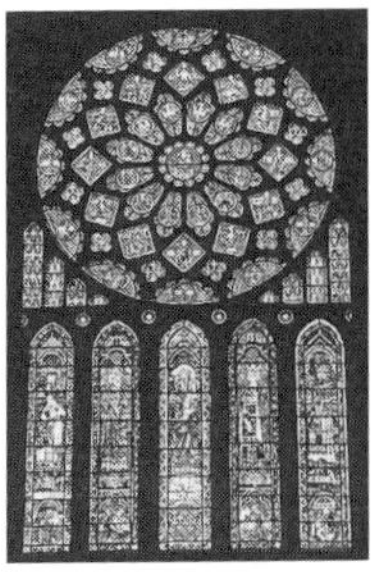
シャルトル大聖堂のバラ窓。

3 Exercise 中世の神学

　中世の神学者に関する次の表中の空欄に、適当な語句を記入せよ。

[ア]	カール大帝によりアーヘンにまねかれる **カロリング=ルネサンス**の中心人物
[イ]	カンタベリ大司教、**実在論**を主張した。「スコラ学の父」
[ウ]	フランスのスコラ学者、**唯名論**を主張した
[エ]	**アリストテレス哲学**とキリスト教神学を融合し、**スコラ学**を大成 主著『**神学大全**』
[オ]	イギリスのスコラ学者 唯名論を主張し、信仰と理性、神学と哲学を区別した
[カ]	イギリスのスコラ学者、**経験**を重視して近代自然科学へ道を開いた

ア ________
イ ________
ウ ________
エ ________
オ ________
カ ________

第8章　東アジア世界の展開とモンゴル帝国

1　アジア諸地域の自立化と宋

[1]　東アジアの勢力交替

8世紀半ばに発生した**安史の乱**を契機として、東部ユーラシアは大きな変動期を迎えることになった。9世紀半ばには遊牧国家(1　　　　)が崩壊し、空白となったモンゴル高原に新たな勢力が胎動した。モンゴル系の遊牧民である(2　　　　)は、遼河(りょうが)上流域で半農半牧の生活を営んでいたが、唐の衰退に乗じて勢力を拡大した。10世紀初めには[3　　　　]が現れて、モンゴル高原東部を中心にⓐ強力な国家を樹立し、その後926年には、中国東北地方の(4　　　　)を滅ぼした。さらに(2　　)は華北の政変に介入し、五代の(5　　　　)の建国を援助した代償としてⓑ河北・山西の北部を割譲させた。(2　　)は遊牧と農耕という異質の社会を統治するにあたって、それぞれを部族制と州県制によって治める**二重統治体制**をしき、漢字をもとにした(6　　　　)**文字**を生み出した。

朝鮮半島では、8世紀半ばから貴族の抗争や農民反乱によって**新羅**(しんら)が衰退すると、北部の新興豪族から頭角を現した[7　　　　]が、**918年**にⓒ高麗(こうらい)を建国した。高麗は唐や宋の制度・文物を摂取して、仏教を保護し、そのもとで仏教経典を集成した『8　　　　』が木版印刷で刊行された。また宋代の青磁の技法に、独自の象眼(ぞうがん)という技法を加えた(9　　　　)がつくられたのもこの頃である。さらに世界最古といわれる**金属活字**の発明など、独自の文化を発展させた。

雲南では、**南詔**(なんしょう)が10世紀初めに滅び、(10　　　　)がこれにかわった。また千年以上にわたり中国の支配を受けてきたベトナムでも、11世紀初めには昇竜(しょうりゅう)(ハノイ)を都とする(11　　　　)**朝**(**大越**)が建国され、仏教や儒学が導入された。同じ頃、中国西北部でチベット系の(12　　　　)が自立し、**西夏**(せいか)を建国した。初代皇帝の**李元昊**(りげんこう)は官制や兵制を整え、**西夏文字**を制定した。西夏は東西交易の要衝をおさえ、しばしば宋に侵入した。日本では平安時代に貴族文化が栄えたが、894年に遣唐使を停止したのちには、仮名(かな)文字や大和絵(やまとえ)などに代表されるⓓ日本独特の文化が栄えた。その間、律令制が崩壊して荘園制が発展し、やがて武士の勢力が強まって、12世紀末に(13　　　　)**幕府**が建てられた。

問ⓐ　この国家の中国風の国号を答えよ。
問ⓑ　この領地を何というか。
問ⓒ　高麗の首都を答えよ。
問ⓓ　この文化を何というか。

1
2
3
4
5
6
7
8
9
10
11
12
13

visual 1

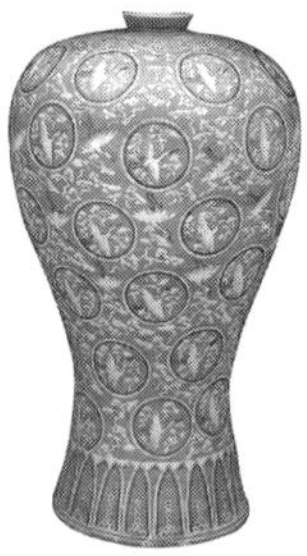

高麗時代は、朝鮮の青磁の最盛期であった。

問ⓐ
問ⓑ
問ⓒ
問ⓓ

[2]　宋と金

五代の後周(こうしゅう)の武将であった[1　　　　](太祖)は、**960年**に(2　　　　)に都をおいて宋(**北宋**)を建て、つぎの太宗の時代にほぼ中国全土が統一された。宋は**節度使**の実権を奪って権力を皇帝に集中させる皇帝独裁体制を確立し、ⓐ科挙によって選抜したⓑ文人官僚が政治をとりおこなうようにした。このように宋代は君主独裁体制の完成期で、中央集権的官僚支配がこれを支えることとなった。

1
2

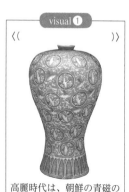

　しかし宋代の半ばを迎える頃には、国家財政の窮乏など建国時にはなかった諸問題がしだいに表面化してきた。ⓒ近隣諸国に対する防衛費の増大、さらには膨大な官僚群の存在は国家財政を悪化させ、農民・商人とも重税に苦しみ、社会不安をまねいた。11世紀後半、第6代神宗は[³　　　　　　]を宰相に登用し、(⁴　　　　　)と呼ばれるⓓ富国強兵策を断行した。しかし、地主や大商人の利益をおさえて政府の収入増加をめざすこの急激な改革は、実施当初から司馬光らの保守政治家による猛反発を受けることとなった。その後、官僚たちは(⁴　　　)党と(⁵　　　　　)党にわかれて激しく対立し、政治の混乱を引きおこした。

　女真(ジュシェン)は中国東北地方を原住地とする狩猟・農耕のツングース系民族で、10世紀以降キタイの支配下にあったが、12世紀初めに[⁶　　　　　](太祖)が現れ、キタイから自立してⓔ金を建てた。周辺諸民族の脅威にさらされていた宋は、新興の金と結んで1125年にキタイを滅ぼした。この時、中央アジアに逃れたキタイの王族の耶律大石は、トルコ系のイスラーム国家であるカラハン朝を破って、1132年に(⁷　　　　　)を現地に建国した。

　一方宋は、金が燕雲十六州を獲得したことをめぐって、金との同盟関係を続けることに失敗した。金は華北に侵入して宋の首都を占領し、1127年にはⓕ上皇の徽宗と皇帝の欽宗ら3000人余りが捕虜として金に連行された。欽宗の弟で江南に逃れた高宗は、(⁸　　　　　)(現在の杭州)を都として南宋を建てた。このため南宋では、金に対する主戦派と和平派の対立がますます激しくなり、結局、和平派で宰相の秦檜は徹底抗戦をとなえる主戦派の岳飛を処刑して、金とのあいだに和議を結んだ。この結果、(⁹　　　　　)を境に北は金、南は南宋という二分の状勢が固まり、宋は金に対して臣下の礼をとり、毎年多額の銀や大量の絹を贈ることを強いられた。

問ⓐ　宋代に新たに設けられた、皇帝みずからが試験官となっておこなわれる最終試験を何というか。

問ⓑ　このような政治を何というか。

問ⓒ　宋が毎年絹20万匹・銀10万両をキタイに贈ることとなった、1004年の講和条約を何というか。

問ⓓア　貧しい農民に金銭や穀物を、政府が低利で貸し付ける政策を何というか。
　　イ　中小商人へ低利の融資をおこなう政策を何というか。
　　ウ　物資流通の円滑化と物価安定をはかる政策を何というか。
　　エ　労役のかわりに出させた金銭で人を雇う政策を何というか。

問ⓔア　金の部族制にもとづく軍事・社会制度を何というか。
　　イ　漢字や契丹文字の影響を受けた、金でつくられた民族文字は何か。

問ⓕ　この事件を何というか。

3　唐末から宋代の社会と経済

　唐に大きな混乱をもたらした安史の乱はかろうじて平定されたものの、節度使の自立化はさらに進んだ。軍事だけでなく地方の民政や財政をも掌握した節度使は、独立の傾向を強めた事実上の軍閥である(¹　　　　　)へと成長した。このような状況下でも唐が延命できたのは、生産力の高い江南地方がなお支配下にあったことが要因であった。一方で、唐代後期になっても政治の中心は華北であったため、華北と江南を結ぶ(²　　　　　)の役割はいっそう重要となった。このようなな

3 _____
4 _____
5 _____
6 _____
7 _____
8 _____
9 _____

challenge ❶
北魏による中国支配と、遼・金による中国支配のあり方には、どのような違いがあったか。60字程度で比較せよ。
漢化政策　二重統治

第8章

問ⓐ _____
問ⓑ _____
問ⓒ _____
問ⓓア _____
　イ _____
　ウ _____
　エ _____
問ⓔア _____
　イ _____
問ⓕ _____

1 _____
2 _____

かで、(³　　　　)が交通上の重要都市として発展し、唐の滅亡後には@**五代**の多くが都とした。また、十国のうち江南に建てられた国々が商業に力を入れたことにより、江南の発展に拍車がかかることとなった。唐末以降の経済発展によって富裕になった人々は、ⓑ**農地を開墾したり買い集めたりして地主**となり、ⓒ**小作人に荘園を耕作させて経済力をつける**一方で、科挙に合格して高級官僚に任命された。とくに儒学の教養を身につけた資産家官僚は、社会の支配層として(⁴　　　　)と称された。

　宋代における江南地方の農業生産力の発展は、この地域に中国の穀倉地帯の名を与えることになった。宋の南渡以来、江南の開発はいっそう進み、とくに「(⁵　　　　)**熟すれば天下足る**」といわれるように、ⓓ**長江下流域が中国の一大穀倉地帯**となった。同時に江南では(⁶　　　　)の栽培も盛んとなり、**喫茶の風習**が周辺地域に普及し、(⁶　)は重要な輸出品となった。宋代はこうした農業発展を基礎にして、商品作物や農村手工業製品が広く市場に出まわるようになる時代であった。州県の城外には交易場である**草市**が出現し、草市から生まれた定期市はさらに**鎮**や**市**と呼ばれる小都市へと発展した。絹織物や陶磁器など、各地に特産品が生まれたのもこの頃である。商業の発展は、商人や手工業者のあいだに営業独占と相互扶助をはかるⓔ**同業組合**を出現させた。商業の発達とともに貨幣経済も進展し、**銅銭**(宋銭)が大量に鋳造されたが、それでも需要をまかなえず、手形として生まれた(⁷　　　　)(北宋)や(⁸　　　　)(南宋)という紙幣の使用が始まった。ⓕ**外国との交易も政府の管理下に陸路・海路ともに活発**となり、**広州・**(⁹　　　　)・**明州**(寧波)などの港が繁栄をみせた。銅銭は**日宋貿易**を介して日本にももち出され、日本の貨幣経済の進展をうながすことになった。

問@　五代最初の王朝の名称を答えよ。

問ⓑ　このような新興地主層を何というか。

問ⓒ　この小作人を何というか。

問ⓓ　ベトナム方面から伝えられた、ひでりに強い早熟性の稲を何というか。

問ⓔア　同業商人が結成した組合を何というか。

　　イ　手工業者が結成した組合を何というか。

問ⓕ　海上貿易関係の事務を担当した官庁を何というか。

④　宋代の文化

　政治と経済の担い手の変化は、文化にも反映した。宋代の文化の中心的な担い手となったのは、貴族にかわって支配階層となった、儒学の教養を身につけた**士大夫**たちであった。

　儒学では、これまでの@**訓詁学**にかわって、経典全体を哲学的に解釈して宇宙万物の正しい本質(理)に至ろうとする**宋学**がおこった。それは北宋の[¹　　　　]に始まり、南宋の[²　　　　]によって大成されたため**朱子学**とも呼ばれる。朱子学はその後、儒学の正統とされて日本や朝鮮半島、ベトナムにも伝えられ、官学として栄えた。経典のなかではとくに(³　　　　)が重んじられ、対外的な劣勢が続く反動から**華夷の区別**を強調し、君臣・父子などの区別を重視する大義名分論をとなえた。これに対して南宋の**陸九淵**は心の確立を主張し、実践を重視するその思想は、のちの**陽明学**に影響を与えた。仏教では(⁴　　　　)や浄土宗が栄えたが、とくに座禅による修行をおこなう(⁴　)は、朱子学に影響をおよぼすととも

---

3 _____
4 _____
5 _____
6 _____
7 _____
8 _____
9 _____

visual ②

〈「　　　　」〉

「**清明節**」の日に宋代の都市が賑わう様子を描いている。

問@ _____
問ⓑ _____
問ⓒ _____
問ⓓ _____
問ⓔア _____
イ _____
問ⓕ _____

1 _____
2 _____
3 _____
4 _____

に道教にも刺激を与え、修養を重んじる(⁵　　　　)が金治下の華北において**王重陽**によって創始された。

　北宋の**司馬光**は宋学の立場から君臣関係を重視し、(⁶　　　)**体**のⓑ**通史を編纂した**。これは、君主の統治に役立つことを目的に書かれたものであった。文学では散文が流行し、[⁷　　　]や[⁸　　　]らの名文家が輩出した。

　絵画では、ⓒ**宮廷の画院を中心とする写実的な院体画**と並んで、水墨あるいは淡い色彩で描かれた(⁹　　　)画も盛んになった。工芸では、ⓓ**白磁や青磁など高温で焼成したかたい磁器の生産が盛んになった**。一方、経済の発展による都市の発達は、新しい庶民的な文化や革新的な技術を生み出した。唐代の詩に対して、ⓔ**民謡から発展した楽曲にあわせて歌う韻文の一種**が流行した。また民間では、一種の歌劇である雑劇が人々を楽しませた。さらに科学技術も発達し、唐代の頃に始まった(¹⁰　　　)の技術は宋代に発展して普及し、大量の書物が出版された。(¹¹　　　)や**火薬**の実用化も始まり、これらの技術はムスリム商人を介してヨーロッパにまで伝えられた。

問ⓐ　唐代に『**五経正義**』を編纂し、五経の解釈を統一した儒学者は誰か。

問ⓑ　『**史記**』と並ぶ中国の代表的史書である、この通史を何というか。

問ⓒ　院体画の名手で、「桃鳩図」で著名な北宋の皇帝は誰か。

問ⓓ　江西省にある、中国第一の陶磁器の生産地はどこか。

問ⓔ　この韻文の一種を何というか。

5　**Exercise**　宋代の東アジア ─────

　次の2つの地図は、11世紀・12世紀の中国をそれぞれ表している。これらに関する下記の問いに答えよ。

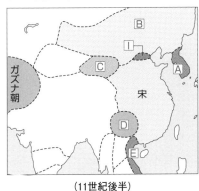
（11世紀後半）

（12世紀後半）

問ⓐ　地図中のA～Hに該当する国名・民族名を答えよ。

問ⓑ　地図中のⅠは、936年に後晋の建国に協力した見返りとして、Bが獲得した土地である。これを何というか。

問ⓒ　Aの建国者は誰か。

問ⓓ　Bの建国者は誰か。

問ⓔ　Cの建国者は誰か。

問ⓕ　Fの建国者は誰か。

問ⓖ　Fの軍事・行政組織を何というか。

visual ❸

〈(a　　　　　)画〉

「桃鳩図」(徽宗作)

〈(b　　　　　)画〉

「墨竹図」(蘇軾作)

第8章

5 ＿＿＿＿＿＿
6 ＿＿＿＿＿＿
7 ＿＿＿＿＿＿
8 ＿＿＿＿＿＿
9 ＿＿＿＿＿＿
10 ＿＿＿＿＿＿
11 ＿＿＿＿＿＿

問ⓐ ＿＿＿＿＿
問ⓑ ＿＿＿＿＿
問ⓒ ＿＿＿＿＿
問ⓓ ＿＿＿＿＿
問ⓔ ＿＿＿＿＿

問ⓐA ＿＿＿＿
B ＿＿＿＿＿
C ＿＿＿＿＿
D ＿＿＿＿＿
E ＿＿＿＿＿
F ＿＿＿＿＿
G ＿＿＿＿＿
H ＿＿＿＿＿
問ⓑ ＿＿＿＿＿
問ⓒ ＿＿＿＿＿
問ⓓ ＿＿＿＿＿
問ⓔ ＿＿＿＿＿
問ⓕ ＿＿＿＿＿
問ⓖ ＿＿＿＿＿

2 モンゴルの大帝国

1 モンゴル帝国の形成

モンゴル高原では、12世紀初めに**キタイ**(契丹、遼)が滅亡すると、遊牧諸勢力のあいだに再編の動きが強まった。やがてモンゴル高原東北部で頭角を現した**テムジン**は、1206年に⒜族長会議において**チンギス=カン**(ハン)として即位し、モンゴル系・トルコ系の諸部族を統一して(^{1})国を建てた。彼はモンゴル高原で幾多の争いを展開してきた諸部族を再編し、配下の遊牧民を1000戸単位に編制した(^{2})制をしくとともに、東方に弟たちを、西方には息子たちを配して支配体制を固めた。

チンギス=カンは華北を支配していた金を攻撃し、ついで西方遠征に出発すると、(^{3})を奪ったナイマンを滅ぼして併合し、さらに⒝中央アジア・イラン方面の新興国家を征服した。彼は1225年にモンゴルへ帰還したが、休む間もなく中国西北部の(^{4})攻略に向かい、27年にこれを滅ぼした。チンギス=カンの死後に即位した[^{5}]は、君主の称号として「カアン」を称した。「カアン」はいわば皇帝であり、唯一無二の存在である。彼はこれを称することによって、モンゴル国家の皇帝であることを世に示し、名実ともに**モンゴル帝国**が成立した。彼は1234年に**金**を滅ぼして華北を支配下に組みこむと、(^{6})に都を建設した。ついで、[^{7}]の率いる軍は西北ユーラシアの草原地帯を制圧して東欧に侵入し、⒞**1241年にドイツ・ポーランド連合軍を破ってヨーロッパ世界**をおびやかした。第4代のモンケは弟の[^{8}]を西アジアに遠征させ、**1258年にバグダードを占領して**(^{9})朝を滅ぼした。モンケが急死すると⒟帝位継承戦争がおこり、弟の**クビライ**が帝国の東方勢力の支持を得て即位し、その後、1276年に(^{10})を滅ぼして中国全土を支配した。

こうして13世紀後半には、中央ユーラシアとその東西各地にモンゴル人の政権が並び立った。⒠モンゴル帝国は、チンギス=カンの子孫を首長とする地方政権によって構成され、それらがカアンのもとにゆるやかに連合する形をとった。

問⒜　モンゴル語で「集会」の意味をもつ、この会議を何というか。

問⒝　この国家を何というか。

問⒞　モンゴル軍がドイツ・ポーランド連合軍を破った戦いを何というか。

問⒟　クビライの支配に対抗し、13世紀末には大規模な反乱をおこした人物は誰か。

問⒠　地方政権についてまとめた、次の表中の空欄ア〜カに適当な語句を答えよ。

国　名	領　域	建 国 者	首　都	滅　亡
（　ア　）	中央アジア	[　イ　]の子孫	アルマリク	分裂後、ティムール朝の支配
（　ウ　）	南ロシア	[　エ　]	サライ	モスクワ大公国独立後崩壊
（　オ　）	西アジア	[　カ　]	タブリーズ	解体後、ティムール朝の支配

2 元の東アジア支配

第5代皇帝の**クビライ**は、自分の本拠地であった東方に支配の重心を移し、モンゴル高原と華北の境界に新たな都を築いて(^{1})と称した。**1271年には国号を中国風の元**(大元)**に改め、ついで1276年には南宋を滅ぼして中国全土を支配**

1
2
3
4
5
6
7
8
9
10

challenge ❶
モンゴル帝国の世界史的意義について、100字以内で述べよ。

問⒜
問⒝
問⒞
問⒟
問⒠ア
イ
ウ
エ
オ
カ

1

した。クビライはモンゴル高原と中国を領有したほか、チベットや朝鮮の
(^{2}　　　　　)を服属させた。また南方にも進出し、ⓐベトナム・チャンパー・ビル
マ・ⓑジャワに遠征軍を送り、東方ではⓒ2回にわたって日本に出兵した。これ
らの遠征は多くの場合、強い抵抗にあって撤兵することとなったが、各地域の政
治や経済・文化にも大きな影響を与え、ⓓ商業圏の拡大にも寄与した。

　元は中国の伝統的な官僚制・地方行政単位を継承したが、官吏任用制度の
(^{3}　　　　　)が実施された回数は少なく、実質的に政治を動かしたのは中央政府の
首脳部を独占するモンゴル人であった。また、中央アジアや西アジア出身者は
(^{4}　　　　　)と呼ばれ、財務官僚などとして活躍した。一方で、ⓔ金の支配下にあ
った人々やⓕ南宋の支配下にあった人々も功績をあげれば官僚として登用される
など、個人の能力・実力を踏まえた人材登用もさかんにおこなわれた。

　モンゴル帝国は、交通路の整備や国際商人の保護など交通・貿易振興策を推進
し、幹線道路上に(^{5}　　　　　)をしいて、陸上の交通・通信ネットワークを築いた。
海上交易も宋代に引き続いて発展し、杭州・泉州・広州などの港市が繁栄した。
また大運河を修復して新運河を建設したほか、江南から山東半島をまわり(^{1}　　)
に至る(^{6}　　　　　)も発達した。このような陸と海の交通ネットワークを生かして
遠距離商業を担ったのが、イラン系のⓖムスリム商人であった。彼らが活躍した
中央アジア・西アジアでは銀が広く使われていたため、銀経済(銀による決済)が
中国にもおよんだ。また(^{7}　　　　　)と呼ばれる紙幣が発行され、銀の流通量の不
足をおぎなうとともに元の主要な通貨となった。一方、利用価値が低下した銅銭
は、**日元貿易**を介して日本へ輸出された。

　宋代からの庶民文化は、モンゴル人の統治下においても引き続き発展した。な
かでもⓗ口語体で書かれた戯曲が流行し、中国文学史上に重要な地位を占めた。
その代表作としては、宰相の娘と書生との恋愛をテーマとした『^{8}　　　　』や『琵
琶記（わき）』、『漢宮秋（かんきゅうしゅう）』などがある。小説では、『水滸伝（すいこでん）』『西遊記（さいゆうき）』『三国志演義（さんごくしえんぎ）』などの
原型がつくられた。元の時代は政府が宗教に寛容であったため、様々な宗教勢力
が活動した。そのなかでも、(^{9}　　　　　)は歴代のカアン・王族の保護や尊崇を受
けて栄えた。一方、モンゴル帝国の西方を支配したⓘイル＝ハン国の君主は、イ
スラーム教に改宗した。物語の挿し絵として流行した**細密画**（ミニアチュール）は、
イル＝ハン国を通して西方に影響をおよぼした。また、元の科学者[^{10}　　　　　]が
つくった**授時暦**（じゅじれき）は、イスラーム天文学を取り入れて作成されたものであり、のち
に江戸時代の貞享暦（じょうきょうれき）に影響を与えるなど日本にも受け入れられた。

問ⓐ　モンゴル軍の侵攻を3度撃退した、ベトナムの王朝は何か。
問ⓑ　元の侵攻を契機に1293年ジャワ東部に成立した、同島最後の**ヒンドゥー教**
　　　王国は何か。
問ⓒ　この日本遠征を何と呼ぶか。
問ⓓ　南シナ海交易で活躍した、中国の木造帆船を何というか。
問ⓔ　これを何というか。
問ⓕ　これを何というか。
問ⓖ　ムスリム商人がインド洋交易で使用した、三角型の帆をもつ木造船を何と
　　　いうか。
問ⓗ　元代に完成した、この古典演劇を何というか。
問ⓘ　イル＝ハン国の最盛期を現出した、この第7代君主は誰か。

2 _____
3 _____
4 _____
5 _____
6 _____
7 _____
8 _____
9 _____
10 _____

geographic ❶

〈元の遠征〉

→　遠征の成功
⇒　遠征の失敗

a　ミャンマー遠征
　（　　　　）朝（滅亡）
b　朝鮮の属国化
　（　　　　）（元に服属）
c　ベトナム遠征
　（　　　　）朝（元を撃退）
d　ジャワ遠征
　（　　　　）王国
　（元軍退却後、1293年成立）

第8章

問ⓐ _____
問ⓑ _____
問ⓒ _____
問ⓓ _____
問ⓔ _____
問ⓕ _____
問ⓖ _____
問ⓗ _____
問ⓘ _____

1
2
3
4
5
6
7
8
9

column 1
〈モンゴル帝室の系図〉

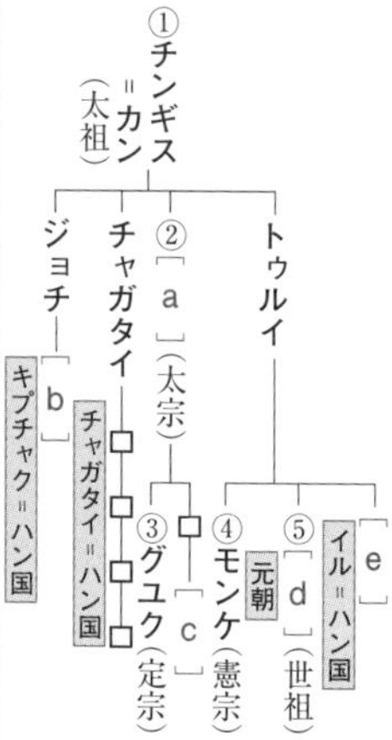
①チンギス＝カン(太祖)
ジョチ
チャガタイ
②[a](太宗)
トゥルイ
キプチャク＝ハン国
[b]
チャガタイ＝ハン国
③グユク(定宗)
[c]
④モンケ(憲宗)
元朝
⑤[d](世祖)
イル＝ハン国
[e]

a [　　　　　　　]
b [　　　　　　　]
c [　　　　　　　]
d [　　　　　　　]
e [　　　　　　　]

問ⓐ

問ⓑ
問ⓒ
問ⓓ

3 モンゴル帝国時代の東西交流

モンゴル帝国がユーラシア大陸を広範に支配し、交通・運輸の整備をおこなったことにより、ユーラシア東西にわたって空前の大交流が出現することになった。

イタリアのヴェネツィア出身の商人[1　　　]は、陸路で中央アジアを経由して**大都**(だいと)に到着した。宮廷で[2　　　]に謁見した彼は、以来1290年に中国を離れるまで元に仕えることになった。帰国後まもなく口述筆記されたⓐ彼の見聞をまとめた旅行記は、西洋人の東洋に対する関心を高めるのに大きな役割を果たした。これより先にも、遠く西欧から外交使節や商人がモンゴル帝国を訪れた。ヨーロッパにおいて、広大な領域を征服した帝国に対する関心が高まり、ローマ教皇インノケンティウス4世は[3　　　]を、フランス王**ルイ9世**は[4　　　]を使節としてモンゴル高原に送った。また13世紀末には、ローマ教皇の使節として派遣されたフランチェスコ修道会の修道士である[5　　　]が、大都の大司教に任ぜられ、中国最初のカトリック布教者となった。他方、海路を用いて中国に来航したのはイスラーム教徒たちであった。モロッコ生まれの[6　　　]は1325年にメッカ巡礼に出発し、そのついでにアジアを遊歴し、泉州に入港して大都にたどり着いた。彼の見聞を口述筆記した『**大旅行記**』(『**三大陸周遊記**』)は、14世紀の世界を知る重要資料となった。

このような陸と海の交通ネットワークを生かして遠距離商業を担ったのが、仏教徒のウイグル商人やムスリム商人であった。ⓑ彼らはモンゴル王族から交易の特権や出資を受けて取引をおこない、交易によって利益があがれば出資者に還元した。また文化や技術の面でも、多様な文化・習俗に寛容で開放的なモンゴル支配のもとで、様々な交流や展開がみられた。**イル＝ハン国**の宰相[7　　　]は、ⓒモンゴルの歴史を中心とした世界史をペルシア語で著した。さらにイランで発達した写本絵画は、中国絵画の技法の影響を受けて発展し、とくにⓓペルシア語の書物の挿し絵として多く使われた。陶磁器の生産も、宋代に引き続いて盛んであった。**景徳鎮**(けいとくちん)では、西方伝来の顔料を利用して白地に青色の模様を浮かべる染付(そめつけ)(青花(せいか))をはじめとする新しい技法も生まれた。文字に関しては、(8　　　)**仏教指導者**の[9　　　]が制定した[9　]**文字**が1269年に公布された。この文字は公文書や牌符(はいふ)などに用いられたが、一般にはウイグル文字を母体とするモンゴル文字が普及した。

問ⓐ　この旅行記を何というか。
問ⓑ　このような商人を何と呼ぶか。
問ⓒ　この歴史書を何というか。
問ⓓ　イランを中心にイスラーム文化圏に普及した、書物の挿し絵に描かれた精密な絵画を何というか。

4 モンゴル帝国の解体／ティムール朝の興亡

14世紀に入ると、ユーラシア全体をきびしい寒冷化と天災がおそった。この「14世紀の危機」と呼ばれる混乱期には天災があいつぎ、天候不順により農業生産が低下し、ⓐ疫病も蔓延(まんえん)した。モンゴル支配下で東西交通が活発化していたことも、疫病の拡大に拍車をかけることになった。こうしたなかで、各地で飢饉や内紛が頻発して、モンゴル帝国の諸政権はつぎつぎと解体した。

元でも14世紀半ばになると、歴代皇帝によるチベット仏教への過度の信仰・寄

進や宮廷濫費(らんぴ)によって国家財政の破綻が顕著になり、統治がゆらいだ。このため、元は([1]　　　)を濫発したり専売制度を強化したが、かえって物価騰貴(とうき)をまねいて民衆の生活を苦しめた。さらに、たびかさなる黄河の氾濫(はんらん)による飢饉や治水工事などが民衆を追い詰めた。このような民衆を、([2]　　　)と呼ばれた仏教色の強い民間の宗教結社が取り込んでいった。元は([2]　　)を邪教として弾圧したが、武装した([2]　　)は蜂起してⓑ反乱が広まった。元は**1368年**に明軍に大都を奪われると、ⓒモンゴル高原に移動したが、以後も勢力を保ち、明と対峙を続けた。

14世紀にモンゴル帝国が解体するなかで、中央アジアに分立した([3]　　　)**＝ハン国**(([3]　　)＝ウルス)も東西に分裂した。その後、諸勢力の抗争のなかから**ティムール**が台頭し、1370年に**ティムール朝**をおこした。彼はロシア南部の([4]　　　)**＝ハン国**(ジョチ＝ウルス)に打撃を与える一方、([5]　　　)**＝ハン国**(フレグ＝ウルス)の支配していたイラン・イラクにまで至る広大な地域に領土を広げた。また、西進してマムルーク朝からシリアを奪ったのち、**1402年**には([6]　　　)**の戦い**でオスマン軍を破り、ⓓスルタンを捕虜とした。彼の遠征によりティムール朝の支配領域は大きく拡張したが、明を討つための遠征の途上、中央アジアにおいて病没した。

ティムールの死後は、後継者争いのため帝国内は分裂状態にあり、安定することはなかった。一方で、都の([7]　　　)をはじめとする中央アジアの多くのオアシス都市は、モスクやマドラサなど華麗かつ壮大な建造物で飾られ、商業と学問・芸術の中心として繁栄した。また、第4代の君主([8]　　　)は学芸を愛好し、学校や天文台を多数建設するなど天文学や暦法の発達に寄与したが、内乱のため暗殺された。その後、ティムール朝は衰退期に入り、キプチャク草原東部より南下したトルコ系の遊牧([9]　　　)によって滅ぼされた。

問ⓐ　14世紀にヨーロッパをおそった疫病は何か。
問ⓑ　元朝の滅亡の一因となった、1351年におこった大農民反乱は何か。
問ⓒ　モンゴル高原に退いた、元朝の残存勢力を何と呼ぶか。
問ⓓ　このとき捕虜となったスルタンは誰か。

1 ________
2 ________
3 ________
4 ________
5 ________
6 ________
7 ________
8 ________
9 ________

visual 1
《(　　　　)》

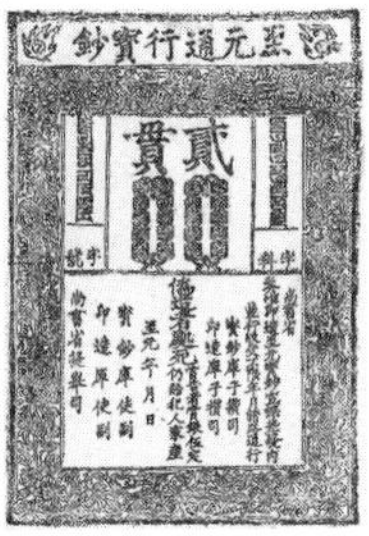

銀との交換が保証された元の紙幣。クビライ時代の年号が入っている。

問ⓐ ________
問ⓑ ________
問ⓒ ________
問ⓓ ________

5 [Exercise] モンゴル帝国の発展

モンゴル帝国を示した次の地図中A～Cの各政権の名称を答えよ。また、これらの国の首都のうちア～ウについては、その名称を答えよ。

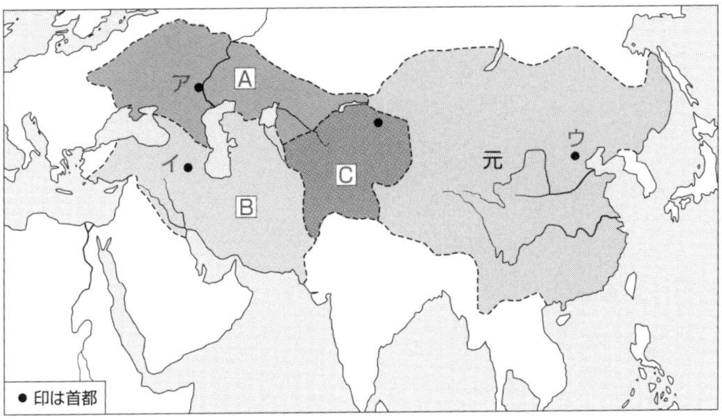

A ________
B ________
C ________
ア ________
イ ________
ウ ________

第8章

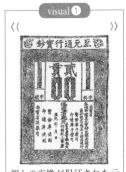

第9章　大交易・大交流の時代

1　アジア交易世界の興隆

❶　モンゴル帝国解体後のアジア／明初の政治

14世紀になると、北半球を中心とした異常気象や疫病の流行による経済収縮・混乱のなかで、東アジアにおいても政治変動が広がった。日本では、鎌倉幕府が倒れて南北朝が対立し、政治の混乱で海上の秩序も乱れて(^{1}　　　　）の活動が活発化した。朝鮮半島でも、(^{1}　　）の撃退に功績をあげた[^{2}　　　　]が高麗を倒して1392年に朝鮮王朝を建て、(^{3}　　　　）（現在のソウル）に都をおいた。同年に日本では南北朝の合一が果たされ、14世紀末の東アジア諸地域において、新しい政治秩序が一応の安定に至った。

元末の中国では、**白蓮教徒**による(^{4}　　　　）の乱がおこると、各地に大規模な反乱が勃発した。この反乱の指導者の一人である[^{5}　　　　]は儒学の素養をもつ知識人の協力を得て勢力をのばし、**1368年**に**明朝**を建て、長江下流域の要衝である(^{6}　　　　）に都を定めた。こののち、@皇帝一代を一つの元号で通す制度が採用されるようになったため、[^{5}　　]はその元号をとって太祖[^{7}　　　　]**帝**と称された。明が元の首都であった(^{8}　　　　）を支配下におくと、元の残存勢力はモンゴル高原へと移動して**北元**と呼ばれ、以後も勢力を保って明と対峙した。[^{7}　　]帝は皇帝権力の強化をめざして、(^{9}　　　　）とその長官の**丞相**を**廃止**し、**六部**を**皇帝直属**とした。地方行政では村落行政組織である(^{10}　　　）を定め、租税台帳（**賦役黄冊**）や土地台帳（**魚鱗図冊**）を作成して、農村の末端に至るまで政府の管理がいき届くようにした。軍制の面では、一般の民戸と区別して、ⓑ軍役に従事する軍戸をもって軍隊を編制する兵制を組織した。また(^{11}　　　　）**学**を官学として**科挙**を整備し、唐の律・令にならって明律・明令を制定した。さらに、ⓒ家族や郷村の秩序を守るべきとする儒教的な教訓を発布して社会の秩序を整えた。

[^{7}　　]帝は、政権の基盤が南方にあった明朝において、手薄な北方統治を充実させるため、自分の息子たちのうち有力な者を北方の長城線に配置した。そのなかで、ⓓ**北平**を本拠とする**燕王**は、1402年に第2代の**建文帝**に対して挙兵し、首都を占領して帝位を奪った。この第3代皇帝である[^{12}　　　　]帝は、皇帝独裁体制を強化し、事実上の宰相となる**内閣大学士**に皇帝の政務を補佐させた。彼は1421年には都を(^{13}　　　　）に移し、積極的な対外進出を推し進めていった。北方では、みずから軍を率いてモンゴル高原に遠征するなど勢力を拡大した。南方では、ⓔ**ムスリム**の**宦官**に命じ、大艦隊を率いてインド洋方面に数次にわたる**南海遠征**をおこなわせた。アフリカ東海岸にまで至ったこの遠征を通じ、インド洋沿岸の国々が明に**朝貢使節**を送り、南海方面に対する中国人の知識も増大した。

問ⓐ　この制度を何というか。

問ⓑ　この兵制を何というか。

問ⓒ　人望ある長老の里老人にとなえさせた、この教訓を何というか。

問ⓓ　この王室内の内紛を何というか。

問ⓔ　この人物は誰か。

---

1 _____

2 _____

3 _____

4 _____

5 _____

6 _____

7 _____

8 _____

9 _____

10 _____

11 _____

12 _____

13 _____

visual❶

《（　　　　）》

現在残る長城は、おもに明代後期に修築されたものである。

問ⓐ _____

問ⓑ _____

問ⓒ _____

問ⓓ _____

問ⓔ _____

② 明朝の朝貢世界／交易の活発化

　明朝では、国内統治と同様、対外関係においても強い統制政策がとられた。**倭寇**対策もあって@民間人の海上交通や交易が法令で禁止され、**朝貢貿易に一本化**しようとする政府のきびしい対外貿易管理政策が推進された。[¹　　　]は**永楽帝**から命じられて南海諸国への遠征をおこない、明に朝貢する国々は多数にのぼった。この結果、明への朝貢は東アジアからインド洋に至る広い範囲でさかんにおこなわれ、明の朝貢制度の傘のもとで地域間の交流も活発化した。15世紀初めに**中山王**のもとに統一された(²　　　)は、明の冊封を受けたうえにほぼ無制限の朝貢貿易を許され、中国・東アジア・東南アジアを結ぶ中継貿易を展開した。また東南アジアでは、15世紀にマレー半島南西部の(³　　　)**王国**が急成長し、インド洋と東南アジアを中継する位置を利用して、**マジャパヒト王国**にかわる東南アジア最大の貿易拠点として栄えた。

　ⓑ**朝鮮**は明と冊封関係を結んで国際的な地位を確保し、内政では(⁴　　　)**学**が採用されて**科挙**も整備された。15世紀前半のⓒ**世宗の時代**には出版事業が盛んとなり、(⁵　　　)による活版印刷術が実用化されはじめた。日本では、14世紀に鎌倉幕府が滅亡すると、京都をおさえた足利尊氏が(⁶　　　)**幕府**を開いた。15世紀初めには、足利義満が明に冊封されて「日本国王」の称号を受け、倭寇の取り締まりを条件に明との(⁷　　　)**貿易**をおこなった。またベトナムでは、(⁸　　　)**朝**が明と朝貢関係を結び、中国的な官僚国家体制をつくって支配を固めた。

　一方、北方のモンゴル諸部族は、朝貢制度における使節派遣の回数や規模の制限を不満としてしばしば中国に侵入した。1449年には、(⁹　　　)の**エセン**がⓓ**明の正統帝(英宗)を北京近郊で捕虜にする事件**もおこった。さらに16世紀には、モンゴルの[¹⁰　　　]も交易を求めて明を圧迫した。そのため明は対外的に守勢に転じ、北方の(¹¹　　　)を改修してその侵入に備えた。一方、16世紀半ばになると後期倭寇の活動が活発化し、ⓔ**明朝は北方のモンゴルや東南沿岸の倭寇の活動に苦しむこととなった**。対応をせまられた明は、1571年に[¹⁰　　　]と和解して交易を認め、また沿岸での私貿易や海外渡航も部分的に認めた。そのため倭寇は沈静化し、中国商人は東南アジア諸港との交易をおこなった。この結果、**日本銀**やスペイン領アメリカで採掘された(¹²　　　)**銀**が大量に中国に流入し、中国での商品流通をうながした。こうして朝貢体制が崩壊に向かうと、強力な軍事力を背景にヨーロッパ勢力が進出し、各国が競争する実力抗争の時代となった。

問@　このような対外政策を何というか。
問ⓑ　この国の高級官職を独占した、政治・社会の特権階層を何というか。
問ⓒ　世宗の時代に制定された表音文字を何というか。
問ⓓ　この事件を何というか。
問ⓔ　このような明代中期以降の外患を総称して何というか。

③ 明代後期の社会と文化

　明代の中期以降、国際的な商業の活発化と結びついて経済が急速に発展した。江南地方は穀倉地帯としての重要性を増す一方で、商品作物の栽培も盛んとなり、長江下流域では綿花や桑の栽培が広がり、綿織物や(¹　　　)などの家内制手工業が発達した。そのため、米の生産地は「(²　　　)熟すれば天下足る」と称され

1 _____
2 _____
3 _____
4 _____
5 _____
6 _____
7 _____
8 _____
9 _____
10 _____
11 _____
12 _____

visual ❷

1446年に**世宗**が制定した朝鮮文字。母音と子音とを組み合わせた合理的な表音文字。

問@ _____
問ⓑ _____
問ⓒ _____
問ⓓ _____
問ⓔ _____

1 _____
2 _____

3

4

5

6

7

8

9

10

11

12

13

14

challenge ❶

15世紀前半に中国から東南アジア・インド洋方面へ派遣された船団の活動と目的について、それを命じた中国の皇帝と船団の指揮者の名前を挙げながら、100字以内で述べよ。

問ⓐ

問ⓑ

問ⓒ

問ⓓ

問ⓔ

たように、長江中流域の([2])(現在の湖北・湖南省)に移った。明代にも佃戸(でんこ)制は存続し、小作料をめぐる抗租(こうそ)運動がしばしばおこった。多くの佃戸をかかえた大土地所有者層は、ⓐ地域の指導者として台頭し、科挙官僚を輩出するなど勢力をもった。また、江西省の([3])では赤絵(あかえ)や染付(そめつけ)などの**陶磁器**が生産され、([1])とともに世界各地に輸出されて大量の銀が中国にもたらされた。この結果、中国では銀が主要な貨幣となり、16世紀にはⓑ各種の税や労役を銀に一本化して納入する税制が各地で実施されるようになった。都市における商業の発展にともない、ⓒ商工業者は同郷出身者や同業者の互助・親睦をはかる施設を設けて活動の拠点とした。さらに、この時期には([4])**商人**や([5])**商人**など、全国的な商業ネットワークをもつ特権商人が塩の専売や軍需を担って巨大な富を築いたが、彼らは北方の軍事拠点への物資調達など、明の財政と深く関わっていた。

明代の文化は、伝統文化の復興が基調となった。**朱子学**が官学とされ、永楽帝の時代には**『四書大全』『五経(ごきょう)大全』**などの経典注釈書や、百科事典の『[6] 』などが編纂された。しかし明代の中期になると、理論の追究に走りがちな朱子学に対して、[[7]]は実践を重んじ、知行合一(ちこうごういつ)をとなえる**陽明学**を確立した。庶民文化では、**『三国志演義(さんごくしえんぎ)』**『[8] 』『[9] 』**『金瓶梅(きんぺいばい)』**などの小説が完成し、講談や芝居も都市を中心に庶民の人気を得るなど活況を呈した。また明末には、実際に役立つ知識を重んずる経世致用(けいせいちよう)の学(実学)がおこり、薬学・植物学を解説した**李時珍(りじちん)**の『[10] 』、産業技術書である**宋応星(そうおうせい)**の『[11] 』、西洋技術もまじえて農業のあり方を説く**徐光啓(じょこうけい)**の『[12] 』などの科学技術書が編纂され、日本など東アジア諸国にも影響を与えた。

さらに、明代の文化に新たな刺激を与えたのは、キリスト教宣教師であった。**イエズス会**の[[13]]は中国布教をめざしたが実現せず、その後、16世紀末以降にⓓマテオ＝リッチらが中国に入って布教をおこなった。日本ではキリスト教が庶民層にまで広まったが、中国ではヨーロッパの科学技術に関心をもつ士大夫層がキリスト教を受け入れた。キリスト教徒の徐光啓は、ドイツ出身の**アダム＝シャール**とともにヨーロッパの天文学にもとづく『[14] 』を編纂し、ⓔエウクレイデスの著作を翻訳するなど、科学技術の導入につとめた。

問ⓐ　郷里の名士として勢力をもった、このような人々を何というか。

問ⓑ　この税制を何というか。

問ⓒ　このような目的で建てられた施設を何というか、2つ答えよ。

問ⓓ　この人物が作製した漢訳版世界地図を何というか。

問ⓔ　マテオ＝リッチと共訳した、この著書を何というか。

4　東南アジアの動向／東アジアの新興勢力

1

2

3

4

海禁が緩和されると、中国人の東南アジア進出は活発となり、ポルトガル・スペインの参入も加わって交易圏が大きく発展した。ポルトガルがインド洋を通って東南アジアに進出してきたのは、16世紀初めのことであった。大砲などの強力な武器を備えたポルトガル艦隊は、それまで東南アジアの交易の中心であった([1])を1511年に占領した。([1])王国の滅亡後、スマトラ島のⓐ**アチェ王国**やジャワ島の([2])**王国**などのイスラーム諸国家が交易の中心地として成長し、ポルトガルの競争相手となった。インドシナ半島では、タイの([3])**朝**やビルマの([4])**朝**が、米をはじめとする豊かな産物の交易によって繁栄

した。ポルトガルに続いて東南アジアに進出したスペインは、**フィリピン**を占領し、(5　　　)を拠点として交易をおこなった。(5　　)は、スペイン船がもたらす(6　　　)**銀**と、海禁が緩和された中国の商人がもたらす絹や陶磁器との中継貿易で繁栄した。

日本では、16世紀末にⓑ**豊臣秀吉**が文禄・慶長の役と呼ばれる朝鮮侵攻をおこなった。朝鮮では**壬辰・丁酉の倭乱**と呼ばれ、明軍の援助などにより日本軍の撃退に成功したが、ⓒ明にとっては戦費が大きな負担となった。秀吉の死後、実権を握って**1603年**に**江戸幕府**を開いた[7　　　]は、認可を与えた(8　　　)による貿易を促進し、日本から銀や銅が輸出され、東南アジア産の香木や鹿皮のほか中国産の生糸や絹織物などが輸入された。東南アジアの各地には、中国の貿易商人による華人街に加えて、日本人による**日本町**がつくられた。日本との貿易は利益が大きかったため、(9　　　)を拠点としたポルトガルや、(10　　　)に拠点を築いたオランダも日本貿易に参入した。その後、江戸幕府は対外貿易を制限してキリスト教を禁止する方向へ転換し、ⓓ1630年代には日本人の海外渡航やポルトガル人の来航を禁じた。

明が朝鮮へ援軍を派遣している間隙をぬって、中国の東北地方では**女真**(ジュシェン、のち満洲と改称)が勢力を回復していた。そのなかで[11　　　](太祖)が頭角を現して女真の諸部族を統一し、**1616年**に(12　　　)を建てた。彼は軍事・行政組織である(13　　　)の編制や満洲文字の制作など独自の国家建設を進め、勢力を拡大して明に対抗した。さらに第2代の[14　　　](太宗)は周辺に勢力をのばし、内モンゴルの(15　　　)を服属させると、1636年に皇帝と称して国号を(16　　　)と改めた。この頃、明の国内では顧憲成を中心とする東林派と非東林派が党争を繰り返し、政治はいっそうの混乱をみせていた。こうして重税と飢饉のために各地で反乱がおこり、ⓔ明は反乱軍に北京を占領されて**1644年**に滅亡した。

問ⓐ　このような交易に基盤をおき、港を拠点に成立・発展した国家を何というか。
問ⓑ　**亀船**(**亀甲船**)を率いて日本水軍を撃破した、朝鮮王朝の将軍は誰か。
問ⓒ　**万暦帝**時代の初期に、財政再建に取り組んだ人物は誰か。
問ⓓ　このような管理貿易体制を何というか。
問ⓔ　明を滅ぼした反乱軍の首領は誰か。

5 ＿＿＿
6 ＿＿＿
7 ＿＿＿
8 ＿＿＿
9 ＿＿＿
10 ＿＿＿
11 ＿＿＿
12 ＿＿＿
13 ＿＿＿
14 ＿＿＿
15 ＿＿＿
16 ＿＿＿

問ⓐ ＿＿＿
問ⓑ ＿＿＿
問ⓒ ＿＿＿
問ⓓ ＿＿＿
問ⓔ ＿＿＿

5 Exercise 明の政治

次の表中の空欄に、適当な語句を記入せよ。

	皇　帝(在位)	政　　治
明	**洪武帝**(1368～98)	(ア)を廃止し、**六部**を皇帝に直属 → 専制体制強化 (イ)(村落行政制度)の実施、(ウ)(兵制)の整備
	[エ](1402～24)	**靖難の役**により帝位を奪い、(オ)に遷都 [カ]に命じて**南海遠征**をおこなう
	[キ](1435～49、57～64)	(ク)(1449)で**オイラト**の**エセン**に捕らえられる
	万暦帝(1572～1620)	宰相[ケ]の補佐を得て国力回復 → のち衰退
	崇禎帝(1610～44)	[コ]の反乱により明滅亡(1644)

ア ＿＿＿
イ ＿＿＿
ウ ＿＿＿
エ ＿＿＿
オ ＿＿＿
カ ＿＿＿
キ ＿＿＿
ク ＿＿＿
ケ ＿＿＿
コ ＿＿＿

2 ヨーロッパの海洋進出とアメリカ大陸の変容

1 ヨーロッパの海洋進出／ヨーロッパのアジア参入

　15世紀以降のヨーロッパは、**大航海時代**とも呼ばれるように積極的に遠洋航海へ乗り出し、世界各地に進出した時代であった。その背景にあったのは、(¹　　　　)帝国の地中海進出への危機感、アジア産の(²　　　　)を直接取引することによる莫大な富への期待であった。また、繁栄するアジアへのあこがれも強く、**マルコ＝ポーロ**による『³　　　　』もアジアへの意欲をかき立てた。さらに、(⁴　　　　)や新型の帆船などの新しい技術が実用化され、天文学や地理学の進歩などが遠洋航海を可能にしたという事情もあった。海外進出の先陣をきったのは、イベリア半島の@ポルトガルとスペインであった。当時イベリア半島では、イスラーム教徒から領土を奪回する(⁵　　　　)が進行していた。これにより、大西洋への出口を確保したポルトガルとスペインは、さらなる領土拡大とキリスト教布教の熱意の高まりとともに大西洋へと乗り出していった。

　ポルトガルでは、15世紀に入ると「航海王子」と呼ばれた[⁶　　　　]が、アフリカ西岸航路の開拓を推進した。彼の死後、1488年には[⁷　　　　]が大西洋とインド洋を結ぶⓑアフリカ南端に到達した。さらに**1498年**、[⁸　　　　]がムスリムの水先案内を得てⓒインド西海岸に到達し、ⓓヨーロッパとアジアを直結する**インド航路**が開かれた。その後ポルトガルは、1510年に武力を背景にインド西岸の(⁹　　　　)を占領して総督府をおき、アジア貿易の拠点とした。翌11年には、東南アジアにおける(²　　　　)交易の中心である(¹⁰　　　　)王国を占領し、アジア域内の交易に参入した。さらに1557年、(¹¹　　　　)に居住権を得て中国交易の拠点とした。この間、**1543年**に種子島に来航して鉄砲をもちこみ、やがて(¹²　　　　)を拠点として日本との交易やキリスト教布教にも携わるようになった。

問@　海洋交易の玄関口として繁栄した、ポルトガルの首都はどこか。
問ⓑ　このとき到達したアフリカ南端の岬を何というか。
問ⓒ　このとき到達したインド西南部の港市はどこか。
問ⓓ　インド航路開拓など、ポルトガルの海外進出を進めた国王は誰か。

2 ヨーロッパのアメリカ「発見」と征服／「世界の一体化」と大西洋世界の形成

　イベリア半島では、**1492年**に最後のイスラーム勢力である(¹　　　　)朝がスペインの攻撃により滅亡した。まさにその年、スペインの女王[²　　　　]はジェノヴァ出身のコロンブスに資金を提供し、@西回りでのインド航路を探索するよう航海に送り出した。彼の船団はカリブ海のサンサルバドル島に到着し、その後も3回の航海をかさねてアメリカ大陸にも上陸した。彼は発見した地を最後までインドと信じ、その先住民を(³　　　　)と呼んだ。その後、[⁴　　　　]の探検により、これが未知の新大陸であることが明らかとなり、彼の名にちなんでアメリカと名づけられることとなった。コロンブスの航海により、ヨーロッパ各国によるⓑアメリカ大陸への進出は活発になり、ポルトガルとスペインの対立も激化した。1494年、ⓒ両国は条約を結んで互いの勢力圏を定め、のちにポルトガル人の[⁵　　　　]が漂着した**ブラジル**はアメリカ大陸で唯一のポルトガル領とされた。また1513年には、スペインの[⁶　　　　]が**パナマ地峡**を横断して、ヨーロッパ人としてはじめてアメリカ大陸の太平洋岸に到達し、1534年には、フランス人のカ

---

1 _____
2 _____
3 _____
4 _____
5 _____
6 _____
7 _____
8 _____
9 _____
10 _____
11 _____
12 _____

問@ _____
問ⓑ _____
問ⓒ _____
問ⓓ _____

geographic ❶

〈ポルトガルの拠点都市〉

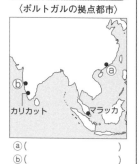

カリカット　　マラッカ

@(　　　　　　)
ⓑ(　　　　　　)

1 _____
2 _____
3 _____
4 _____
5 _____
6 _____

ルティエがカナダに到達した。さらに、スペイン国王の援助のもとで1519年に出発した[7　　　]の船団は、大西洋をわたって南アメリカ大陸南端をぬけて太平洋に出た。彼自身は(8　　　)で戦死したが、部下の乗組員たちは航海を続行し、**1522年**にスペインに帰還した。ここに最初の**世界周航**が達成され、大地が球体であることが確認された。

この頃、スペインによるアメリカ大陸への進出が本格化した。スペイン人の「征服者(コンキスタドール)」たちは、武力で多くの古代文明を破壊していった。1521年、[9　　　]はメキシコの(10　　　)**王国**を滅ぼし、1533年には[11　　　]がペルーの(12　　　)**帝国**を征服した。こうした征服と略奪の一方で、当初スペインによるアメリカ支配には(13　　　)**制**が導入された。これは、先住民のキリスト教化の義務と引きかえに、征服者たちに現地支配の権限を付与するというものであった。しかし実態は、ⓓ大農園や鉱山などにおいて先住民が酷使されることとなり、ヨーロッパからもちこまれた疫病の流行とあいまって、先住民の人口は激減した。そのため(13　)制は廃止され、アフリカから**黒人奴隷**が導入されて労働力の不足を補った。他方、スペインはメキシコ各地や**ポトシ銀山**などで膨大な銀を生産した。スペインは、銀をガレオン船で太平洋岸の(14　　　)から(8　)の**マニラ**に運び、中国の絹織物や陶磁器などと交易して莫大な利益を得た。

地球的規模の交易による「**世界の一体化**」は、ヨーロッパに大きな影響をおよぼした。ⓔ商業の中心が地中海から大西洋沿岸の国々へと移り、またアメリカ大陸から大量の銀が流入して、**価格革命**と呼ばれる物価騰貴(とうき)がおこった。さらに、ヨーロッパにおける東西の分業と格差が明瞭となり、東欧では領主が大農場を経営して西欧向けの穀物を生産する(15　　　)が広まった。これに対して中南米では、ヨーロッパ人による征服で社会が根本的に変化した。その一方で、ヨーロッパと南北アメリカは交易による結びつきを急速に深め、「**大西洋世界**」が出現することになった。

問ⓐ　この根拠となった地球球体説をとなえた、イタリアの地理学者は誰か。
問ⓑ　イギリス王の支援を受け、北米大陸を探検した人物は誰か。
問ⓒ　この条約を何というか。
問ⓓ　こうした征服者の蛮行を告発した、ドミニコ会修道士は誰か。
問ⓔ　このことを何というか。

7 ＿＿＿＿
8 ＿＿＿＿
9 ＿＿＿＿
10 ＿＿＿＿
11 ＿＿＿＿
12 ＿＿＿＿
13 ＿＿＿＿
14 ＿＿＿＿
15 ＿＿＿＿

challenge 1

コロンブスが、航海日誌のなかで述べている先住民への蔑視が、その後のアメリカ大陸での悲劇を暗示している。その悲劇の実例として、16世紀前半にスペインが中南米でおこなったことについて、90字程度で述べよ。

アステカ王国
エンコミエンダ制

問ⓐ ＿＿＿＿
問ⓑ ＿＿＿＿
問ⓒ ＿＿＿＿
問ⓓ ＿＿＿＿
問ⓔ ＿＿＿＿

3 Exercise 大航海時代

次の地図中の各航路ア～カは、それぞれ誰の探検によるものか。また、A・Bはそれぞれどの国の支配地域か答えよ。

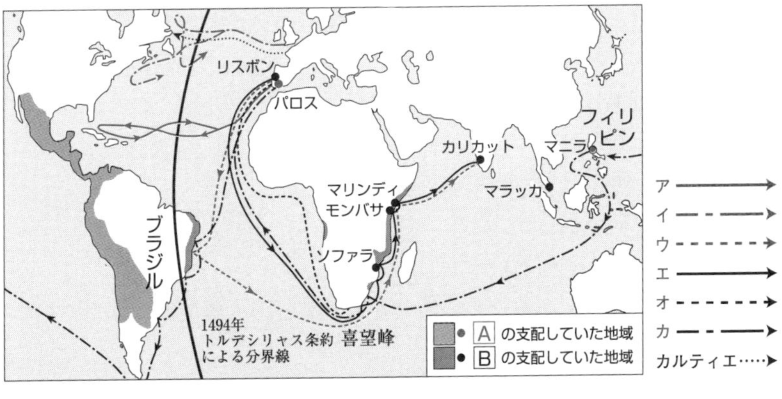

リスボン
パロス
フィリピン
マニラ
カリカット
マラッカ
マリンディ
モンバサ
ソファラ
ブラジル
喜望峰
1494年
トルデシリャス条約
による分界線
A の支配していた地域
B の支配していた地域
ア
イ
ウ
エ
オ
カ
カルティエ

ア ＿＿＿＿
イ ＿＿＿＿
ウ ＿＿＿＿
エ ＿＿＿＿
オ ＿＿＿＿
カ ＿＿＿＿
A ＿＿＿＿
B ＿＿＿＿

第9章

第10章　アジアの諸帝国の繁栄

1　オスマン帝国とサファヴィー朝

1　オスマン帝国の成立／オスマン帝国の拡大

　13世紀前半のアナトリアでは、トルコ系のルーム＝セルジューク朝が最盛期を迎えていた。その後、この王朝がモンゴルの攻撃により衰退すると、アナトリアはトルコ系の小国家が乱立する状況となった。1300年頃、この混乱に乗じて自立したオスマンの率いる戦士集団が、オスマン帝国の基礎を築いた。オスマン軍は14世紀半ばからバルカン半島に進出してアドリアノープルを占領し、ここを首都とした。[¹　　　]の時代には、**ニコポリスの戦い(1396年)**でハンガリー王率いる連合軍を破り、バルカン半島のほとんどを支配した。しかし、**1402年**にはティムールとの(²　　　)の戦いに敗れて捕らえられ、オスマン帝国は滅亡の危機に瀕することとなった。その後の帝国を立て直したのが、第7代**スルタン**の[³　　　]であった。彼は、ⓐ**1453年にコンスタンティノープルを激戦のすえ攻略**して(⁴　　　)**帝国**を滅ぼし、その地に首都を遷した。また[⁵　　　]の時代には、**1517年にエジプト**の(⁶　　　)**朝**を滅ぼしてシリア・エジプトを支配下においた。さらに(⁷　　　)・**メディナ**の保護権を獲得したことにより、以後オスマン帝国は、スンナ派イスラーム世界の守護者としての責任を担う存在となった。

　[⁸　　　]の治世はオスマン帝国の最盛期とされ、オスマン帝国軍は陸海両面でめざましい戦績をあげた。西方に対しては、フランス王と結んで共通の敵である**ハプスブルク家**と対抗した。1526年にモハーチの戦いでハンガリーを獲得し、**1529年**にはⓑ**神聖ローマ帝国の都**(⁹　　　)を包囲してヨーロッパ諸国に脅威を与えた。また海上でも、ⓒ**1538年にスペイン・ヴェネツィアなどの連合艦隊を破り**、地中海の制海権を握った。さらに東方では、イランの(¹⁰　　　)**朝**に対して3度の親征をおこない、バグダードを含むメソポタミア平原をその版図に加えた。その後、**1571年**の(¹¹　　　)の**海戦**でスペイン・ヴェネツィアなどの連合艦隊に敗れはしたものの、17世紀末までオスマン帝国はなお勢威を保ち続けた。

　オスマン帝国は、スルタンを頂点とする強力な中央集権的統治機構を整えた。その中核として、官僚・軍人やⓓ**イスラームの専門知識をもつ学者**が統治を支えた。地方では、(⁴　　　)帝国の**プロノイア制**やブワイフ朝に始まる(¹²　　　)**制**を継承した(¹³　　　)**制**のもと、土地の徴税権を与えられた騎士(シパーヒー)が行政や軍役にあたった。また、デヴシルメと呼ばれる徴用制度により、おもにバルカン半島のキリスト教徒から人材を登用し、ⓔ**「スルタンの奴隷」**として厚遇した。

1 _____
2 _____
3 _____
4 _____
5 _____
6 _____
7 _____
8 _____
9 _____
10 _____
11 _____
12 _____
13 _____

visual ❶
《《(　　　)》》

ハギア＝ソフィア聖堂をモデルに建造された、オスマン帝国時代のイスラーム建築の代表。

問ⓐ _____
問ⓑ _____
問ⓒ _____
問ⓓ _____
問ⓔ _____

問ⓐ　このとき首都に定められたコンスタンティノープルは、のちに何と呼ばれるようになったか。

問ⓑ　このときの神聖ローマ皇帝は誰か。

問ⓒ　この戦いを何というか。

問ⓓ　このような人々を何というか。

問ⓔ　「スルタンの奴隷」からなり、鉄砲や大砲などの火器で武装した常備歩兵部隊を何というか。

② 拡大後のオスマン帝国下の社会／サファヴィー朝とイラン社会 ─────

　17世紀になると、オスマン帝国の領土拡大は終わり、それにともなって社会のあり方も変化していった。戦費の増大やインフレによる財政危機などもあり、ティマール制にかわって(^{1}　　　　)制が導入・拡大された。この制度の導入を契機として、帝国の各地で有力者(アーヤーン)が成長した。

　オスマン帝国の人々は、ⓐイスラーム法とスルタンが定める法(カーヌーン)のもとに暮らした。帝国内にはキリスト教徒やユダヤ教徒など非ムスリム臣民も数多く共存し、ⓑ彼らは宗派ごとにそれぞれの慣習や自治が認められていた。また経済政策の一環として、外国の商人には(^{2}　　　　)と呼ばれる通商特権が恩恵として与えられた。この特権はまず、16世紀に対ハプスブルク同盟を結んだ(^{3}　　　　)に与えられたが、やがてイギリスやオランダにも与えられた。さらに建築では、マドラサを建設して学問を奨励するとともに、オスマン帝国様式の雄大壮麗な**モスク**が各地に建設された。文学では伝統的なペルシア語の詩が愛好され、学問では天文学・地理学などが発達した。またコーヒーの飲用が広まり、コーヒーハウスが社交と娯楽の場として普及した。

　ティムール朝が衰退すると、イラン高原を中心とした地域では、**1501年**にタブリーズを都として(^{4}　　　　)朝が成立した。この王朝の初代君主である[^{5}　　　　]は神秘主義教団の指導者であり、イランの伝統的な王の称号である(^{6}　　　　)を採用して広大な領域を支配した。また、ⓒ**シーア派**のなかの穏健な一派を国教として採用し、イランの住民のシーア派化を進めた。16世紀末に即位した[^{7}　　　　]は、行政・軍事改革をおこなって王権を強化し、最盛期を迎えた。対外的には、オスマン帝国に奪われていた領土を奪回し、ポルトガル人をホルムズ島から駆逐するなど勢力を拡大した。また彼は、都を新たにイラン高原中央部の都市(^{8}　　　　)に定めた。ⓓ**イマームのモスク**やマドラサ、庭園などで飾られたこの都市には、イスラーム世界はもちろん、ヨーロッパからも多くの人々が交易や友好を求めて訪れた。

問ⓐ　これをアラビア語で何というか。

問ⓑ　このような宗教的自治制度を何というか。

問ⓒ　シーア派のなかで最大の信者数をもつ、この宗派を何というか。

問ⓓ　この都市の繁栄をたたえた、有名な言葉を答えよ。

③ Exercise オスマン帝国の発展 ─────

　オスマン帝国の対外関係に関する次の地図中のア～オに、適当な語句を記入せよ。

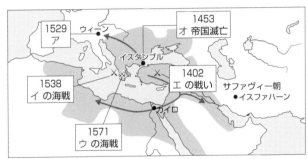

1489
ア 　ウィーン

1453
オ 帝国滅亡

イスタンブル

1538
イ の海戦

1402
エ の戦い

サファヴィー朝
●イスファハーン

カイロ

1571
ウ の海戦

---

1 _____
2 _____
3 _____
4 _____
5 _____
6 _____
7 _____
8 _____

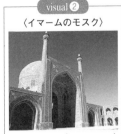

visual ❷
〈イマームのモスク〉

イマームとは(a　　　)派における指導者の称号。サファヴィー朝の都であった(b　　　)にある建築で、ドームや壁面は美しい(c　　　)模様のタイルで装飾されている。

第10章

問ⓐ _____
問ⓑ _____
問ⓒ _____
問ⓓ _____

challenge ❶

オスマン帝国の成立と拡大について、その歴史的経過を150字以内で説明せよ。
アンカラの戦い
マムルーク朝
コンスタンティノープル

ア _____
イ _____
ウ _____
エ _____
オ _____

2 ムガル帝国の興隆

1 ムガル帝国の成立とインド＝イスラーム文化／インド地方勢力の台頭

アフガニスタンのカーヴルを支配していたティムールの子孫である[1 　　　　]は、**1526年**の(2 　　　　)**の戦い**において鉄砲や大砲などの火器を使用し、ⓐ**デリー＝スルタン朝**最後の王朝に勝利をおさめ、**ムガル帝国**を建国した。第3代皇帝のアクバルは(3 　　　　)に首都をおき、その後ラージプート諸王国と融和して北インドの統一も実現した。また支配階層の組織化をはかり、ⓑ彼らに官位を与えて等級づけ、それに応じて維持すべき騎兵・騎馬数と給与を定めた。さらに、ヒンドゥー教徒に課していた(4 　　　　)**を廃止**するなど、人口のうえで多数を占める**ヒンドゥー教徒**に対して寛容と融和の政策をとった。一方、南インドではチョーラ朝が滅亡したのち、14世紀に(5 　　　　)**王国**が誕生してインド洋交易を通じて栄えたが、17世紀には南進するイスラーム勢力との抗争により衰退した。

第6代皇帝の[6 　　　　]は、厳格な**スンナ派**イスラーム教徒であり、ヒンドゥー教寺院の破壊や(4 　　)**の復活**など、ヒンドゥー教徒を圧迫して反発をまねいた。対外的には、その治世の大半をデカンの平定に注ぎ、ムガル帝国の領土を最大とした。しかし一方で、その治世は支配の弱体化が進んだ時代でもあった。世界的な商業の活発化を背景に地方勢力が着実に力をつけ、各地で農民反乱や独立の動きが表面化した。西インドには、ヒンドゥー教徒の政権である(7 　　　　)**王国**が成立し、さらに西北インドではⓒ**シク教徒**も反乱をおこした。こうして[6 　　]の死後、ムガル帝国は分裂して各地に独立政権が生まれることとなった。

文化面では、インド固有の文化にイスラーム文化が融合して**インド＝イスラーム文化**が開花した。言語では、北インドで用いられていた言語と公用語の(8 　　　　)**語**が融合した(9 　　　　)**語**が誕生した。美術では、イランから入ってきた**細密画**がインドの伝統的様式と融合し、ムガル絵画に発展した。また建築では、インド＝イスラーム建築を代表するⓓタージ＝マハルが造営された。

問ⓐ この王朝を何というか。

問ⓑ この制度を何というか。

問ⓒ カビールの影響を受けて、シク教を創始した人物は誰か。

問ⓓ タージ＝マハルを建設したムガル帝国の第5代皇帝は誰か。

1
2
3
4
5
6
7
8
9

visual 1

《　　　　》

インド＝イスラーム建築の最高傑作。愛妃ムムターズ＝マハルの死を悲しんだ皇帝によって造営された廟。

問ⓐ
問ⓑ
問ⓒ
問ⓓ

2 Exercise イスラーム国家の発展

次の年表中の空欄に、適当な語句を記入せよ。

バルカン・西アジア	イラン・中央アジア	インド
1300頃 オスマン帝国の成立 **1453** **コンスタンティノープル**占領 →(ア)**帝国**征服 **1517** (イ)**朝**(エジプト)征服 1520 [ウ]の即位(最盛期) **1529** (第1次)**ウィーン包囲** **1538** (エ)**の海戦**で勝利	**1370** ティムール朝の成立 **1402** (オ)**の戦い**で勝利 1507 遊牧**ウズベク**の侵入で滅亡 **1501** サファヴィー朝の成立 **シーア派**を国教 1587 [カ]の即位(最盛期) 1598 (キ)に遷都	**1526** ムガル帝国の成立 **バーブル**による建国 1556 [ク]の即位 1558 **アグラ**に遷都 1564 **人頭税(ジズヤ)を廃止** 1658 [ケ]の即位(帝国領最大) 1679 **人頭税の復活**

ア
イ
ウ
エ
オ
カ
キ
ク
ケ

3　清代の中国と隣接諸地域

1　多民族国家・清朝

明の滅亡後、清朝の**順治帝**は山海関の防衛にあたっていた明の武将[1　　　　]の協力を得て華北に入り、農民反乱の首領[2　　　　]を倒して北京を占領した。その後、各地に反清勢力が形成されたが、そのなかで最大の障壁の一つは東南沿岸を拠点とする明の遺臣[3　　　　]であった。彼はⓐ台湾を1661年に占領し、これを拠点に清に抵抗した。さらに清朝を危機におとしいれたのが、藩王に封じられた[1　]らによっておこされた、1673年からの(4　　　　)**の乱**である。

この難局に立ち向かったのが、第4代皇帝の[5　　　　]であった。彼は1681年に(4　)の乱を鎮圧し、また**海禁**を強めて朝貢貿易以外の交易をきびしく統制することにより[3　]一族の活動を抑制し、**1683年**には彼らを降伏させて新たに**台湾**を直轄領とした。こうして反清勢力は姿を消し、1680年代は清朝支配の確立期となった。[5　]は中国史上空前の長期間にわたって帝位にあったが、その間、清朝の支配領域も拡大した。**1689年**には、ⓑ**ロシアと条約を結んでアルグン川とスタノヴォイ山脈**(外興安嶺)を両国の国境に定め、また中央ユーラシアでは、17世紀後半から強勢となったオイラト系の遊牧民(6　　　　)を破って、外モンゴル・チベット・青海などを版図に含めた。つづく第5代皇帝の[7　　　　]の時代には、1727年にロシアと**キャフタ条約**を結んでモンゴル北部の国境線を画定し、第6代皇帝の[8　　　　]の時代に、清朝の領土は最大となった。[8　]は(6　)を滅ぼして**東トルキスタン**全域を占領し、この地を「9　　　　」と名づけた。

清の広大な領土のなかで、中国内地・東北地方・台湾は科挙官僚が統治する**直轄領**とされ、モンゴル・チベット・青海・(9　)の非直轄領はⓒ**藩部**と呼ばれた。清はこれら藩部に対しては、モンゴルの王侯、ⓓ**黄帽派チベット仏教**の教主である(10　　　　)、(9　)のウイグル人有力者(ベグ)などを通じて、現地の習慣や宗教を尊重する間接統治をおこなった。

問ⓐ　これ以前に、台湾のゼーランディア城を拠点に貿易をしていた国はどこか。
問ⓑ　この条約を何というか。
問ⓒ　藩部を統轄する中央官庁を何というか。
問ⓓ　黄帽派チベット仏教の開祖は誰か。

1
2
3
4
5
6
7
8
9
10

visual ❶
《　　　　》

明・清時代の宮殿。**永楽帝**が北京遷都に際し、元の**大都**のあとに造営した。明末、**李自成**の乱でほとんど破壊されたが、清朝が修復した。現在は故宮博物院となっている。

問ⓐ
問ⓑ
問ⓒ
問ⓓ

2　清と東アジア・東南アジア

朝鮮では16世紀以降、有力な家柄である(1　　　　)が政治の実権を握り、官僚を事実上独占していた。しかし、中央で学問上の流派と政策上の対立をめぐる権力争いが激化し、王位継承問題や党争により政局は混乱した。また17世紀には、清による侵略を受けてこれに服属し、冊封・朝貢関係を結ばされた。朝鮮にとって、従来、夷狄とみなしてきた満洲人に屈従を強いられたことの衝撃は大きかった。このようななかで、ⓐ朝鮮こそが中華文明を継承しているという意識が支配層に広まり、(2　　　　)の儀礼が中国以上に厳格に守られた。

琉球は、1609年に(3　　　　)**藩**の**島津氏**による攻撃を受けて、実質的にその支配下にはいった。しかし、その後も中国への朝貢は続き、日本と中国に(4　　　　)する体制となった。このような日本と中国との積極的な交易を通して、琉球独自の文化が(5　　　　)**城**を中心に形成されることとなった。**日本**では、ⓑ江戸時代

1
2
3
4
5

第10章

の初期に海外貿易が本格化して東南アジアへの進出が盛んになり、17世紀頃には各地に日本町が生まれていた。しかし、第3代将軍の徳川家光の時代になると、幕府はキリスト教と一揆が結びつくことを恐れ、対外貿易を制限してキリスト教を禁止する方向へと転換した。こうして1639年には、のちに「[6]　　」と呼ばれる管理貿易体制が完成した。一方で、近隣諸国との対外交易は江戸時代を通じて続いていた。いわゆる**「四つの口」**が、外国との交流の窓口としてあげられていた。([7]　　)ではオランダ船と中国船の来航が認められ、ⓒ対馬は朝鮮との外交関係の窓口となり、([3]　)藩・琉球経由では中国との交易、松前藩を通じては([8]　　)との交易がおこなわれた。経済面では、17世紀半ばに主力輸出品であった銀の生産が減少し、輸入しにくくなった生糸・砂糖などの国産化がおこなわれ、対外貿易への依存度は低下した。また国内では、江戸時代中期に日本独自の文化に対する関心が高まり、国学が盛んになった。

東南アジアの諸島部では、16世紀からスペインやオランダによる植民地化が始まっていた。16世紀後半、スペインは**フィリピン**を領有して([9]　　)という都市を建設し、ⓓアメリカ大陸とアジアを結ぶ貿易の拠点とした。またオランダは、現地政権の衰退を利用して、18世紀にⓔ**ジャワ島**全域を植民地化した。

大陸部では、18世紀後半から19世紀にかけて、**ビルマ**(ミャンマー)、**タイ**、**ベトナム**の3国の原型が形成された。ビルマでは、タウングー朝がモン人などの勢力によって滅ぼされたが、内陸におこったビルマ人の勢力が南下して([10]　　)**朝**をおこした。タイでは1782年、バンコクを都とする([11]　　)**朝**がおこり、ビルマの([10]　)朝の侵攻を退けた。ベトナムでは、1802年に([12]　　)**朝**が南北を統一して清の冊封を受けた。一方、18世紀の東南アジアでは中国商人の活動が活発となり、ⓕ広東・福建などの華南から清の禁令を破って東南アジアに商業渡航・移住する人々が増え、経済面で大きな力を握るようになった。

6
7
8
9
10
11
12

visual ❷
《(　　　　　)》

チベットの首都ラサにある宮殿。黄帽派チベット仏教の教主**ダライ=ラマ**が居住し、チベットの政治・宗教の中心であった。

問ⓐ　このような思想を何というか。
問ⓑ　江戸幕府の初期に最盛期を迎えた、この貿易を何というか。
問ⓒ　朝鮮から江戸幕府に派遣された使節を何というか。
問ⓓ　大型帆船の**ガレオン船**が使われた、この貿易を何というか。
問ⓔ　**オランダ領東インド**の拠点として栄えた、ジャワ島西部の港町(現在名ジャカルタ)はどこか。
問ⓕ　このような人々を何と呼ぶか。

問ⓐ
問ⓑ
問ⓒ
問ⓓ
問ⓔ
問ⓕ

[3] 清代中国の社会と文化

清朝の官制や科挙制など、その多くは明の諸制度を踏襲したものであった。軍制ではⓐ漢人による軍隊を編制したほか、満洲・モンゴル・漢で構成される正規軍の([1]　　)を要地に配して治安の強化をはかった。また、中央官制の要職は満洲人と漢人とを同数配置する**満漢併用制**を採用した。さらに雍正帝の時代には、皇帝直属の諮問機関である([2]　　)が設置され、のちに軍事・行政上の最高機関となった。

清朝は、中華文明の伝統的な学術を尊重する姿勢をとり、漢字字書の『[3]　　』、百科事典の**『古今図書集成』**、中国最大の叢書である『[4]　　』が編纂された。しかし一方で、ⓑ反清的思想はきびしく弾圧し、また**禁書**を発布して言論統制をおこなった。さらに漢人男性に対しては、満洲人の髪型である([5]　　)を強制す

1
2
3
4
5

るなど威圧策も併用した。

　清代には康熙帝の治世より平和が続き、国内商業が発展して人口増加が進んだ。米作や綿作が広がり、アメリカ大陸から伝来したサツマイモ・トウモロコシなどの栽培が増えて人口増加を支えた。また、17世紀後半に**海禁**が**解除**されると海上貿易が発展し、生糸や陶磁器・茶が輸出されて多量の**銀**が流入した。東南アジアとの貿易も盛んになり、(⁶　　　　)と呼ばれる中国人の海外移住者も現れるようになった。[⁷　　　　]帝時代の1757年には、西洋諸国との貿易を(⁸　　　　)一港に限定してⓒ特定の商人たちに管理させたが、その後も貿易量は増え続けた。さらに税制では、ⓓ丁銀(てい)(人頭税)が地銀(土地税)に繰り込まれて、事実上土地税に一本化する制度が導入された。

　文化面では、実証的な学問である(⁹　　　　)**学**がおこった。これは明末清初の思想家である[¹⁰　　　　]や**黄宗羲**(こうそうぎ)をその祖とし、その後、清代中期の**銭大昕**(せんたいきん)らの学者によって新たな発展をみた。文学では、上流社会貴族の恋愛や栄枯盛衰を描いた『¹¹　　　　』や、科挙を風刺して官吏の腐敗ぶりを描いた『**儒林外史**』(じゅりんがいし)などの長編小説の傑作が著された。

　一方、明代に続き清代にも**イエズス会**宣教師の来航があいつぎ、彼らによってヨーロッパの科学技術がもたらされることとなった。[¹²　　　　]やフェルビーストらは暦の改訂をおこない、ⓔ**カスティリオーネ**は西洋の近代画法を紹介した。また康熙帝の命により、**ブーヴェ**らの協力を得て中国全図の「**皇輿全覧図**」(こうよぜんらんず)が作製された。しかし、イエズス会宣教師の布教方法をめぐって他派の宣教師から反対が生じ、(¹³　　　　)**問題**と呼ばれる論争がおこった。ローマ教皇はイエズス会の布教方針を否定したため、清朝はこれに反発して雍正帝(ようしょう)の時代に**キリスト教の布教を禁止**した。一方、宣教師たちは中国の制度や文化をヨーロッパに伝え、ⓕヨーロッパ人のあいだに中国への関心を呼びおこした。

問ⓐ　この軍隊を何というか。
問ⓑ　反満・反清的な内容の文章や文字を書いた者を処罰する、思想弾圧策を何というか。
問ⓒ　これを何というか。
問ⓓ　この税制を何というか。
問ⓔ　この人物が設計に参画した、北京郊外の離宮を何というか。
問ⓕ　17〜18世紀に流行した、中国的な図柄や主題を取り入れたヨーロッパの美術を何というか。

6	____
7	____
8	____
9	____
10	____
11	____
12	____
13	____

challenge ❶

満洲人の王朝である清朝は、懐柔策と抑圧策を使い分けることによって、圧倒的多数を占める漢族を統治した。この清朝の統治政策について、100字程度で説明せよ。
　満漢併用制　文字の獄

第10章

問ⓐ ____
問ⓑ ____
問ⓒ ____
問ⓓ ____
問ⓔ ____
問ⓕ ____

4　**Exercise**　イエズス会宣教師の活躍 ────────
　次の表中の空欄に、適当な語句を記入せよ。

	人　名	出身地	活　動　内　容
明	[　ア　]	イタリア	「　イ　」(世界地図)、『幾何原本』
清	[　ウ　]	ドイツ	『崇禎暦書』(すうていれきしょ)(徐光啓(じょこうけい)と共著、暦の改訂)
	フェルビースト	ベルギー	西洋学術(暦法・大砲鋳造)の紹介
	[　エ　]	フランス	「**皇輿全覧図**」(中国最初の実測地図)
	[　オ　]	イタリア	西洋画法の紹介、(　カ　)設計

ア ____
イ ____
ウ ____
エ ____
オ ____
カ ____

第11章　近世ヨーロッパ世界の動向

1　ルネサンス

column ❶

次の史料は16世紀の社会状況を批判している。この書名は何か。

『　　　　　　　　』

「羊は非常におとなしく、また非常に小食だということになっておりますが、今や大食で乱暴になりはじめ、人間さえも食らい、畑、住居、都会を荒廃、破壊するほどです。…すべてを牧草地として**囲い込み**、住居を取り壊し、羊小屋にする教会だけしか残しません。…」(渡辺一夫責任編集『世界の名著17』中央公論社)

1　ルネサンス運動／ルネサンスの精神

14世紀から16世紀にかけてのヨーロッパでは、黒死病(ペスト)を機にキリスト教をはじめとする既存の価値観が見直されはじめた。また、イスラーム圏から伝わった諸学問の影響などを背景に、古代ギリシア・ローマの文化を研究し、ⓐ人間の理性や感情を重視して、新しい生き方・考え方を探究する文化活動が展開されるようになった。これを**ルネサンス**という。当初ルネサンスは、東方貿易や毛織物工業などで繁栄したイタリアの都市を舞台として栄えた。毛織物業や金融業で繁栄したトスカナ地方の都市(1　　　　)では、大富豪の(2　　　　)**家**などが文芸を保護した。(1　　)生まれの**ダンテ**は、**トスカナ語**(イタリア方言)で『3　　　　』を書き、国民文学の先駆をなした。これに続いたのが、『**叙情詩集**』で有名な[4　　　　]や『**デカメロン**』を著した[5　　　　]である。またジョットは、ルネサンス絵画の先駆者といわれる。

15世紀以降は、繁栄をきわめた(2　　)家やローマ教皇の保護のもとに多くの芸術家が現れ、すぐれた作品が数多く生まれた。建築家[6　　　　]は**サンタ＝マリア大聖堂**のドームを設計した。また「**ヴィーナスの誕生**」などの作品で名高い[7　　　　]、「**最後の晩餐**(ばんさん)」「モナ＝リザ」などを残し、「万能人」の典型といわれる[8　　　　]、「**最後の審判**」や「**ダヴィデ像**」を制作した[9　　　　]、聖母子像で知られる[10　　　　]など多くの巨匠が生まれた。また、ブラマンテが設計したローマの**サン＝ピエトロ大聖堂**には、[9　　]や[10　　]もかかわった。しかし、ⓑ当時のイタリアは分裂状態にあり、神聖ローマ皇帝とフランス王との**イタリア戦争**の舞台ともなり、ルネサンスの中心はしだいに北方に移っていった。

問ⓐ　人間らしい生き方を追求しようとした、このような思想を何というか。

問ⓑ　このようななかで、『**君主論**』を著して政治を道徳や宗教から切り離す近代的な政治観を提示した、(1　　)出身の政治家・思想家は誰か。

1 ＿＿＿＿
2 ＿＿＿＿
3 ＿＿＿＿
4 ＿＿＿＿
5 ＿＿＿＿
6 ＿＿＿＿
7 ＿＿＿＿
8 ＿＿＿＿
9 ＿＿＿＿
10 ＿＿＿＿
問ⓐ ＿＿＿＿
問ⓑ ＿＿＿＿

2　ルネサンスの広がり

イタリアと並んで、北ヨーロッパにもルネサンス美術が生まれた。ネーデルラントでは、**フランドル地方**の[1　　　　]**兄弟**が油絵技法を改良し、[2　　　　]は農民の生活をいきいきと描いた。また、16世紀最大の人文学者といわれる[3　　　　]はⓐ教会の腐敗を批判した。フランスでは、[4　　　　]が『**ガルガンチュアとパンタグリュエルの物語**』を、[5　　　　]が『**エセー(随想録)**』を著した。

イギリスでは、イギリス国民文学の開拓者といわれる[6　　　　]が『**カンタベリ物語**』を書き、ヘンリ8世時代の[7　　　　]は『**ユートピア**』を著してⓑ当時の社会状況を批判した。また、[8　　　　]は『**ハムレット**』『ヴェニスの商人』など多くの戯曲を書き、イギリス文学を代表する人物となった。

ドイツでは、「四人の使徒(しと)」で知られる[9　　　　]や肖像画にすぐれたホルバインが活躍し、スペインでは小説『**ドン＝キホーテ**』を著した[10　　　　]が現れた。

1 ＿＿＿＿
2 ＿＿＿＿
3 ＿＿＿＿
4 ＿＿＿＿
5 ＿＿＿＿
6 ＿＿＿＿
7 ＿＿＿＿
8 ＿＿＿＿
9 ＿＿＿＿
10 ＿＿＿＿

ルネサンスの探究が物質の性質の解明にも向けられると、観察と実験が重視されて、科学や技術でも大きな発展がみられた。中国伝来の(11　　　　)が改良されると、従来の戦術が一変して騎士の没落を促進した(軍事革命)。中国から伝わった(12　　　　)も、航海術を大きくかえてヨーロッパ人の遠洋航海を可能にした。さらに、ⓒ**活版印刷術**が改良されると、ⓓ**製紙法**の普及とともに、宗教改革などの新しい考え方の普及に大きな影響を与えた。また天文学では天体観測が進んだ結果、**トスカネリ**によって(13　　　　)**説**が、さらにポーランドの[14　　　　]によって**地動説**がとなえられた。地動説はイタリアのジョルダーノ＝ブルーノに受け継がれたが、彼は教会によって異端とされ、火刑に処せられた。

問ⓐ　痴愚(ちぐ)の女神が語るという形式で、聖職者の道徳的堕落を風刺した作品は何か。

問ⓑ　彼は当時の社会状況を「羊が人間を食う」と批判したが、この社会状況とは何か。

問ⓒ　15世紀に活版印刷術を改良したドイツ人は誰か。

問ⓓ　この技術が中国からイスラーム圏に伝えられる契機となった、**751年**の唐(とう)とアッバース朝による戦いは何か。

11
12
13
14

問ⓐ
問ⓑ
問ⓒ
問ⓓ

column ❷

〈[　　　　　　　　]像〉

(ホルバイン画)

史料：『　　　　　　　　』

(上記人物の著作)

「王侯の好敵手としては、至高の教皇、枢機卿、司教方がおられますね。……これらの高僧たちは、美衣飽食する以外に何も考えません。子羊の群れの世話は、キリストご自身なり、「兄弟」と呼んでいる連中なり、自分たちの代理なりに任せたきりなのです。」(渡辺一夫責任編集『世界の名著17』中央公論社)

3　Exercise　ルネサンス

次の写真に該当する項目を、**Ⅰ群**(作品名)・**Ⅱ群**(作者・設計者)・**Ⅲ群**(国・地域名)よりそれぞれ選べ。

ア

イ

ウ

エ

オ

カ

キ

ク

ケ

[Ⅰ群]Ⓐサンタ＝マリア大聖堂のドーム　Ⓑ「アルノルフィニ夫妻の肖像」
Ⓒ「春」　Ⓓ「最後の審判」　Ⓔ「最後の晩餐」
Ⓕサン＝ピエトロ大聖堂　Ⓖ「美しき女庭師(聖母子と幼子聖ヨハネ)」
Ⓗ「農民の踊り」　Ⓘ「四人の使徒」

[Ⅱ群]①ブリューゲル　②レオナルド＝ダ＝ヴィンチ　③ブルネレスキ
④デューラー　⑤ラファエロ　⑥ミケランジェロ
⑦ファン＝アイク兄弟　⑧ブラマンテ　⑨ボッティチェリ

[Ⅲ群]ⓐドイツ　ⓑイタリア　ⓒフランドル　ⓓスペイン

ア
イ
ウ
エ
オ
カ
キ
ク
ケ

第11章

2 宗教改革

■ 宗教改革とルター

　中世末期にローマ＝カトリック教会の権威は揺らぎはじめていたが、ウィクリフやフスなどの改革は異端として弾圧された。しかし、16世紀初めにメディチ家出身の教皇レオ10世が、**サン＝ピエトロ大聖堂**の改築のために（¹　　　）を販売すると、ドイツの修道士**ルター**が、**1517年**に「²　　　」を発表してこれに異議をとなえ、宗教改革が始まった。彼の説は、ⓐ人は信仰によってのみ救われるというものであり、（¹　）を購入すれば救済されるとした教皇を批判した。また、聖職者と一般信徒との区別を廃する**万人司祭主義**を説いた。このため、ルターは教皇から破門され、さらに神聖ローマ皇帝［³　　　］から自説の撤回を求められたがこれに応じず、帝国追放処分となった。その後、ルターはⓑ反皇帝派の諸侯に保護され、思索と著述を続けた。

　ルターの思想は、**活版印刷術**によって広く普及した。彼の考えに影響を受けた農民は、1524年にドイツ南部でⓒ**ドイツ農民戦争**をおこしたが、ルターは最終的には諸侯側につき、その鎮圧を支持した。その後、皇帝［³　］はイタリア戦争やⓓ**オスマン帝国の脅威**に対抗するため、ⓔルター派を一時的に認めたが、危機がやわらぐと再び禁止したため、ルター派諸侯はシュマルカルデン同盟を結成して皇帝と争った。この対立は**1555年**の（⁴　　　）の和議で妥協がなされ、ⓕこの和議の結果、諸侯の領邦における支配権が強化された。ルター派を選択した領邦では、教皇から自立して諸侯が教会や聖職者を監督する（⁵　　　）**制**が成立した。以後ルター派は、ドイツ以外ではおもに北欧に広まった。

問ⓐ　この考え方（信仰義認説）を説いた1520年の著作を何というか。

問ⓑ　この保護のもとでルターがおこなった業績で、近代ドイツ語確立に貢献したことは何か。

問ⓒ　農奴制の廃止などを求めた、この戦争の指導者は誰か。

問ⓓ　1529年にオスマン帝国が神聖ローマ帝国に与えた脅威は何か。

問ⓔ　このときルター派諸侯や都市が皇帝に抗議したことに由来する呼称を何というか。

問ⓕ　この和議の決定事項を簡潔に説明せよ。

② カルヴァンと宗教改革の広がり／カトリック改革とヨーロッパの宗教対立

　スイスでは、ルターの影響を受けた［¹　　　］が**チューリヒ**で聖書にもとづいた信仰を説き、宗教改革を始めた。さらにフランス出身の神学者［²　　　］が、（³　　　）で神権政治をおこなった。（²　）はルター派が維持した司教制を廃止して、牧師と信者代表が教会の監督をおこなう（⁴　　　）**主義**を実施した。また、ⓐ人が救われるかどうかはあらかじめ神によって定められているとし、神から与えられた労働に禁欲的に励むことを奨励し、結果としての蓄財も認めた。そのため、ⓑ彼の説は西ヨーロッパの商工業者を中心に広がっていった。

　イギリスでは、国王［⁵　　　］が宗教改革を主導した。彼は、王妃との離婚問題で教皇と対立すると、**1534年**に（⁶　　　）を発布して国王を最高の長とするⓒ**イギリス国教会**を設立した。さらに（⁷　　　）を解散させて、没収した土地を売却して財政基盤を強化した。次王のエドワード6世は一般祈禱書を制定し、

1 _____
2 _____
3 _____
4 _____
5 _____

問ⓐ _____
問ⓑ _____

問ⓒ _____
問ⓓ _____
問ⓔ _____
問ⓕ _____

visual ①

〈（　　　　　）の販売〉

お金が箱に投げ入れられる音とともに魂は救われるとされた。ドイツは教会から搾取され、「ローマの牝牛」といわれた。

1 _____
2 _____
3 _____
4 _____
5 _____
6 _____
7 _____

[² 　]派の教義を取り入れた。しかし、つぎのメアリ1世はスペイン王フェリペ2世と結婚してカトリックを復活するなど、混乱が続いた。この混乱を収めたのが、メアリ1世のあとに即位した[⁸　　　]である。(⁸　)は、**1559年**に(⁹　　　)を発布してイギリス国教会を確立した。

　このような宗教改革と並行して、カトリック教会側もその立て直しをはかり、カトリック改革（対抗宗教改革）を開始した。教皇はⓓ1545年から公会議を開催し、教義の正しさや**教皇の至上権**を確認し、教会内部の改革が決められた。また宗教裁判所を強化し、**禁書目録**を作成するなど思想統制を強めた。一方、1534年にスペインの[¹⁰　　　]が中心となって設立された(¹¹　　　)は、厳格な規律と組織をもち、ヨーロッパ内でのカトリックの失地回復につとめた。その結果、南ヨーロッパへのプロテスタントの浸透を抑えただけではなく、中南米やⓔ<u>アジアに宣教師を派遣するなど海外伝道にも活躍した</u>。

　宗教改革の結果、16～17世紀にカトリックとプロテスタントの対立は深まり、両派のあいだに迫害や内戦などが生じた。このような社会的緊張の高まりのなか、「**魔女狩り**」がさかんにおこなわれた地域もあった。

問ⓐ　この考え方を何というか。
問ⓑ　フランス・ネーデルラント（オランダ）・スコットランドにおけるカルヴァン派の呼称をそれぞれ順に答えよ。
問ⓒ　イギリス国教会の成立から確立に至る、一連の宗教改革がおこなわれた時期のイギリスの王朝名を答えよ。
問ⓓ　この公会議を何というか。
問ⓔ　(¹¹　)の設立に尽力したのち、インド・日本などに布教した人物は誰か。

8　_____
9　_____
10　_____
11　_____

問ⓐ_____
問ⓑ_____
_____
_____
問ⓒ_____
問ⓓ_____
問ⓔ_____

challenge❶
イギリス国教会の成立の過程と成立した国教会の特徴について、120字程度で説明せよ。
エドワード6世　統一法
司教制　カトリック

3　**Exercise** 宗教改革時代の国際関係 ――――――――――
次の図について、以下の問いに答えよ。

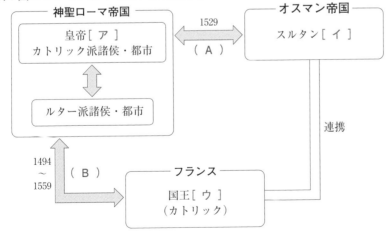

geographic❶
〈宗教改革後の宗教分布〉

A (　　　　　)
B (　　　　　)
C (　　　　　)
D (　　　　　)
E (　　　　　)

問ⓐ　ア～ウに該当する人名を答えよ。
問ⓑ　アの人物のスペイン王としての君主名を答えよ。
問ⓒ　オスマン帝国が、1529年に神聖ローマ帝国を攻撃したＡの事件を答えよ。
問ⓓ　フランス王のイタリア侵入を契機に、1494年に始まったＢの戦争を何というか。
問ⓔ　オスマン帝国とフランスの連携を機に、のちのセリム2世の時代にフランス商人に与えられた友好・通商上の特権を何というか。

問ⓐア_____
イ_____
ウ_____
問ⓑ_____
問ⓒ_____
問ⓓ_____
問ⓔ_____

3 主権国家体制の成立

[1] イタリア戦争と主権国家体制

ⓐ<u>**イタリア戦争**</u>は、宗教改革とほぼ並行しておこなわれた。この戦争や覇権争いを通じて、個々の国家をこえた権力が消失する一方、各国は国内を統一的に支配し、内外から干渉されずに政治をおこなう主権を主張するようになった。これが**主権国家**であり、ⓑ<u>主権国家同士が展開する国際秩序を**主権国家体制**という</u>。主権国家の形成期には、主権はまず国王に集中し、強力な国王統治体制が生まれたが、これを(1　　　　)という。その権力は、(2　　　　)**説**という考え方で正当化された。国王は**官僚制**と**常備軍**を整え、これらを基盤として中央集権化を進めた。しかし、これを維持するには多くの財源を必要としたため、国家が経済活動の主体となる(3　　　　)**主義**政策がとられた。また同じ頃に西ヨーロッパでは商工業が発展し、商人が生産者に道具や原料を前貸しして生産をおこなう問屋制や、多くのⓒ<u>労働者を工場に集めて分業で生産させる形態</u>もみられた。

問ⓐ　この戦争では、フランスと神聖ローマ帝国が対立したが、それぞれの王家の名称を順に答えよ。

問ⓑ　この国際秩序では、一国が強大になることを防いで各国の力のバランスを維持することがはかられたが、この考え方を何というか。

問ⓒ　これを何というか。

1 ……………

2 ……………

3 ……………

問ⓐ ……………

……………

問ⓑ ……………

問ⓒ ……………

[2] ヨーロッパ諸国の動向

1516年にスペインの王位についた**ハプスブルク家**の[1　　　　]は、19年に**神聖ローマ皇帝**に選出され、スペインやドイツ、アメリカ大陸などにまたがる大帝国の支配者となった。1556年に彼が退位すると、ハプスブルク家はスペイン系とオーストリア系の2つにわかれ、スペインでは[2　　　　]が王位についた。彼は長期にわたったイタリア戦争を終結させ、ⓐ<u>**1571年**にオスマン海軍を破り</u>、80年には王朝が断絶した(3　　　　)の王位を兼任した。この結果、広大な植民地を一手に治めて、**「太陽の沈まぬ帝国」**と呼ばれる最盛期を築いた。また彼は、カトリックの盟主を自認してプロテスタントを弾圧した。商業が盛んであったスペイン領**ネーデルラント**では、各州が自治権をもち、宗教では(4　　　　)**派**が広まっていた。[2　]は、その支配地に重税とカトリックの信仰を強制したため、ⓑ<u>**オランダ独立戦争**</u>がおこった。やがて、カトリック勢力の強い**南部10州**は脱落したが、**北部7州**は(5　　　　)**同盟**を結成し、**1581年**にⓒ<u>独立を宣言した</u>。その後も戦争は続いたが、**1609年**に**休戦条約**が結ばれ、オランダの独立は事実上達成された。

オランダ独立を支援した国の1つが、イギリスである。[2　]はオランダでの戦況打開をはかり、**1588年**、イギリスに(6　　　　)を派遣したが、ⓓ<u>イギリス海軍に大敗した</u>。そののち、スペインは政治・軍事的にも衰退に向かい、アメリカ大陸から流入した大量の銀は国内産業の育成には用いられず、17世紀初頭に国力は急速に衰えていった。一方、イギリスではⓔ<u>囲い込み(エンクロージャー)</u>が進展し、**毛織物工業**が基幹産業となった。またアジア貿易に進出するオランダに対抗して1600年に**東インド会社**も設立され、ⓕ<u>積極的な海外進出</u>が進められた。

フランスは、スペインに匹敵する大国であった。16世紀後半には、(7　　　　)と呼ばれた(4　)派の勢力が拡大し、(7　)**戦争**が勃発した。多くの貴族はカト

1 ……………

2 ……………

3 ……………

4 ……………

5 ……………

6 ……………

7 ……………

visual 1

〈[　　　　　　]〉

ヘンリ8世とアン＝ブーリンの娘で、異母姉のメアリ1世が病死したのち、王位についた。毛織物工業を育成してイギリス産業を発展させた。また、アルマダの海戦では、海賊(私掠船船長)の**ドレーク**を司令官としてスペインを破った。

リックとプロテスタントにわかれて争い、多数の(⁷　　)が⑧虐殺される事件もおこった。このようななか、**ヴァロワ朝**が断絶し、プロテスタントの首領である(⁸　　)家の[⁹　　]が即位し、(⁸　)朝が成立した。彼はみずからカトリックに改宗する一方、**1598年**に(¹⁰　　)を発布して(⁷　)に信仰の自由を与え、(⁷　)戦争は終結した。

問ⓐ　この戦いを何というか。

問ⓑ　この独立戦争の指導者は誰か。

問ⓒ　このときのオランダの正式名称を答えよ。

問ⓓ　スペインの(⁶　)を撃破した、イギリスの**テューダー朝**の王は誰か。

問ⓔア　この運動の目的を簡潔に記せ。

　　　イ　囲い込みをおこなった、地方行政を握る地主層を何というか。

問ⓕ　北米につくられた最初の植民地は失敗に終わるが、その名称は何か。

問ⓖ　1572年におきたこの事件を何というか。

3　三十年戦争 ─────────────

　神聖ローマ帝国では、1555年の(¹　　)の和議以降もカトリックとプロテスタントの諸侯の宗教的・政治的対立が続き、中央集権化を困難にしていた。このなかでおこったのが、(²　　)戦争である。この戦争は、**1618年**にオーストリアの属領(³　　)のプロテスタントがおこした反乱から始まった。プロテスタント側に立って参戦したのが、領土拡大をめざすデンマークや、ⓐ**バルト海地域での覇権をめざしたスウェーデン**である。フランスもカトリック国でありながら、(⁴　　)家に対抗してプロテスタント側で参戦した。このように、戦争の性格は宗教戦争から国際戦争へと拡大し、皇帝側は傭兵隊長の[⁵　　]を司令官として応戦した。(²　)戦争は、ⓑ**1648年に締結された講和条約**でようやく終結したが、戦場となったドイツの国土は荒廃し、人口も激減した。

問ⓐ　このとき参戦した国王は戦死したが、勝利したスウェーデンは「バルト帝国」と呼ばれる強国になった。この国王は誰か。

問ⓑア　この講和条約を何というか。

　　　イ　この条約で新たに信仰が認められたプロテスタントは何か。

　　　ウ　この条約で**神聖ローマ帝国は形骸化**したとされる。その理由を説明せよ。

　　　エ　この条約でフランスが獲得した領土はどこか。

　　　オ　この条約で独立が正式に承認された国を2つ答えよ。

4　**Exercise**　三十年戦争の国際関係図 ─────────

　次の図中の空欄に、適当な語句を記入せよ。

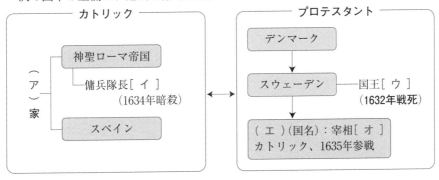

〈(　　　)の虐殺〉

プロテスタントのリーダーであったアンリと王妹との結婚を祝うため、パリに集まっていた多数のユグノーが、虐殺された。

右欄（解答欄）:
8
9
10
問ⓐ
問ⓑ
問ⓒ
問ⓓ
問ⓔア
　イ
問ⓕ
問ⓖ

1
2
3
4
5
問ⓐ
問ⓑア
　イ
　ウ
　エ
　オ

ア
イ
ウ
エ
オ

4　オランダ・イギリス・フランスの台頭

1　オランダの繁栄と英仏の挑戦

オランダは、独立戦争当時から海外に進出した。また独立後は、荒廃した南部から亡命したプロテスタントの商工業者などの活躍で、めざましい経済発展をとげた。オランダは1602年に（1　　　　）を、21年には西インド会社を設立し、中継貿易を進展させてポルトガルやⓐスペインに対抗した。とくに東南アジアの貿易では、ポルトガルの拠点であったセイロン島やマレー半島の（2　　　　）、マルク（モルッカ）諸島を占領した。また**1623年**の（3　　　　）**事件**では、イギリスをこの地域から追い出して、ジャワ島の（4　　　　）を拠点に香辛料交易を独占した。さらにアジア貿易の拠点として、アフリカ南端に（5　　　　）植民地を建設し、北米大陸にも（6　　　　）という都市を中心とする植民地を築いた。一時は**台湾**も占領し、ポルトガルにかわって鎖国期の日本と貿易をおこなった。こうしてオランダは、17世紀前半には全世界に貿易網をはりめぐらし、ⓑその首都は、衰退した**アントウェルペン**にかわって世界商業・金融の中心となった。

このオランダの経済的繁栄に対抗したのが、イギリスとフランスである。**1600年**に（1　　）を設立していたイギリスは、（3　　）事件後はⓒインド経営に重点をおいた。そして、17世紀後半の**イギリス＝オランダ（英蘭（えいらん））戦争**ではオランダを破り、（6　　）を奪って（7　　　　）と改称した。またオランダに対抗するフランスも財務総監**コルベール**のもとで（1　　）**を改革・国営化**し、インドに進出してガンジス川下流の**シャンデルナゴル**や東南部の（8　　　　）を拠点とし、イギリスとも対抗するようになった。

問ⓐ　スペインが、メキシコのアカプルコとの貿易拠点にしていたフィリピンの都市はどこか。

問ⓑ　この首都を何というか。

問ⓒ　イギリスがインド経営の拠点とした3つの都市名を答え、その位置を地図中のア〜オより選べ。

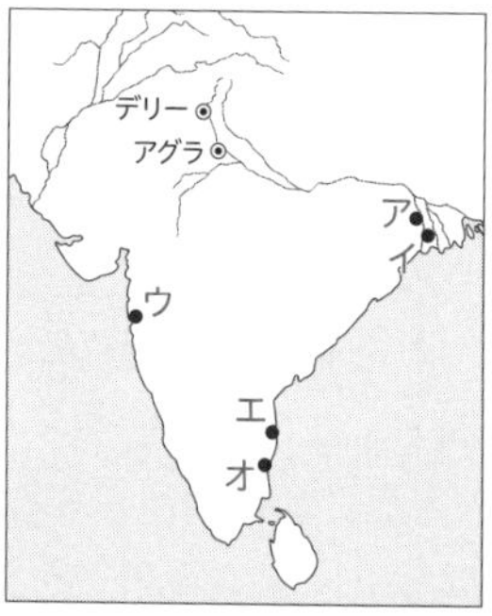

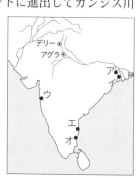

1 ________
2 ________
3 ________
4 ________
5 ________
6 ________
7 ________
8 ________

問ⓐ ________
問ⓑ ________
問ⓒ ________

visual 1

〈[　　　　　　　]〉

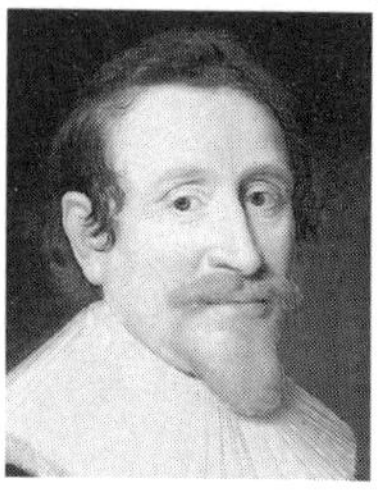

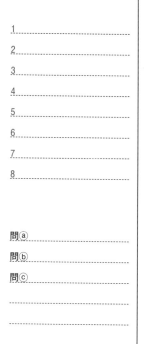

オランダの法学者。中継貿易で繁栄するオランダを擁護して**『海洋自由論』**を発表し、公海の自由を主張した。その後、三十年戦争の惨禍を見て、1625年に『　　　　　』を発表。自然法・国際法の父といわれる。

2　イギリスの2つの革命

エリザベス1世の死で**テューダー朝**が途絶えると、スコットランド王が［1　　　　］としてⓐイギリス国王に即位し同君連合が形成された。イギリスでは無給で地方行政を担う（2　　　　）が存在しており、統治には貴族や（2　　）らが活躍する議会の同意が必要だった。またその背後では、商工業の発達で市民層も台頭しており、彼らや（2　　）のなかには**ピューリタン**（カルヴァン派）が多かった。ところが、［1　　］は（3　　　　）**説**をとなえて絶対王政をめざし、**イギリス国教会**を強制したため議会と対立した。つぎの国王［4　　　　］も同様の政治をおこなったため、議会は**1628年**、（5　　　　）を王に提出したが、翌年議会は解散させられた。以後、11年間にわたって議会は開催されなかった。しかし**スコットランド**で反乱がおこると、王は戦費調達のため1640年に議会を招集した。これに対して、議会は要求を拒んだため**王党派**と**議会派**の対立は激化し、1642年には内戦が始まり、これがⓑ革命へと発展した。内戦ははじめ王党派が優勢であったが、**クロムウェル**の指導で議会派が勝利し、**1649年**には国王［4　　］を処刑して**共和政を樹立**

1 ________
2 ________
3 ________
4 ________
5 ________

した。クロムウェルは、王党派と結んでいた(⁶　　　　)とスコットランドを征服
し、(⁶　　)ではカトリック勢力の土地を奪って議会派の軍事費をまかなった。ま
た©オランダに対抗する重商主義政策を推進して、1652年にイギリス＝オランダ
(英蘭)戦争をおこした。翌年、クロムウェルは終身の(⁷　　　　)となり軍事独裁
体制をしいたが、厳格な統治に対する国民の不満は高まった。

　クロムウェルの死後、議会はフランスに亡命していた先王の子[⁸　　　　]を
1660年に国王として迎えた(王政復古)。ところが、[⁸　]は専制政治をおこない、
カトリックの復活をはかろうとした。一方、議会は国教会の立場を強めようとし、
1673年に⒟審査法、79年には国民の不当な逮捕を禁止する(⁹　　　　)を制定して
国王に対抗した。この頃、⒠王弟ジェームズの即位をめぐって議会は分裂し、の
ちの政党政治の基礎となる党派が生まれた。ところが即位した王弟のジェームズ
2世も、カトリックを保護して専制政治をおこなったため、議会は1688年にオラ
ンダから王の娘とその夫のオラニエ公をまねき、⒡夫妻を共同統治の王とした。
この事件を(¹⁰　　　　)という。新国王らは1689年に権利の宣言を受け入れ、これ
を(¹¹　　　　)として制定した。これにより議会主権にもとづく立憲王政の基礎が
確立された。また対外政策では、新国王の即位によってイギリスとオランダの同
君連合が成立し、両国は共同してフランスに対抗した。

　その後、アン女王時代の1707年にスコットランドを併合して(¹²　　　　)王国と
なったが、女王の死で王朝は断絶し、ドイツから新たに王が迎えられて(¹³　　　　)
朝が成立した。この時代に[¹⁴　　　　]首相のもとで、しだいに⒢内閣は議会に対
して責任を負うという制度が整い、議会主導の政治体制が確立した。

問ⓐ　この王朝を何というか。
問ⓑ　この革命を何というか。
問ⓒ　中継貿易で繁栄するオランダに打撃を与えるために、1651年に制定された
　　　法律を何というか。
問ⓓ　この内容を簡潔に説明せよ。
問ⓔア　このうち、国王の権威を重んじる党派(のちの保守党)の名称を答えよ。
　　イ　議会の権利を重んじる党派(のちの自由党)の名称を答えよ。
問ⓕ　2人の即位後の名前を答えよ。
問ⓖ　この制度を何というか。

③　フランスの絶対王政
　フランスでは、ユグノー戦争の過程でヴァロワ朝にかわって(¹　　　　)朝が成
立した。ルイ13世はユグノー戦争で動揺した王権の回復をめざし、宰相の
[²　　　　]とともにⓐ王権に反抗する貴族やユグノーをおさえ、中央集権化につ
とめた。対外的には(³　　　　)家の勢力打倒をめざし、(⁴　　　　)戦争ではプロ
テスタント側に立って参戦した。つづいてルイ14世が幼少で即位し、事実上の宰
相となった[⁵　　　　]は[²　]の政策を継承した。対外的には(⁴　)戦争の講和
条約で(⁶　　　　)を獲得し、国内では王権強化に反発するⓑ貴族らがおこした反
乱を鎮圧して、絶対主義の確立に貢献した。こうして1661年から始まるルイ14世
の親政の時期には、フランスは絶対王政の最盛期を迎えた。ルイ14世は「朕は国
家なり」と称してⓒ王権神授説をとなえ、「太陽王」と呼ばれるようになった。ま
た彼は、商工業の育成をはかって財務長官に[⁷　　　　]を登用した。[⁷　]は典

右欄：6. 7. 8. 9. 10. 11. 12. 13. 14.

challenge ❶
1651年にクロムウェルが発布した航海法の目的と結果について、90字程度で説明せよ。
中継貿易　英蘭戦争　海上権

問ⓐ 問ⓑ 問ⓒ 問ⓓ 問ⓔア イ 問ⓕ 問ⓖ

3の右欄：1. 2. 3. 4. 5. 6. 7.

型的な**重商主義**政策を展開し、王立マニュファクチュアなどを設立して産業の保護育成につとめ、保護貿易を推進する一方で、輸出拡大をめざして17世紀後半に(8　　　　)を改革・国営化した。さらにルイ14世は華麗な**バロック式**の(9　　　　)**宮殿**を建設し、文学や美術を奨励した。(9　　)宮殿はヨーロッパ諸国の宮殿のモデルとなり、フランス語も外交・文化の共通語となった。

ルイ14世がもっとも力を注いだのが、侵略戦争である。彼は常備軍を増強し、オランダ侵略戦争やドイツ西部の選帝侯領の継承権を主張して戦争をおこした。そのなかでも最大のものが、**1701年**からの(10　　　　)**戦争**で、ルイ14世が(3　　)家の断絶したスペイン王位に孫のフェリペを即位させたことに対して、イギリス・オランダ・オーストリアなどが連合して対抗したものである。1713年に(11　　　　)**条約**が結ばれ、フランスはスペインと合同しないことを条件にフェリペの王位継承を認められたものの、ⓓ多くの領土を割譲することになった。これらの戦争や宮廷の浪費によって、ルイ14世の晩年には財政難におちいり、税金の負担は民衆の生活を圧迫した。さらに**1685年**には(12　　　　)が廃止され、多くのプロテスタントの商工業者が国外に亡命したことも、フランス経済に打撃を与えた。一方スペインは、本国以外のヨーロッパ領土をすべて失い、大国の地位から転落した。

問ⓐ　1614年に開催されたのを最後に、1789年まで開催されなかったフランスの身分制議会を何というか。

問ⓑ　この反乱を何というか。

問ⓒ　ルイ14世に仕えた神学者で、王権神授説を主張した人物は誰か。

問ⓓア　イギリスがフランスから獲得した北米大陸の領土を3つあげよ。

イ　イギリスがスペインから獲得した領土を、ミノルカ島以外に1つあげよ。

8 ________
9 ________
10 ________
11 ________
12 ________
問ⓐ ________
問ⓑ ________
問ⓒ ________
問ⓓア ________
____
____
イ ________

4 イギリスとフランスの覇権争い

18世紀の西ヨーロッパ国際政治は、イギリスとフランスの争いが基調となった。この争いは植民地をめぐって激化し、この時期の両国の争いは第二次英仏百年戦争とも呼ばれ、ⓐヨーロッパの戦争が植民地での戦争と連動しておこなわれた。とくに**七年戦争**期には、インドでは(1　　　　)**の戦い**、北米大陸では(2　　　　)**戦争**がおこった。(1　　)の戦いでは、イギリス東インド会社書記の[3　　　　]の活躍で、イギリスがフランスと結んだベンガル太守軍を破った。また(2　　)戦争でも、イギリスがフランスを破り、**1763年**の(4　　　　)**条約**でⓑイギリスは北米・インドでの優位を確定させ、イギリス植民地帝国の基礎が確立した。

イギリスは大西洋地域にも積極的に進出した。すでに16世紀には、スペイン植民地で先住民人口が激減したため、アフリカから移入された(5　　　　)を労働力として用いるようになっていた。17～18世紀頃、西ヨーロッパから武器や綿織物などがアフリカに運ばれ、アフリカからは(5　　)が北米大陸や西インド諸島に運ばれるとともに、砂糖やタバコなど**プランテーション**で生産された商品が西ヨーロッパにもち帰られた。この**大西洋**(6　　　　)**貿易**はⓒイギリスなど西ヨーロッパ諸国に莫大な利益をもたらす一方、アフリカ社会は大きな被害を受けた。

問ⓐ　スペイン継承戦争がおこなわれていた時期、北米でもイギリスとフランスの戦争がおこなわれていたが、これらの戦争の講和条約を答えよ。

問ⓑ　このとき、イギリスがフランスから得た領土をカナダ以外に1つあげよ。

問ⓒ　これにより繁栄した、イギリス北西部の海港都市はどこか。

challenge 2

七年戦争の時期にイギリスとフランスは、新大陸およびアジアで植民地をめぐって抗争したが、その経緯と結果について、150字程度で説明せよ。

フレンチ＝インディアン　パリ条約　クライヴ　プラッシーの戦い

1 ________
2 ________
3 ________
4 ________
5 ________
6 ________
問ⓐ ________
問ⓑ ________
問ⓒ ________

5　北欧・東欧の動向

1　ポーランドとスウェーデン／ロシアの大国化 ────────

　ポーランドはリトアニアと同君連合を形成していたが、16世紀後半に(¹　　　　)朝が断絶して選挙王政に移行した。やがて王位継承をめぐって貴族間の対立がおこると、大国の干渉をまねいて国力は衰退した。この機会に乗じてプロイセンの[²　　　　]は、**1772年**にオーストリアの[³　　　　]を誘って、ロシアの[⁴　　　　]に**第1回ポーランド分割**を提案した。さらに1793年、フランス革命の混乱に乗じて、ロシアとプロイセンが第2回分割をおこなった。これに対して、ポーランド側でも[⁵　　　　]が義勇軍を率いて抵抗運動をおこなったが鎮圧され、ついに**1795年**、全土がオーストリアを含む3国に分割され、ポーランドは一時消滅した。

　一方、スウェーデンはデンマーク中心の(⁶　　　　)**同盟**を解消して独立国となり、三十年戦争後は**バルト海**の覇権を握って強国となっていたが、ロシアとの北方戦争に敗れたのちは急速に衰退していった。

　ロシアでは、16世紀から@**モスクワ大公国**の[⁷　　　　]が君主権の強化をはかり、正式に(⁸　　　　)の称号を用いた。国内では貴族勢力を抑えて専制政治を強化し、対外的にはコサックの首長[⁹　　　　]にシベリアの一部を開拓させた。その後、**1613年**にミハイル＝ロマノフが開いた(¹⁰　　　　)朝では、ⓑ**17世紀後半に農民反乱**がおこったが鎮圧された。17世紀末に即位した[¹¹　　　　]は、西欧化政策により軍事改革や先進技術導入につとめた。対外的には**1689年**に清と**ネルチンスク条約**を結んで国境を画定し、オスマン帝国を圧迫してアゾフ海に進出した。また**バルト海**への進出をはかり、**1700年**からはⓒ**スウェーデンと北方戦争**を戦った。

　18世紀後半に即位した女帝[⁴　　　　]は、[¹¹　　]の政策を受け継ぎ、オスマン帝国の勢力下にあったクリミア(クリム)＝ハン国を併合して(¹²　　　)**半島**を獲得し、**黒海**に進出した。またポーランド分割にも参加する一方、東方ではⓓ**日本に使節を送り通商を求めた**。内政では啓蒙専制君主としてふるまい様々な改革をおこなったが、[¹³　　　]の**農民反乱**を鎮圧したのちは、かえって農奴制を強化した。

問@　この国は、15世紀にどこの国から自立して建国されたか。
問ⓑ　この農民反乱の指導者は誰か。
問ⓒ　北方戦争中にロシアがバルト海沿岸に築いた新首都で、「西方への窓」とも呼ばれたのはどこか。
問ⓓ　この使節は誰か。

challenge ❶
ピョートル1世の対外進出について、100字程度で説明せよ。
　ネルチンスク条約
　バルト海　北方戦争
　ペテルブルク

1.＿＿＿＿＿＿
2.＿＿＿＿＿＿
3.＿＿＿＿＿＿
4.＿＿＿＿＿＿
5.＿＿＿＿＿＿
6.＿＿＿＿＿＿
7.＿＿＿＿＿＿
8.＿＿＿＿＿＿
9.＿＿＿＿＿＿
10.＿＿＿＿＿＿
11.＿＿＿＿＿＿
12.＿＿＿＿＿＿
13.＿＿＿＿＿＿

問@＿＿＿＿＿
問ⓑ＿＿＿＿＿
問ⓒ＿＿＿＿＿
問ⓓ＿＿＿＿＿

2　プロイセンとオーストリアの動向／啓蒙専制主義 ────────

　@**プロイセン**とオーストリアは、18世紀の東欧でロシアと並んで台頭した国家である。プロイセンは、プロイセン公国と**ブランデンブルク選帝侯国**との同君連合によって成立した。大選帝侯フリードリヒ＝ヴィルヘルムの治世に、三十年戦争に参加して国勢を発展させ、絶対王政化に乗り出した。彼は常備軍を強化し、地方のⓑ**領主貴族**の農奴支配を正式に認めた。1701年にプロイセンが王国へ昇格したのちは、第2代の[¹　　　　]のもとで軍隊や官僚制を整えた。

　一方、オーストリアでは、15世紀以降、**ハプスブルク家**の当主が(²　　　)**帝国**の皇帝位を兼任してきた。1529年と1683年にはオスマン帝国によって首都の(³　　　)を**包囲**されたが、この危機を脱したのち、1699年の(⁴　　　)**条約**で

1.＿＿＿＿＿＿
2.＿＿＿＿＿＿
3.＿＿＿＿＿＿
4.＿＿＿＿＿＿

第11章

<table>
<tr><td>5</td></tr>
<tr><td>6</td></tr>
<tr><td>7</td></tr>
<tr><td>8</td></tr>
<tr><td>9</td></tr>
<tr><td>10</td></tr>
<tr><td>11</td></tr>
<tr><td>12</td></tr>
</table>

ハンガリーを奪回して勢力を回復した。しかし、領土内にベーメン（ボヘミア）の**チェック人**やハンガリーの(⁵　　　)**人**など複数の民族を抱える多民族国家であり、中央集権化には困難がともなった。こうしたなかで、男子の相続者が絶えたことから皇女の[⁶　　　]が1740年にハプスブルク家を継承すると、プロイセンの[⁷　　　]は、領土拡大をはかって他国とともに[⁶　]の即位に異をとなえた。こうして始まった(⁸　　　)**戦争**で勝利したプロイセンは、鉱物資源の豊かな(⁹　　　)地方を併合した。その後、(⁹　)地方の奪回をめざすオーストリアは、ⓒ長年敵対関係にあったフランスと同盟した。このためプロイセンはイギリスと結び、1756年より始まった(¹⁰　　　)**戦争**で苦戦しながらも、63年に(⁹　)地方を確保した。

　プロイセン・オーストリア・ロシアなどでは、改革の担い手である市民層の成長が十分でなかったため、ⓓ君主主導で改革を進める「上からの近代化」がおこなわれた。プロイセンの[⁷　]は、啓蒙思想家[¹¹　　　]などをⓔ宮廷にまねいて親しく交わり、「君主は国家第一の僕」と称して農民の保護や国内産業の育成、司法改革など国民の福祉の増進につとめようとした。またオーストリアでも、[⁶　]の子[¹²　　　]が宗教寛容令や農奴解放を試み、貴族の反発を受けたが一定の成果をあげた。

問ⓐ　ア　プロイセンの前身で、東方植民の結果、13世紀に成立した領邦は何か。

　　　イ　ブランデンブルク選帝侯国は上記アを併合して同君連合を成立させ、プロイセンの基礎をつくった。この結果、ブランデンブルク選帝侯国の何家が両国の当主となったか。

問ⓑ　**農場領主制**で富を得た彼らを何と呼ぶか。

問ⓒ　このことを何というか。

問ⓓ　啓蒙思想の影響を受けた、このような君主を何というか。

問ⓔ　[⁷　]がポツダムに建てた右の写真の宮殿を何というか。

問ⓐア	
イ	
問ⓑ	
問ⓒ	
問ⓓ	
問ⓔ	

visual ❶

〈[　　　]〉

第2回のポーランド分割で蜂起し、独立を試みたがロシアに鎮圧された。ポーランドの独立が正式に承認されたのは、第一次世界大戦後であった。

問ⓐア	
イ	
ウ	
問ⓑA	
B	
C	
D	

③　Exercise　ポーランド分割

　次の地図は、3回にわたるポーランド分割による領土変更を示したものである。これらの地図をみて、以下の問いに答えよ。

第1回(1772年)　ウ[C]　ア[A]　ポーランド王国　ワルシャワ　クラクフ　イ[B]

第2回(1793年)　ウ　ア　ポーランド王国　ワルシャワ　1794[D]の抵抗　クラクフ　イ(不参加)

第3回(1795年)　ア　ウ　ポーランド王国　ワルシャワ　クラクフ　イ

問ⓐ　ポーランド分割に参加したア～ウの国名を答えよ。

問ⓑ　ポーランド分割に関連する人物A～D（A～Cはア～ウの君主）の名前を答えよ。

6 科学革命と啓蒙思想

1 科学革命

17世紀のヨーロッパは、近代的合理主義の思想や学問が発達したため、([1]　　　)**革命**の時代とも呼ばれる。17世紀前半にイタリアの[[2]　　　]は、望遠鏡を駆使して観測データを集め、天体の運動法則を解明したが、ⓐ宗教裁判で異端とされた。彼とほぼ同時代に活躍した[[3]　　　]は、**惑星運行の法則**を発見した。また、**万有引力の法則**を発見して『**プリンキピア**』を著した[[4]　　　]も、([1]　)革命を代表する人物である。そのほか、自然科学の分野では**気体力学**の基礎を確立したボイルや**血液の循環**を立証した[[5]　　　]、**動植物の分類学**を確立した[[6]　　　]、**燃焼理論**を確立して**質量保存の法則**を発見した[[7]　　　]、宇宙進化論をとなえたラプラース、**種痘**（しゅとう）**法**を開発した[[8]　　　]らがいる。

17世紀には、学問の方法論にも関心が向けられた。イギリスの[[9]　　　]は、**帰納**（きのう）**法**を確立して**イギリス経験論**の基礎をつくった。一方、フランスのⓑ**デカルト**は**演繹**（えんえき）**法**を確立し、ⓒ**大陸合理論**の出発点となった。経験論と合理論は、18世紀末にドイツの[[10]　　　]によって統合され、**ドイツ観念論**の基礎が築かれた。

人間の理性への信頼は法学の分野でも広がり、人間の普遍的なルールである自然法の解明が進んだ。自然法を国家間に適用したのが、三十年戦争のさなかに『[11]　　　』を著し、「自然法の父」「国際法の父」とも呼ばれるオランダの[[12]　　　]である。また、イギリスを中心に自然法を国家論に適用する社会契約説が展開した。[[13]　　　]はⓓ自然状態における人間を「万人の万人に対する闘争」と表現し、**絶対王政**を擁護した。一方、[[14]　　　]は『**統治二論**（市民政府二論）』で、ⓔ国家が人民の自然権を侵した場合は政府を覆すことができるとした。

問ⓐ　どのような考え方が異端とされたのか。

問ⓑ　「われ思う、ゆえにわれあり」の言葉で有名なデカルトの著書は何か。

問ⓒア　汎神論（はんしんろん）を主張したオランダの哲学者は誰か。

　イ　『パンセ（瞑想録）』を著したフランスの哲学者・数学者は誰か。

問ⓓ　この内容を提示した、[[13]　]の著書は何か。

問ⓔ　この権利を何というか。

1
2
3
4
5
6
7
8
9
10
11
12
13
14
問ⓐ
問ⓑ
問ⓒア
イ
問ⓓ
問ⓔ

第11章

visual 1

〈『　　　　』〉

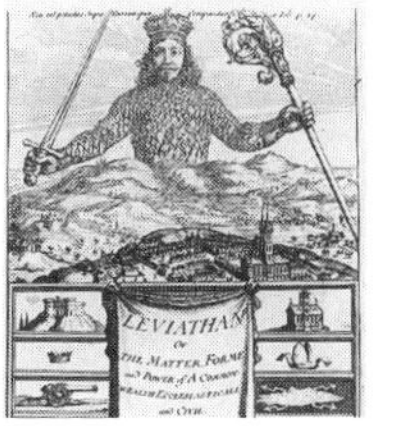

ホッブズの著作。書名は『旧約聖書』に出てくる怪獣の名。

2 啓蒙思想

18世紀には理性重視の立場から社会の偏見の打破をとなえ、絶対王政やカトリック教会を批判する([1]　　　)**思想**がとくにフランスで発達した。([1]　)思想家としては、『**哲学書簡**』を著してイギリスの制度を賞賛した[[2]　　　]、『**法の精神**』を著して**三権分立**を提唱した[[3]　　　]、『**社会契約論**』や『人間不平等起源論』を著した[[4]　　　]などが知られている。また、ⓐ**百科全書派**と呼ばれる思想家たちは、([1]　)思想の集大成をおこなった。([1]　)思想は経済理論にも影響を与えた。フランスでは、重商主義を批判して農業こそ富の源泉とした**重農主義**が発達し、『**経済表**』を著した[[5]　　　]やテュルゴらが活躍した。イギリスでは、[[6]　　　]がⓑ経済活動の**自由放任**こそが国家の経済を発展させるという新たな経済理論を完成させ、産業革命の思想的背景となる**古典派経済学**の基礎を築いた。

問ⓐ　フランスで『百科全書』を編集した2人の中心人物を答えよ。

問ⓑ　この考えを記した、[[6]　]の主著は何か。

1
2
3
4
5
6
問ⓐ
問ⓑ

1
2
3
4
5
6
7
8
9
10
問ⓐア
イ
問ⓑ

visual②

《(　　　　　　)》

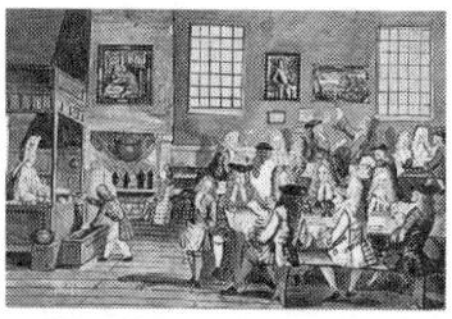

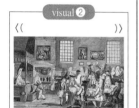

17世紀中頃からイギリスの都市で流行した飲食店。世界中の植民地から集まる情報が交換され、情報の発信地となった。新聞や雑誌の閲覧が可能で、市民が多様な議論を交わす場として機能し、世論の形成に貢献した。

3 Exercise① 宮廷文化と市民文化

絶対王政が繁栄した17世紀には、芸術は君主の権威を誇示するのに役立てられ、華麗で豪華なⓐバロック様式が主流となった。フランスの(1　　　　　)**宮殿**は、バロック様式の代表例である。フランスでは王立学術機関のアカデミー＝フランセーズがフランス語文化を発展させ、ルイ14世の時代には、**悲劇**作家の[2　　　　　]やラシーヌ、**喜劇**作家の[3　　　　　]が**古典主義文学**のすぐれた作品を生み出した。

18世紀になると、バロック美術にかわって繊細優美な(4　　　　　)**美術**が王侯貴族や富裕な市民層に愛好された。(4　　)様式の宮殿として名高いのが、プロイセンのフリードリヒ２世が建てた(5　　　　　)**宮殿**である。絵画では、フランスのワトーがこの傾向を代表している。また音楽でも、17世紀から18世紀にかけては[6　　　　　]やヘンデルがバロック音楽を大成し、モーツァルトがそれを引き継いで古典派音楽を完成させた。

商工業が盛んになった17～18世紀には、豊かなⓑ市民層も文化の担い手となった。『**失楽園**』を著したイギリスの[7　　　　　]や『天路歴程』のバンヤンは、ピューリタン文学を生み出した。18世紀には、[8　　　　　]が『**ロビンソン＝クルーソー**』を、[9　　　　　]が『**ガリヴァー旅行記**』を著した。また市民の活動によって、都市には貴族の女性らが主催する**サロン**が開かれ、情報交換の場として(10　　　　　)や**カフェ**なども利用された。(10　　)では新聞や雑誌の閲覧が可能で、多様な議論を交わす場として機能した。

問ⓐア　フランドル派の巨匠で、その作品は宗教・歴史など多岐にわたり、外交官としても活躍した人物は誰か。

イ　スペインの代表的画家の一人で、宮廷画家としても活躍し、「ラス＝メニーナス(女官たち)」という作品を残したのは誰か。

問ⓑ　市民から依頼を受けて、明暗をたくみに使った「夜警」を描いた17世紀のオランダの画家は誰か。

ア
イ
ウ
エ

4 Exercise② 17・18世紀のヨーロッパ絵画

次の作品に該当する項目を、Ⅰ群(作者)・Ⅱ群(おもに活動した国・地域名)よりそれぞれ選べ。

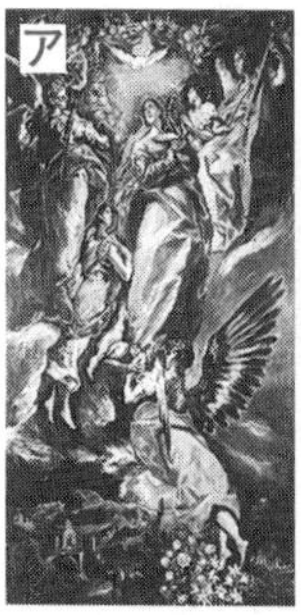

ア「無原罪の御宿り」

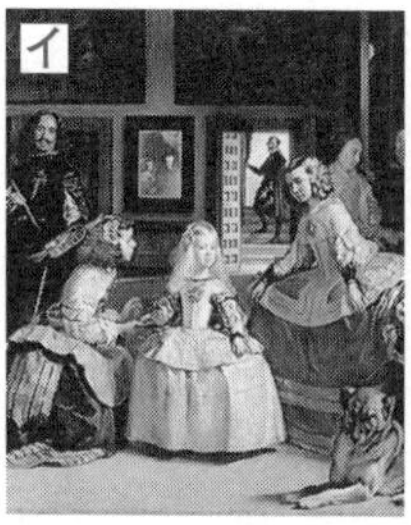

イ「ラス＝メニーナス」(「女官たち」)

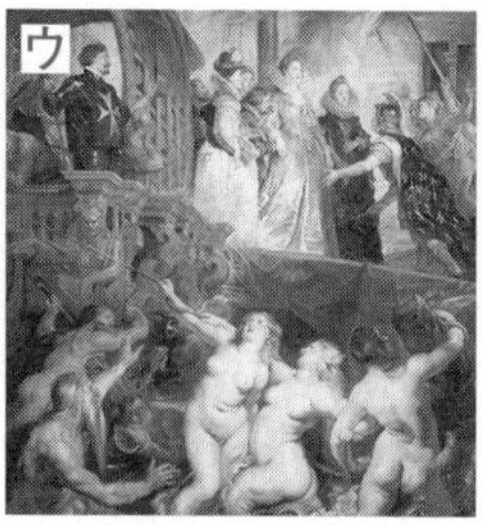

ウ「マリ＝ド＝メディシスのマルセイユ上陸」

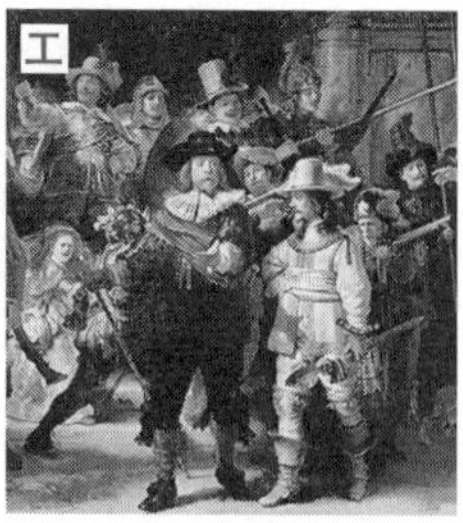

エ「夜　警」

[Ⅰ群] A　ベラスケス　　B　レンブラント　　C　エル＝グレコ
D　ルーベンス　　E　ワトー

[Ⅱ群] ①　スペイン　　②　フランドル　　③　オランダ　　④　フランス

[5] Exercise③ ヨーロッパ諸国のアジア進出

次の①～⑧の説明に該当する都市名・地名を答え，その場所を地図中のア～スよりそれぞれ選べ。

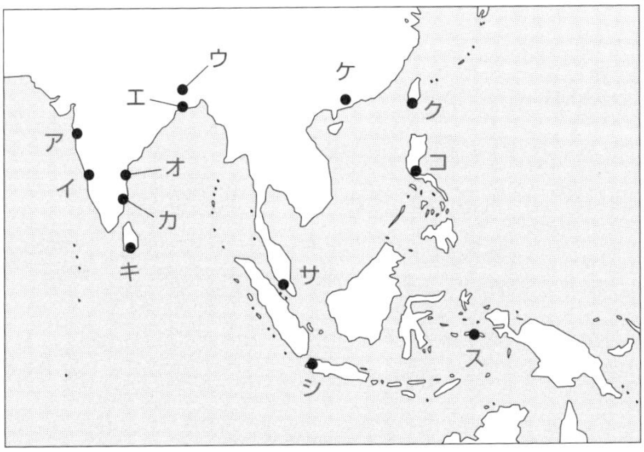

ア
イ
ウ
エ
オ
カ
キ
ク
ケ
コ
サ
シ
ス

① ポルトガルが1510年に占領して総督府をおき，アジア貿易の拠点とした。

② マレー半島の港市として古くから交易で栄えたが，1511年にポルトガルに，17世紀にオランダに占領され，19世紀にはイギリス領となった。

③ 16世紀半ばにポルトガル人が明(みん)朝から居住権を得て，中国や日本との貿易の拠点とした。

④ 16世紀にスペインが植民地とし，メキシコの**アカプルコ**とのガレオン船による貿易で栄えた。

⑤ オランダ東インド会社が香辛料交易の拠点とした。のちオランダ領東インドの首都となった。

⑥ オランダが，イギリス勢力をインドネシアから駆逐する契機となる事件(1623年)がおこった。

⑦ イギリス東インド会社の貿易の拠点となったベンガル地方の都市で，しだいにイギリスによる支配の中心となった。

⑧ フランスが獲得し，**シャンデルナゴル**とともにインド進出の拠点とした。

①

②

③

④

⑤

⑥

⑦

⑧

column①

〈大西洋三角貿易〉

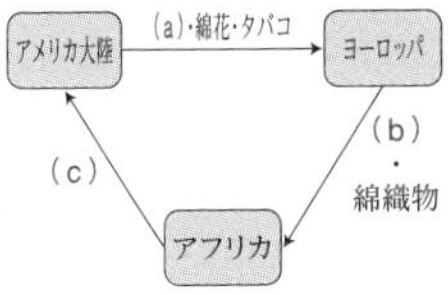

アメリカ大陸
(a)・綿花・タバコ
ヨーロッパ
(b)
・
綿織物
(c)
アフリカ

空欄a～cに適する品目を答えよ。

a (　　　　)

b (　　　　)

c (　　　　)

[6] Exercise④ 英仏間の植民地争奪戦争

次の表中の空欄に，適当な語句を記入せよ。

ヨーロッパ	北　　米	イ　ン　ド
ファルツ戦争 (1688～97)	ウィリアム王戦争 (1689～97)	
(　ア　)**戦争** **(1701～14)**	アン女王戦争──(　イ　)**条約(1713)** 英：アカディア・ニューファンドランド・ハドソン湾地方獲得	
(　ウ　)**戦争** **(1740～48)**	ジョージ王戦争 (1744～48)	
(　エ　)**戦争** **(1756～63)**	(　オ　)**戦争**(1754～63) └(　カ　)**条約(1763)** 英：カナダ・(　キ　)獲得	(　ク　)**の戦い**(1757) →フランス勢力，インドより駆逐される

ア

イ

ウ

エ

オ

カ

キ

ク

第12章 産業革命と環大西洋革命

1 産業革命

1 近世ヨーロッパ経済の動向

　近世ヨーロッパ経済の特徴の1つは、東西の地域差が進んだことである。**大航海時代**以降、(¹　　　　)革命によって西ヨーロッパの商工業が発展する一方、東ヨーロッパの国々は、ⓐ西ヨーロッパへ穀物を供給する国となった。2つ目の特徴は、拡大と停滞を繰り返したことである。16世紀には、ⓑアメリカ大陸からの銀の流入で物価が上昇し、人口増加も加わって生産全般が刺激された。ところが17世紀には、「²　　　　」と呼ばれるように天候不順による凶作や疫病の流行、銀の流入の減少もあり、経済が停滞した。しかし18世紀には再び好況となり、人口増加と価格上昇で経済は活発化した。3つ目の特徴は、消費の増大である。海洋進出によって他国の商品が流入すると、王侯・貴族やブルジョワは高い消費需要をもつようになった。とくにイギリスでは、18世紀の(³　　　　)革命によって農業生産が拡大して大量の人口をやしなえるようになり、都市化が促進された。また植民地獲得競争に勝利して交易網が拡大した結果、高度に商業化した社会に変質した。

問ⓐ この結果、東ヨーロッパでは農奴制が強化されたが、地主が輸出用の穀物を生産するために農民の**賦役**労働を利用した大農場の経営形態を何というか。

問ⓑ このことを何というか。

2 イギリス産業革命と資本主義／イギリスによる世界経済の再編成

　18世紀後半に、**イギリスで道具から機械への技術革新**が始まった。この生産技術の変化は、産業・経済・社会の変革をもたらしたため産業革命と呼ばれる。イギリスで産業革命が始まった背景には、伝統的な(¹　　　　)**工業**の分野で(²　　　　)(工場制手工業)が発展しており、**資本**の蓄積が進んでいたこと、農業革命にともなう第2次(³　　　　)により、農民がⓐ都市に流入して多くの**労働力**が創出されていたこと、植民地戦争の勝利によって広大な**海外市場**を保有していたこと、石炭や鉄鉱石などの**資源**が豊かであったことなどがあげられる。

　産業革命は、**綿織物業**の分野から始まる。17世紀に(⁴　　　　)産の綿織物が輸入されると、たちまち人気商品となり、また綿織物は大西洋三角貿易での国際商品ともなっていたため、綿織物の国産化・機械化をめざす動きが高まった。[⁵　　　　]は**飛び杼**を発明し、織布工程の効率を上昇させた。このため綿糸不足が生じ、ⓑ紡績機がつぎつぎに発明された。これに対応して織布部門でも[⁶　　　　]が**力織機**を発明し、その動力として、ニューコメンが発明して[⁷　　　　]が改良した(⁸　　　　)が利用された。こうしてイギリスの綿織物は、機械制工業によって大量に生産され、ⓒ世界に輸出されていった。産業革命の結果、(⁹　　　　)**主義**と呼ばれる経済体制が確立し、**資本家**が賃金労働者を工場で雇用し、利益の拡大をめざして自由に生産・販売する経営形態が登場した。他方、多くのⓓ労働問題や社会問題などの諸矛盾も生まれた。

---

challenge ❶

18世紀のイギリスでは農業社会に大きな変化がおきた。この変化の内容とそれが産業革命に与えた影響について、90字程度で述べよ。
　　ノーフォーク農法
　　囲い込み　工場労働者

1　　　　　　　　　　　
2　　　　　　　　　　　
3　　　　　　　　　　　
問ⓐ　　　　　　　　　
問ⓑ　　　　　　　　　

column ❶

〈囲い込み(エンクロージャー)〉

	第1次囲い込み	第2次囲い込み
時期	15世紀末～17世紀半ば	18世紀前半～19世紀半ば
主体	ジェントリ富農	地主大借地農
目的	(a)増産	(b)増産
特色	非合法的小規模	合法的大規模
影響	・工場制手工業の労働者創出 ・毛織物工業の発展	・(c)主義的農業経営の確立 ・工業労働者創出→産業革命

a (　　　　　　　)
b (　　　　　　　)
c (　　　　　　　)

1　　　　　　　　　　　
2　　　　　　　　　　　
3　　　　　　　　　　　
4　　　　　　　　　　　
5　　　　　　　　　　　
6　　　　　　　　　　　
7　　　　　　　　　　　
8　　　　　　　　　　　
9

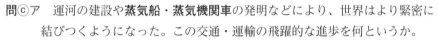

産業革命が進んだイギリスは、安価で大量の工業製品を世界に輸出し、19世紀には「[10]　　　　」としての地位を確立していった。また産業革命は同世紀前半にベルギー・フランス・アメリカ合衆国北部・ドイツにも波及した。イギリスを先頭に、これらの国々はアジア・アフリカ・ラテンアメリカを（[11]　　　　）**供給地**や**市場**として経済的な従属地域にし、世界の一体化は進んだ。

問ⓐ　産業革命期には都市が急激に発展した。次のア～ウに該当する都市名を答え、その位置を地図中のa～eよりそれぞれ選べ。

ア　ランカシャー地方最大の綿工業都市となり、人口が急増した。

イ　奴隷貿易で栄えたが、産業革命以後は綿織物の輸出港として繁栄した。

ウ　鉄・石炭の産出地に近く、製鉄・機械工業の中心となった。

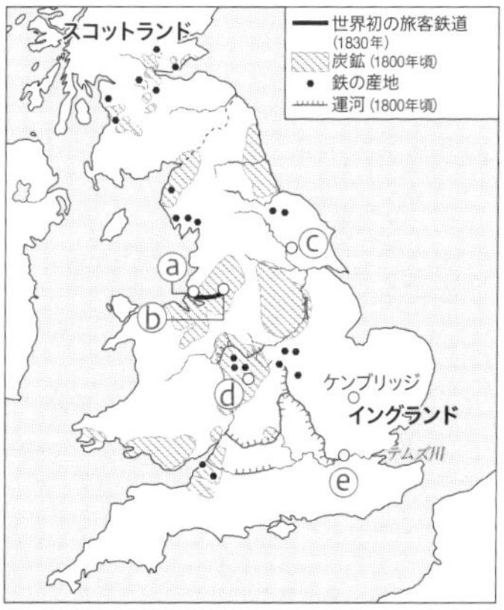

問ⓑア　**多軸（ジェニー）紡績機**を発明したのは誰か。

イ　**水力紡績機**を発明したのは誰か。

ウ　上記2つの紡績機の長所を取り入れ、**クロンプトン**が発明した紡績機を何というか。

問ⓒア　運河の建設や**蒸気船・蒸気機関車**の発明などにより、世界はより緊密に結びつくようになった。この交通・運輸の飛躍的な進歩を何というか。

イ　世界最初の外輪式蒸気船を発明したアメリカ人は誰か。

ウ　イギリスの技師・発明家で、蒸気機関車の実用化に成功したのは誰か。

問ⓓア　19世紀のイギリスでは、数度にわたって労働者保護のための法律が制定された。とくに1833年のものが有名であるが、この法律を何というか。

イ　社会的不平等の根源は私有財産にあるとして、生産手段の公有化によって平等を求めようとする思想・運動を何というか。

10

11

問ⓐア

イ

ウ

問ⓑア

イ

ウ

問ⓒア

イ

ウ

問ⓓア

イ

column 2

〈諸国の産業革命〉

国名	年代・特色
（　a　）	1830年代。イギリスについで発展
フランス	1830年代の（　b　）**革命**以後。発展ゆるやか
ドイツ	（　c　）の発足（1834）→1840年代から進行
アメリカ	米英戦争後、英から経済的自立。1830年代より開始→（　d　）**戦争**後に本格化
ロシア	（　e　）**資本**の導入で1890年代に進展
日　本	日清戦争前後から軽工業中心に発展

a（　　　　　）
b（　　　　　）
c（　　　　　）
d（　　　　　）
e（　　　　　）

3　Exercise　綿織物業・交通手段における技術革新

次の表中の空欄に、適当な語句を記入せよ。

発明・改良・実用者	発　明　品	種　別	発明年
ニューコメン	（　ア　）・排水用ポンプ	動　力	18世紀初め
［　イ　］	**コークス製鉄法**	製　鉄	1709年
［　ウ　］	**飛び杼**	織布機	1733年
［　エ　］	**多軸紡績機**（ジェニー紡績機）	紡績機	1764年頃
ワット	（ア）の改良	動　力	1769年
アークライト	（　オ　）**紡績機**	紡績機	1769年
［　カ　］	**ミュール紡績機**	紡績機	1779年
カートライト	（　キ　）	織布機	1785年
［　ク　］	綿繰り機	綿繊維の繰出	1793年
［　ケ　］	**蒸気船**	交通手段	1807年
［　コ　］	**蒸気機関車**	交通手段	1814年

ア

イ

ウ

エ

オ

カ

キ

ク

ケ

コ

第12章

2 アメリカ合衆国の独立と発展

■ イギリスの北アメリカ植民地

　北アメリカ東部の⒜**13植民地**は自主独立の気風が強く、植民地議会などの自治制度が設けられていた。北部では、自営農による農業のほか商工業も発達した一方、南部ではおもに**黒人奴隷**を使役してタバコや米の栽培をおこなう(¹　　　　)が盛んであった。このような北米の植民地に対して、イギリス本国は商工業の発展をおさえる**重商主義政策**をとった。とくに**1763年**に終結した(²　　　　)**戦争**の結果、イギリスは財政難におちいったため、それを緩和するために重商主義政策を強化した。

　1765年には(³　　　　)**法**が制定されたが、植民地側はこれに対して⒝同意のない課税はイギリス臣民の権利と自由に反するとして反対した。同法は廃止されたが、本国は新税法をつくり続け、1773年の(⁴　　　　)**法**に対して、植民地側は(⁵　　　　)**事件**をおこして強く反発した。この事件に対し、⒞イギリスはボストン港を封鎖するとともに、マサチューセッツ州の自治権を剝奪するなど抑圧的な対応をとった。

問⒜ア　イギリスからメイフラワー号に乗った**ピューリタン**の一団が、1620年に**プリマス**に上陸し、その後ニューイングランド植民地の開拓が進んだ。彼らのことを何というか。

　　イ　イギリス13植民地のなかで最も古く、タバコ栽培で発展した植民地を何というか。

問⒝　このことを表す、植民地側の有名なスローガンを答えよ。

問⒞　イギリスの強硬な態度に対抗して、植民地側が開催した会議を何というか。

② アメリカ合衆国の独立

　植民地側が1774年に(¹　　　　)で開催した大陸会議を経て、75年に(²　　　　)とコンコードにおいて本国と植民地は武力衝突し、**独立戦争**が開始された。植民地側は[³　　　　]を総司令官として戦ったが、国王派や中立派も多く一枚岩とはいえなかった。しかし[⁴　　　　]が『**コモン゠センス**』(『常識』)を著して独立の気運を高めたこともあり、植民地側は1776年に⒜独立宣言を発表して革命の正当性を内外に訴えた。独立軍は当初苦戦したが、サラトガでの戦勝後、[⁵　　　　]の外交活動もあって(⁶　　　　)・スペイン・オランダがあいついで植民地側で参戦し、⒝義勇兵も参加した。またロシアの女帝エカチェリーナ2世が中心となり、北欧諸国を主として(⁷　　　　)**同盟**を結成したため、しだいに植民地側が優勢となっていった。そしてイギリスは1781年の(⁸　　　　)の戦いに敗北後、**1783年**に(⁹　　　　)**条約**を結んで⒞アメリカ合衆国の独立を承認した。

　独立当初のアメリカ合衆国は13州のゆるやかな連合体に過ぎず、中央政府の権力は弱体であった。このため強力な中央政府を樹立する動きが高まり、1787年、(¹　　　　)で憲法制定会議が開催されて⒟**合衆国憲法**が制定された。ただしこの憲法は、先住民や黒人奴隷の権利を保障するものではなかった。

　初代大統領の[³　　　　]はヨーロッパへの政治的関与を避けつつ、国内の安定化につとめた。しかし、中央政府の権力を維持しようとする**連邦派**と州の自立性を尊重する**州権派**とのあいだに対立が生じ、その後のアメリカ政治上の争点となった。

---

1 _____
2 _____
3 _____
4 _____
5 _____
問⒜ア _____
　イ _____
問⒝ _____
_____
問⒞ _____

geographic ❶

〈ユトレヒト条約(1713)
後の北アメリカ〉

〈パリ条約(1763)後の
北アメリカ〉

A (　　　　　　)
B (　　　　　　)
C (　　　　　　)

1 _____
2 _____
3 _____
4 _____
5 _____
6 _____
7 _____
8 _____
9 _____

問ⓐア　この起草者の一人で、のちに第3代大統領に就任した人物は誰か。

　　イ　次の文はアメリカ独立宣言の抜粋であるが、下線部の権利の名称と、この考え方に影響を与えたイギリスの思想家を答えよ。

> すべての人は平等につくられ、神によって、一定のゆずることのできない権利を与えられていること。……(中略)……もしどんな形の政府であってもこれらの目的を破壊するものになった場合には、その政府を改革しあるいは廃止して人民の安全と幸福をもたらすにもっとも適当と思われる原理に基づき、そのような形で権力を形づくる新しい政府を設けることが人民の権利であること。

問ⓑ　義勇軍として参戦したポーランドの民族主義者とフランスの自由主義貴族は誰か、順に答えよ。

問ⓒ　このとき、イギリスからアメリカに割譲された地域はどこか。

問ⓓ　合衆国憲法の特色は人民主権、連邦主義と、もう1つは何か。

3　**Exercise** 北アメリカ植民地とイギリス本国の対立 ——————————

次の表中の空欄に、適当な語句を記入せよ。

13　植　民　地　の　発　展
1607　（　ア　）植民地（最初のイギリス植民地）
1620　ピルグリム＝ファーザーズ、（　イ　）に上陸 　　　└ ピューリタンの入植 → 北東部にニューイングランド植民地
1713　（　ウ　）条約 ← アン女王戦争（スペイン継承戦争の一環）
1732　ジョージア植民地建設 ― 13植民地の成立
1754　（　エ　）戦争（～1763年）（七年戦争の一環） 　　　└（　オ　）条約（1763）― イギリスはカナダおよび（　カ　）獲得
└財政難により、イギリスは植民地への**重商主義政策**強化

イギリスの重商主義政策	植　民　地　の　反　発
1765　（　キ　）法 ——→	1765　反対運動→翌年、(キ)法撤廃 　　　　「（　ク　）**なくして課税なし**」
1773　（　ケ　）法 ——→	1773　（　コ　）**事件**
1774　ボストン港封鎖 ——→	1774　（　サ　）**会議**開催（於フィラデルフィア） 1775　パトリック＝ヘンリの演説 　　　　「**我に自由を、しからずんば死を**」

独　立　戦　争（1775～83）
1775　（　シ　）の戦い → 独立戦争開始
1776　**トマス＝ペイン**、『　ス　』刊行
独立宣言 ― ［　セ　］らの起草
1778　（　ソ　）の参戦（植民地側）← 外交官［　タ　］の活躍
1779　スペインの参戦（植民地側）
1780　オランダの参戦（植民地側） 　　　（　チ　）**同盟**結成 ― ロシアの女帝［　ツ　］の提唱
1781　（　テ　）の戦い —— 植民地軍の決定的勝利
1783　（　ト　）条約 ——┌**アメリカ合衆国の独立**承認 　　　　　　　　　　└（カ）をアメリカに割譲

問ⓐア

イ

問ⓑ

問ⓒ

問ⓓ

geographic ❷

〈パリ条約（1783）後の
北アメリカ〉

A　独立時の（　　　　）州
B　イギリスから割譲された（　　　　）

ア

イ

ウ

エ

オ

カ

キ

ク

ケ

コ

サ

シ

ス

セ

ソ

タ

チ

ツ

テ

ト

第12章

3 フランス革命とナポレオンの支配

1 フランス革命の始まり

　フランスでは、あいつぐ戦争や宮廷の浪費で国家財政が赤字となり、国王[¹　　　]の時にはアメリカ独立戦争への支援をしたことも加わり、財政は危機に瀕していた。当時のフランスは、人口の９割を占める**第三身分の平民**のみに重税が課せられており、**第一身分**の(²　　　)や**第二身分の貴族**らは、広大な土地を所有しながら**免税の特権**をもっていた。ⓐ<u>このような社会体制</u>のもとでⓑ<u>啓蒙思想</u>が広まると、平民たちの不満は高まっていった。

　[¹　　　]は財政赤字を解消するため、経済学者の[³　　　]や銀行家の[⁴　　　]らを財務総監に起用して財政改革をめざした。1789年、王は財政再建について協議するためルイ13世時代以来停止されていた(⁵　　　)を招集したが、議決の方法をめぐって**特権身分**と**第三身分**が対立した。そこで特権身分の一部と第三身分の議員たちは(⁵　　　)から離脱し、ⓒ<u>新たに**国民議会**を組織した。</u>ところが国王が武力による議会の解散をねらって軍隊を結集したため、**1789年**７月14日にパリの市民は(⁶　　　)を攻撃した。これを機に各地で農民も蜂起し、フランス革命が勃発した。そこで議会は、(⁷　　　)の**廃止**を決議し、農奴制・十分の一税・領主裁判権などの無償廃止をおこなって蜂起を沈静化させた。ただし封建地代の廃止は有償であったため、農民の不満が残った。さらに議会は(⁸　　　)を採択して、すべての人間の自由・平等や私有財産の不可侵などを公示した。同年10月には、凶作や革命の混乱から小麦価格が高騰したため、困窮したパリの民衆は女性を先頭にして(⁹　　　)をおこない、国王一家をパリに移転させた。その後ⓓ<u>議会は種々の改革を実施し</u>、1791年９月にはフランス初の憲法を発布してⓔ<u>新しい議会が招集された。</u>この議会では**立憲君主政**を主張するフイヤン派を抑えて、商工業ブルジョワジーを中心とするⓕ<u>**共和派**が勢力をのばした。</u>

問ⓐ　革命前までの政治・社会体制を何というか。

問ⓑ　『第三身分とは何か』を著し、世論に影響を与えた聖職者は誰か。

問ⓒア　このとき議員たちは憲法制定まで議会を解散しないと誓い合ったが、このことを何というか。

　　イ　議会の中心的人物であった、**立憲君主派**の自由主義貴族を２人あげよ。

問ⓓ　このうち、全国の行政区画の改革、教会財産の没収、度量衡の統一(メートル法)以外の改革を１つあげよ。

問ⓔ　この議会を何というか。

問ⓕア　このうち、穏健共和派を何というか。

　　イ　共和派が台頭するきっかけになった、1791年に国王一家が国外逃亡を企て、国民の信頼を失った事件を何というか。

2 フランス革命の展開

　1792年、立法議会は王にせまってオーストリアに宣戦させたが、フランス軍は指揮の乱れもあってオーストリア・プロイセン連合軍に敗れた。この危機に際してパリの民衆と全国から集結した義勇軍がテュイルリー宮殿を襲撃し、議会は王を幽閉して王権停止を宣言した(**8月10日事件**)。同年９月、新たに招集された(¹　　　)は王政の廃止と共和政(第一共和政)の樹立を宣言し、翌年、ⓐ<u>国王ル</u>

1
2
3
4
5
6
7
8
9

visual ❶

〈(　　　　　)
（旧体制）〉

ⓐ(　　　　　)（第一身分）
ⓑ(　　　　　)（第二身分）
ⓒ(　　　　　)（第三身分）

問ⓐ
問ⓑ
問ⓒア
イ

問ⓓ
問ⓔ
問ⓕア
イ

イ16世は処刑された。(¹　　　)では急進共和派である(²　　　　　)派が力をのばし、執行機関として(³　　　　　)を設置した。(²　　　)派は諸外国との戦いや農民反乱など内外の危機を乗りきるため、ⓑ都市の民衆や農民の支持を確保する政策を採用し、**男性普通選挙制**を定めた憲法を制定した(施行されず)。また物価統制のための最高価格令、国民の兵役を義務化した(⁴　　　　　)**制**の実施や**革命暦**の制定、理性崇拝の宗教の創始など数々の急進的な政策をおこなう一方、反対派を処刑するなどⓒ強力な独裁体制をしいた。しかし外部勢力を撃退して対外的な危機が去ると、その独裁的支配に対する不満が高まり、(⁵　　　　　)の**反動**で(²　　　)派は倒された。その後、(⁶　　　　　)**政府**が成立したが、ⓓ政府転覆を計画した事件がおこるなど政情は安定しなかった。

問ⓐ　このときにイギリス首相ピットは、どのような行動をとったか説明せよ。

問ⓑ　自作農の創設と農民の保守化をもたらした改革は何か。

問ⓒア　この(²　　　)派の独裁政治のことを何というか。

　　　イ　独裁をおこなった中心人物は誰か。

問ⓓ　私有財産の廃止を主張して、政府転覆を企てた人物は誰か。

3　**ナポレオンのヨーロッパ支配** ━━━━━━━━━━━━

　イタリア遠征の司令官となった**ナポレオン**は、オーストリア軍を破り、第1回対仏大同盟を解体させた。また1798年には、イギリスと**インド**の連絡路を遮断するため(¹　　　　　)に遠征をおこなった。こうして名声をあげたナポレオンは、イギリスにより第2回対仏大同盟が結成されると急遽フランスに帰国し、(²　　　　　)**のクーデタ**を実行して総裁政府を倒し、(³　　　　)**体制**を樹立した。ナポレオンは第一(³　　　)として独裁権を握り、1801年にはローマ教皇庁と政教協約を結んで、革命以来対立関係にあった教皇庁との関係を修復した。また、対外的にはⓐ**イギリスと講和**して第2回対仏大同盟を解消させた。そして1804年には、私有財産の不可侵や法のもとの平等、契約の自由など革命の成果を定着させるⓑ民法典を制定した。内外で成果をおさめたナポレオンは、1802年に終身の(³　　　)となり、**1804年**には国民投票で**皇帝**に即位した。こうして**第一帝政**を開始した**ナポレオン1世**が、つぎにめざしたのはヨーロッパ支配であった。1805年、ナポレオンは第3回対仏大同盟を結成していたイギリスの征服を企図した。しかし(⁴　　　　　)の**海戦**で[⁵　　　　　]**提督**率いるイギリス海軍に大敗したため、軍を大陸に転じた。1805年に(⁶　　　　　)の**戦い**(三帝会戦)でオーストリアとロシアの連合軍を撃破して第3回対仏大同盟を崩壊させると、**1806年**にⓒ西南ドイツ諸国を統合して(⁷　　　　　)を結成した。翌07年にはプロイセン・ロシアと(⁸　　　　　)**条約**を結んで、プロイセン領ポーランドに(⁹　　　　　)**大公国**を建国するなど大陸支配を強めた。この間、ナポレオンは1806年にベルリンで(¹⁰　　　　　)を発し、大陸諸国とイギリスの通商を禁じ、イギリスへの経済的打撃とフランス産業による大陸市場独占を企図した。また兄弟をスペイン王やオランダ王などの地位につけ、自身もオーストリアのハプスブルク家の皇女と結婚して家門を高めるなど、勢力は絶頂に達した。

　ナポレオンによる大陸支配は、圧政への抵抗や他国の支配からの独立などの**民族意識**を芽生えさせた。そのため、ナポレオンの支配は各地で反ナポレオン運動を生み出すことにもつながった。まずⓓ**スペインで反乱**がおこり、またプロイセ

2

3

4

5

6

問ⓐ

問ⓑ

問ⓒア

　イ

問ⓓ

1

2

3

4

5

6

7

8

9

10

visual ❷

〈「ナポレオンの戴冠式」〉

ナポレオンが皇后にみずから冠を授けようとしている。

[　　　　　　　]作。

challenge ❶

ナポレオンが発した大陸封鎖令の内容とその目的について、60字程度で述べよ。

通商　イギリス

フランス産業

ンでは[11   ]・[12   ]らが農民解放などの改革をおこなう一方、哲学者の[13   ]が「**ドイツ国民に告ぐ**」という講演でドイツの国民意識を高揚させた。そのようななかで、経済的にきびしい立場にあった(14   )が(10   )を破ってイギリスとの貿易を再開すると、ナポレオンは大軍を率いて(14   )遠征をおこなったが、(14   )軍による焦土戦術や冬の到来などで失敗した。これを機に諸国は解放戦争に立ち上がり、1813年の**ライプツィヒの戦い**でフランス軍に大勝し、翌年退位したナポレオンは(15   )島に移された。この結果、フランスでは(e)ル<u>イ16世の弟が即位した(王政復古)</u>が、戦後処理のため開かれていたウィーン会議が難航すると、ナポレオンは(15   )島を脱出してパリで皇帝に復位した。しかし、**1815年**の(16   )の**戦い**でイギリス軍などに敗北を喫し、(f)<u>南大西洋の孤島</u>に流された(「**百日天下**」)。

問ⓐ　この講和を何というか。

問ⓑ　この民法典を何というか。

問ⓒ　この結果、**962年**に**オットー1世**の**戴冠**_{たいかん}で成立した帝国が名実ともに消滅したが、その帝国は何か。

問ⓓ　右の絵画(「**1808年5月3日**」)を描き、侵略に抵抗した市民に対するナポレオン軍の残虐行為を作品のなかで訴えた画家は誰か。

問ⓔア　この人物の名前を答えよ。

　　イ　これによって復活した王朝は何か。

問ⓕ　この島を何というか。

4　Exercise　フランス革命

次の表中の空欄に、適当な語句を記入せよ。

政体	年月	革命の推移
ブルボン朝	1789.5	**全国三部会 招集**　←　[ア]・ネッケルの財政改革
		特権身分と第三身分の対立
	6	A　←　(イ)の誓い
	7	(ウ)**牢獄**攻撃 ― 革命の開始
	8	封建的特権の廃止・(エ)宣言
	1791.10	B　←　1791年憲法制定
	1792.3	(オ)派内閣、オーストリアに宣戦布告(1792.4)
	8	(カ)**事件**……王権の停止
	1792.9	C　←　男性普通選挙の実施
第一共和政	9	**山岳(ジャコバン)派**の台頭 ― **第一共和政樹立**
	1793.1	国王[キ]処刑・公安委員会による急進的施策
	6	**恐怖政治**開始 ― [ク]ら中心
	1795.10	D　政府　←　(ケ)の反動
	1798.5	**ナポレオンのエジプト遠征**
	1799.11	E　体制(政府)　←　(コ)のクーデタ
	1804.3	**民法典(ナポレオン法典)**の制定

（左欄・解答欄）

11 _____

12 _____

13 _____

14 _____

15 _____

16 _____

問ⓐ _____

問ⓑ _____

問ⓒ _____

問ⓓ _____

問ⓔア _____

イ _____

問ⓕ _____

geographic ❶

〈ナポレオン全盛時代の
ヨーロッパ〉

ⓐ(　　　　)島
ⓑ(　　　　)同盟
ⓒ(　　　　)大公国

A _____

B _____

C _____

D _____

E _____

ア _____

イ _____

ウ _____

エ _____

オ _____

カ _____

キ _____

ク _____

ケ _____

コ _____

4 中南米諸国の独立

1 環大西洋革命とハイチ革命／スペイン・ポルトガル植民地での独立運動 ──

　中南米はヨーロッパ諸国の植民地にされていたが、フランス革命とナポレオン戦争によって本国が動揺すると、19世紀初頭に独立運動がおこった。これらの運動はアメリカ独立革命やフランス革命からも大きな影響を受けており、大西洋をまたぐ一連の革命の連鎖を「[1　　　　]」と呼ぶ。中南米の本格的な独立運動は、カリブ海のフランス植民地サン゠ドマングから始まった。フランス革命に乗じて住民の大多数を占める黒人奴隷が蜂起し、その後「黒いジャコバン」と呼ばれた[2　　　　]を指導者としてナポレオン軍に抵抗した。そして1804年には、ⓐ同地ははじめて植民地支配を脱した黒人国家として独立した。ⓑスペイン領植民地でも独立の動きがおこり、[3　　　　]の指導のもとに**大コロンビア**や**ボリビア**が、[4　　　　]の指導のもとに**アルゼンチン**や**チリ・ペルー**が独立し、1821年には**メキシコ**も独立した。こうして1820年代半ばまでにスペイン領植民地の大半が独立を達成した。また(5　　　　)領であったⓒ**ブラジル**では、現地の白人に擁立された(5　　　　)の王太子が1822年に本国から独立を宣言して、ブラジル帝国を形成した。

　中南米諸国の独立運動は、国際情勢が有利に展開したことも成功の一因であった。オーストリアの[6　　　　]は、ヨーロッパのナショナリズムが高揚することを恐れて干渉したが、ⓓ中南米を**市場**として確保しようとしたイギリスは運動を支持した。さらに、ヨーロッパ諸国のアメリカ大陸への進出に警戒心をもったアメリカ合衆国の[7　　　　]大統領は、1823年に[7　　　]宣言を発して、南北アメリカ大陸とヨーロッパの**相互不干渉**を提唱し、ヨーロッパ側の動きを牽制した。

問ⓐ　この黒人国家(のち共和国)を何というか。

問ⓑ　この独立運動の主体となった、植民地生まれの白人を何と呼ぶか。

問ⓒ　この場所を、右の地図中のア〜オより選べ。

問ⓓ　中南米諸国の独立運動を支持する外交方針を表明した、イギリス外相は誰か。

1　　　　　　　　　
2　　　　　　　　　
3　　　　　　　　　
4　　　　　　　　　
5　　　　　　　　　
6　　　　　　　　　
7　　　　　　　　　

geographic **①**
〈環大西洋革命〉

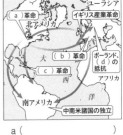

中南米諸国の独立

a (　　　　　　　)
b (　　　　　　　)
c (　　　　　　　)
d (　　　　　　　)

問ⓐ　　　　　　　
問ⓑ　　　　　　　
問ⓒ　　　　　　　
問ⓓ　　　　　　　

2 **Exercise** 中南米諸国の独立 ──

　次の表中の空欄に、適当な語句を記入せよ。

> オーストリアの宰相[　ア　]の干渉(**ウィーン体制**の維持のため)

指導者	独　立　国　(年　代)
[　イ　]	(　ウ　)(1804)……植民地支配を脱した初の黒人国家
[　エ　]	大コロンビア(1819、のち3国に分裂)、ボリビア(1825)
[　オ　]	アルゼンチン(1816)、チリ(1818)、ペルー(1821)
イダルゴ	(　カ　)(1821)

⇧ 援助

> 1822　**イギリス**の[　キ　]外相 ── 中南米**市場**の開拓のため
> 1823　**アメリカ**の[　ク　]宣言 ── 米・欧大陸の**相互不干渉**

ア　　　　　　　　
イ　　　　　　　　
ウ　　　　　　　　
エ　　　　　　　　
オ　　　　　　　　
カ　　　　　　　　
キ　　　　　　　　
ク

第13章　イギリスの優位と欧米国民国家の形成

1　ウィーン体制とヨーロッパの政治・社会の変動

1　ウィーン会議 ───────────

　フランス革命・ナポレオン戦争で混乱したヨーロッパの体制を立て直すために、**1814年**から15年にかけてウィーン会議が開催された。議長をつとめたのは、オーストリアの外相(のち宰相)の[¹　　　　　]であった。「会議は踊る、されど進まず」といわれたこの会議は、はじめ難航し、遅々として進まなかった。しかし、ナポレオンが1815年2月に(²　　　　)島を脱出したことが明らかになると、これを契機として6月に**ウィーン議定書**が調印された。議定書の基本原則は、ⓐ<u>フランス革命以前の王朝を正統とみなし、その復活をはかる</u>(³　　　　)**主義**と、大国間の**勢力均衡**をはかることであった。

　会議の結果、フランスやスペインでは(⁴　　　　)**朝**が復活した。(⁵　　　)は永世中立国として承認され、ドイツでは**1806年**に解消した(⁶　　　　)**帝国**は復活せず、ⓑ<u>35の君主国と4自由市で構成される国家連合が成立した</u>。ロシア皇帝は、ワルシャワ大公国の大部分を併合して(⁷　　　　)**王国**を成立させ、その王位を兼ねるとともにフィンランドやベッサラビアの領有も認めさせた。イギリスは、旧オランダ領の(⁸　　　　)や(⁹　　　　)**植民地**の領有を認められ、世界帝国への基礎を固めた。また議長国のオーストリアは、南ネーデルラント(のちベルギー)をオランダに譲るかわりにⓒ<u>北イタリアに領土を広げ</u>、プロイセンも領土を東西に拡張した。

　ウィーン会議によって成立した、ヨーロッパの国際的反動体制を**ウィーン体制**という。この根幹をなしたのは、ⓓ<u>ロシア皇帝</u>が提唱し、イギリス、オスマン帝国、ローマ教皇以外のヨーロッパの主要君主が参加した(¹⁰　　　　)**同盟**と、ⓔ<u>四国同盟</u>であった。これらの同盟は、ウィーン体制を強化するうえで大きな役割を果たすとともに、**列強体制**の確立によりヨーロッパでは比較的平和で安定した国際環境が維持されることになった。

問ⓐ　これを主張したフランスの外相は誰か。
問ⓑ　この国家連合を何というか。
問ⓒ　このとき、オーストリア領となった地域を2つ答えよ。
問ⓓ　このロシア皇帝は誰か。
問ⓔ ア　この同盟の4カ国をすべて答えよ。
　　 イ　この同盟は1818年に**五国同盟**となるが、新たに加盟した国はどこか。

2　立憲改革の進展とウィーン体制の動揺 ───────────

　ウィーン会議は、ヨーロッパに保守主義という新しい国際秩序をもたらした。しかし、フランス革命で高揚した**自由主義**は既存の体制を批判し、さらにナポレオン戦争で高揚した**ナショナリズム(国民主義)**により、ヨーロッパ諸国は国家統一へと向かうこととなった。ドイツでは、ⓐ<u>イエナ大学で結成された学生団体</u>が、自由と統一を求めて1817年に全国的な学生運動を展開した。またイタリアでは、

1 _____
2 _____
3 _____
4 _____
5 _____
6 _____
7 _____
8 _____
9 _____
10 _____

問ⓐ _____
問ⓑ _____
問ⓒ _____
　 _____
問ⓓ _____
問ⓔア _____
　 _____
　 _____
イ _____

challenge ❶
1814年に開催された、ウィーン会議の基本原則である正統主義について、40字程度で説明せよ。

秘密結社(¹　　　　)が反乱をおこして自由主義的改革運動を推進した。さらにスペインでは、1820年の立憲革命によって一時自由主義政権が樹立され、ロシアでも1825年、青年貴族将校たちによる(²　　　　)の乱がおこった。これらの動きは、ウィーン体制下においていずれも鎮圧されたが、ⓑヨーロッパ各地の自由主義とナショナリズムの運動を刺激することとなった。一方、イギリスは国内での自由主義的改革が進むなかで、外相カニングが中南米諸国の独立を支持するなど、ウィーン体制と距離をとりはじめていた。

　ウィーン会議後のフランスでは、国王[³　　　　]のもとにブルボン朝が復活していた。この復古王政は制限選挙制による立憲君主政ではあったが、1824年に即位した国王[⁴　　　　]は貴族・聖職者を保護する一方、亡命貴族に多額の補償金を与えて国民軍を解散するなど反動的な政治を推し進めた。1830年には、国民の不満を外にそらすために(⁵　　　　)へ遠征をおこなってこれを占領し、さらに自由主義勢力をおさえこむため、議会を解散して言論統制を強化した。これに対してⓒ1830年7月、パリの民衆は共和主義者に支援されて蜂起し、3日間の市街戦の勝利により国王を亡命させた。この結果、自由主義者であるオルレアン家の[⁶　　　　]が新しい国王として即位し、七月王政が成立した。この革命の影響は、ヨーロッパ各地に波及した。(⁷　　　　)はオランダの支配から独立して、立憲王国となった。またⓓポーランドの独立運動や、イタリアの蜂起などは鎮圧されたが、ナショナリズムや政治改革がヨーロッパ共通の課題となった。ドイツでは、プロイセン主導のもとに国家統一が展開した。1830年代にはじめて鉄道が開通するなど、工業化社会の発展の基礎的条件が整うなかで、1834年にはプロイセンが主導し、オーストリアを除く大部分の領邦が参加するⓔ経済同盟が成立した。

問ⓐ　この学生団体を何というか。
問ⓑ　1821年に始まった独立運動の結果、1829年のアドリアノープル条約でオスマン帝国から独立を達成した国はどこか。
問ⓒ　この革命を何というか。
問ⓓ　ポーランドは、どこの国の支配に対して蜂起したか。
問ⓔ　この経済同盟を何というか。

③　イギリスの自由主義的改革／社会主義思想の成立 ———————

　産業革命を経験したイギリスでは、大きな社会的変化がおこっていた。1820年代になると産業資本家が台頭し、強力な経済力を背景に内政・外交両面での自由主義的改革が進められた。内政面では、1828年の(¹　　　　)廃止、1829年のⓐカトリック教徒解放法の制定により、非国教徒も公職につくことができるようになるなど信仰の自由化が実現された。また1833年には、人道主義者らの運動によってイギリス帝国内での奴隷制も全面的に廃止された。選挙制度の面では、都市人口の急増や社会構造の変化に対応するため、1832年にはホイッグ党グレイ内閣によって(²　　　　)がおこなわれた。これによりⓑ選挙区が再編成されて1票の格差が縮小し、選挙権は新興のブルジョワにまで拡大した。しかし、選挙権を与えられなかった都市労働者は、男性普通選挙制や議員の財産資格撤廃など6カ条からなる(³　　　　)を掲げて、ⓒ労働者による組織的政治運動を展開した。対外的には、(⁴　　　　)貿易の実現が求められた。(⁵　　　　)は1813年にインド貿易独占権を廃止され、また1833年には中国貿易の独占権廃止も決定され、商業活動を

1.
2.
3.
4.
5.
6.
7.

visual ❶
〈「民衆を導く自由の女神」〉

(a　　　　)革命を題材とした、ロマン主義の画家[b　　　　]の代表作。

問ⓐ
問ⓑ
問ⓒ
問ⓓ
問ⓔ

第13章

1.
2.
3.
4.
5.

challenge ❷
19世紀前半におけるイギリスの経済的自由主義の実現について、50字程度で説明せよ。
東インド会社　航海法

6 ....

7 ....

8 ....

9 ....

10 ....

11 ....

12 ....

13 ....

停止した。さらに、関税による輸入制限を定めた(6　　　　　)の撤廃を求める反(6　　)同盟が**コブデン・ブライト**らの主導で結成され、地主層の反対をおしきって**1846年**に**廃止**が実現した。**1849年**には(7　　　　　)も**廃止**されて、イギリスの(4　　)貿易体制が確立された。

　資本主義はヨーロッパ諸国に経済発展をもたらした一方、資本家による労働者の酷使や経済格差などの深刻な社会問題も引きおこした。このような問題の解決をめざして、**社会主義思想**が様々なかたちで生まれた。労働組合運動を指導したイギリスの経営者[8　　　　　]は、単なる利潤追求を否定して工場労働者の福祉の向上につとめ、労働者が工場経営や生活必需品の購入を共同でおこなう協同組合を組織した。また、ⓓ児童労働の禁止など工場労働者保護のための法律の制定に影響を与えた。フランスでは、[9　　　　　]や**フーリエ**らが共同体的な理想社会を構想し、[10　　　　　]は国家の管理のもとで各人が能力に応じて働き、利益は平等に分配される経済体制を主張した。国家・政府などいっさいの権力を否定する無政府主義(アナーキズム)の先駆となった[11　　　　　]は、自立した小生産者の連合による社会変革をとなえた。さらにドイツのⓔ**マルクス**は、資本主義社会の分析を通じて社会主義への移行の必然性を説き、友人の[12　　　　　]とともに**1848年**に『13　　　　　』を発表した。彼らは、自分たちの理論を「科学的社会主義」(マルクス主義)と称し、彼ら以前の社会主義思想を「空想的社会主義」と呼んで批判した。

問ⓐ ....

問ⓑ ....

問ⓒ ....

問ⓓ ....

問ⓔ ....

問ⓐ　カトリックへの法的制約の撤廃に貢献した、アイルランド独立運動の指導者は誰か。

問ⓑ　このとき廃止された、有権者の激減した選挙区を何というか。

問ⓒ　この運動を何というか。

問ⓓ　この法律を何というか。

問ⓔ　史的唯物論の立場から、資本主義経済を理論的に解明したマルクスの主著は何か。

４　1848年革命

　「フランス国民の王」と称された[1　　　　　]の支配する**七月王政**は、あらゆる面で過渡的で妥協的な政権であり、政情は不安定であった。七月王政では銀行家が権力を握り、極端な**制限選挙**が実施されていたため、これに反発した中小市民層や一般民衆のあいだに**選挙権拡大運動**が広がり、各地で改革宴会という政治集会が開かれた。一方、ⓐ1840年代にヨーロッパ全域は寒冷化に襲われ、農作物の収穫量が激減していた。このような農業の不作に起因する経済規模の縮小という不況が、周期的に発生して失業者が増大すると、政府に対する民衆の不満はさらに高まった。こうして**1848年**２月、パリの民衆が蜂起して市街戦となり二月革命が勃発した。革命の結果、ⓑ国王は退位して共和派による臨時政府が樹立された。この臨時政府には、[2　　　　　]らの社会主義者も参加し、失業者救済のための国立作業場を設置するなど改革につとめた。しかし、四月選挙において穏健共和派が大勝して社会主義勢力は惨敗し、国立作業場も閉鎖された。これに失望したパリの労働者は、**六月蜂起**をおこしたが鎮圧され、新憲法のもとで実施された12月の大統領選挙では、**ナポレオン１世**の甥にあたる[3　　　　　]が当選した。彼は1851年のクーデタで独裁権を握り、翌**1852年**の国民投票を経て皇帝に就任し、ⓒ**ナポレオン３世**と称して帝政を始めた。

visual❷

〈[a　　　　　]〉

ドイツ生まれの社会主義者。代表作『b　　　　　』で資本主義経済の構造を分析。

1 ....

2 ....

3 ....

二月革命の影響は、まもなくヨーロッパ各地に波及した。その結果、ヨーロッパ諸国において自由主義的改革運動と独立・自治を求めるナショナリズムが高揚し、ウィーン体制を崩壊させることとなった。このような状況は「[4　　　]」と呼ばれ、**1848年革命**とも総称される。オーストリアの首都**ウィーン**では、学生・市民・労働者による暴動がおこり、市庁が占領されるという([5　　　])**革命**が勃発した。これによりウィーン体制の支柱であった宰相[6　　　]は、失脚してイギリスに亡命した。帝国内の諸民族による民族主義運動も活発化し、イタリア半島北部では独立をめざす反乱が生じた。さらに、ⓓ**ハンガリー**では([7　　　])人が独立政府を樹立し、ベーメンでは([8　　　])人の自治が認められた。しかし、これらの民族運動は「ヨーロッパの憲兵」と呼ばれたロシア軍の支援などもあり、皇帝側によって鎮圧され、オーストリアは反動的な新絶対主義体制を確立した。また、プロイセンの首都ベルリンにおいても([5　])**革命**がおこり、王は憲法制定を約束して自由主義内閣が成立した。ⓔ1848年5月には全ドイツの代表が集まった議会が開かれ、ドイツの統一と憲法制定が討議された。この議会において、オーストリアを含むドイツ統一の実現をめざす([9　　　])**主義**と、オーストリアを除いてプロイセンを中心に統一を進める([10　　　])**主義**とが対立した。結局、([10　])主義が優勢を占めるに至り、これにもとづいて議会はプロイセン王に皇帝就任を要請した。しかし、王はこれを拒否し、1850年には一方的に欽定憲法を発布した。こうしてドイツの自由主義的統一は失敗することになった。

問ⓐ　1840年代後半のアイルランドにおいて、主要作物の凶作による飢饉が発生するが、この主要作物とは何か。
問ⓑ　これにより成立した政治体制を何というか。
問ⓒ　これにより成立した政治体制を何というか。
問ⓓ　ハンガリー民族運動の指導者は誰か。
問ⓔ　この議会を何というか。

[5] Exercise 七月革命と二月革命

次の表中の空欄に、適当な語句を記入せよ。

七 月 革 命(1830)		二 月 革 命(1848)
ブルボン朝の[ア]による反動政治	原因	オルレアン朝の王[イ]による金融資本家・大資本家保護政策
ラ＝ファイエット(フランス革命で活躍)	関係人物	[カ](社会主義者、国立作業場の設置)
七月勅令による国王の圧政 ↓ **七月革命** → 国王のイギリス亡命 ↓ 新国王[イ]の即位	経過	ギゾー内閣による選挙権拡大運動弾圧 ↓ **二月革命** → 国王のイギリス亡命 ↓ 共和主義者と社会主義者の臨時政府
(ウ)(立憲君主政)	新政体	第二共和政、[キ]が大統領に就任
ウィーン体制の破綻 フランスの産業革命進展	結果	ウィーン体制の崩壊
・(エ)の独立(オランダより) ・ポーランド、ドイツ、イタリアの反乱 ・イギリスの第1回(オ)(1832)	影響	・(ク)**革命**(1848)、[ケ]は失脚 ・(コ)**民族運動**(指導者コシュート) ・イタリア、ベーメンの民族運動

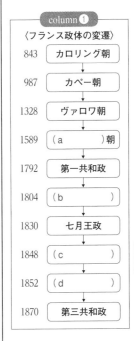

column ❶
〈フランス政体の変遷〉

843	カロリング朝
987	カペー朝
1328	ヴァロワ朝
1589	(a)朝
1792	第一共和政
1804	(b)
1830	七月王政
1848	(c)
1852	(d)
1870	第三共和政

4
5
6
7
8
9
10
問ⓐ
問ⓑ
問ⓒ
問ⓓ
問ⓔ

ア
イ
ウ
エ
オ
カ
キ
ク
ケ
コ

2 列強体制の動揺とヨーロッパの再編成

[1] クリミア戦争／列強の新体制――ロシアの対応

1
2
3
4
5
6

ヨーロッパ諸国において、自由主義とナショナリズムの運動が芽生えていた頃、ロシアでは依然として**専制体制**と**農奴制**が強固であり、反動勢力の支柱となっていた。これに対して、自由主義的思想の影響を受けた青年貴族将校たちが1825年に([1]　　　)**の乱**をおこし、専制政治や農奴制の廃止を要求した。ロシア皇帝**ニコライ１世**は、ただちにこの反乱を鎮圧して反動政治を強化したが、社会・経済の停滞のなかで、ロシア国民の不満は蓄積されていった。

南下政策を進めるロシアは、**1853年**に([2]　　　)**保護**を口実にしてⓐオスマン帝国と開戦した。イギリスはフランスとともにオスマン帝国側に立って参戦し、ロシアと対立した。ロシア軍は、セヴァストーポリ要塞の攻防をめぐって英仏軍と激突するも敗れ、1856年には([3]　　　)**条約**で黒海の中立化が再確認され、ロシアは南下政策を一時中断した。この戦争により、列強が協調してヨーロッパの国際秩序を維持するという列強体制が弱まり、1850～70年代は比較的自由な国際環境のもとで、大きな変革や戦争が多発した。

一方、敗戦によって後進性が明らかとなったロシアでは、皇帝[[4]　　　]が大改革に着手した。ⓑ**1861年**には勅令を発布し、農奴に人格的自由を認めた。この改革はロシア資本主義発展の出発点となったが、**土地の分与は有償**であり、さらに農民はⓒ農村共同体による束縛を受け続けることになるなど、不徹底な側面が多かった。その後、皇帝は地方自治や教育制度などの近代化改革を実施したが、1863年におこった([5]　　　)の蜂起を機に、再び専制政治を強化した。これに対し、1870年代には改革を追及する([6]　　　)と呼ばれる都市のⓓ知識人層が改革運動をおこした。ⓔこの運動は農民を啓蒙して平等社会を実現しようとしたものであったが、彼らは農民の心を捉えきれず、運動が失敗に終わると一部の人々が皇帝暗殺などのテロリズムに走り、要人の暗殺が続発した。

visual 1

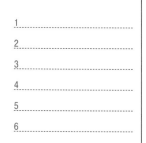

〈[a　　　　]〉

イギリス出身。(b　　　)**戦争**中、女性看護団を率いて兵士を救済。近代看護法を確立し、のちの**赤十字**運動にも影響を与えたとされる。

問ⓐ　この戦争を何というか。
問ⓑ　この勅令を何というか。
問ⓒ　ロシアの農村共同体を何というか。
問ⓓ　こうしたロシアの知識人層を何というか。
問ⓔ　この運動のスローガンを答えよ。

問ⓐ
問ⓑ
問ⓒ
問ⓓ
問ⓔ

[2] 列強の新体制――イギリス・フランスの対応

1
2
3
4

19世紀は、イギリスを中心としたグローバル化が進展した時代であった。世界で多くの物資が流通し、多くの人々が移動した。それは、とりわけ蒸気船や鉄道、電信によって成し遂げられた。ⓐ蒸気船や鉄道の発達は、輸送コストの低下など交通環境の飛躍的発展をうながし、またイギリスが敷設した電信によって情報の伝達が短縮され、世界は一体化していった。イギリスの首都([1]　　　)は世界最大の都市となり、商業および金融を通じて世界経済に大きな影響力をもった。

19世紀後半のイギリスは、[[2]　　　]**女王**の治世下に繁栄の絶頂を迎えた。この時代は、**1851年**に世界初の([3]　　　)が開催されたように、ⓑイギリスが国際経済の覇者として世界に君臨した黄金時代であった。この女王の治世下に自由主義はさらに発展し、([4]　　　)**党**を起源とする保守党と**ホイッグ党**を起源とする

(⁵　　　　　)党の両党は、それぞれ[⁶　　　　]や[⁷　　　　]といった大政治家に指導され、交互に政権を担当する議会政治を展開した。**1867年**には保守党内閣のもとで**第2回選挙法改正**がおこなわれ、(⁸　　　　)の多くが選挙権を獲得した。また、1870年の**教育法**で初等教育の公的整備が始まり、1871年の**労働組合法**では労働組合の法的地位が認められた。さらに⊙<u>**1884年**には**第3回選挙法改正**がおこなわれ</u>、大幅に有権者が増加するなど民主主義はいっそう進展した。他方、**アイルランド問題**はイギリスにとって難解な政治的課題となった。アイルランドは1801年にイギリスに併合されたのち、[⁹　　　　]らの運動で宗教的差別は緩和されたが、経済的支配は強化された。1840年代半ばの(¹⁰　　　　)**飢饉**以降、イギリスからの独立運動が高まり、1886年には[⁷　　]によって**アイルランド自治法案**が提出されたが議会を通過せず、アイルランド問題は20世紀にもちこされることになった。

　19世紀半ばのフランスでは、皇帝[¹¹　　　　]のもとで**第二帝政**が成立した。この時代はフランス産業革命の完成期でもあり、かつてない高度経済成長を記録した。皇帝は、鉄道建設やパリの都市改造などを通して工業化を推進し、英仏通商条約を締結して自由貿易体制を確立した。また、パリで(³　　　)を開催するとともに⊙<u>**スエズ運河**建設を支援し</u>、**第2次アヘン戦争・イタリア統一戦争・**(¹²　　　　)**出兵**などの積極的な対外政策を展開した。しかし、1861年からの(¹³　　　　)**遠征**の失敗により外交的栄光が地に墜ちると、**1870年**には(¹⁴　　　　)**戦争**に敗れ、皇帝はスダンにおいて捕虜となり帝政は崩壊した。その後、[¹⁵　　　　]を首班とする臨時政府が成立してドイツと講和を結ぶと、⊙<u>これに反対するパリの民衆が蜂起して革命的自治政府を組織した</u>。この自治政府はまもなく政府軍に鎮圧され、1875年に共和国憲法が制定されると**第三共和政**の基礎が確立した。

問⊙　このような革命的な変化を何というか。
問ⓑ　イギリスの圧倒的な経済力と軍事力を背景に、ヨーロッパの平和が維持されたことを何というか。
問⊙　これにより選挙権を獲得したのは、どのような人々か。
問ⓓ　スエズ運河を建設したフランスの外交官は誰か。
問⊙　この史上最初の労働者・市民による自治政府を何というか。

5
6
7
8
9
10
11
12
13
14
15

問ⓐ
問ⓑ
問ⓒ
問ⓓ
問ⓔ

visual ❷

〈[a　　　　　]〉

「b　　　　　」
を現出したイギリスの女王。1877年からはインド皇帝を兼任した。

③　新国民国家の成立

　分裂状態にあったイタリアにおいても、1848年の二月革命後に統一運動が高まりをみせた。⊙<u>イタリア統一をめざす**青年イタリア**</u>は、1849年に(¹　　　　)を樹立して憲法制定を呼びかけたが、フランス軍の干渉により失敗に終わった。また、ⓑ**サルデーニャ王国**の国王カルロ＝アルベルトは、イタリア統一において最大の障壁であったオーストリアに宣戦したが大敗した。しかし、新国王[²　　　　]と首相[³　　　　]は産業の振興や近代化に向けた改革を進め、1853年の(⁴　　　　)**戦争**に参加してイギリスとフランスに接近した。[³　　]は、1858年に**ナポレオン3世**とプロンビエールの密約を結び、翌年⊙<u>**イタリア統一戦争**をおこしてオーストリアを撃破した</u>。さらに1860年には、フランスに(⁵　　　　)と(⁶　　　　)を譲るかわりに**中部イタリア**を併合した。他方、青年イタリア出身の[⁷　　　　]は**千人隊**(赤シャツ隊)を組織して⊙<u>**シチリア島**に上陸し</u>、(⁸　　　　)**王国**を征服した。彼は共和主義者であったが、イタリア統一のために占領地の統治権をサルデーニャ国王に献上した。こうして**1861年**にイタリア王国が成立し、[²　　]がその王位

1
2

3
4
5
6
7
8

9 _____

10 _____

11 _____

12 _____

13 _____

14 _____

15 _____

16 _____

についた。当初王国外にとどまった⒠ヴェネツィアと(⁹ 　　　　)は、1866年にヴェネツィアが、**1870年**には(⁹ 　　)がイタリアに併合されて統一が完成し、71年には首都も**ローマ**に移された。しかし一方で、(¹⁰ 　　　　)や**南チロル**などの⒡**イタリア人居住地域**は、オーストリア領にとどまることとなった。

　⒢**ドイツ**は、イタリアと同様に中世以来分裂状況が続いていた。しかし、ウィーン体制下において自由主義やナショナリズムの運動が高揚するにつれて、国民からはドイツ統一の中核として、プロイセンに期待を寄せる声が高まりをみせた。**1848年**に開かれた(¹¹ 　　　　)**国民議会**において、⒣**小ドイツ主義**の方向性が出されたことは、それを象徴する出来事であった。このような状況下で、ドイツ統一の主導権はプロイセンが握ることとなった。すでに**1834年**にはプロイセンを中心として(¹² 　　　　)が発足し、ドイツの経済的統一が進んでいたが、62年に首相となった(¹³ 　　　　)出身のビスマルクは、⒤**ドイツ統一には何よりも実力、すなわち軍事力が必要である**と考え、議会を無視して軍備拡張を強行した。**1864年**には、**デンマーク戦争**をオーストリアとともに戦い、(¹⁴ 　　　　)・(¹⁵ 　　　　)両州を占領した。その後、両州の管理をめぐって⒥**1866年にプロイセン＝オーストリア(普墺)戦争**をおこし、オーストリアを破った。この結果、新たにプロイセンを盟主とする(¹⁶ 　　　　)が成立した。さらに**1870年**には、プロイセンの強大化を恐れたフランスとのあいだに、⒦**ドイツ＝フランス(独仏)戦争(プロイセン＝フランス戦争)**がおこった。(¹⁶ 　　)と南ドイツ諸邦の支持を得たプロイセンはフランスを圧倒し、スダンでナポレオン3世を捕虜にした。

〈[　　　　]〉

「**青年イタリア**」の指導者。1860年に「千人隊」(赤シャツ隊)と呼ばれる義勇軍を組織して、イタリアの統一に大きく貢献した。

問⒜ 　青年イタリアを組織した人物は誰か。

問⒝ 　サルデーニャ島の位置を、右の地図中のA〜Jより選べ。

問⒞ 　このとき、サルデーニャがオーストリアから獲得した地域を答え、その位置を、右の地図中のA〜Jより選べ。

問⒟ 　シチリア島の位置を、右の地図中のA〜Jより選べ。

問⒠ 　ヴェネツィアの位置を、右の地図中のA〜Jより選べ。

問⒡ 　このようなイタリア人居住地域を何というか。

問⒢ 　ウィーン会議の結果、ドイツに成立した国家連合を何というか。

問⒣ 　この内容について、簡潔に説明せよ。

問⒤ 　「現在の大問題は議会の演説や多数決ではなく、鉄と血によって解決される」という演説に象徴される、この軍備拡張政策を何というか。

問⒥ 　この戦争に敗北したオーストリアが、1867年にマジャール人の自立を認めて成立させた同君連合を何というか。

問⒦ 　この戦争の結果、ドイツはフランスから何という地方を獲得したか。

問⒜ _____

問⒝ _____

問⒞ _____
_____

問⒟ _____

問⒠ _____

問⒡ _____

問⒢ _____

問⒣ _____
_____

問⒤ _____

問⒥ _____
_____

問⒦ _____
_____

4 ドイツ帝国とビスマルク外交 ―――――――――

　プロイセン国王[¹ 　　]は、**1871年**にドイツ諸国の君主を集めて(² 　　　　)宮殿の鏡の間においてドイツ皇帝の位につき、ドイツ帝国が成立した。同年ドイツ帝国憲法が発布され、外見的には立憲主義的体制がとられたが、帝国宰相は皇帝にのみ責任を負うなど、男性普通選挙制の**帝国議会**の権限は限定的なものであ

1 _____

2 _____

った。このような状況下で、ドイツ帝国初代宰相となった**ビスマルク**は、内政・外交に独裁的な手腕を発揮することになった。

　内政面では、ⓐ<u>プロイセンに抵抗する南ドイツのカトリック勢力を抑圧</u>し、また国内の少数派であるポーランド人を差別することによって多数派をまとめ、国民意識の育成をはかった。また、1878年には(³　　　　)を制定してⓑ<u>社会主義政党を弾圧</u>する一方、労働者に対しては、災害保険、疾病・養老保険などの社会保険制度を導入するなど**社会政策**を実施した。外交面では、(⁴　　　　)を孤立化させてドイツの安全をはかろうとする**ビスマルク体制**と呼ばれる国際体制の構築に力を注ぎ、ⓒ<u>1873年には**三帝同盟**</u>、**1882年**にはドイツ・オーストリア・イタリアとのあいだに(⁵　　　　)を締結した。さらに1887年には、ビスマルクはロシアとのあいだに(⁶　　　　)を締結するなど、巧みな外交手腕を発揮した。

　一方1870年代以降、ロシアはバルカン半島における**パン゠スラヴ主義**を利用して南下政策を再開した。オスマン帝国が領内のスラヴ系民族を弾圧すると、ⓓ<u>ロシアはその保護を口実に、**1877年**オスマン帝国に開戦した</u>。この戦争に勝利したロシアは、翌78年に(⁷　　　　)**条約**を締結した。しかし、この条約はロシアのバルカン半島への影響力を著しく増大させる内容であり、オーストリアと(⁸　　　　)が激しく反発した。これを受けてドイツのビスマルクは同年、(⁹　　　　)**会議**を開いてⓔ<u>列国の利害を調停した</u>。その結果、新たに(⁹　　)**条約**が締結され、(¹⁰　　　　)・(¹¹　　　　)・**モンテネグロ**の独立が承認され、(¹²　　　　)はオスマン帝国内の自治国にとどまることとなった。南下政策を阻止されたロシアは、これ以後、中央アジア・東アジア方面への進出に目を向けることとなった。

問ⓐ　この抗争を何というか。
問ⓑ　弾圧されたドイツ社会主義労働者党が、1890年に改称した政党名を答えよ。
問ⓒ　三帝同盟を結んだ３国をすべて答えよ。
問ⓓ　この戦争を何というか。
問ⓔ　ア　イギリスが、オスマン帝国から行政権を認められた島を答えよ。
　　　イ　オーストリアが行政権を認められた、バルカン半島の地域を答えよ。

⑤　北欧地域の動向／国際運動の進展 ─────────

　スウェーデン・ノルウェー・デンマークのいわゆる**北欧３国**は、現在ではいずれも**社会保障制度**が充実する**福祉国家**として知られるが、歴史的にも密接な関係を築いてきた。1397年には(¹　　　　)**同盟**によって、ⓐ<u>デンマークを中心とする３国による同君連合</u>が結成された。この連合王国は一大勢力となり、1523年にスウェーデンが離脱するまで１世紀以上にわたって存続した。ⓑ<u>スウェーデンは三十年戦争に参戦</u>するなど勢力を拡大したが、ロシアとの(²　　　　)**戦争**(1700〜21)に敗れ、**バルト海**の制海権を失った。その後、スウェーデンでは絶対王政への不満が高まって立憲制議会主義が確立され、19世紀後半には鉄鋼業・造船業の発達で工業化が進んだ。**ノルウェー**は、ウィーン会議の結果スウェーデン領となったが、1905年に国民投票をおこない平和的に独立した。**デンマーク**は、1864年のデンマーク戦争により(³　　　　)・(⁴　　　　)を失い、国土が縮小した。これ以後、デンマークは農業と牧畜による国づくりをめざして、経済基盤を安定させた。これらスカンディナヴィア諸国と呼ばれる３国は、いずれも議会政治を発達させ、他国に先がけて女性参政権を導入するなど政治改革を推進した。また、

3
4
5
6
7
8
9
10
11
12

問ⓐ
問ⓑ
問ⓒ

問ⓓ
問ⓔア
　イ

visual ❹
〈[　　　　　]〉

ユンカー出身。ドイツ帝国宰相。

1
2
3
4

外交面では列強主導の国際政治から距離をおき、中立主義をとった。

　19世紀には、世界の一体化の進展により国際的諸運動も盛んとなった。1864年には©世界初の国際的な労働者の組織が(5　　　　)で結成され、**マルクス**が指導的役割を担ったが、パリ＝コミューン後の弾圧の激化により76年には解散した。また1864年には、スイス人[6　　　　]の提唱によって、戦時負傷者の救護を目的とした©**国際赤十字組織**が結成された。さらに1896年には、フランス人の**クーベルタン**が古代ギリシアの(7　　　　)**の祭典**に着想を得て、©スポーツを通じて国際交流と親善をはかる競技会を創始した。

問ⓐ　この同君連合の結成を主導した、デンマークの摂政は誰か。

問ⓑ　このときのスウェーデン王は誰か。

問ⓒ　これを何というか。

問ⓓ　この設立に影響を与えたとされる、クリミア戦争に際して看護活動に尽力したイギリスの看護師は誰か。

問ⓔ　アテネで第1回大会が開かれた、この国際競技会を何というか。

6　Exercise❶ ベルリン会議 ──────────

　ビスマルクが開催した**ベルリン会議(1878年)**の決定事項に関して、以下の問いに答え、またそれぞれの国・地域の正しい位置を地図中Ａ～Ｇより選べ。

(ア)　会議の結果、独立が認められた国を3つ答えよ。

(イ)　オーストリアが行政権を獲得した地域を答えよ。

(ウ)　オスマン帝国内の自治国とされた国を答えよ。

(エ)　イギリスが行政権を獲得した地域を答えよ。

7　Exercise❷ イギリスの選挙法改正 ──────────

　次の表中の空欄に、適当な語句を記入せよ。

事　項	年代	内　閣	内　容
第1回選挙法改正	(ア)	グレイ内閣 (ホイッグ党)	(イ)の廃止 (ウ)の選挙権獲得
第2回選挙法改正	(エ)	ダービー内閣 (保守党)	(オ)の選挙権獲得
第3回選挙法改正	(カ)	グラッドストン内閣 (自由党)	(キ)の選挙権獲得
第4回選挙法改正	1918	ロイド＝ジョージ内閣 (自由党)	21歳以上の男性と30歳以上の女性に選挙権が拡大される
第5回選挙法改正	1928	ボールドウィン内閣 (保守党)	男女普通選挙制の完成 (21歳以上の男女に選挙権)
第6回選挙法改正	1969	ウィルソン内閣 (労働党)	18歳以上の男女に選挙権

5
6
7

問ⓐ
問ⓑ
問ⓒ
問ⓓ
問ⓔ

(ア)国名
　記号
　国名
　記号
　国名
　記号
(イ)地域

　記号
(ウ)国名
　記号
(エ)地域
　記号

ア
イ
ウ
エ
オ
カ
キ

3 アメリカ合衆国の発展

1 アメリカ合衆国の領土拡大

アメリカ合衆国では、[[1]　　　]が第３代大統領に選ばれると、**1803年**にはフランスから([2]　　　)を1500万ドルで購入することに成功し、合衆国の領土は一挙に２倍に拡大した。当時フランスを支配していた[[3]　　　]は、ヨーロッパの覇権確立のために資金が必要であったうえ、ⓐカリブ海のフランス植民地での奴隷反乱によって北米大陸への関心を低下させていた。そのため、合衆国に有利な取引が成立することとなった。さらに1819年には、スペインから([4]　　　)を購入して領土を拡大し、カリブ海に到達した。一方、イギリスが海上封鎖で通商を妨害したため、合衆国は**1812年**に([5]　　　)**戦争**をおこした。この結果、合衆国では国民意識が高まり、北部の綿工業を中心とする産業革命が促進されて**経済的自立**が進んだ。第５代大統領の[[6]　　　]は、**1823年**にヨーロッパとアメリカの([7]　　　)を原則とする([6]　)**宣言**を出した。これはワシントン政権期以来の外交政策を継承したものであり、([8]　　　)**主義**と呼ばれてアメリカ外交の基本方針となった。国内では、白人男性すべてに選挙権を与える州が増え、これを背景に、1828年には西部出身の[[9]　　　]が第７代大統領に当選した。彼の時代には民主化が進んだ一方で、奴隷制は放置された。また[[9]　]政権は、先住民に対して([10]　　　)を定めて土地を奪い、保留地を設けて移住させる政策をとった。

19世紀半ばになると、アメリカ合衆国はⓑ西部への領土拡張(**西漸**(せいぜん)**運動**)を神から託された使命と主張し、西部開拓を続行した。1845年には、メキシコからの独立を宣言していた([11]　　　)を併合した。また46年にはオレゴンを領有し、さらにⓒ**48年**にはカリフォルニアを獲得して、その領土は太平洋岸にまで達した。その後、54年には[[12]　　　]を日本に派遣し、日米和親条約を締結して**日本の開国**を実現したほか、**67年**にはロシアから([13]　　　)を購入した。

アメリカ合衆国における西部への発展は、**奴隷制問題**をめぐる**南部**と**北部**の対立を強めた。ⓓ南部諸州では、**黒人奴隷**を使用する**綿花**栽培の([14]　　　)が発展しており、**自由貿易**と奴隷制の存続、州権の強化が求められた。これに対し、工業化の進んだⓔ北部諸州では**保護関税政策**と連邦主義がとなえられ、ⓕ人道主義の立場から奴隷制に反対する声が強かった。しかし、合衆国では各州に独自の法律が許されており、北部諸州が率先して奴隷制を禁止したのに対し、南部諸州は依然としてこれを認めていた。こうして自由州と奴隷州がはっきり区別されることとなり、新しい州が形成されるごとに激しい論争が展開された。この論争は1820年の([15]　　　)**協定**によって妥協がはかられていたが、1854年のカンザス・ネブラスカ法の制定により、南北の対立は再び激化した。

問ⓐ　1804年に革命によって独立した、このフランス植民地を答えよ。
問ⓑ　この主張を表すスローガンを答えよ。
問ⓒア　カリフォルニアを獲得することとなった戦争は何か。
　イ　カリフォルニアで金鉱が発見され、全世界から移民が殺到して人口が激増した現象を何というか。
問ⓓ　1820年代に組織され、南部を有力な地盤とした政党を何というか。
問ⓔ　奴隷制反対を掲げ、1854年に北部を基盤として組織された政党は何か。
問ⓕ　奴隷制を批判した作品である、『**アンクル＝トムの小屋**』の作者は誰か。

1
2
3
4
5
6
7
8
9
10
11
12
13
14
15

visual 1
〈「涙の旅路」〉

白人の西部開拓は先住民の生存権を脅かした。1830年[　　　　]大統領は**強制移住法**を制定し、先住民をミシシッピ川以西の保留地に追いやった。

問ⓐ
問ⓑ
問ⓒア
イ
問ⓓ
問ⓔ
問ⓕ

② 南北戦争／アメリカ合衆国の大国化

　南北対立が深まるなかで、(¹　　　　)党のリンカンが1860年に大統領に当選すると⒜南部諸州は連邦から離脱し、**1861年**には南北戦争が勃発した。戦争当初は、南軍の名将リーの活躍もあって南部が優勢であった。しかし、人口と経済力ではるかに勝る北部は、リンカンが1862年に西部公有地での開拓農民に土地を与える(²　　　　)を発布して、西部諸州の支持を獲得した。さらに1863年には、(³　　　　)を発表して内外の世論を味方につけると、徐々に戦争を有利に展開するようになった。北部は同63年の⒝ゲティスバーグの戦いに勝利すると、ついに**1865年**、グラント将軍率いる北軍が南部の首都(⁴　　　　)を占領し、合衆国は再統一された。こうしてアメリカ史上最大の死者を出した内戦は終結した。

　戦後のアメリカ合衆国は、国内市場の拡大によって北部を中心に工業化と都市化が急速に進んだ。一方で、自営農による西部開拓で農業も発展し、**世界最大級の農業生産力**をもつようになった。**1869年**には最初の(⁵　　　　)が完成して東部と西部が結合され、電灯や電信・電話などの新技術も導入されて国内市場の結びつきが強まった。**1890年代**には、(⁶　　　　)の消滅が宣言されると積極的な海外進出を始めた。こうして合衆国は、⒞19世紀末にイギリス・ドイツをしのぐ世界最大の工業国へと成長し、20世紀における繁栄の基礎がここに築かれた。この工業発展を支えるうえで重要な役割を担ったのが、ヨーロッパ各地から到来した(⁷　　　　)であった。しかし、その多くは低賃金の不熟練労働者で、のちの(⁷　　)制限問題の発端となる社会問題もおこった。一方、合衆国憲法の修正によって正式に**奴隷制**は廃止されたが、解放された黒人の生活は依然としてきびしいものであった。黒人の経済的自立は難しく、そのうえ選択できる職業は少なかったため、多くは(⁸　　　　)(分益小作人)として高率の小作料を払い、苦しい生活を送った。また、南部を中心に差別意識は強く残り、白人の優越を主張する秘密結社の**クー＝クラックス＝クラン(KKK)**が組織された。

問⒜　ジェファソン＝デヴィスを大統領として、1861年に南部11州により結成された国家を何というか。

問⒝　リンカンがこの激戦地の追悼集会でおこなった有名な演説の一節で、民主主義を象徴する言葉を答えよ。

問⒞　この工業化のなかで1886年に結成された、アメリカ合衆国の職業別組合の連合組織を何というか。

③ Exercise 西部開拓(西漸運動)

　アメリカ合衆国の領土拡大について、次の地図中のア～カの地名を答えよ。

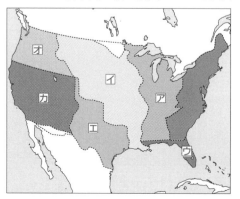

ア　独立戦争でイギリスから獲得
　　　　　　　　　　　　(1783)

イ　フランスから買収(1803)

ウ　スペインから買収(1819)

エ　メキシコから独立後に併合(1845)

オ　イギリスとの協定で併合(1846)

カ　アメリカ＝メキシコ戦争で獲得
　　　　　　　　　　　　(1848)

4 19世紀欧米文化の展開と市民文化の繁栄

■ 文化潮流の変遷と市民文化の成立／各国の国民文化の展開 ─────

　19世紀の欧米では、都市の市民層を基盤とする**市民文化**が花開いた。また19世紀後半になると、ナショナリズムによる国民意識の目覚めのなかで、**国民文化**が形成されて国民国家への統合を促進した。

　18世紀後半から19世紀初めにかけては、古代ギリシア・ローマの文化を理想とした@**古典主義**の絵画や文学が流行した。19世紀前半には、ⓑ**個人の感情や想像力を重視するロマン主義**が盛んになり、この世紀の中葉まで流行した。ドイツでは[¹　　　　]が『ドイツ冬物語』や『歌の本』などの作品を残し、グリム兄弟は、ゲルマン神話や民話を収集して『グリム童話集』を編集した。イギリスでは、のちにギリシア独立戦争に参加するバイロンが、『チャイルド＝ハロルドの遍歴』で名声を獲得した。美術では、フランスの[²　　　　]が光り輝く色彩と自由な技法で**「民衆を導く自由の女神」**や**「キオス島の虐殺」**を描いた。音楽では、**ベートーヴェン**が先駆となり、シューベルトやショパンらがロマン派音楽を形成した。

　19世紀後半になると、市民社会の成熟、科学・技術の急速な発達が文学にも影響し、ロマン主義にかわってⓒ**写実主義や自然主義**の思潮が台頭した。写実主義は、社会や人間を客観的にありのままに描こうとするもので、フランスで提唱されて広まった。『赤と黒』を著した[³　　　　]や「人間喜劇」の[⁴　　　　]が先駆者となり、フロベールが確立者となった。またイギリスでは、**ディケンズ**が『オリヴァー＝トゥイスト』により社会悪を糾弾し、読者に共感を与えた。さらにロシアでは、トゥルゲーネフやⓓ**トルストイ**らが活躍した。一方自然主義は、社会の矛盾を追及して人間の俗悪な部分も描写した。『**居酒屋**』などで社会の矛盾を取り上げて社会正義を主張したフランスの[⁵　　　　]や、モーパッサンらがその代表である。こうした自然主義に反発して、事物や状態の繊細な内面を表現しようとした象徴主義が現れ、**ボードレール**がその先駆となった。

　写実主義・自然主義の流れは絵画にもみられ、「石割り」を描いた[⁶　　　　]やミレーらが活躍した。その後、光と色彩を重んじる(⁷　　　　)**派**がフランスで生まれ、**モネ**や「ムーラン＝ド＝ラ＝ギャレット」を描いた[⁸　　　　]らが大胆に事物の印象を表現した。また、**セザンヌ**やゴーガン、オランダの[⁹　　　　]に代表される後期(⁷　　　)派は、人間の内面をも表現しようとした。さらに彫刻では、フランスの[¹⁰　　　　]が鋭い写実技法を駆使して、代表作「考える人」などを残した。

問@ア　「ナポレオンの戴冠式」などで知られる、フランス古典主義を代表する画家は誰か。
　イ　疾風怒濤運動の中心人物で、代表作『**ファウスト**』で知られるドイツ古典主義文学の大成者は誰か。
問ⓑ　『**レ＝ミゼラブル**』を著した、フランスのロマン主義を代表する作家は誰か。
問ⓒア　『**罪と罰**』などで人間の魂の救済を追求した、19世紀のロシアを代表するは誰か。
　イ　『**人形の家**』で女性解放問題を提起した、ノルウェーの自然主義の劇作家は誰か。
問ⓓ　ナポレオンのロシア遠征時におけるロシア国民の抵抗を描いた、トルストイの代表作を何というか。

1 _____
2 _____
3 _____
4 _____
5 _____
6 _____
7 _____
8 _____
9 _____
10 _____

visual ❶
〈「石割り」〉

[　　　　]の代表作。労働者や農民の写実を通して、社会矛盾を描いた。

第13章

visual ❷
〈「落ち穂拾い」〉

[　　　　]の代表作。

問@ア _____
イ _____
問ⓑ _____
問ⓒア _____
イ _____
問ⓓ _____

2 近代諸科学の発展／近代大都市文化の誕生

18世紀後半に始まるⓐ**ドイツ観念論哲学**は、フィヒテらによって継承・発展され、[1　　　]の**弁証法哲学**や[2　　　]の**史的唯物論**を生み出した。資本主義が発展したイギリスでは、「最大多数の最大幸福」を主張する[3　　　]や、ミルらによる**功利主義**が影響力をもち、スペンサーは進化論を拡大解釈して社会進化論を提唱した。フランスでは、コントが実証主義哲学をとなえ、現実世界の経験のみに知識の源泉を求めて「社会学の祖」といわれた。経済学では、イギリスの**アダム＝スミス**の流れをくむ[4　　　]がその著書『人口論』において貧困について論じ、[5　　　]は『経済学および課税の原理』を著して、**古典派経済学**を確立した。彼らが自由放任主義は経済発展をうながすと主張したのに対し、ドイツのⓑ**リスト**は、これを批判して保護関税政策を主張した。一方、ナショナリズムの影響で歴史学は19世紀に空前の隆盛を迎えた。とくにドイツは歴史研究の中心となり、ⓒ史料の厳密な検討によって正確な史実を究明する**近代歴史学**が確立した。

19世紀の科学技術はめざましい進歩を遂げたが、そのなかでもとくに自然科学と実用工業が発展した。物理学ではイギリスの[6　　　]が電磁気学の基礎を築き、ドイツでは**マイヤー**と**ヘルムホルツ**が(7　　　)**の法則**を発見した。また、[8　　　]によるX線の発見や[9　　　]によるラジウムの発見は、20世紀の原子物理学の端緒となった。生物学ではⓓダーウィンが**進化論**を発表し、生物学界のみならず宗教界や社会諸科学など多くの学説や世界観に影響を与えた。また、メンデルはエンドウ豆の交配実験から遺伝の法則を発見した。19世紀後半には、細胞学の進展と顕微鏡の発達により細菌学も発展した。フランスの[10　　　]は狂犬病の予防接種に成功し、ドイツの[11　　　]は結核菌・コレラ菌を発見した。さらに、ⓔ19世紀はこれら科学と生活が結びついて各種の技術革新が進んだ。**モース**(モールス)による電信機、[12　　　]による無線電信、[13　　　]による電話機、[14　　　]によるプロペラ飛行機、[15　　　]による電灯・映画などの発明はその一例である。

一方、19世紀は未知の地域への探検・調査が進んだ時代でもあった。イギリスの[16　　　]やアメリカの**スタンリー**はアフリカ内陸部を探検し、スウェーデンのヘディンやイギリスのスタインは中央アジアを調査した。20世紀に入ると、国家による極地探検の競争が展開された。その結果、アメリカのピアリが北極点に、ノルウェーの[17　　　]が南極点にそれぞれはじめて到達した。

19世紀後半から、工業化の進展とともに人口が急増し、ヨーロッパ諸国において都市への人口集中が進んだ。とくに列強の首都はⓕ近代的な都市として整備され、ロンドン・パリ・ウィーンで**万国博覧会**が開催された。首都には劇場や美術館・博物館などの施設が建設され、芸術文化が市民層にまで共有されるようになった。また19世紀末には、新聞などマスメディアの登場と義務教育の普及により、大衆社会へのきざしも現れはじめた。

問ⓐ　ドイツ観念論哲学を創始した哲学者は誰か。
問ⓑ　リストの提唱により1834年に発足したドイツ諸邦の経済同盟を何というか。
問ⓒ　近代歴史学を確立した、ドイツの歴史家は誰か。
問ⓓ　ダーウィンが進化論について述べた著書は何か。
問ⓔ　ダイナマイトを発明した、スウェーデンの技術者は誰か。
問ⓕ　セーヌ県知事のオスマンを起用し、パリ大改造をおこなった仏皇帝は誰か。

1 ＿＿＿
2 ＿＿＿
3 ＿＿＿
4 ＿＿＿
5 ＿＿＿
6 ＿＿＿
7 ＿＿＿
8 ＿＿＿
9 ＿＿＿
10 ＿＿＿
11 ＿＿＿
12 ＿＿＿
13 ＿＿＿
14 ＿＿＿
15 ＿＿＿
16 ＿＿＿
17 ＿＿＿

visual 3

〈[a　　　]の風刺画〉

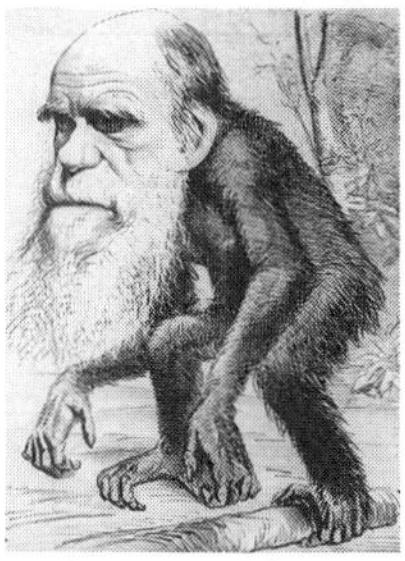

彼の(b　　　)論が与えた衝撃の大きさを示している。

問ⓐ ＿＿＿
問ⓑ ＿＿＿
問ⓒ ＿＿＿
問ⓓ ＿＿＿
問ⓔ ＿＿＿
問ⓕ ＿＿＿

3 Exercise 19世紀欧米の文化

19世紀欧米の文化に関する次の表中の空欄に、適当な人物名を記入せよ。

		人　物	国	作　品
文学	ロマン主義	［　ア　］	独	『ドイツ冬物語』『歌の本』
		［　イ　］	仏	『レ＝ミゼラブル』
		バイロン	英	『チャイルド＝ハロルドの遍歴』、ギリシア独立戦争参加
		グリム兄弟	独	『グリム童話集』
	写実主義	［　ウ　］	仏	『赤と黒』
		バルザック	仏	「人間喜劇」
		［　エ　］	英	『オリヴァー＝トゥイスト』
		［　オ　］	露	『罪と罰』『カラマーゾフの兄弟』
		［　カ　］	露	『戦争と平和』『アンナ＝カレーニナ』
	自然主義	［　キ　］	仏	『居酒屋』、ドレフュス事件でドレフュスを弁護
		モーパッサン	仏	『女の一生』
		［　ク　］	ノルウェー	『人形の家』
	象徴主義	ボードレール	仏	『悪の華』
美術	ロマン主義	［　ケ　］	仏	「民衆を導く自由の女神」「キオス島の虐殺」
		カスパー＝フリードリヒ	独	「月をながめる2人の男」
		ゴ　ヤ	西	「1808年5月3日」
	自然主義	［　コ　］	仏	「落ち穂拾い」「晩鐘」
	写実主義	［　サ　］	仏	「石割り」
	印象派	マ　ネ	仏	「草の上の食事」、フランス印象派の先駆者
		モ　ネ	仏	「睡蓮」「印象・日の出」
		［　シ　］	仏	「ブランコ」「ムーラン＝ド＝ラ＝ギャレット」
		セザンヌ	仏	「サント＝ヴィクトワール山」
		ゴーガン	仏	「タヒチの女たち」
		［　ス　］	蘭	「ひまわり」「自画像」
	彫　刻	［　セ　］	仏	「考える人」「地獄門」
音　楽		［　ソ　］	独	交響曲「運命」「田園」「第九」
		シューベルト	墺	「未完成交響曲」
		ショパン	ポーランド	ピアノの詩人、「革命」
哲　学		［　タ　］	独	弁証法哲学を提唱、ドイツ観念論哲学を完成
		［　チ　］	英	功利主義哲学、「最大多数の最大幸福」
		コント	仏	実証主義哲学、社会学を創始
		スペンサー	英	経験論哲学、社会進化論（社会ダーウィニズム）を提唱
社会科学		［　ツ　］	英	『人口論』
		リカード	英	『経済学および課税の原理』
		［　テ　］	独	保護関税政策を主張、ドイツ関税同盟の結成に尽力
		［　ト　］	独	『世界史』、近代歴史学を確立
		［　ナ　］	独	『資本論』、資本主義を分析しマルクス主義を確立
自然科学		［　ニ　］	英	電気化学・電磁気学
		マイヤー・ヘルムホルツ	独	エネルギー保存の法則
		［　ヌ　］	独	X線の発見
		［　ネ　］	仏	ラジウムの発見
		［　ノ　］	英	進化論の提唱、『種の起源』
		メンデル	墺	遺伝の法則の発見
		［　ハ　］	仏	狂犬病予防接種の開発
		コッホ	独	結核菌、コレラ菌の発見
		モース（モールス）	米	電信機の発明
		［　ヒ　］	米（英出身）	電話の発明
		エディソン	米	蓄音機、電灯、映画の発明
		マルコーニ	伊	無線電信発明（1895）
		［　フ　］	スウェーデン	ダイナマイトの発明
		ディーゼル	独	ディーゼル＝エンジンの完成
		ライト兄弟	米	プロペラ飛行機の完成
探検・調査		［　ヘ　］	英	アフリカ探検
		スタンリー	米（英出身）	アフリカ探検
		ピアリ	米	北極点にはじめて到達
		［　ホ　］	ノルウェー	南極点にはじめて到達

ア _____
イ _____
ウ _____
エ _____
オ _____
カ _____
キ _____
ク _____
ケ _____
コ _____
サ _____
シ _____
ス _____
セ _____
ソ _____
タ _____
チ _____
ツ _____
テ _____
ト _____
ナ _____
ニ _____
ヌ _____
ネ _____
ノ _____
ハ _____
ヒ _____
フ _____
ヘ _____
ホ _____

第13章

visual ④

〈「ムーラン＝ド＝ラ＝ギャレット」〉

［　　　　　］の代表作。
印象派の画家たちは、光と色彩を重視した。

第14章　アジア諸地域の動揺

1　西アジア地域の変容

1　オスマン帝国の動揺と「東方問題」／オスマン帝国の経済的な従属化

1
2
3
4
5
6
7
8
9
10

　オスマン帝国は16世紀の[1　　　　]の時代に最盛期を迎え、アジア・アフリカ・ヨーロッパにまたがる大帝国へと発展した。しかし、1683年の(2　　　　)の失敗を契機に衰退へと向かうことになった。**1699年**には、ⓐ**ハンガリー**などをオーストリアに割譲して広大な領土を失い、また18世紀後半には、ⓑ保護下のクリミア＝ハン国をロシアに併合された。さらにアラビア半島では、イスラーム教の改革をとなえる(3　　　　)**派**の運動がおこった。この運動は豪族の(4　　　　)**家**の支持を得て広がり、聖地メッカとメディナを支配する(3　　)**王国**を建設した。この王国は興亡を繰り返したのち、現代の**サウジアラビア**に受け継がれた。

　ⓒオスマン帝国支配下の**エジプト**では、1798年の[5　　　　]による**エジプト遠征**に抵抗した[6　　　　]が、1805年に民衆の支持を得て実権を握り、エジプト総督に任命された。彼は旧勢力のマムルークを一掃するとともに、西欧式の軍の創設や教育制度の改革などエジプトの近代化に貢献した。また、オスマン帝国の求めに応じて(3　　)運動やギリシア独立運動鎮圧のために出兵すると、その見返りとしてシリアの領有を要求した。オスマン帝国がこれを拒否すると、ⓓ二度にわたってオスマン帝国と戦い、軍事力で圧倒した。これに対して、エジプトの強大化を恐れたヨーロッパ列強が介入し、1840年のロンドン会議で[6　　]のエジプト・スーダンの総督の世襲権は認められたが、シリアの領有は放棄させられた。このように、オスマン帝国の衰退と支配下の諸民族の独立運動に乗じて、列強は勢力拡大をはかった。こうして生じた外交・国際問題は、ヨーロッパ側からみて「7　　　　」と呼ばれた。とくにロシアは、不凍港の獲得と地中海への進出を求めて(8　　　　)**政策**を進め、これを阻止しようとするⓔ列強との対立が激化した。

　列強の進出にともなって、オスマン帝国の経済的な従属化が進行した。1838年にはイギリスと通商条約が結ばれたが、この条約は従来の(9　　　　)によって与えられてきた特権を固定化し、イギリス側に有利な内容の不平等条約であった。また、この条約はエジプトにも適用され、エジプトは経済的な打撃を受けることとなった。その後、エジプトでは**1869年**にフランス人[10　　　　]によりⓕ**地中海**と**紅海**を結ぶ運河が開削されるなど、近代化が進められた。しかし、これらの近代化と戦争は国家財政を圧迫し、エジプトはイギリスとフランスの財務管理下におかれて内政の支配も受けるようになった。

visual 1

〈[　　　　　　]〉

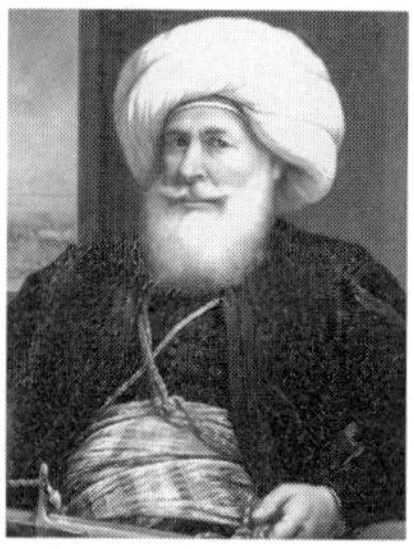

ナポレオンの**エジプト遠征**に抵抗し、1805年オスマン帝国からエジプト総督の地位を与えられ、エジプトの近代化に貢献した。

問ⓐ　この内容を取り決めた条約を何というか。
問ⓑ　このときのロシア皇帝は誰か。
問ⓒ　**1517年**にマムルーク朝を滅ぼし、エジプトを支配したスルタンは誰か。
問ⓓ　この戦争を何というか。
問ⓔ　列強が対立する大きな要因となった、黒海と地中海を結ぶ航路にある２つの海峡をそれぞれ何というか。黒海に近いものから順に答えよ。
問ⓕ　この運河を何というか。

問ⓐ
問ⓑ
問ⓒ
問ⓓ
問ⓔ
問ⓕ

2　オスマン帝国の改革／イラン・アフガニスタンの動向

オスマン帝国において改革の必要性が認識されるなかで、19世紀初めに即位したマフムト2世は、旧勢力を代表するアーヤーンの掃討を進める一方、スルタン直属の歩兵部隊である(1　　　　)**軍団**を廃止して西欧式軍隊を創設した。つづくアブデュルメジト1世の時代には、官僚が改革を主導し、1839年に**ギュルハネ勅令**を発布してⓐ司法・行政・財政・軍事にわたる西欧化改革に着手した。この改革のさなかにあっても、オスマン帝国は対外関係に悩まされた。**1853年**にはロシアとのあいだに(2　　　　)**戦争**が勃発し、イギリス・フランスの支援を受けて勝利した。戦争後、列強の圧力を背景にオスマン帝国は改革勅令を発布し、非ムスリムにムスリムと同様の権利を与えた。一方で、ⓑ宗教を問わずオスマン帝国の臣民をすべてオスマン人として統合しようという試みは、一部のムスリムの反発も引きおこした。さらに1860年代になると、ヨーロッパへの留学経験をもつ若手官僚を中心に立憲運動が高まり、1876年に大宰相[3　　　　]の起草によるⓒオスマン帝国最初の憲法が発布され、翌年には議会も開設された。しかし、議会の急進化を恐れたスルタンの[4　　　　]は、**1877年**に勃発した(5　　　　)**戦争**を理由に議会を解散し、憲法を停止してスルタンによる専制政治を復活させた。

サファヴィー朝滅亡後のイランでは、1796年にトルコ系の(6　　　　)**朝**が成立した。しかし、この王朝は南進してきたロシアと戦って敗れ、ⓓ1828年に締結した条約によって南コーカサスの領土を割譲するとともに、ロシアの(7　　　　)を認め、さらに関税自主権も失った。その後、同様の条約をイギリス・フランスとも結ぶことになった。このような列強の進出による社会不安のなかで、1848年に(8　　　　)**教徒**が反乱をおこしたが、政府軍によって鎮圧された。

アフガニスタンでは、18世紀半ばにアフガン人がイランから自立した。しかし19世紀半ばには、ⓔ南下するロシアと、アフガニスタンをインド防衛の緩衝地帯としたいイギリスとのあいだで覇権争いが生じた。イギリスは2度の**アフガン戦争**の結果、外交などの支配権を握り、アフガニスタンを英露間の緩衝国とした。

問ⓐ　この改革を何というか。
問ⓑ　このような考え方を何というか。
問ⓒ　この憲法を何というか。
問ⓓ　この条約を何というか。
問ⓔ　このようなイギリスとロシアの覇権争いを、チェスに見立てて何と呼ぶか。

3　Exercise　19世紀の西アジア

次の19世紀の西アジアの地図に関して、以下の問いに答えよ。

問ⓐ　1831年より、オスマン帝国と2度にわたって戦争をしたA国の総督は誰か。
問ⓑ　B国を建設した、イスラーム教改革派を何というか。
問ⓒ　C国の王朝名を答えよ。
問ⓓ　C国が1828年にロシアと結んだ不平等条約を何というか。
問ⓔ　1838年から1919年まで3次にわたっておこなわれた、D国とイギリスとの戦争を何というか。

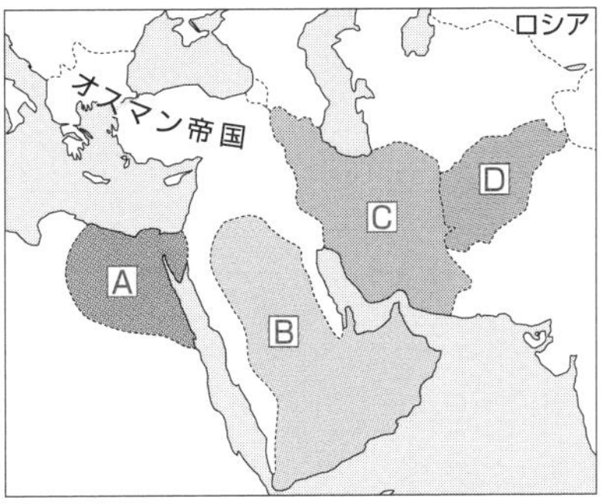

1
2
3
4
5
6
7
8

visual 2

〈[a　　　　　　]〉

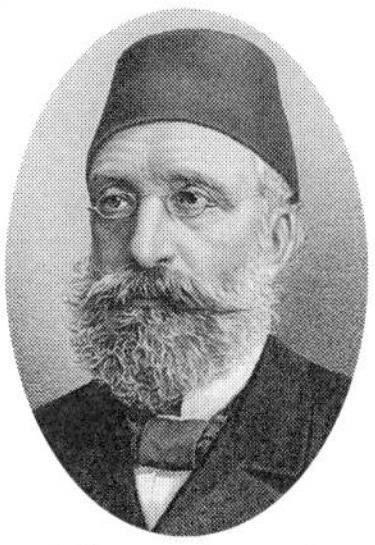

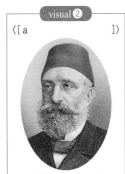

1870年代に2度にわたってオスマン帝国の大宰相となった。憲法制定を断行したが、スルタンの[b　　　　　]と対立し、失脚した。

問ⓐ
問ⓑ
問ⓒ
問ⓓ
問ⓔ

challenge 1

オスマン帝国では、ヨーロッパ列強が介入してくる状況を打開するため、どのような内政上の試みがなされてきたか。19世紀初めから19世紀後半の憲法発布までの動向を、100字以内で述べよ。
イェニチェリ
タンジマート

問ⓐ
問ⓑ
問ⓒ
問ⓓ
問ⓔ

第14章

2　南アジア・東南アジアの植民地化

1　西欧勢力の進出とインドの植民地化

　18世紀のインドでは、最大版図を実現した[¹　　　　]帝の死後、ムガル帝国の統制力が衰えて地方政権が台頭した。地方政権の台頭は、各地方の経済発展によって支えられていた。17世紀以降の西欧諸国の進出と交易により沿岸部に交易都市が発展し、インド産(²　　　　)が国際商品としてさかんにヨーロッパに輸出された。その結果、地方経済が発展し、地域ごとの独自性が高まったのである。このようなインドの分裂状況に乗じて、植民地化を進めたのがイギリスであった。

　イギリス東インド会社は、ⓐ1623年のオランダとの衝突事件を契機に東南アジアからの撤退を余儀なくされ、インドに活動の重点を移した。17世紀以降、**マドラス**・(³　　　　)・(⁴　　　　)に商館を設け、インド交易の拠点とした。一方、フランスも17世紀後半に東インド会社を改革・国営化し、(⁵　　　　)・**シャンデルナゴル**を拠点としてインド進出を本格化させた。18世紀中頃、イギリスとフランスは、交易上の利権をめぐって対立を深めた。イギリスは、ⓑ1744年からの3次にわたる戦争に勝利して南インドにおける支配権を確立すると、**1757年**には、(⁶　　　　)**の戦い**でフランスと同盟したベンガル太守軍を破った。これにより、ⓒフランスに対するイギリスの優位が確立し、イギリスはインドにおける支配領域を拡大することとなった。その後、ムガル帝国が衰退するなかで、イギリス東インド会社はしだいに各地域に対する政治的影響力を強めていった。東部ではムガル皇帝から**ベンガル・ビハール・オリッサ**の**徴税権**を獲得し、南部では(⁷　　　　)**王国**との4次にわたる(⁷　　　　)**戦争**に勝利した。また、西部での3次にわたる(⁸　　　　)**戦争**に勝利してデカン高原中西部の支配権を確立し、つづいて西北部での2次にわたる(⁹　　　　)**王国**との(⁹　　　　)**戦争**に勝利して、パンジャーブ地方を獲得した。こうしてイギリス東インド会社は、19世紀半ばにはインド全域を支配下に入れ、直接支配地のほか多数の(¹⁰　　　　)国を間接統治した。

問ⓐ　オランダ・イギリス間におこった、この事件を何というか。

問ⓑ　この戦争を何というか。

問ⓒ　**1763年**に締結され、イギリスが北米・インドでの優位を確定させた条約を何というか。

2　植民地統治下のインド社会／インド大反乱とインド帝国の成立

　イギリス東インド会社はインド支配の財政基盤を固めるため、地税を安定的に確保する徴収制度を導入した。ベンガル管区などでは、ⓐ政府と農民とのあいだに立つ地主・領主に土地所有権を与えて納税させる制度が導入された。一方、マドラス管区などでは、実際の耕作者とみなした自作農に土地所有権を与え、納税者とする(¹　　　　)**制**が実施された。しかし、このような徴税や所有権の制度が導入されると、伝統的な農村の権利は奪われ、共同体的関係も崩壊して社会は動揺した。また、イギリスでは18世紀後半から**産業革命**がおこり、1780年代には(²　　　　)(ワットによる改良)を動力源とするⓑ紡績機が実用化され、それまでインドから輸入していた**綿布**を大量生産するようになった。19世紀に入ると、インドとイギリスの輸出入は逆転し、イギリス産の安価な綿布がインドに流入した結果、インドの手工業者は大打撃を受け、職を失った多くの人々が貧困化した。

1.

2.

3.

4.

5.

6.

7.

8.

9.

10.

問ⓐ

問ⓑ

問ⓒ

1.

2.

インドは、綿花や藍、(³　　　　　)の原料であるケシなどを大規模に栽培し、これら農産品を輸出してイギリスの工業製品を輸入する立場に転落した。同じ頃、イギリス国内では産業革命の進展により(⁴　　　　)貿易を望む者が増え、東インド会社による貿易利権の独占に対する不満が高まった。そのため1813年に**インド貿易独占権**が廃止され、さらに33年には、残されていた茶の取引と(⁵　　　　)貿易の独占権が廃止されただけでなく、全商業活動も停止された(翌34年実施)。こうして貿易から締め出された東インド会社は、インドを統治する機関へと変質した。

　このようなイギリスのインド支配のなかで、インド民衆の反英感情がしだいに高まり、ついに**1857年**、北インドで©東インド会社のインド人傭兵の反乱がおこった。この反乱は北インド全域に広がり、**インド大反乱**へと発展した。しかし、反乱軍は数こそ多かったものの指揮系統を欠き、連携が十分にとれないままイギリス軍に鎮圧されていった。**1858年**、イギリスは(⁶　　　　)皇帝の廃位と**東インド会社の解散**を決定し、インドの直接統治に乗り出した。**1877年**には、カルカッタを首都にⓓイギリス女王がインド皇帝を兼任する(⁷　　　　)が成立し、以後1947年の独立まで存続した。この国は直轄領と500程度の**藩王国**から構成されており、インド人のあいだに存在する対立を利用した(⁸　　　　)**統治**がおこなわれた。

問ⓐ　この制度を何というか。
問ⓑ　1779年にクロンプトンが発明した紡績機を何というか。
問©　これを何というか。
問ⓓ　ア　このときのイギリス女王は誰か。**イ**　同じく、保守党の首相は誰か。

3　**東南アジアの植民地化／タイの情勢** ───────────────

　ヨーロッパ諸国は当初、東南アジアでの交易に参入して商業権益の拡大をめざしたが、その関係はしだいに変容しはじめた。18世紀以降、東南アジアにおいても領土支配が重視されるようになり、ヨーロッパ諸国による植民地化が進んだ。

　オランダは18世紀半ばに**マタラム王国**を滅ぼすと、ジャワ島の大半を直接統治し、19世紀にはほぼ現在のインドネシアの領域にあたるⓐオランダ領東インドを形成した。その後、オランダ支配に反発するジャワ戦争の影響で財政状況が悪化したが、オランダはコーヒー・サトウキビ・藍などを栽培させて安価で買い上げる(¹　　　　)**制度**を**1830年**に導入して、莫大な利益をあげた。

　イギリスは18世紀末以降、**マレー半島のペナン**・(²　　　　)を領有し、さらに1819年に植民地行政官ラッフルズが開港させた(³　　　　)をあわせて**海峡植民地**を成立させた。ついでⓑマレー半島の錫資源に目をつけ、半島全域の支配を進めて英領マレーを完成させた。また20世紀に入ると、自動車産業向けの(⁴　　　　)の**プランテーション**が盛んになり、インド人が労働力として導入された。一方、**ビルマ**では(⁵　　　)朝が18世紀中頃に成立し、ほぼ現在のミャンマー(ビルマ)と等しい地域を領有していた。インドでの支配を固めつつあったイギリスは、©3次にわたる戦争に勝利し、1886年にビルマ全土を**インド帝国**に併合した。

　スペインは16世紀に**フィリピン**を領有し、政教一致の支配によって住民のカトリック化を強制する一方、ルソン島の(⁶　　　　)がⓓメキシコと中国をつなぐ貿易の拠点として繁栄した。1834年には、(⁶　　　)を自由港にして各国に開港すると、サトウキビやマニラ麻・タバコなどの輸出向け商品作物の生産が拡大し、そのためのプランテーション開発が進んで、大土地所有が拡大した。

3 _____
4 _____
5 _____
6 _____
7 _____
8 _____

問ⓐ _____
問ⓑ _____
問© _____
問ⓓ ア _____
イ _____

1 _____
2 _____
3 _____
4 _____
5 _____
6 _____

第14章

visual ❷
〈[　　　　]〉

タイの国王。タイの近代化・独立維持につとめた。(在位1868～1910)

フランスは中国交易の拠点を求めて、**ナポレオン3世**の時代にインドシナへの侵略を開始した。ⓔ<u>16世紀以降、ベトナムでは北部の鄭氏と中部の阮氏が勢力を二分していた</u>が、1771年に(⁷　　　)の乱がおこり、両氏はともに滅亡した。これに対して阮氏の一族である[⁸　　　]は、フランス人宣教師ピニョーらの援助を得て、1802年に全土を統一して阮朝を建てた。彼は清によってベトナム(**越南**)国王に封ぜられ、清の制度を導入して行政制度を整備した。フランスは、カトリック教徒への迫害を理由に1858年にベトナム中部を攻撃し、62年にはサイゴンを中心とする南部を獲得したほか、翌年には(⁹　　　)を保護国化した。さらにⓕ<u>ベトナム北部にも進出し</u>、1883・84年の(¹⁰　　　)条約によってベトナムを保護国とした。しかし、ベトナムの宗主権を主張する清はこれを認めず、**1884年**に**清仏戦争**がおこった。この結果、イギリスの調停のもと(¹¹　　　)条約が締結され、清はベトナムの宗主権を放棄し、フランスによる保護国化を承認した。ベトナムの植民地化に成功したフランスは、**1887年**、ベトナムと(⁹　)をあわせてフランス領(¹²　　　)を成立させ、99年には(¹³　　　)もこれに加えた。

　ヨーロッパ諸国による植民地化のなかで、唯一独立を維持したのが**タイ**であった。タイでは**アユタヤ朝**滅亡後の混乱を経て、1782年にバンコクを首都として(¹⁴　　　)**朝**が成立していた。19世紀半ばに即位したラーマ4世の時代には、イギリスとの不平等条約(バウリング条約)を受け入れて自由貿易政策に転換した。つづく[¹⁵　　　]は、イギリス・フランス両勢力に対して均衡策をとり、また西欧的近代化政策を推進して、緩衝地帯として独立を維持した。

問ⓐ　オランダ総督府がおかれ、オランダのアジア進出の拠点となったジャワ島の都市はどこか(現在名ジャカルタ)。

問ⓑ　1895年、イギリスがマレー半島の南部4州で形成した植民地を何というか。

問ⓒ　この戦争を何というか。

問ⓓ　この貿易の拠点となった、メキシコ南部の港市を何というか。

問ⓔ　このとき名目的支配を続けていた、ベトナムの王朝は何か。

問ⓕ　ベトナム北部を根拠地に、**黒旗軍**を率いてフランスに抵抗した中国軍人は誰か。

4　**Exercise** 東南アジアの植民地化 ————————

　ヨーロッパ諸国の東南アジア進出に関する次の地図(19世紀)について、A～Dの地域を植民地支配した国をそれぞれ答えよ。また、進出や支配の拠点となったa～dの都市名も答えよ。

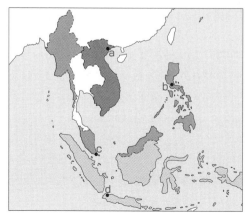

7	
8	
9	
10	
11	
12	
13	
14	
15	

challenge ❷
イギリス・フランス・オランダが、東南アジアに勢力圏を築いていった過程について、120字程度で説明せよ。
ビルマ戦争　清仏戦争　オランダ領東インド

問ⓐ
問ⓑ
問ⓒ
問ⓓ
問ⓔ
問ⓕ

A
B
C
D
a
b
c
d

3　東アジアの激動

1　内外からの清朝の危機

　18世紀中頃、清朝は第6代[¹　　　]の治世に最大版図を実現したが、その晩年には衰退のきざしが現れた。18世紀末には中国の人口は約3億人に急増していたが、耕作可能な土地はほぼ開発しつくし、土地不足による農民の貧困化も進み、1796年には四川（しせん）などの新開地で世界の終末をとなえる(²　　　　)の乱がおこった。清はこの反乱の鎮圧に苦しみ、国力の弱体化を内外に示すこととなった。

　対外的には、清朝はヨーロッパ船の来航を(³　　　　)一港に限定し、ⓐ特定の商人たちに管理させていた。これに対してイギリスは、貿易の拡大や規制緩和のために[⁴　　　]やアマーストを派遣したが、清朝はこれを拒否した。この頃、イギリスでは(⁵　　　　)が国民的な飲料として普及したため、中国からの輸入が激増して(⁶　　　　)の支払いが急増し、イギリスの対清貿易は巨額の赤字を計上することとなった。国内での批判が高まるなかで、イギリスは貿易赤字を補填するためにⓑ植民地インドからアヘンを中国に輸出し、イギリスからインドへは綿製品を輸出した。イギリスがインド産のアヘンを中国に密輸するようになると、その流入量は急速に拡大し、中国から(⁶　　　　)が流出して清は経済面でも打撃を受けた。このような危機に直面して、道光帝は1838年に[⁷　　　　]を欽差（きんさ）大臣に任命し、アヘン問題の処理にあたらせた。翌年、[⁷　　]は密輸入されたアヘンを没収廃棄処分したうえ、今後アヘン貿易をしないという誓約をイギリス商人にせまった。アヘン貿易についてはイギリス国内でも批判は強かったが、イギリスはこれに対して艦船・兵員を送って抗議し、**1840年にアヘン戦争をおこした。**

問ⓐ　これを何というか。
問ⓑ　これにより成立した、イギリス・清(中国)・インド間の貿易を何というか。

2　中国の開港と欧米諸国との条約

　1840年にアヘン戦争が勃発したが、双方の軍事力の差は歴然としており、清朝はイギリス海軍に連敗した。両者は1842年に(¹　　　　)条約を締結し、(²　　　　)の割譲、(³　　　　)を通じた貿易の廃止、賠償金の支払い、(⁴　　　　)・寧波（ニンポー）・福州・厦門（アモイ）・(⁵　　　　)のⓐ五港の開港などを認めた。また翌年には五港通商章程と(⁶　　　　)条約が締結され、(⁷　　　　)・**協定関税制・**片務的**最恵国待遇**などを認めた。さらに清は、ⓑこのような不平等条約をアメリカ合衆国やフランスとも締結した。

　その後、さらなる利権獲得をねらったイギリスは、**アロー号事件**を契機にⓒフランスと共同して清に開戦した。広州を占領した英仏連合軍に対して、**太平天国**との戦いで疲弊していた清は、やむをえず和平交渉に応じて1858年に(⁸　　　　)**条約**を締結した。翌59年には、その批准書交換に来た英仏使節の北京入城を清軍が阻止すると、英仏連合軍は戦闘を再開し、ⓓ1860年に北京を占領して北京条約を結んだ。清はこの2つの条約によって、ⓔ**外国使節の北京常駐**、華北や長江流域などの11港の開港、(⁹　　　　)の自由、(¹⁰　　　　)**半島**先端部の割譲、外国人の内地旅行の自由などを認め、関連協定でアヘン貿易も公認した。

　一方ロシアは、1856年にオスマン帝国との戦争に敗れたのち、東方進出をうかがっていたが、東シベリア総督**ムラヴィヨフ**は**1858年**に清と(¹¹　　　　)**条約**を結

column ❶

〈イギリスと中国の貿易〉

片貿易(18世紀)

イギリス　←茶・絹・陶磁器←　行商　清
　　東インド会社　→銀→

(　　　)貿易(19世紀)
イギリス　←茶←　清
　　→銀→
綿織物　インド　アヘン

問ⓐ
問ⓑ

1
2
3
4
5
6
7
8
9
10
11

12 _____

13 _____

14 _____

15 _____

問ⓐ _____

問ⓑ _____

_____

問ⓒ _____

問ⓓ _____

問ⓔ _____

問ⓕ _____

び、**黒竜江以北**を領有した。**1860年**には清と北京条約を締結して(¹² 　　　)を獲得するとともに、(¹³ 　　　)に軍港を建設して日本海・太平洋進出の拠点とした。さらにロシアは中央アジアへの進出も企図して、ⓕ**ブハラ＝ハン国とヒヴァ＝ハン国**を保護国とし、(¹⁴ 　　　)＝ハン国を併合してロシア領トルキスタンを形成し、1881年には(¹⁵ 　　　)条約を結んで清との国境を有利に画定した。

問ⓐ　これらの開港場に設置された、外国人居留地を何というか。

問ⓑ　アメリカ・フランスとのあいだに結ばれた条約の名称を順に答えよ。

問ⓒ　**第2次アヘン戦争**とも呼ばれる、この戦争を何というか。

問ⓓ　このとき英仏軍によって略奪・破壊された、清朝の離宮を何というか。

問ⓔ　外国使節に対応するために1861年に設立された、清朝最初の外交事務官庁を何というか。

問ⓕ　これらの国を建てた民族は何か。

③　内乱と秩序の再編 ─────────

　アヘン戦争後の社会不安のなかで、人々は相互扶助のために様々な集団に結集した。このような情勢のもと、華北の**捻軍**(ねん)や西北におけるイスラーム教徒の蜂起などの反乱が各地で連鎖的に勃発した。そのなかで最大の反乱勢力となったのが、**1851年**に成立した**太平天国**である。その指導者[¹ 　　　]は、ⓐキリスト教的宗教結社を組織して、既存の秩序に不満をもつ人々のあいだに信者を増やした。太平天国の反乱は、いわゆる「**滅満興漢**」の主張を掲げて清朝の打倒をめざし、満洲人の髪形である(² 　　　)や纏足の廃止、土地の均分(**天朝田畝制度**)(てんちょうでんぽ)などの政策を打ち出し、1853年には(³ 　　　)を首都(**天京**と改称)(てんけい)として勢力を拡大した。

　この頃、**1856年**からの**第2次アヘン戦争(アロー戦争)**に直面していたこともあり、(⁴ 　　　)や**緑営**(りょくえい)といった清朝の常備軍だけでは多発する反乱に対応できなかった。このような状況下に反乱軍を破ったのは、ⓑ漢人官僚が郷里で組織した義勇軍であった。[⁵ 　　　]による**湘軍**(しょう)や、[⁶ 　　　]の**淮軍**(わい)がその中心勢力であった。また当初中立の立場をとっていた列強も、第2次アヘン戦争の終結後は清朝擁護に転じた。アメリカ人のウォードやイギリス人の[⁷ 　　　]は、ⓒ洋式訓練を受けた中国人軍隊を指揮して反乱軍の鎮圧に協力した。太平天国は1864年に(³ 　　　)が陥落して滅亡し、ほかの諸反乱も70年代にはほぼ終息した。

　ⓓ**同治帝**の時代には、太平天国をはじめとする各地の反乱が鎮圧され、ⓔ清朝は一時的に内政・外交の安定へと向かった。反乱軍鎮圧の過程で、欧米の近代兵器の優秀さを認識した[⁵ 　　　]・[⁶ 　　　]ら漢人官僚たちは、ⓕ富国強兵をめざして欧米の軍事や技術の導入を進め、さらに兵器・紡績・造船などの工場を建設した。一方で、この取り組みは中央集権ではなく、分権的なかたちで進められた。また儒学的伝統を重視し、西洋文明は利用すべき技術・手段に過ぎないとする「⁸ 　　　」の傾向が強く、政治・社会体制の変革は進まなかった。

1 _____

2 _____

3 _____

4 _____

5 _____

6 _____

7 _____

8 _____

〈破壊された(a 　　　)〉

イエズス会宣教師である
[b 　　　]の設
計。1860年、北京を占領し
た英仏軍により略奪・破壊
された。

問ⓐ _____

問ⓑ _____

問ⓒ _____

問ⓓ _____

問ⓔ _____

問ⓕ _____

問ⓐ　このキリスト教的宗教結社を何というか。

問ⓑ　この義勇軍を何というか。

問ⓒ　この軍隊を何というか。

問ⓓ　同治帝の母で、同治帝の即位後に実権を握った人物は誰か。

問ⓔ　このような内政・外交の安定期を何と呼ぶか。

問ⓕ　欧米の近代技術導入を中心とする、富国強兵運動を何というか。

4　日本・朝鮮の開港と東アジアの貿易拡大／明治維新と東アジア国際秩序の変容

　1853年、4隻の黒船が日本の浦賀沖に現れて開国を要求した。司令官の[¹　　　]率いるこのアメリカ艦隊は、翌54年に再び日本を訪れ、日本とのあいだに(²　　　)**条約**を締結した。これにより17世紀以来続いた日本の「鎖国」体制は崩壊した。ついで**1858年**には(³　　　)**条約**が締結され、同様の条約をイギリス・フランス・ロシア・オランダとも結んだ。このような対外危機のなかで、ⓐ下級武士層を中心に倒幕運動がおこり、**大政奉還**や江戸幕府の崩壊を経て**1868年**に天皇を中心とする明治政府が成立した。明治政府は、**戊辰戦争**や**西南戦争**などの内乱を短期間で終結させ、**1889年**にはドイツ憲法の影響を受けた(⁴　　　)を制定し、翌年には**議会**設置をおこなうなど近代国家としての体制を整えた。また、ⓑ富国強兵と殖産興業につとめた日本は、列強にならい対外的にも積極的な関心を示すようになった。1871年、日本は清朝と日清修好条規を結んで国交を開いたが、74年には(⁵　　　)**出兵**をおこない、また79年には**琉球領有**によって(⁶　　　)**県**を設置するなど、対立の様相も呈していた。欧米諸国のみならず、日本の台頭にも危機感を抱いた清朝は、**李鴻章**を中心として近代的な海軍の創設に着手し、北洋艦隊を建設した。また朝貢国への関与を強めたため、ⓒベトナムではフランスと、朝鮮では日本との対立をまねくこととなった。

　朝鮮では、19世紀後半になると国王**高宗**の父である[⁷　　　]が摂政として実権を握り、鎖国攘夷策を推進した。これに対して日本は、1875年の(⁸　　　)事件を契機に開国をせまり、ⓓ翌1876年に不平等条約を締結して**釜山**など3港を開港させた。開国を強制された朝鮮では、攘夷派と改革派の対立に加えて、改革派のなかにも日本と結んで急進的な改革をはかろうとする[⁹　　　]らと、清との関係を重んじる**閔氏**らの対立が生じた。その結果、攘夷派の兵士による1882年の**壬午軍乱**や、急進改革派によるクーデタである84年の(¹⁰　　　)などの動乱がしばしばおこった。これにより朝鮮をめぐる日清間の対立は深まり、軍事的衝突の危険が高まった。**1894年**、ⓔ東学という新宗教の指導者である**全琫準**が挙兵して(¹¹　　　)**戦争**(東学の乱)をおこすと、日清両国が出兵して**日清戦争**が勃発した。この戦争に敗れた清は、翌年の(¹²　　　)**条約**において**朝鮮の独立**、賠償金の支払い、(⁵　　)・**澎湖諸島**および(¹³　　　)**半島**の割譲、開港場での企業の設立などを認めた。日清戦争は「眠れる獅子」といわれた清朝の弱体ぶりを暴露することとなり、列強による中国進出が加速して、中国各地の開港場ではⓕ外国人居留地が開設された。この居留地では様々な特権が認められ、列強の活動拠点となるとともに、**上海**などは外国資本の進出により中国経済の中心となった。一方、日本は1895年に(¹³　　)半島をⓖ**三国干渉**によって返還したものの、大陸進出の足場を朝鮮に築くこととなり、極東で南下をめざすロシアとの対立を深めていった。

問ⓐ　このような近代化への一連の改革を何と呼ぶか。

問ⓑ　1875年に締結された、日本とロシアが国境を画定した条約を何というか。

問ⓒ　1884年に、ベトナムの宗主権をめぐる清とフランスとのあいだに勃発した戦争を何というか。

問ⓓ　この不平等条約を何というか。

問ⓔ　西学(キリスト教)に対抗して、東学を創始した人物は誰か。

問ⓕ　これを何というか。

問ⓖ　三国干渉をおこなった3国をすべて答えよ。

1 ＿＿＿＿
2 ＿＿＿＿
3 ＿＿＿＿
4 ＿＿＿＿
5 ＿＿＿＿
6 ＿＿＿＿
7 ＿＿＿＿
8 ＿＿＿＿
9 ＿＿＿＿
10 ＿＿＿＿
11 ＿＿＿＿
12 ＿＿＿＿
13 ＿＿＿＿

challenge ❶
太平天国の乱後におこなわれた清朝の改革運動の内容と限界について、その改革運動の中心人物名を記しつつ、100字程度で説明せよ。
漢人官僚　洋務運動

visual ❷

⟨(　　　)⟩

1872年にフランスの技術を導入して、群馬県に設立された官営の模範工場。2014年に世界遺産に登録された。

第14章

問ⓐ＿＿＿
問ⓑ＿＿＿
問ⓒ＿＿＿
問ⓓ＿＿＿
問ⓔ＿＿＿
問ⓕ＿＿＿
問ⓖ＿＿＿

第15章　帝国主義とアジアの民族運動

1　第2次産業革命と帝国主義

1　第2次産業革命／帝国主義 ————

　イギリスから始まった産業革命は、19世紀前半にヨーロッパ大陸やアメリカ大陸にも波及した。19世紀後半には**石油**や（¹　　　）を新しい動力源として、ⓐ**重化学工業・電気工業**などが飛躍的に発展した。これらの産業は莫大な資本を必要とするため、少数の巨大企業による集中・独占の傾向が生まれた。このような**独占資本**としては、（²　　　）・（³　　　）・**コンツェルン**などがある。

　主要国の工業化が進み相互の競争が激しくなると、それまで世界経済に覇をとなえていたイギリスの支配は大きく崩れ、**帝国主義時代**が幕を開ける。植民地は、**原料の供給地**や**商品の**（⁴　　　）としてばかりでなく、**資本の投下先**として重要視されるようになった。こうして帝国主義諸国による植民地獲得競争が始まった。

　帝国主義の時代には世界の一体化が進み、資本や商品だけでなく地域間を移動する人々、すなわち（⁵　　　）の数も増加した。不況と低成長が続いた1870年代以降は、生活基盤を狭められた人々が（⁵　　　）となって、ⓑ**ヨーロッパからアメリカ合衆国などに渡った。**

　19世紀末に入ると、イギリス・フランスなど古くからの植民地保有国と、ドイツなどの後発の帝国主義国との対立が激しくなった。さらに日本やアメリカも勢力圏を形成して、イギリス・フランスとの対立が生じた。このような帝国主義諸国の対立は、軍備拡張競争をまねき、第一次世界大戦勃発の要因となった。

問ⓐ　こうした産業技術の革新を何というか。

問ⓑ　ヨーロッパからアメリカ合衆国への人の大移動を可能にした、交通革命上の1807年の発明は何か。

2　帝国主義時代の欧米列強の政治と社会——イギリス・フランス ————

　イギリスは、自由貿易体制のもと広大な植民地の維持と拡張を進めたが、その負担の大きさからⓐ**白人植民者が多い植民地**を**自治領**として間接的な支配に転換した。1870年代以降、世界的な不況やドイツ・アメリカなどの工業国との競合に直面すると、ⓑ**保守党首相ディズレーリ**が積極的に帝国主義政策を進め、80年代にはエジプトを支配下に入れた。また、植民相[¹　　　]は（²　　　）**戦争**（**1899〜1902年**）を推進した。一方、国内では1884年にウェッブ夫妻やバーナード＝ショーらによって結成された（³　　　）や労働組合が、労働者主体の政党をめざして1900年に**労働代表委員会**を結成し、1906年には（⁴　　　）**党**と改称した。このため自由党内閣は労働者の不満を和らげるため、多くの社会改革に取り組んだ。1911年には（⁵　　　）**法**を制定し、下院の上院に対する優越を確定した。またアイルランドで自治要求が高まると、1886年にⓒ**自由党内閣**は（⁶　　　）**法案**を提出したが、法案は否決された。その後、1914年にようやく（⁶　　　）法が成立したが、第一次世界大戦勃発を理由に実施が延期された。これを機に、アイルランドでは急進的な（⁷　　　）**党**による独立をめざす動きが高まった。

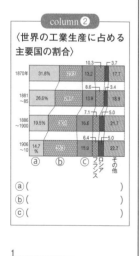

（宮崎犀一ほか編『近代国際経済要覧』東京大学出版会）

column ❶
〈世界の移民の推移〉

①1840〜59年のアイルランド移民が多い理由
（a　　　）

②1880年代〜新移民増加
（東欧・南欧から）

③1924年（b　　　）**法**
の制定 → 移民減少

1 ————
2 ————
3 ————
4 ————
5 ————

問ⓐ ————
問ⓑ ————

column ❷
〈世界の工業生産に占める主要国の割合〉

ⓐ（　　　）
ⓑ（　　　）
ⓒ（　　　）

1 ————
2 ————
3 ————
4 ————
5 ————
6 ————
7 ————

第三共和政下のフランスでは、1880年代から有効な投資先を求めて帝国主義政策が実行され、インドシナ・アフリカに大植民地が築かれた。また90年代以降は、90年代前半に(8　　　　)**同盟**、1904年に英仏協商を結んでドイツに対抗した。一方、国内ではⓓ元陸相が右翼・保守勢力の支持を受けて政権奪取をねらい失敗した事件(1887〜89年)や、ユダヤ系軍人がスパイ容疑で逮捕され、その真相究明が政治問題化したⓔ**ドレフュス事件**(1894〜99年)がおこるなど、政局は不安定であったが、これらの危機を乗りこえて議会政治は確立した。労働運動も活性化し、1905年に社会主義諸派は**フランス**(9　　　　)**党**に結集した。しかし、労働組合の直接行動による革命をめざすサンディカリスムも台頭した。

問ⓐ　五大自治領のうち、**ニュージーランド**(1907)・ニューファンドランド(1907)・**南アフリカ連邦**(1910)以外で、**1867年**と**1901年**に自治領となったのはどこか。順に答えよ。

問ⓑ　ディズレーリが**1875年**におこなった、エジプトに関する帝国主義政策は何か。

問ⓒ　このときの自由党党首で、内閣を組織していたのは誰か。

問ⓓ　この事件を何というか。

問ⓔア　この事件に際して、「私は弾劾(だんがい)する」と題する記事を新聞に発表し、政府と軍部を批判した自然主義作家は誰か。

イ　この事件に衝撃を受けたユダヤ人ジャーナリストのヘルツルらが提唱した、ユダヤ人国家の建設をめざす運動を何というか。

8
9
問ⓐ

問ⓑ
問ⓒ
問ⓓ
問ⓔア
イ

visual 1

〈(a　　　　)事件〉

作家ゾラは、軍部による冤罪事件であるとして批判した。(b　　　　)**運動**の発端ともなった。

3　帝国主義時代の欧米列強の政治と社会──ドイツ・ロシア

ドイツでは、重化学工業を中心に工業が飛躍的に発展していた。1888年に即位した[1　　　　]は90年に宰相**ビスマルクを辞職**させ、この工業力を背景にⓐこれまでの政治方針を変更して、強引な帝国主義政策を推進した。市民のあいだにも国外のドイツ人を統合して大帝国建設をめざす(2　　　　)**主義**が広がり、この政策を支援した。また皇帝は労働者の支持を得るため、ビスマルクが制定した(3　　　　)を1890年に廃止すると、(4　　　　)**党**が急速に勢力をのばした。この(4　　)党は1889年に組織されたⓑ国際的な労働者組織の中心となったが、党内ではⓒ革命をおこすのではなく、議会による社会改革をめざす勢力が強まった。

ロシアでは、19世紀末に(5　　　　)からの資本導入によって産業革命が本格化した。1891年には(6　　　　)**鉄道**建設も開始され、極東方面やバルカン半島、中央アジア方面への進出がはかられた。一方で皇帝の専制政治への批判も強まって、1898年にマルクス主義を掲げるⓓ**ロシア社会民主労働党**や、**ナロードニキ**の流れをくむ(7　　　　)(社会主義者・革命家党、社会革命党)、議会政治をめざす**立憲民主党**などがつぎつぎに結成された。

このような専制体制への批判が広がるなか、日露戦争の戦況が悪化すると、ⓔ首都ペテルブルクでおきた事件をきっかけに**1905年革命**(**第1次ロシア革命**)がおこった。この際、労働者の自治組織(8　　　　)(評議会)がはじめて結成されてストライキが高揚すると、軍隊でも反乱がおこった。そこで皇帝[9　　　　]は**十月宣言**を発して、(10　　　　)の開設と憲法制定を約束し、改革派のウィッテを首相に登用した。しかし革命が退潮に向かうと再び専制的姿勢を強め、翌年首相となった[11　　　　]は国会を無視して専制体制を復活する一方、皇帝の支持基盤を安定させるためⓕ農村共同体を解体して自営農民の育成をはかったが、改革は失敗した。

1
2
3
4
5
6
7
8
9
10
11

visual 2

〈(　　　　)事件〉

1905年、司祭ガポンに率いられたペテルブルクの民衆に対し、皇帝の近衛兵が発砲した事件。

問ⓐア

イ

問ⓑ

問ⓒ

問ⓓア

イ

問ⓔ

問ⓕ

---

visual ❸

〈（a　　　　　）外交〉

[b　　　　　　　]
大統領の風刺画。

1

2

3

4

5

6

7

8

9

10

11

12

13

問ⓐ

問ⓑ

問ⓒ

問ⓓ

問ⓐア　この帝国主義政策を何というか。

　　イ　新皇帝は、1887年にロシアとのあいだで結ばれた秘密条約の更新を90年
　　　　に拒否したが、この条約を何というか。

問ⓑ　帝国主義や軍国主義への反対や労働条件改善を主張し、パリで結成された
　　　この組織を何というか。

問ⓒ　この路線は「**修正主義**」として批判されるが、この勢力の中心人物は誰か。

問ⓓア　ロシア社会民主労働党は 2 つに分裂するが、多数派となり**レーニン**によ
　　　　って指導された党派を何というか。

　　イ　同じく、少数派でプレハーノフによって指導された党派を何というか。

問ⓔ　この事件を何というか。

問ⓕ　この農村共同体を何というか。

---

④　帝国主義時代の欧米列強の政治と社会——アメリカ／国際労働運動の発展

　アメリカの工業は鉄鋼業を中心に急速に発展し、**19世紀末**にはイギリスをしの
ぐ世界最大の工業国に成長したが、ⓐ巨大な金融資本の出現で自由競争は阻害さ
れた。経済発展を支えたのは移民の労働力であったが、ⓑ東欧・南欧からの移民
が増加するにつれて、都市部の貧困問題が表面化した。そのため20世紀初めには、
独占の規制や労働条件の改善など（¹　　　　）主義と呼ばれる諸改革が実施され
た。一方、**1890年代**に（²　　　　）が消滅するにつれ、国内では帝国主義を求める声が
現れた。**1898年**、共和党の [³　　　　] **大統領**はキューバの独立支援を口実に
（⁴　　　　）**戦争**を始めた。その結果、キューバを保護国化するとともに、ⓒ東南
アジア・ミクロネシア・カリブ海の植民地を獲得した。また同年、太平洋上の
（⁵　　　　）**王国**も併合した。さらに東アジアにも関心をもち、ヨーロッパや日本
が中国へ進出するなか、国務長官 [⁶　　　　] は1899年と1900年の二度にわたり
（⁷　　　　）**宣言**を発して中国の（⁷　　　）・機会均等・領土保全を求めた。

　[³　　] を継いだ [⁸　　　　] **大統領**も、「**棍棒外交**」と呼ばれる中南米諸国への武
力干渉や1904年の（⁹　　　　）**運河**建設着工など、積極的な（¹⁰　　　　）**海政策**を展
開した。また国内では（¹　）主義を掲げて反トラスト法を適用し、独占資本の行
き過ぎを防ごうとした。その後、1914年に大統領となった民主党の [¹¹　　　　] は
「新しい自由」を掲げて反トラスト法を強化し、対外面ではアメリカ民主主義の道
義的優位を説く「宣教師外交」をおこなった。一方で、メキシコへの軍事介入や
（⁹　）運河の管理権掌握など、中米・カリブ海地域での覇権的地位を確立させた。

　1864年に [¹²　　　　] らが中心となってロンドンで結成された第 1 インターナ
ショナルは、内部の対立と各国の弾圧によってパリ＝コミューンの失敗後に解散し
た。しかし80年代後半からの欧米諸国での工業化の進展にともなって労働運動が
活性化し、**1889年**にはドイツ（¹³　　　　）**党**などが中心となってⓓ第 2 インターナ
ショナルが結成された。しかし、この組織も各運動組織が自国の利害を優先する
傾向が現れ、しだいに結束は弱まっていった。

問ⓐ　スタンダード石油会社を創設し、「石油王」と呼ばれた実業家は誰か。

問ⓑ　19世紀半ばまでの西欧・北欧からの従来の移民に対して、これらの移民は
　　　何と呼ばれるか。

問ⓒ　アメリカが獲得した、これらの地域の植民地を順に答えよ。

問ⓓ　この組織が結成された都市はどこか。

2 列強の世界分割と列強体制の二分化

1 アフリカの植民地化

アフリカ大陸に関しては、奴隷貿易が盛んであった頃でも、ヨーロッパ人の知識は北部とアジア航路の港など沿岸部に限られており、19世紀前半まで「暗黒大陸」と呼ばれていた。しかし、19世紀半ばからⓐアフリカ内陸部の探検が進むと、列強のアフリカに対する関心が高まった。ベルギー国王レオポルド２世がコンゴ地域に積極的に進出してヨーロッパ諸国と対立すると、ドイツのビスマルクは1884年に([1]　　　)**会議**を開いてこれを調停した。会議ではⓑ**コンゴ自由国**の設立を認めるとともに、アフリカの植民地化において、先に**実効支配**した国が領有できるとする「**先占権**」の原則を確認した。これを契機として、列強によるアフリカ分割が加速した。

1875年の**ディズレーリ**内閣によるⓒスエズ運河会社の株式買収後、イギリスはエジプトへの経済進出を進めたが、これに抵抗する81年の[[2]　　　]**運動**を鎮圧して、翌**1882年**にエジプトを事実上の保護下においた。さらに南下して**スーダン**でもⓓ長年の抵抗運動を鎮圧して、1899年にこれを征服した。一方、南アフリカでは**ケープ植民地**首相となった[[3]　　　]の指導で、南アフリカ内陸部が開発された。さらにイギリスは、ⓔオランダ系移民の子孫たちの建設した国でダイヤモンドと金が発見されると、これをねらって**1899年**に**南アフリカ戦争**をおこし、激しい抵抗を排して領土を拡大した。イギリスは、エジプトの([4]　　　)と南アフリカの([5]　　　)をつなぐ**アフリカ縦断政策**を進めるとともに、インドの([6]　　　)とも結びつけて、これらの都市を結ぶ地域に勢力を拡大する([7]　　　)**政策**と呼ばれる帝国主義政策を進めた。

フランスは**1830年**に([8]　　　)を占領し、さらに81年には**チュニジア**を保護国とし、サハラ砂漠地域からアフリカを横断してジブチや([9]　　　)**島**と連絡する**アフリカ横断政策**をとった。この結果、**1898年**にⓕフランスと**イギリスの縦断政策**が衝突する事件がおこり両国の緊張は高まったが、フランスが譲歩して解決した。その後、海外進出を強化するドイツに対しての警戒感から両国のあいだで([10]　　　)が結ばれ、ⓖ対立は回避されることになった。

ドイツは([1]　　)会議を機に南西アフリカ・カメルーン・トーゴ・東アフリカなどを植民地化したが、資源や市場価値に乏しかったため、ヴィルヘルム２世が北アフリカでⓗ**1905年**と11年の２度にわたる([11]　　　)**事件**をおこし、フランスと対立した。これはいずれもイギリスなど列強の反対にあったためドイツのもくろみは失敗し、イギリス・フランスとの対立を深めた。

イタリアは1880年にⓘ**ソマリランド**・エリトリアを獲得し、さらに19世紀末に([12]　　　)へ侵入したが、1896年の**アドワの戦い**で敗れて撤退した。その後、1911年の**イタリア＝トルコ（伊土）戦争**でオスマン帝国から([13]　　　)（トリポリ・キレナイカ）を獲得した。このような列強の進出によって、アフリカ分割は進み、ⓙほとんどの地域は植民地化された。

問ⓐア　19世紀半ばからアフリカ奥地を探検し、ヴィクトリア滝などを発見したイギリスの宣教師・探検家は誰か。

イ　消息を絶った上記アの人物を捜索するため、アフリカ奥地に入ったイギリス出身のアメリカ人新聞記者は誰か。

1
2
3
4
5
6
7
8
9
10
11
12
13

visual 1
〈ケープ植民地首相・[　　　]の風刺画〉

カイロとケープタウンを足で押さえ、両地域をつなぐ電信線を手にしている。

問ⓐア
イ

第15章

問ⓑ _____

問ⓒ _____

問ⓓ _____

問ⓔア _____

イ _____

問ⓕ _____

問ⓖ _____

問ⓗ _____

問ⓘ _____

問ⓙ _____

visual❷

〈アメリカによる
（　　　　）併合〉

カメハメハ王朝最後の女王
リリウオカラニ。親米系住
民のクーデタで失脚した。
「アロハオエ」の作者。

1 _____

2 _____

3 _____

4 _____

5 _____

6 _____

問ⓐ _____

問ⓑA _____

B _____

C _____

D _____

E _____

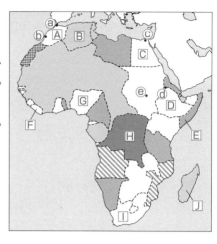

問ⓑ　この場所を、右の地図中のＡ〜Ｊ
より選べ。

問ⓒ　スエズ運河は**1869年**に開通するが、
これを完成させたフランス人は誰か。

問ⓓ　宗教指導者ムハンマド＝アフマド
に率いられたこの運動を何というか。

問ⓔア　オランダ系移民の子孫たちを何
と呼ぶか。

イ　彼らが建国した２つの国名を答
えよ。

問ⓕ　この事件の名称を答え、その場所
を右の地図中のａ〜ｅより選べ。

問ⓖ　この結果、英仏両国が相互に承認した内容を、簡潔に説明せよ。

問ⓗ　第１次（**1905年**）と第２次（**1911年**）の事件の舞台になった港市名、およびそ
の場所を右の地図中のａ〜ｅより選び、順に答えよ。

問ⓘ　この場所を右の地図中のＡ〜Ｊより選べ。

問ⓙ　(¹²　　)とともに植民地化を免れて独立を維持した国の名称を答え、その場
所を右の地図中のＡ〜Ｊより選べ。

② 太平洋地域の分割

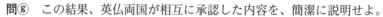

太平洋地域では、17世紀にオランダ人の**タスマン**がオーストラリアやニュージ
ーランドなどを探検した。18世紀にはイギリス人の[¹　　　]が３回にわたって
太平洋を探検したのち、イギリスが**オーストラリア**の領有を宣言した。オースト
ラリアははじめ流刑地（るけいち）とされていたが、19世紀初めから農業と牧羊業が発達した。
その一方で、ⓐ先住民は移民によって奥地に追われた。1850年代に金鉱が発見さ
れると、移民が急増して開発が進み、1901年にイギリスの自治領とされた。ニュ
ージーランドも同様にイギリスの植民地とされ、先住民(²　　　)人の武装闘争
はおさえ込まれ、1907年に自治領とされた。

1880年代以降、ビスマルク諸島はじめカロリン・マリアナ・マーシャル・パラ
オの各諸島は(³　　　)領となり、ポリネシアのフィジーやトンガはイギリスが、
タヒチやニューカレドニアはフランスが支配した。アメリカは**1898年**の**アメリ
カ＝スペイン（米西）戦争**でスペインから(⁴　　　)と(⁵　　　)を獲得した。太
平洋の独立国であった(⁶　　　)でも、カメハメハ王朝最後の女王リリウオカラ
ニが親米系住民のクーデタにより
退位させられ、**1898年**にアメリカ
に併合された。このように、ⓑ太
平洋の諸島群は20世紀の初めまで
に列強の支配下に入っていった。

問ⓐ　この先住民は何と呼ばれる
か。

問ⓑ　太平洋における列強の勢力
圏について、右の地図のＡ〜
Ｅに適する国名を答えよ。

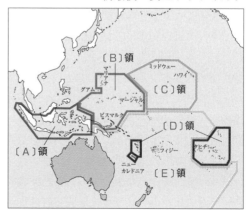

3　ラテンアメリカ諸国の従属と発展

　中南米のラテンアメリカ諸国では、独立後も大土地所有制と貧富の大きな格差が存続していた。19世紀後半に経済は発展するが、輸出用作物や工業原料の生産が中心であり、国際価格の影響を大きく受けるため不安定であった。また中米ではアメリカ合衆国の、南米ではイギリスの経済的影響が大きかった。とくにアメリカ合衆国は、1889年から定期的に(¹　　　　)**会議**を主催し、ラテンアメリカへの影響力を強化していった。1898年に勃発したアメリカ＝スペイン(米西)戦争では、アメリカはカリブ海の**プエルトリコ**を獲得し、(²　　　　)にはプラット条項を認めさせて事実上の保護国とした。さらに(³　　　　)**運河**完成後は、ニカラグアやハイチなどの内政に干渉するなど、ⓐカリブ海政策を積極的に進めた。

　ブラジルでは、奴隷制廃止による経済の混乱のなかで、共和派がクーデタをおこして共和政が確立したが、軍の発言権が高まった。**アルゼンチン**では、19世紀末に安定した政権が樹立され、移民や投資が急増したが、民主化は遅れていた。

　メキシコでは、フランスの[⁴　　　]の干渉を排除したフアレス大統領が国内改革につとめた。つぎの大統領の[⁵　　　]は独裁体制のもと、外資を導入して近代化を進めたが、経済格差を背景にⓑ1910年に革命がおこり、[⁵　　　]政権は倒された。その後、新憲法が制定され、外国資本と教会財産が国有化された。

問ⓐ　軍事力を背景に、「**棍棒外交**」をおこなったアメリカ大統領は誰か。

問ⓑ　ア　この革命を何というか。
　　　イ　自由主義者**マデロ**とともに、この革命を指導した農民指導者は誰か。

4　列強体制の二分化

　ドイツ皇帝ヴィルヘルム２世が、**1890年**にロシアとの(¹　　　　)**条約**の更新を拒否したことからロシアとフランスは接近し、1890年代前半に(²　　　　)が成立した。これによってⓐ**ビスマルク体制**は崩れ、フランスは国際的な孤立を脱した。ドイツは(³　　　　)**鉄道**の敷設を推進し、西アジアへ進出するⓑ**３Ｂ政策**をとったが、これはイギリスのⓒ**３Ｃ政策**と対立するものであった。

　イギリスは、どこの国とも同盟関係をもたない「⁴　　　　」の立場を維持していたが、東アジアでのロシアの進出に備えて**1902年**に(⁵　　　　)を結んだ。また、ドイツに対抗して**1904年**には(⁶　　　　)を成立させた。さらにロシアが日露戦争敗北後にバルカン半島における南下を再度試みると、ドイツ・オーストリアとの対立が深まった。そのため、ロシアは**1907年**に(⁷　　　　)を結んでイギリスと和解した。この結果、ⓓ**イギリス・フランス・ロシアの提携関係**が成立した。

　一方イタリアは、**三国同盟**の一員であったが、**南チロル**や**トリエステ**などの「⁸　　　　」と呼ばれる地域をめぐってオーストリアと対立していたため、三国同盟は実質的にドイツ・オーストリアの二国同盟になっていた。こうしてヨーロッパ列強は、イギリス・ドイツをそれぞれの中心とする２つの陣営にわかれて軍備拡大を競い合った。

問ⓐ　ビスマルク時代に結ばれていた、ドイツ・オーストリア・ロシアの同盟関係を何というか。

問ⓑ　この政策の拠点となる３都市の名称を西から順に答えよ。

問ⓒ　この政策の拠点となる３都市の名称を答えよ。

問ⓓ　この提携関係を何というか。

1_____
2_____
3_____
4_____
5_____
問ⓐ_____
問ⓑ　ア_____
　イ_____

geographic ❶
〈３Ｃ政策と３Ｂ政策〉

ⓐ(　　　　　　)
ⓑ(　　　　　　)
ⓒ(　　　　　　)

challenge ❶
イギリスとロシアが、日露戦争前の対立関係から戦争後に協調関係へと変化した経緯について、100字程度で説明せよ。

日英同盟　英露協商

1_____
2_____
3_____
4_____
5_____
6_____
7_____
8_____

問ⓐ_____
問ⓑ_____
_____
_____
問ⓒ_____
_____
_____
問ⓓ_____

第15章

3　アジア諸国の変革と民族運動

1　列強の中国進出と清朝

　日清戦争で日本に敗北したことは、中国の知識人に大きな衝撃を与えた。とくに若い知識人のあいだでは、「**中体西用**」と評された(¹　　　)運動のあり方が批判され、(²　　　)という日本の政治・社会の大変革を手本にした憲法制定や議会開設など、ⓐ体制の変革が必要であるという認識が広まった。**1898年、公羊学派**の[³　　　]は、**梁啓超**らとともに[⁴　　　]**帝**のもとで(⁵　　　)制の樹立を企図したが、同年、[⁶　　　]らのⓑ保守派がこれを弾圧した。[⁴　]帝は幽閉され、[³　]や梁啓超は失脚して日本に亡命し、改革は失敗に終わった。

　同じ頃、日清戦争における清の敗北は、列強による中国進出を加速させた。**下関条約**で日本が(⁷　　　)半島を獲得すると、極東での南進の機会をうかがっていたⓒロシアは、フランスとドイツを誘って1895年に(⁷　)半島を清へ返還させた。ロシアはこの代償としてⓓ鉄道の敷設権を清から獲得し、その後、(⁷　)半島南部のⓔ旅順・大連を租借した。またドイツは(⁸　　　)を租借し、イギリスはⓕ九竜半島と山東半島東端の(⁹　　　)を租借し、さらにフランスは(¹⁰　　　)を租借した。中国進出に出遅れたアメリカは、19世紀末に国務長官ジョン＝ヘイの名で**門戸開放・**(¹¹　　　)(1899)・(¹²　　　)(1900)の3原則を提唱し、他国を牽制しながら中国市場への参入をはかった。

　列強の進出にともなってキリスト教の布教活動が盛んになると、中国人の入信者が増加した。するとⓖこれに反発する地方のエリート（郷紳）や民衆と、宣教師・信徒とのあいだにしばしば衝突事件がおこった。この最大の動きが、1899年に山東半島で結成された(¹³　　　)による排外運動である。彼らは「¹⁴　　　」というスローガンを掲げて、各地でキリスト教の教会や鉄道施設を破壊した。1900年、(¹³　)が北京に入ると、[⁶　]ら清朝の保守派がこれを支持して列強に宣戦を布告した。列強は8カ国連合軍を組織すると、北京を占領して清朝を破った。

これを(¹³　)**戦争**という。この結果、1901年に結ばれた(¹⁵　　　)により、清朝は巨額の賠償金を支払うとともに、(¹⁶　　　)の**北京駐屯**などを認めることになった。

問ⓐ　この改革運動を何というか。

問ⓑ　この弾圧（クーデタ）を何というか。

問ⓒ　このことを何というか。

問ⓓ　この鉄道の名称を答え、その場所を右の地図中A～Dより選べ。

問ⓔ　この場所を右の地図中ア～エより選べ。

問ⓕ　この場所を右の地図中ア～エより選べ。

問ⓖ　この衝突事件のことを何というか。

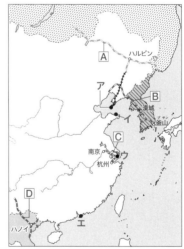

2　日露戦争と韓国併合

　日清戦争後、朝鮮は国号を**大韓帝国**と改めて独立国であることを示したが、ロシアは**義和団戦争**後も中国東北各地に軍隊を残して朝鮮をねらい、日本もその支配をねらってロシアと対立を深めた。ロシアの南下を警戒したイギリスは**1902年**

column ❶

〈清末の改革〉

洋務運動	
時代	1860年頃～
中心	曽国藩・[ⓐ　　　]ら漢人官僚
特色	・「　ⓑ　」の精神——政治改革を避け、西洋近代技術の模倣
結果	清仏戦争・(ⓒ　　)戦争の敗北で挫折

⬇

変法運動	
時代	1895～98年
中心	[ⓓ　　]・梁啓超らが[ⓔ　　]帝を説得して実行
特色	・明治維新を模範とする——(ⓕ　　)制の樹立を企図
結果	西太后ら保守派による、(ⓖ　　)の政変で挫折

問ⓐ _____

問ⓑ _____

問ⓒ _____

問ⓓ _____

問ⓔ _____

問ⓕ _____

問ⓖ _____

に日本と（[1]　　　）を結び、アメリカも日本を支援した。**1904年**に**日露戦争**が始まると、戦局は日本優位に展開したものの国力は消耗し、ロシアでもⓐ**1905年革命**（第1次ロシア革命）が勃発して、戦争の継続が困難となった。そこで1905年、ⓑアメリカ大統領の調停によって（[2]　　　）**条約**が結ばれた。この条約で日本は**韓国の保護権**を承認され、（[3]　　　）**鉄道**の利権や（[4]　　　）**半島南部**の租借権、**樺太**（からふと）**南部**の領有権などを獲得した。ヨーロッパの大国ロシアに対する日本の勝利は、アジア各地の民族運動に大きな影響を与えた。その一方で、日本は欧米列強と協調しながら大陸進出を進めた。さらに、（[1]　　）に加えて1907年には**日露協約**を結んで、韓国における優位を列強に認められた。

朝鮮半島では、日本は日露戦争開始以降、3次にわたる（[5]　　　）を結んでⓒ韓国に対する実質的支配を進めた。これに対し韓国では、ⓓ民衆が武装闘争を展開する一方、日本支配の不当性を訴えようとした**ハーグ密使事件**もおこった。しかし、日本は**1910年**の**韓国併合**によって、ソウル（京城）に統治機関の（[6]　　　）をおいて韓国を植民地とし、武断政治による統治をおこなった。

問ⓐ　この革命がおこるきっかけとなった、1905年の事件を何というか。
問ⓑ　この大統領は誰か。
問ⓒ　1905年の第2次（[5]　　）で日本は韓国の外交権を奪い、**統監府**をおいたが、初代統監となったのは誰か。
問ⓓア　これを何というか。
　イ　初代韓国統監をハルビン駅で暗殺した、韓国の独立運動家は誰か。

1 ……
2 ……
3 ……
4 ……
5 ……
6 ……

challenge 1
戊戌の変法の結果とその後の清朝による政治改革の経過について、70字以内で説明せよ。
西太后　科挙

問ⓐ ……
問ⓑ ……
問ⓒ ……
問ⓓア ……
イ ……

[3] 清朝の改革と辛亥革命

義和団戦争に敗北した清朝では、強まる外圧のなかで、ようやく国政改革が推進された。**1905年**に（[1]　　　）が**廃止**され、08年には**憲法大綱**が発布されて国会開設が約束された（**光緒新政**）。また近代的な新軍も編制され、そのうち最強の北洋軍は［[2]　　　］が掌握した。

この間、留学生や華人（華僑）のなかには清朝に対する革命運動に参加するものも増え、**孫文**は1894年にハワイで（[3]　　　）を結成した。（[3]　　）などの革命諸団体は日露戦争での日本の勝利に刺激されて、孫文を中心に**1905年**に東京で（[4]　　　）を組織した。彼らはⓐ**三民主義**の理念を掲げて、清朝の打倒や共和国の建設、貧富の差の抑制をめざし、革命宣伝や武装蜂起をおこなった。

1911年、清朝は財政難の克服をはかって、幹線鉄道の国有化計画を発表した。しかし、外国から利権を回収する運動を展開していた民族資本家らはこれに反対し、（[5]　　　）**省**では民衆の暴動が発生した。同年10月、これに呼応して軍隊が（[6]　　　）で蜂起すると、各省がつぎつぎと独立を宣言して（[7]　　　）**革命**が始まった。革命側は**中華民国**の建国を宣言して、孫文を臨時大総統とした。清朝は［[2]　　］に革命の鎮圧を命じたが、彼は革命勢力と交渉し、みずからが臨時大総統に就任することを条件にしてⓑ**皇帝**に退位をせまり、1912年に清朝を滅亡させた。しかし、［[2]　　］はしだいに権限を強めて議会を抑えようとしたため、孫文らの**国民党**と対立した。［[2]　　］の独裁は進み、帝位につこうとしたが内外の反対により失敗し、まもなく病死した。以後中国では、列強と結んだ各地の軍事勢力（**軍閥**）が近代化をはかりながら互いに抗争して混乱が続いた。また、清朝の滅亡とともに周辺諸民族の住む地域にも独立の動きがみられたが、ⓒ一部の地域を除いて中

1 ……
2 ……
3 ……
4 ……
5 ……
6 ……
7 ……

第15章

visual 1
〈革命の父［　　　　］〉
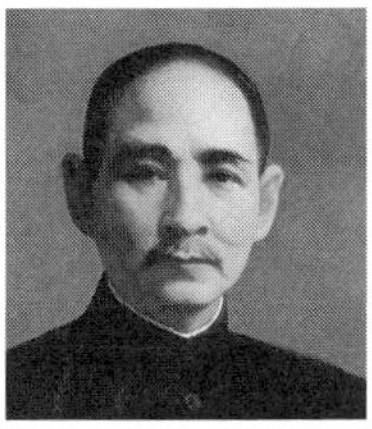
興中会や中国同盟会を組織し、革命運動を展開。日本に亡命中は宮崎滔天や犬養毅と親交があった。

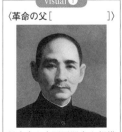

華民国にとどまった。

問ⓐ　この内容を3つ挙げよ。

問ⓑ　この皇帝は誰か。

問ⓒ　(⁷　)革命を機に独立し、1924年にソヴィエト連邦の影響下で社会主義国となった国を答えよ。

④　インドにおける民族運動の形成 ─────────

　インド帝国の成立以降、インドはイギリスを中心とする世界的な経済体制に組み込まれて、大きな経済的負担をしいられた。そのようななかでも民族資本家の成長がみられるようになり、またイギリス型の教育を受けたエリートのなかには、民族的な自覚をもつ階層も出現した。イギリスは彼らを懐柔する必要にせまられ、**1885年**に対英協調を求めるための穏健な諮問機関である(¹　)が結成され、ボンベイで第1回の会議が開かれた。会議は当初イギリスとの協調に重きをおいたが、ⓐしだいに民族意識を高め、1906年には(²　)で大会を開催した。この大会では、急進派の[³　]を中心に**英貨排斥・民族教育**などⓑ4綱領が決議されて反英姿勢が明確となり、民族資本家たちもこれを支持した。一方、(¹　)派はヒンドゥー教徒を中心とするものであったため、イギリスはムスリムによる親英的な(⁴　)**連盟**を結成させて、これと対立させた。さらにイギリスは首都を民族運動の激しいベンガル地方の(²　)から北インドのデリーへと移したため、民族運動は一時的に鎮静化した。

問ⓐ　イギリスがインドの民族運動を分断しようとして**1905年**に発表し、激しい反対運動を受けたものは何か。

問ⓑ　このうち、**国産品愛用・自治獲得**のことを原語で何というか、順に答えよ。

⑤　東南アジアにおける民族運動の形成 ─────────

　東南アジアでは、ⓐほとんどすべての地域が植民地となった。いずれの地域でも民族運動の萌芽がみられたが、多くは弾圧を受けて挫折した。オランダは、1830年から実施した(¹　)**制度**などのきびしい植民地政策でインドネシアが窮乏すると、政策を転換して現地の福祉や教育に目を向けるようになった。やがて教育を受けた知識人のあいだに民族的な自覚が生まれ、1911～12年にかけて結成された民族運動団体が(²　)である。当初は相互扶助的な性格が強かったが、のちに政治的活動をおこなっていった。

　フィリピンでは、[³　]がスペインの植民地支配における圧政を批判する言論活動を開始し、1896年には**フィリピン革命**が始まった。98年にⓑアメリカ＝スペイン(米西)戦争が始まると、[⁴　]を中心とする革命軍は共和国を樹立した。ところがアメリカ＝スペイン戦争後、フィリピンの領有権を得たアメリカがフィリピンに侵攻し、**フィリピン＝アメリカ戦争**が勃発した。フィリピン共和国側は敗れ、スペインにかわってアメリカによる統治がおこなわれた。

　日露戦争の勝利に刺激を受けたベトナムでは、[⁵　]を中心に**維新会**が結成され、日本に留学生を派遣する(⁶　)**運動**が展開された。1907年の日仏協約後にこの運動が挫折すると、[⁵　]は中国に渡ってベトナム光復会を組織して運動を続けたが、弾圧されて独立運動は弱まった。

問ⓐア　東南アジアで唯一、独立を維持した国はどこか。イ　また、19世紀後半

問ⓐ

問ⓑ

問ⓒ

1

2

3

4

問ⓐ

問ⓑ

challenge ❷

インドでは、1905年にインド総督カーゾンによってベンガル分割令が出された。この法令の内容とその意図について、90字程度で説明せよ。

　反英運動　分断

visual ❷

〈[　　　]〉

ベトナムの民族運動の指導者。維新会を組織し、ドンズー(東遊)運動をおこなった。日仏協約の締結により、日本がベトナム人留学生を追放したため挫折した。

1

2

3

4

5

6

問ⓐア

イ

から20世紀初頭にかけて、近代化をめざす改革をおこなった王は誰か。
問ⓑ　この戦争でアメリカが太平洋上で獲得した、フィリピン以外の島はどこか。

6　西アジアの民族運動と立憲運動

西アジアにおいても、ヨーロッパ列強の進出は民衆の抵抗と変革をうながし、イスラームの団結を訴えるⓐ**パン＝イスラーム主義**の思想を背景にした民族運動がおこった。

エジプトでは、1860年代以降、イギリス・フランスが経済進出して内政への干渉を始めると、1881年に軍人[1　　　　]が「エジプト人のためのエジプト」をとなえて立憲制の樹立をめざす運動を開始し、国民的運動へと発展した。これはイギリス軍によって鎮圧されたが、のちのエジプト民族運動の出発点となった。南のスーダンでは、ムハンマド＝アフマドが1881年に[2　　　　]**運動**をおこして国家を築いたが、98年にはⓑイギリス軍の攻撃で崩壊した。

イランの(3　　　　)**朝**では、1891年にタバコ利権の独占権がイギリス人に与えられたのを機に(4　　　　)**運動**がおこり、翌年政府は利権の譲渡を撤回した。1905年には政府の専制に対して(5　　　　)**革命**が展開され、翌06年には国民議会が開設された。しかし、1907年の英露協商でイラン分割案を画策したイギリス・ロシアから圧力を受けた(3　　)朝は、11年に議会を閉鎖した。

オスマン帝国では、[6　　　　]がロシア＝トルコ(露土)戦争の勃発を理由に(7　　　　)**憲法**を停止し、パン＝イスラーム主義を利用して専制体制の維持をはかった。しかし憲法停止に不満をもつ人々は、スルタンの専制支配に反対して「統一と進歩団」を結成した。彼らはⓒ**1908年**に革命をおこして政権を担当し、憲法を復活させた。この政権は西欧的近代化をはかったものの、政権は安定しなかった。しかしこの間に、言論・結社の活動によってトルコ民族主義が成長した。

問ⓐ　これを提唱し、各地の民族運動に大きな影響を与えた思想家は誰か。
問ⓑ　常勝軍を指揮して太平天国軍とも戦い、[2　　]軍との戦いで戦死したイギリス軍人は誰か。
問ⓒ　この革命を何というか。

7　Exercise　帝国主義時代の民族運動

帝国主義時代の民族運動や革命について、次の地図中の空欄ア～コに適当な語句を記入せよ。

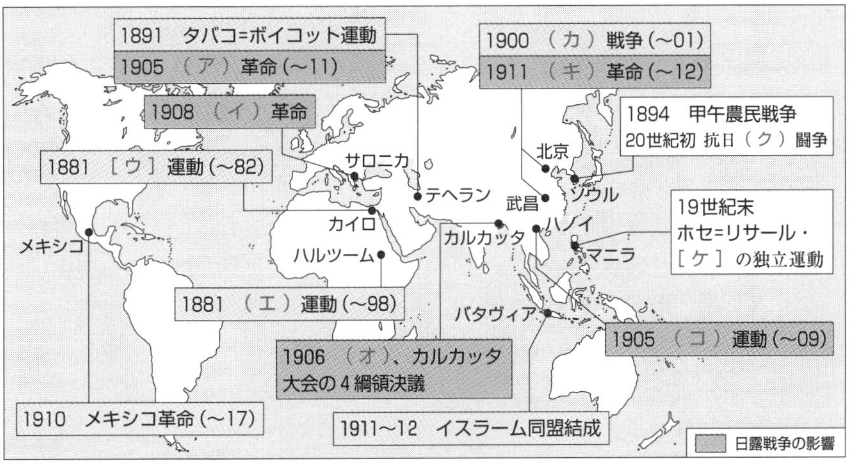

1891　タバコ=ボイコット運動
1905　（ア）革命（～11）
1908　（イ）革命
1881　［ウ］運動（～82）
1881　（エ）運動（～98）
1906　（オ）、カルカッタ大会の4綱領決議
1900　（カ）戦争（～01）
1911　（キ）革命（～12）
1894　甲午農民戦争
20世紀初 抗日（ク）闘争
19世紀末
ホセ=リサール・［ケ］の独立運動
1905　（コ）運動（～09）
1910　メキシコ革命（～17）
1911～12　イスラーム同盟結成
サロニカ
テヘラン
カイロ
ハルツーム
メキシコ
北京
ソウル
武昌
ハノイ
カルカッタ
マニラ
バタヴィア
日露戦争の影響

問ⓑ

1
2
3
4
5
6
7

問ⓐ
問ⓑ
問ⓒ

visual ③

〈[　　　　　]〉

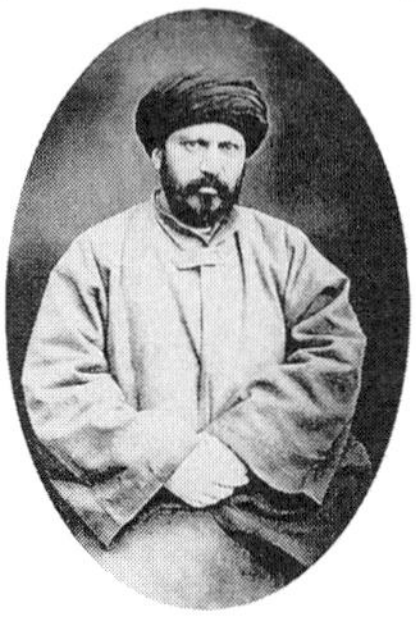

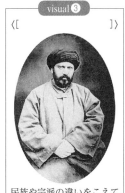

民族や宗派の違いをこえて、ムスリムが団結しようというパン＝イスラーム主義を提唱したイラン出身の思想家。

ア
イ
ウ
エ
オ
カ
キ
ク
ケ
コ

第15章

第16章　第一次世界大戦と世界の変容

1　第一次世界大戦とロシア革命

1　バルカン半島の危機

20世紀初頭、ヨーロッパの帝国主義列強は、オスマン帝国領であるバルカン半島への進出をめぐり、ドイツ・オーストリア陣営と、イギリス・フランス・ロシア陣営の二つにわかれて対立するようになった。**1908年**、オスマン帝国でⓐ**青年トルコ革命**がおこると、これに乗じて(1　　　　)が独立し、オーストリアは**1878年のベルリン会議**で行政権を得ていた(2　　　　)を併合した。しかし(2　　)は(3　　　　)系民族が多く、(4　　　　)が編入を求めていたことから、バルカン半島の緊張は高まった。**パン＝(5　　　　)主義**をとなえるドイツがオーストリアを支持する一方、(4　　)を支持するロシアは**パン＝(3　　)主義**を掲げて、1912年に(1　　)・(4　　)・モンテネグロ・ギリシアの4国からなる**バルカン同盟**を結成させた。同年、ⓑバルカン同盟はオスマン帝国に宣戦し、バルカン半島のオスマン帝国領の大半を奪った(第1次バルカン戦争)。しかし奪った領土の配分をめぐって、(1　　)とほかのバルカン同盟諸国とが衝突し(第2次バルカン戦争)、敗れた(1　　)はドイツ・オーストリア陣営に接近した。こうして、列強の利害と民族主義、宗教が複雑にからみあったバルカン半島は、「6　　　　」と呼ばれた。

問ⓐ　**ミドハト憲法**の復活を求めて、青年トルコ革命を指導した政治組織は何か。

問ⓑ　バルカン同盟は、オスマン帝国がある国と交戦中であったことに乗じて宣戦した。当時、オスマン帝国がおこなっていた戦争を何というか。

geographic 1

〈バルカン半島の情勢〉

— 第1次バルカン戦争勃発時のオスマン帝国国境

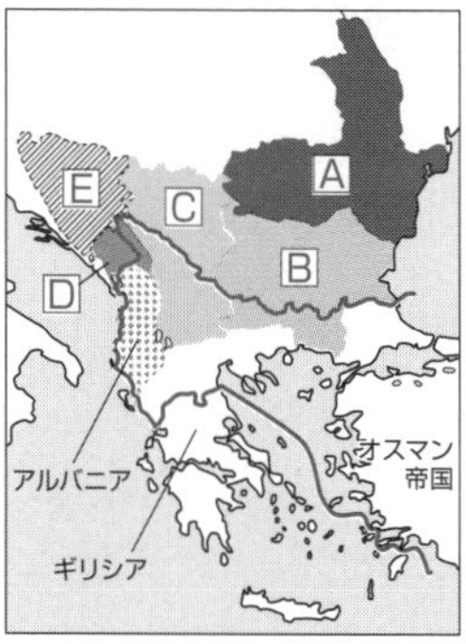

国名・地域名を記せ。

A (　　　　　　　　)

B (　　　　　　　　)

C (　　　　　　　　)

D (　　　　　　　　)

E (　　　　　　　　)

1 ____

2 ____

3 ____

4 ____

5 ____

6 ____

問ⓐ ____

問ⓑ ____

2　第一次世界大戦の勃発

青年トルコ革命(1908年)に乗じてオーストリアが併合した**ボスニア・ヘルツェゴヴィナ**の中心都市(1　　　　)で、**1914年**6月、オーストリアの帝位継承者夫妻が(2　　　　)人の民族主義者に暗殺された。この(1　　)**事件**を契機に、オーストリアは同盟国ドイツの支援を受けて7月に(2　　)に宣戦した。これに対して、(2　　)を支援する大国の(3　　　　)が総動員令を発すると、ドイツは(3　　)およびフランスに宣戦し、中立国(4　　　　)に侵攻した。このドイツの行動を理由にイギリスはドイツに宣戦し、ほかの列強諸国も同盟・協商関係に従って参戦したので、ⓐ同盟国側と協商国(連合国)側との第一次世界大戦が始まった。三国同盟の一員であったイタリアは、当初中立を守っていたが、1915年に**ロンドン秘密条約**を結んでⓑ「未回収のイタリア」返還の約束をとりつけ、協商国側で参戦した。

開戦直後、ドイツはフランスに侵入してパリに迫ったが、(5　　　　)**の戦い**で反撃を受け、ⓒ**西部戦線**は膠着状態となった。**東部戦線**でも、(6　　　　)**の戦い**でドイツがロシアを破ったものの、その後、戦線は膠着した。戦争の長期化にともない、ⓓ各国は**挙国一致体制**のもと経済統制を強め、国民生活全体が戦争遂行のために編制されるようになった。また、大戦が始まると各国の社会主義政党は自国政府の戦争政策を支持したため、**第2インターナショナル**は崩壊した。

アジアでは、**日本**が(7　　　　)**同盟**を口実に8月末にドイツに宣戦し、ⓔ中国

visual 1

〈(a　　　　)問題〉

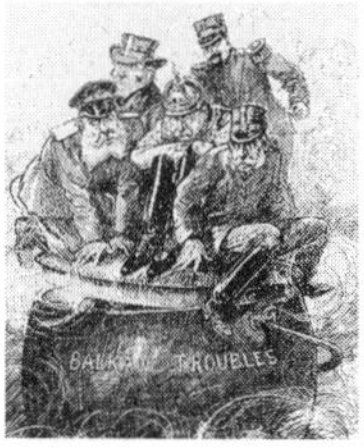

今にも吹きこぼれそうな大釜に「(　a　)問題」と書かれている。

1 ____

2 ____

3 ____

4 ____

5 ____

6 ____

7 ____

におけるドイツの租借地やドイツ領南洋諸島を攻略した。こうして戦線はヨーロッパからアジア・アフリカ・太平洋にまで拡大し、列強は植民地からも兵士や物資を調達したので、世界規模の戦争に発展した。

問ⓐ　第一次世界大戦開戦当時の国際関係を示した次の図のA～Eに適当な国名を、またア～ウには適当な語句を入れよ。

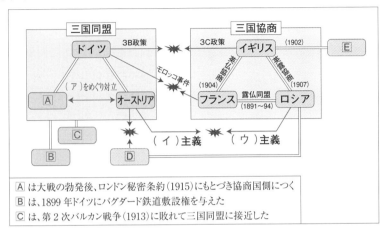

A は大戦の勃発後、ロンドン秘密条約(1915)にもとづき協商国側につく
B は、1899年ドイツにバグダード鉄道敷設権を与えた
C は、第2次バルカン戦争(1913)に敗れて三国同盟に接近した

問ⓑ　「未回収のイタリア」と呼ばれ、オーストリア領にとどまっていた地域を2つあげよ。

問ⓒア　塹壕戦による膠着状態打破のために、イギリス軍がソンムの戦い(1916年)においてはじめて投入した兵器は何か。

　　イ　上記ア以外に、第一次世界大戦ではじめて使用された兵器を2つ記せ。

問ⓓア　戦争遂行のために、国力を総動員しておこなわれる戦争を何と呼ぶか。

　　イ　このとき女性も軍需工場などに動員された。そのため第一次世界大戦後、多くの国で女性にどのような権利が認められるようになったか。

問ⓔ　日本が占領した、山東半島のドイツ租借地はどこか。

③ 戦時外交と総力戦／大戦の結果

　戦争が長期の総力戦となり、植民地からも兵士や物資を調達する必要から、列強は植民地に対して自治や独立を約束したほか、**秘密条約**にもとづく**戦時外交**を展開した。イギリスは**1915年**の(¹　　　　)**協定**で、(²　　　　)**人**にオスマン帝国領パレスチナでの国家建設を約束したが、ⓐ16年には英・仏・露によるオスマン帝国領の分割を定めた秘密協定を結んだ。他方、**1917年**に(³　　　　)**宣言**を発して、(⁴　　　　)**人**のパレスチナ復帰を支持する姿勢を示した。しかし、これらの協定や宣言は相矛盾するものであり、現在に至る**パレスチナ問題**の原因となった。

　1917年、大戦は大きな転機を迎えた。(⁵　　　　)は当初中立を保っていたが、ドイツがイギリスの海上封鎖に対して(⁶　　　　)**作戦**の実施に踏みきると、同年(⁵　　)はドイツに宣戦し、連合国側を軍事・経済の両面から支えた。また、戦時外交を批判する(⁵　　)**大統領**〔⁷　　　　〕は、1918年1月に「**十四カ条**」の平和原則を発表して、民主的な講和の必要性を国際世論に訴えた。一方、1917年11月にロシア革命によって樹立されたソヴィエト政権は、ⓑ1918年3月、ドイツと単独講和に踏みきり、戦線から離脱した。同年9月から11月にかけて、ブルガリア・オスマン帝国・オーストリア゠ハンガリー帝国があいついで降伏し、同年11月にはⓒドイツ革命がおこって全国に拡大した。これにより帝政は倒され、**ドイツ共和**

---

visual ❷

〈塹壕戦と(　　　　)〉

塹壕を突破するために、イギリス軍が投入した新兵器。

1

2

3

4

5

6

7

column ❶

〈(　　　　)宣言〉

〔1917年、英外相がユダヤ人協会会長に宛てた書簡〕

　拝啓、余は陛下の政府に代わって、閣議に附されかつ承認されたユダヤ＝シオニストの熱望に同情する以下の宣言を貴下に伝達することを喜びとするものであります。「陛下の政府は、パレスチナに、ユダヤ民族のための民族的郷土(National Home)を建設することに好意を寄せ、この目的の達成を容易ならしめるために最善の努力を尽くすであろう。」(斎藤孝訳『西洋史料集成』平凡社、一部改変)

第16章

国が成立した。臨時政府は連合国と休戦協定を結び、第一次世界大戦はここに終結した。

問ⓐ　この秘密協定を何というか。

問ⓑ　この講和条約を何というか。

問ⓒ　ア　ドイツ革命の契機となった水兵の反乱は、どこでおこったか。

　　　イ　何という皇帝がオランダに亡命したことにより、帝政が倒れたか。

問ⓐ＿＿＿＿＿

問ⓑ＿＿＿＿＿

問ⓒ ア＿＿＿＿

イ＿＿＿＿＿＿

challenge ❶

パレスチナ問題の背景となったイギリスの二重外交について、120字程度で説明せよ。
　ユダヤ人　アラブ人
　フセイン・マクマホン協定

4　ロシア革命 ——————

　ロシアでは、ⓐ1905年革命で専制政治への不満が表れていたが、第一次世界大戦の長期化にともなう食料や物資の欠乏は、再び国民の不満を増大させた。1917年3月、首都(1　　　　)で民衆がパンと平和を求めてデモやストライキをおこすと、兵士もこれに合流し、労働者・兵士のⓑソヴィエトが各地で組織された。ソヴィエトの動きを警戒した国会はⓒ臨時政府を発足させ、皇帝[2　　　　]は退位した。ここにロマノフ朝は崩壊し、ソヴィエトと臨時政府(戦争継続を主張)が並立する二重権力状況が出現した。これを二月革命(三月革命)という。

　1917年4月、(3　　　　)と呼ばれた党派の指導者[4　　　　]は、亡命先のスイスから帰国し、「すべての権力をソヴィエトへ」をスローガンに、戦争の即時終結や臨時政府打倒およびソヴィエト政権の樹立を主張する「5　　　　」を発表した。これに対して臨時政府は、7月にエスエル(社会主義者・革命家党)の[6　　　　]を首相につけて体制の立て直しをはかったが、各地のソヴィエトでは(3　　　)の支持者が増加した。11月7日、[4　　]が指導する(3　　)は武装蜂起し、臨時政府を倒して史上初の社会主義政権を樹立した。このソヴィエト政権は「7　　　　」を発表して、(8　　　　)・(9　　　　)・(10　　　　)の原則にもとづく即時講和をすべての交戦国に提唱した。また、同時にⓓ地主の土地の没収と土地私有権の廃止を宣言した。これが十月革命(十一月革命)である。

　1918年1月、憲法制定会議が招集されたが、農民票を集めたエスエルが第一党となったため、[4　]は武力で会議を解散させて、事実上の(3　　)による一党独裁を実現した。3月にはドイツとの単独講和に踏みきり、ブレスト＝リトフスク条約を結んだ。また、党名を(11　　　　)党と改称して首都を(12　　　　)に移すとともに、社会主義政策を実施した。しかし、ソヴィエト政権はその樹立直後から国内の反革命勢力との内戦に直面し、革命の波及を恐れる連合国も反革命勢力を支援してⓔ対ソ干渉戦争に乗り出した。危機に直面したソヴィエト政権は、(13　　　　)(非常委員会)という秘密警察を設置して反革命運動を取り締まり、ソヴィエト政権の軍隊である(14　　　　)を創設して反革命軍や外国軍と戦った。また戦争を戦い抜くために、中小工場の国有化、農産物の強制徴発、労働義務制と食料配給などを定めた(15　　　　)主義と呼ばれる経済政策を断行した。1919年には、世界革命の推進とソヴィエト政権の防衛をめざして(16　　　　)(共産主義インターナショナル、第3インターナショナル)を創設した。1920年代には内戦は鎮圧され、外国軍もしだいに撤退を始めた。しかし、(15　　)主義は国民生産を極端に低下させ、とくに農産物徴発に対する農民の反発が高まった。このため[4　]は、1921年に(17　　　　)と呼ばれる政策に転換し、ⓕ市場経済を一部認めるなど、資本主義的要素をある程度復活させることで経済復興をめざした。この政策は国民の生産意欲を刺激し、27年には生産は戦前の水準に回復した。

1＿＿＿＿＿＿

2＿＿＿＿＿＿

3＿＿＿＿＿＿

4＿＿＿＿＿＿

5＿＿＿＿＿＿

6＿＿＿＿＿＿

7＿＿＿＿＿＿

8＿＿＿＿＿＿

9＿＿＿＿＿＿

10＿＿＿＿＿＿

11＿＿＿＿＿＿

12＿＿＿＿＿＿

13＿＿＿＿＿＿

14＿＿＿＿＿＿

15＿＿＿＿＿＿

16＿＿＿＿＿＿

17＿＿＿＿＿＿

visual ❸

〈演説する[　　　　]〉

演壇右下の人物はトロツキー。

問ⓐ　その契機となった、冬宮前の流血事件を何というか。

問ⓑ　エスエルとともにソヴィエトを指導した、ロシア社会民主労働党右派を何
　　というか。

問ⓒ　臨時政府の中心となったブルジョワ政党を何というか。

問ⓓ　この布告を何というか。

問ⓔ　チェコ兵救出を名目に、日本軍が主力となっておこなった対ソ干渉戦争を
　　何というか。

問ⓕ　どのようなことが認められたのか、具体的な内容を2点あげよ。

問ⓐ _____

問ⓑ _____

問ⓒ _____

問ⓓ _____

問ⓔ _____

問ⓕ _____

_____

5　**Exercise❶** 第一次世界大戦中のヨーロッパ ——————

　第一次世界大戦に関して、下のア～カの地名をそれぞれ答え、またその位置を
地図中のⓐ～ⓖより選べ。

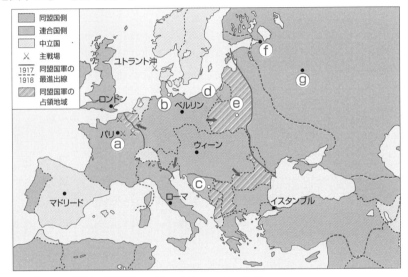

ア　第一次世界大戦勃発の発火点となった都市

イ　西部戦線において仏英がドイツ軍の進撃をくいとめた、1914年の戦い

ウ　東部戦線において、ドイツ軍がロシア軍を大敗させた、1914年の戦い

エ　ソヴィエト政権が1918年にドイツと単独講和を結んだ場所

オ　1918年、ソヴィエト政権が新たに首都とした都市

カ　ドイツ革命の発端となった、水兵の反乱がおこった軍港

6　**Exercise❷** ロシア革命 ——————

　ロシア革命の経過について、次の表中の空欄ア～サに適当な語句を記入せよ。

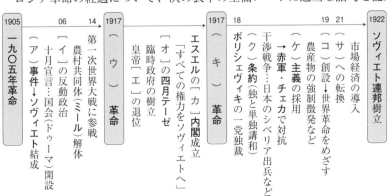

challenge❷

対ソ干渉戦争中(1918～22年)のソヴィエト政権の経済政策の変化について、120字程度で説明せよ。

戦時共産主義
新経済政策

column❷

〈「　　　　　　」〉
[1917年11月8日、ソヴィエト政権が採択した布告]
「政府に対して、公正で民主的な講和についての交渉を即時に開始することを提議する。……政府がこのような講和とみなしているのは、無併合、無賠償の即時の講和である。……」(歴史学研究会編『世界史史料10』岩波書店)

ア _____ 〔　〕

イ _____ 〔　〕

ウ _____ 〔　〕

エ _____ 〔　〕

オ _____ 〔　〕

カ _____ 〔　〕

ア _____

イ _____

ウ _____

エ _____

オ _____

カ _____

キ _____

ク _____

ケ _____

コ _____

サ _____

第16章

2 ヴェルサイユ体制下の欧米諸国

■ ヴェルサイユ体制とワシントン体制

1919年1月、イギリスの[¹　　　]やフランスの[²　　　]など連合国代表が出席してパリ講和会議が開かれた。アメリカ合衆国大統領[³　　　]が発表した「⁴　　　」が講和の原則とされたが、戦勝国の利害が対立し、国際連盟の設立以外はほとんどが実現しなかった。同年6月に連合国がドイツと調印したヴェルサイユ条約では、**巨額の賠償金**(のちに1320億金マルクに決定)の支払い、すべての海外植民地の放棄、軍備制限などが定められた。さらに(⁵　　　)・(⁶　　　)のフランスへの割譲、(⁷　　　)の**非武装化**なども課された。@ほかの敗戦国も、連合国とそれぞれ個別に講和条約を結び、領土を縮小させられた。

他方、東欧・バルカンについては(⁸　　　)の理念にもとづいて、ⓑ旧ロシア帝国と旧オーストリア＝ハンガリー帝国領から、新しく8カ国の独立が承認された。しかし、アジア・アフリカに対しては、(⁸　)の理念は適用されず、ⓒ旧オスマン帝国領やドイツの植民地は、委任統治という名目で戦勝国に分割支配された。この結果に失望したアジア・アフリカの人々は、各地で抗議運動を展開した。

パリ講和会議で形成されたヨーロッパの国際秩序は、ヴェルサイユ体制と呼ばれる。その維持のため、「⁴　」やヴェルサイユ条約にもとづいて史上初の国際的平和維持機構である**国際連盟**が創設された。連盟は本部をスイスの(⁹　　　)におき、国際労働機関と常設国際司法裁判所が付置された。しかし、**孤立主義**をとる上院の反対で(¹⁰　　　)が加盟せず、さらにドイツや(¹¹　　　)は除外された。また、侵略国家に対する経済制裁は可能であったが、**武力制裁**の手段が不十分であり、総会での議決方法も全会一致主義をとっていたため、本来の目的を達成することはできなかった。

1921年からアメリカ大統領ハーディングの提唱で(¹²　　　)**会議**が開かれ、アジア・太平洋地域における国際秩序が討議された。会議では、**海軍軍備制限条約**が結ばれ、米・英・日・仏・伊の5大国間で主力艦の保有トン数と保有比率が定められ、(¹³　　　)の解消と太平洋諸島の現状維持を約束する(¹⁴　　　)**条約**も締結された。さらに、(¹⁵　　　)**条約**によりⓓ中国の主権尊重・領土保全が約束された。この会議で決定された東アジア・太平洋地域の国際秩序は(¹²　)**体制**と呼ばれ、ヴェルサイユ体制とともに第一次世界大戦後の国際秩序の柱となった。

問@ 連合国と敗戦国ア〜エとのあいだで結ばれた各講和条約の名称を答えよ。

　　ア　オーストリア　イ　オスマン帝国
　　ウ　ハンガリー　　エ　ブルガリア

問ⓑ 旧ロシア帝国・旧オーストリア＝ハンガリー帝国から独立した、次の地図中のA〜Hの国名を答えよ。

問ⓒア イギリスの委任統治領となった、旧オスマン帝国領を3つあげよ。
　　イ　フランスの委任統治領となった、旧オスマン帝国領をあげよ。

問ⓓ 19世紀末にこれらの原則を提唱した、アメリカ合衆国の国務長官は誰か。

geographic ❶

〈戦後の独仏国境〉

ⓐ(　　　　　)
ⓑ(　　　　　)

2 西欧諸国の模索

　戦後のヨーロッパ各国は、経済が低迷して不況に苦しんだ。一方で、大戦中の総力戦体制における女性の活躍の結果、各国で**女性参政権**が実現した。

　イギリスでは、ⓐ選挙法の改正にともなって**労働党**が議席をのばし、1923年の総選挙では第二党となった。翌24年には、自由党との連立によって労働党党首[¹　　　　]を首班とする史上初の**労働党内閣**が成立した（第1次[¹　　　]内閣）。

　大戦中、イギリスに協力したカナダ・オーストラリア・ニュージーランドなどの自治領は、**1931年**の(²　　　　)**憲章**によって本国と対等の地位が認められた。これにより、イギリス帝国は**イギリス連邦**（コモンウェルス）に再編された。一方で、ⓑ独立運動が高まっていた**アイルランド**は、1919~21年の独立戦争を経て、**1922年**に自治領の(³　　　　)となった。しかし、北部のアルスター地方はイギリス領にとどまったため、独立を求める動きはやまず、**1937年**に独自の憲法を制定し、(⁴　　　　)と改称してイギリス連邦から離脱した。

　国土が主戦場となり、被害の大きかったフランスは、ドイツへの復讐心が非常に強く、パリ講和会議では過大な賠償をドイツに要求した。ドイツの賠償支払い遅延を理由に、**1923年**にフランスはベルギーとともに(⁵　　　　)**占領**を強行したが、国際世論の批判をあびて失敗し、翌年に左派連合内閣が成立した。その外相となった[⁶　　　]は、(⁵　　　)からの撤退を実現するなど、国際協調に貢献した。

　ドイツでは、1919年1月に社会主義革命をめざすⓒ**ドイツ共産党**が蜂起したが、(⁷　　　　)**党**政権は保守勢力と協力し、これを鎮圧した。同年2月には、(⁷　　　)党の[⁸　　　　]がドイツ共和国の初代大統領に選出され、人民主権・男女普通選挙・労働権などを規定した(⁹　　　　)**憲法**が採択された。このため、ドイツ共和国は(⁹　　　)**共和国**とも呼ばれる。しかし共和国は当初、左右両派の蜂起にみまわれたうえ、多額の賠償金に苦しみ、**1923年**にはフランスとベルギーによる(⁵　　　)占領を受けた。これに対しドイツはストライキなど不服従運動で対抗したため、経済が破綻して破滅的な**インフレーション**が進んだ。同年に成立した[¹⁰　　　　]内閣は、新紙幣(¹¹　　　)を発行してインフレーションを克服した。その後、[¹⁰　　]は外相として協調外交につとめ、ⓓアメリカの援助による賠償金支払いの緩和と資本導入によって経済の立て直しをはかった。

問ⓐア　21歳以上の男性と**30歳以上の女性**に選挙権を認めたのは、**1918年**の第何回選挙法改正か。

　　イ　21歳以上の男女に選挙権を認めて**普通選挙**が完成したのは、**1928年**の第何回選挙法改正によるか。

問ⓑア　大戦中の1916年、アイルランド自治法の実施延期に抗議する武装蜂起がおこったが、これを何というか。

　　イ　上記ア後に勢力をのばした、アイルランドの民族主義的政党は何か。

問ⓒア　カール＝リープクネヒトらが指導した、何という結社がドイツ共産党結成の中心となったか。

　　イ　このとき虐殺されたドイツ共産党の女性革命家は誰か。

問ⓓア　アメリカ資本のドイツへの導入、および支払い方法と期限の緩和を内容とした新賠償方式（**1924年**）を何というか。

　　イ　ドイツの支払い総額を一挙に358億金マルクにまで減額した、賠償削減案（**1929年**）を何というか。

1 ＿＿＿＿＿＿＿＿＿＿
2 ＿＿＿＿＿＿＿＿＿＿
3 ＿＿＿＿＿＿＿＿＿＿
4 ＿＿＿＿＿＿＿＿＿＿
5 ＿＿＿＿＿＿＿＿＿＿
6 ＿＿＿＿＿＿＿＿＿＿
7 ＿＿＿＿＿＿＿＿＿＿
8 ＿＿＿＿＿＿＿＿＿＿
9 ＿＿＿＿＿＿＿＿＿＿
10 ＿＿＿＿＿＿＿＿＿
11 ＿＿＿＿＿＿＿＿＿
問ⓐア ＿＿＿＿＿＿＿
　イ ＿＿＿＿＿＿＿＿
問ⓑア ＿＿＿＿＿＿＿
　イ ＿＿＿＿＿＿＿＿
問ⓒア ＿＿＿＿＿＿＿
　イ ＿＿＿＿＿＿＿＿
問ⓓア ＿＿＿＿＿＿＿
　イ ＿＿＿＿＿＿＿＿

visual ❶

〈破滅的なインフレ〉

ドイツに課せられた巨額の賠償金は、賠償不履行→1923年、フランス・ベルギーによる(　　　　　)→ドイツ国内の経済破綻といった一連の危機を引きおこした。

第16章

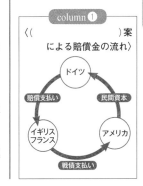

column ❶

〈(　　　　　)案による賠償金の流れ〉

ドイツ
賠償支払い　民間資本
イギリス・フランス　　アメリカ
戦債支払い

visual ❷

〈「　　　　　」〉

ファシスト党を結成したム
ッソリーニは、「黒シャツ
隊」を編制し、1922年の示
威行為で政権を獲得した。

3 国際協調と軍縮の進展 ────────────

　第一次世界大戦後、講和内容への不満や領土問題から各地で紛争が続発した。
ⓐユーゴスラヴィアとイタリアの紛争、ギリシア＝トルコ戦争、ポーランド＝ソ
ヴィエト戦争、ドイツに対するフランス・ベルギーのルール占領などがその典型
である。しかし、こうした紛争は国際協調の機運を高めることにもつながった。
　1925年ドイツ外相[1　　　　]は、フランス外相[2　　　　]と協力して、西欧諸
国の集団安全保障を約した(3　　　　)条約を成立させた。これはドイツ西部国境
の現状維持と、(4　　　　)の**非武装化**の再確認などを内容とし、ドイツは翌年の
(5　　　　)への加盟が承認された。さらに、**1928年**には[2　　]とアメリカ国務長
官[6　　　　]の提唱で、国際紛争解決の手段としての戦争放棄を誓った(7　　　　)
条約も結ばれ、国際協調は頂点に達した。軍備の縮小については、ⓑ**1922年**に調
印された**海軍軍備制限条約**により**主力艦**の保有比率が定められた。
問ⓐ　両国が領有をめぐって争った、アドリア海北岸の港市はどこか。
問ⓑ　海軍軍備制限条約が調印された、1921～22年に開かれた国際会議は何か。

4 イタリアのファシズム／東欧・バルカン諸国の動揺 ────────────

　イタリアは戦勝国となったが、フィウメの併合が認められず、ヴェルサイユ体
制に対する不満が高まった。またインフレの進行を背景に、1920年にトリノなど
北イタリアの工業都市で労働者による工場占拠がおこり、農民も各地で土地を占
拠した。こうした労働者や農民の動きを暴力でおさえこむ行動隊が現れると、ナ
ショナリズムを強調する独自の政治活動をおこなっていた[1　　　　]は、これら
を吸収してⓐ**ファシスト党**を組織した。ファシスト党は社会革命を恐れる地主・
資本家・軍部などの支持を集め、さらに**1922年**に[2　　　　]と称する示威行動を
おこなうと、国王は[1　　]を首相に任命した。[1　　]は、共産党や労働組合など
の反対勢力を弾圧して、26年にファシスト党一独裁体制を確立した。対外的には
1924年にユーゴスラヴィアからフィウメを奪い、26年には**アルバニア**を保護国化
した。さらに**1929年**にローマ教皇庁と(3　　　　)**条約**を結んで、**ヴァチカン市国**
の独立を認め、ⓑ**1870年の教皇領併合以来**の不和を解消した。
　ⓒ第一次世界大戦後の東欧・バルカンに成立した新興独立国は、その多くが農
業国であり、大戦後の不況により経済的困難に見舞われた。また、国内には少数
民族を抱えて政情が安定せず、多くの国で指導者が強権的な統治をおこなう権威
主義体制が成立した。ポーランド＝ソヴィエト戦争で領土を拡大したポーランド
では、1926年に[4　　　　]がクーデタで独裁体制を築いた。ハンガリーでは1919
年の革命でソヴィエト政権が誕生したが、ルーマニア軍の侵攻で崩壊し、その後
はホルティが権威主義体制を確立した。バルカン半島では、セルビアなど南スラ
ヴ系民族がセルブ＝クロアート＝スロヴェーン王国としてまとまり、1929年に
「南スラヴ人の国」を意味する**ユーゴスラヴィア**に国名を改称した。
問ⓐ　極端なナショナリズム、指導者崇拝、一党独裁、反対勢力に対する暴力的
　　　弾圧などを特徴とする、イタリアのファシスト党やドイツのナチ党に代表さ
　　　れる運動・政治体制を一般に何と呼ぶか。
問ⓑ　何という戦争に際して、イタリアはローマ教皇領を併合したか。
問ⓒ　東欧唯一の工業国で、初代大統領マサリクのもと西欧的な議会制民主主義
　　　を確立した国はどこか。

5　ソ連の成立／アメリカ合衆国の繁栄 ――――――――――

　ソヴィエト政権は、内戦と対ソ干渉戦争を乗りきるために**戦時共産主義**を実施したが、国民生産は著しく低下し、農民や労働者の反発をまねいた。そこで1921年に資本主義の一部復活を認めた(^{1}　　　　)に転換すると、27年には戦前の水準にまで回復した。1922年12月、ソヴィエト＝ロシアとウクライナ・ベラルーシ（白ロシア）・ザカフカースの３つのソヴィエト共和国が連合して(^{2}　　　　)（ソ連邦・ソ連）が結成された。ⓐ<u>1922年４月、ドイツとの国交が樹立</u>され、24年にイギリス・イタリア・フランスが、25年には日本がソ連を承認した。1924年にレーニンが死去すると後継者争いがおこり、ソ連一国で社会主義建設が可能であるとする**一国社会主義論**をとなえる[^{3}　　　　]が、(^{4}　　　　)論を説く[^{5}　　　　]を追放して実権を握った。[^{3}　]は、(^{1}　)にかえて社会主義経済の建設をめざす**第１次**(^{6}　　　　)を**1928年**から開始し、重工業の建設とⓑ<u>農業の集団化・機械化</u>を推し進めた。しかし、その陰で集団化により数百万人の農民が餓死した。

　アメリカ合衆国は、大戦中に連合国へ物資や戦債を提供したことで、債務国から(^{7}　　　　)国に転じて国際金融市場の中心となった。対外的には(^{8}　　　　)主義をとって国際連盟には参加しなかったが、ドイツの賠償問題の解決やⓒ<u>国際協調の進展に主導的な役割</u>を果たした。国内では1920年に**女性参政権**が実現し、民主主義の基盤が拡大した。1921年からは３代12年間にわたる(^{9}　　　　)党政権のもとで自由放任政策がとられ、空前の繁栄期を迎えた。この時期には、**大量生産・大量消費**にもとづくアメリカ的生活様式が生まれた。技術革新が大量生産と製品価格の低下を可能にし、ⓓ<u>**自動車**</u>や家庭電化製品が一般に普及した。また**映画**や**ラジオ**、スポーツ観戦などの**大衆文化**が人々に根づいた。一方で、ⓔ<u>伝統的白人社会の価値観が強調されて</u>、**禁酒法**が制定されたほか、**クー＝クラックス＝クラン**が復活するなど保守的傾向が強まり、1924年に成立した(^{10}　　　　)**法**は、「国別割当て法」と呼ばれ、**日本を含むアジア系移民を全面的に禁止**した。

問ⓐ　ドイツがソヴィエト政権を承認し、国交を樹立した条約を何というか。

問ⓑ　このとき建設された集団農場・国営農場を何というか。順に答えよ。

問ⓒ　**不戦条約（1928年）**の成立に尽力したアメリカの国務長官は誰か。

問ⓓ　「組み立てライン」方式を導入し、量産化・低価格化に成功した人物は誰か。

問ⓔ　1920年代のアメリカ社会の中心となった、プロテスタントのイギリス系白人のことを一般に何と呼ぶか。

6　**Exercise** 第一次世界大戦後の国際協調の進展 ――――――――――

　次の表中の空欄に、適当な語句を記入せよ。

会議・条約等	年代	内　　容
（　ア　）会議	1921〜22	海軍軍備制限条約……主力艦の保有制限（米・英５、日３、仏・伊1.67） （　イ　）条約(1921)……太平洋諸島の現状維持・（　ウ　）の解消 （　エ　）条約(1922)……中国の主権尊重・領土保全を約束
（　オ　）案	1924	アメリカ資本の導入によるドイツ経済復興案
（　カ　）条約	1925	国境の現状維持と集団安全保障・ドイツの国際連盟加盟
（　キ　）条約	1928	仏外相[　ク　]と米国務長官[　ケ　]の提唱 国際紛争解決の手段として戦争に訴えないことを決議
（　コ　）案	1929	ドイツの賠償支払総額を358億金マルクに減額、支払い期間の延長

1.
2.
3.
4.
5.
6.
7.
8.
9.
10.
問ⓐ
問ⓑ

問ⓒ
問ⓓ
問ⓔ

visual ❸

〈[a　　　　]〉

レーニンの死後、一国社会主義論をとなえて、世界革命論をとなえる[b　　]を追放した。

challenge ❶

第一次世界大戦中、および戦後のアメリカ合衆国の外交について100字程度で説明せよ。

　　無制限潜水艦作戦
　　国際連盟　孤立主義

ア
イ
ウ
エ
オ
カ
キ
ク
ケ
コ

第16章

1 _____
2 _____
3 _____
4 _____
5 _____
6 _____
問ⓐ _____
問ⓑ _____
問ⓒ _____

〈雑誌『新青年』〉

[a _____]が創刊
(創刊時は『青年雑誌』)し、
文学革命推進のうえで大き
な役割を果たした。同誌上
で**胡適**らは(b _____)
運動を提唱した。

1 _____
2 _____
3 _____
4 _____
5 _____
6 _____
7 _____
8 _____
9 _____

〈(_____)運動〉

1919年3月1日、ソウルの
パゴダ公園で「独立宣言」が
発表されると、市民は「独
立万歳」をさけんでデモ行
進をおこなった。

---

3 アジア・アフリカ地域の民族運動

❶ 第一次世界大戦と東アジア

　第一次世界大戦中の東アジアでは、ヨーロッパからの工業製品の流入が減少する一方、ヨーロッパからの軍需は増加したため、空前の好景気となった。日本では重化学工業が大幅に発展し、中国でも軽工業を中心に民族資本が成長した。両国では、都市労働者や学生など青年知識人が増加し、社会運動や民族運動が活発化した。日本では、大正デモクラシーと呼ばれた民主化を求める風潮が高まるなか、1918年に米騒動を経て政党内閣が、ⓐ25年には**男性**普通選挙法が成立した。

　第一次世界大戦中の中国では、根本的な社会変革を求める**新文化運動**が始まった。[1 _____]らは雑誌『[2 _____]』を発刊して、「民主と科学」をスローガンに儒教道徳を批判し、様々な西洋思想の紹介につとめた。[3 _____]がⓑ**口語**による文体をめざす運動を主張したことから**文学革命**も始まり、[4 _____]は辛辣な社会批判を含む小説『**狂人日記**』や『[5 _____]』を発表した。ロシア革命がおこると、[6 _____]らによってⓒ中国でもマルクス主義の研究が始まった。

問ⓐ　日本政府が普通選挙法成立と同時期に制定した社会運動弾圧法で、言論・結社の自由をきびしく制限したものを何というか。

問ⓑ　この運動を何というか。

問ⓒ　新文化運動やマルクス主義研究の中心となった大学はどこか。

❷ 日本の進出と東アジアの民族運動

　第一次世界大戦がおこり、ヨーロッパ列強が東アジアから後退すると、日本は(1 _____)**同盟**を根拠としてドイツに宣戦し、その租借地である(2 _____)**省**の(3 _____)**湾(青島)**と、太平洋上の**ドイツ領**(4 _____)を占領した。さらに1915年にはⓐ中国に(5 _____)を突きつけて(2 _____)省のドイツ利権の継承を求め、中国側の反対を押しきって、要求の多くを認めさせた。またロシア革命に干渉して(6 _____)**出兵**をおこない、他国の撤兵後も軍をとどめて内外の批判を浴びた。

　ⓑ**1910年に日本に併合され、きびしい武断政治が強行された朝鮮**では、第一次世界大戦後の民族自決の潮流やロシア革命の影響を受け、独立への要求が高まった。**1919年**3月1日、知識人たちが「独立宣言」を発表すると、「独立万歳」をさけぶ学生や市民がソウルで大規模なデモ行進を始めた。この(7 _____)**運動**はたちまち朝鮮全土に拡大したが、日本政府によって徹底的に弾圧された。その後、日本は武断政治をある程度ゆるめて「[8 _____]」という名のⓒ**同化政策**に転換し、言論・集会・結社に対する取り締まりを緩和した。(7 _____)運動ののち、李承晩らは朝鮮の独立運動諸団体を統合し、**上海**で大韓民国臨時政府を結成した。

　パリ講和会議に出席した中国代表は、第一次世界大戦中に日本から強要された(5 _____)の撤回や、(2 _____)省の旧ドイツ利権の返還を求めたが、会議はこれを認めなかった。これに抗議して**1919年**5月4日に北京大学などの学生たちが天安門広場に集まって集会やデモをおこなうと、運動は全国に波及して日本商品排斥やストライキがおこなわれた。この(9 _____)**運動**におされた中国政府は、ヴェルサイユ条約の調印を拒否せざるをえなかった。

　第一次世界大戦後、日本は国際連盟の常任理事国となり、国際的地位を向上させた。東アジア・太平洋地域での日本の勢力拡大を警戒する列強は、**1921年**から

ワシントン会議を開催し、ⓓ中国の主権尊重と領土保全を定めた。また、別途おこなわれた交渉で、日本は(² 　　　)省の旧ドイツ利権を中国に返還した。

問ⓐ　このとき、中国の政権を握っていた実力者は誰か。

問ⓑ　韓国併合後、日本がソウルに設置した統治機関を何というか。

問ⓒ　日中戦争開始以降には、皇民化政策の一環としてどのようなことがおこなわれたか。

問ⓓ　このことを定めた条約を何というか。

③　南京国民政府の成立と共産党 ————————————

　1919年、ソヴィエト政権の外務人民委員代理のカラハンは、帝政ロシア時代の対中国不平等条約の廃棄を宣言し、中国人民に歓迎された。また、コミンテルンの支援のもと、**1921年**には[¹ 　　　]を初代委員長にⓐ**中国共産党**が**上海**で結成された。一方、**1919年**に中華革命党を改組して**中国国民党**を組織した**孫文**は、ソ連の支援を受け入れ、**24年**に国民党を改組して共産党員が個人の資格で入党することを認めた。これをⓑ**第一次国共合作**といい、中国各地の軍事勢力(軍閥)の打倒と中国統一をめざす国民革命の協力体制が築かれた。

　孫文は1925年に北京で客死したが、ⓒ同年、上海での労働争議を契機に大規模な反帝国主義運動がおこると、7月に国民党は広州に国民政府を樹立した。**1926年**7月、国民党の指導者となった[² 　　　]の率いる**国民革命軍**は、北方軍閥の打倒と中国統一をめざす**北伐**を開始した。しかし国民党内部では、国民党右派と共産党・国民党左派の主導権争いが激化しており、**1927年**に国民革命軍が上海を占領したところで、国民党右派の[² 　]は、4月に**上海クーデタ**をおこして共産党を弾圧し、(³ 　　　)に新たな**国民政府**を樹立した。この結果、第一次国共合作は崩壊した(国共分裂)。

　[²]は**1928年**から北伐を再開し、まもなく北京にせまった。これに対して、日本は中国での利権が損なわれるのを恐れて山東出兵を繰り返し、国民革命軍と軍事衝突をおこした。これを**済南事件**という。当時北京政府の実権を握っていたのは、日本の支援を受けていた**奉天派**の[⁴ 　　　]であった。ⓓ日本軍は[⁴ 　]が国民革命軍に敗れて奉天に引きあげる途中、列車を爆破して彼を殺害し、東北地方の支配をねらった。しかし、[⁴ 　]の子[⁵ 　　　]が日本に対抗するため国民政府の東北支配を認めたため、国民政府による中国統一が達成された。

　一方、中国共産党は国共分裂後、各地で国民政府に対する武装蜂起を試みたが失敗し、華中・華南の山岳地帯の農村に逃れた。そうしたなかで、[⁶ 　　　]らは江西省の井崗山に根拠地を建設し、共産党の軍隊である(⁷ 　　　)を組織して勢力の立て直しをはかり、**1931年**に江西省の(⁸ 　　　)に[⁶ 　]を主席とする(⁹ 　　　)を樹立した。これに対して国民政府は、(⁹ 　)への包囲攻撃を繰り返したが、崩壊させることはできなかった。

問ⓐ　中国共産党創設の中心となったマルクス主義者で、第1次国共合作に貢献したのは誰か。

問ⓑ　このとき、新革命路線として孫文が掲げた3大政策を記せ。

問ⓒ　この反帝国主義運動を何というか。

問ⓓ　中国の内政に様々な干渉をおこなった、中国東北地方におかれた日本の陸軍部隊を何というか。

問ⓐ ....
問ⓑ ....
問ⓒ ....
問ⓓ ....

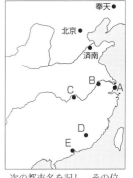

geographic❶
〈中国革命の進展〉

次の都市名を記し、その位置を地図中A〜Eから選べ。

①　1911年、辛亥革命が勃発した都市
（　　　）〔　　　〕

②　1926年、北伐が開始された都市
（　　　）〔　　　〕

③　1927年、蔣介石が共産党を弾圧した都市
（　　　）〔　　　〕

④　同年、国民党右派が**国民政府**を樹立した都市
（　　　）〔　　　〕

⑤　1931年、共産党が政府を樹立した江西省の都市
（　　　）〔　　　〕

1 ....
2 ....
3 ....
4 ....
5 ....
6 ....
7 ....
8 ....
9 ....
問ⓐ ....
問ⓑ ....

問ⓒ ....
問ⓓ ....

第16章

❹ インドにおける民族運動の展開／東南アジアにおける民族運動の展開 ───

　第一次世界大戦中、インドは兵員・物資を供給するかわりに、イギリスから戦後の自治を約束されていた。しかし、大戦後に制定された**1919年インド統治法**は、自治の約束からはほど遠い内容であり、激しい反対運動がおこった。同年、イギリスが令状なしの逮捕や裁判抜きの投獄を認める(¹　　　　)法を制定すると、パンジャーブ地方のアムリットサールで開かれた抗議集会にイギリス軍が発砲し、多数の死傷者を出す事件がおこった。こうしたなかで、ヒンドゥー教徒とムスリムの融和・**非暴力**を掲げて民族運動を指導したのがガンディーであった。彼は1920年の**国民会議派**の大会で(²　　　　)運動(**サティヤーグラハ**)を提唱して、イギリス商品排斥や納税拒否を主張した。しかし、農民による警察官殺害事件がおこると、ガンディーは22年に運動の中止を指示した。このため民族運動は混乱し、ⓐ<u>ムスリムは、反国民会議・親イギリス路線をとるようになった。</u>1927年、新たなインド統治法を制定するための憲政改革調査委員会(サイモン委員会)にインド人が含まれていなかったことから、再び民族運動は激化した。国民会議派の主導権も急進派の[³　　　　]らに移り、1929年の国民会議派ラホール大会では(⁴　　　　)(完全独立)を決議した。ガンディーも翌30年から、ⓑ<u>新たな抵抗運動を展開した。</u>イギリスはインド支配の安定をはかるため、インドの諸勢力をロンドンに集めて、3次にわたる(⁵　　　　)会議(1930～32年)を開いたが合意に至らなかった。こうしたなかでイギリスは、インド人の不満をそらすために(⁶　　　　)法を成立させ、連邦制と各州の責任自治を導入したが、連邦の財政・防衛・外交はイギリスが掌握しており、独立の要求は認められなかった。

　第一次世界大戦後、東南アジア各地で再び民族運動が高揚した。(⁷　　　　)領**東インド**では、ⓒ<u>1910年代にムスリムによる民族運動がおこった</u>が、20年代に入ると、地域や宗教の枠をこえて**インドネシア**としての統合をめざす独立運動が展開された。1920年に結成されたインドネシア共産党は急速に勢力を拡大したが、(⁷　)の弾圧により壊滅した。その後、1927年には[⁸　　　　]を党首とする**インドネシア国民党**が結成され、インドネシアという統一された祖国・民族・言語をめざす宣言が出された。(⁹　　　　)領**インドシナ**では、1930年に[¹⁰　　　　]がベトナム青年革命同志会を母体として、**インドシナ共産党**を結成した。1886年にインド帝国に併合された**ビルマ**(ミャンマー)では、完全独立を要求して大衆運動を展開した(¹¹　　　　)党が勢力をのばした。ⓓ<u>アメリカ合衆国の支配下にあった**フィリピン**</u>では、1934年にフィリピン独立法が成立し、翌年、独立準備政府が発足して10年後の独立が約束された。東南アジアで唯一独立を維持していた(¹²　　　　)では、国王による専制政治が続いていたが、1932年に人民党による立憲革命がおこり、立憲君主制となった。

問ⓐア　イギリスの指導で結成されたムスリムの団体で、国民会議派と対立したものは何か。

　　イ　上記アの指導者で、イスラーム国家パキスタンの分離・独立をとなえたのは誰か。

問ⓑ　塩の専売法などイギリスの支配に対抗しておこなわれた抵抗運動は何か。

問ⓒ　1911～12年にかけて結成されたインドネシアの民族運動団体で、第一次世界大戦後の民族運動高揚期に中心的役割を果たしたものは何か。

問ⓓ　アメリカ合衆国がフィリピンを獲得した**1898年**の戦争は何か。

1
2
3
4
5
6
7
8
9
10
11
12

visual ❸

〈「　　　」〉

1930年、ガンディーは、塩への課税を植民地支配の象徴ととらえ、みずから塩づくりをおこなうことで、イギリスの植民地支配に抵抗した。

challenge ❶

1919年インド統治法とローラット法の制定を契機にインドの民族運動は激化した。1919年から35年までのインドの民族運動とイギリスの対応について、150字程度で説明せよ。
　ガンディー
　プールナ＝スワラージ
　英印円卓会議

問ⓐア
イ
問ⓑ
問ⓒ
問ⓓ

5　西アジアの民族運動／アフリカの民族運動

第一次世界大戦の敗戦国となったオスマン帝国は、ⓐ国土の大半を連合国に割譲する講和条約をせまられ、帝国解体の危機に直面した。こうしたなかで、弱体な政府に対して、軍人の[1　　　]は1920年に(2　　　)で**トルコ大国民議会**を樹立して政府軍との戦いに入った。ギリシア軍の侵攻を撃退してイズミルを奪回した[1　　]は、**1922年**に(3　　　)**制廃止**を決議し(オスマン帝国の滅亡)、**23年**には連合国と(4　　　)**条約**を結んで、新たな国境の画定・治外法権の廃止・関税自主権の回復に成功した。同年[1　　]は、(2　　)を首都とする**トルコ共和国**を樹立して初代大統領となった(**トルコ革命**)。彼は共和政・国民主義・世俗主義などを掲げてⓑ**政教分離**を進め、ⓒ西欧をモデルとする近代国家の建設につとめた。

第一次世界大戦中にイギリスとロシアの占領下におかれていたイランでは、戦後、[5　　　]がクーデタをおこして実権を握った。1925年、[5　　]は**ガージャール朝**を廃して(6　　　)**朝**を樹立し、35年に国名をペルシアから**イラン**と改称したが、国内の石油利権はイギリスが保持しつづけた。アフガニスタンは、1919年の第3次アフガン戦争でイギリスに勝利し、完全な独立を果たした。

アラビア半島では、ワッハーブ王国の再興をめざす[7　　　]がイギリスの援助のもと、ヒジャーズ王国のフセイン(フサイン)を破って半島の大部分を統一して、1932年に**サウジアラビア王国**を建設した。

1914年以来イギリスの保護国となっていたエジプトでは、大戦後、(8　　　)**党**を中心に独立運動が展開され、22年に王国としての形式的独立が認められた。ⓓ1936年には、エジプト＝イギリス同盟条約で完全な独立を達成した。

イギリスの委任統治領とされた(9　　　)は1932年に、トランスヨルダンは46年にそれぞれ独立した。フランスの委任統治領とされた(10　　　)では、1941年にレバノンが分離独立し、46年には(10　　)も独立した。

ⓔイギリスは第一次世界大戦中、アラブ人・ユダヤ人の双方に戦後の独立や建国の援助を約束して戦争への協力を求めた。戦後、この約束は守られず、パレスチナはイギリスの**委任統治領**となったため、アラブ人・ユダヤ人の双方はそれぞれの主権を主張して対立し、現在まで続く深刻な**パレスチナ問題**が生じた。

アフリカは、20世紀の初頭までにⓕごく一部の地域を除いて大半の地域が植民地化され、ⓖ各地で抵抗運動がおきていた。1912年、人種差別撤廃をめざして南アフリカで(11　　　)が創設された。一方、アフリカでの民族運動とは別に、1900年にロンドンで最初のパン＝アフリカ会議が開催され、西欧植民地主義への抗議と人種差別反対を訴えた。

問ⓐ　オスマン帝国が1920年に連合国と結んだ講和条約を何というか。
問ⓑ　政教分離を実現した、**1924年**の改革は何か。
問ⓒ　近代国家建設のためにおこなわれた主要な改革を2つあげよ。
問ⓓ　エジプトの完全独立後も、イギリスはなお何に対する駐屯権を留保したか。
問ⓔア　第一次世界大戦後のアラブ人の独立を認める旨の協定(**1915年**)は何か。
　イ　19世紀末から始まった、ユダヤ人のパレスチナ復帰運動を何というか。
　ウ　上記イの援助を表明した、イギリス外相の宣言(**1917年**)を何というか。
問ⓕ　植民地支配を免れ、独立を維持していたアフリカの国を2つ答えよ。
問ⓖ　1881年にスーダンでおこった、ムハンマド＝アフマドを指導者とするイスラーム教徒の反英闘争を何というか。

1
2
3
4
5
6
7
8
9
10
11

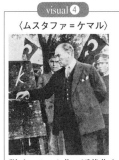

visual 4
〈ムスタファ＝ケマル〉

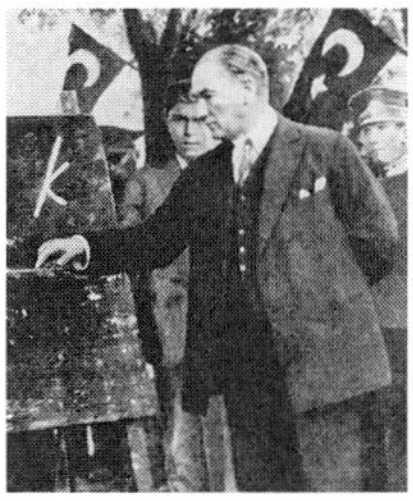

脱イスラーム化・近代化を進め、議会から「　　　」(父なるトルコ人)の姓を与えられた。写真はローマ字を教えている様子(**文字改革**)。

challenge 2
ムスタファ＝ケマルが、国家と社会の近代化をめざしておこなった改革について、120字程度で説明せよ。
政教分離　太陽暦
ローマ字

問ⓐ
問ⓑ
問ⓒ
問ⓓ
問ⓔア
イ
ウ
問ⓕ
問ⓖ

第16章

第17章　第二次世界大戦と新しい国際秩序の形成

1　世界恐慌とヴェルサイユ体制の破壊

1　世界恐慌とその影響 ─────────

　1929年10年24日、ⓐ<u>ニューヨーク株式市場</u>で株価の大暴落がおこり（暗黒の木曜日）、アメリカ合衆国は空前の恐慌にみまわれた。工業生産は急速に減少し、企業の倒産があいついだ。また、金融機関にも閉鎖や倒産が広がった。恐慌の原因は、**生産過剰**による商品供給の過多、世界的な農業不況による農民の購買力低下、株や債券への投機ブームの過熱などがあげられる。アメリカは海外に投下していた資本を引き揚げ、輸入を縮小したので、その影響は全世界に波及して世界恐慌となった。ヨーロッパでは、ⓑ<u>アメリカからの資本で支えられていたドイツ経済</u>が壊滅的な打撃を受けた。そこでアメリカは1931年、ドイツの賠償や戦債の支払いの1年間停止を認める(¹　　　　)を宣言したが、成果はあがらなかった。恐慌は折からの農業不況と重なって深刻な事態をまねき、失業者数は全世界で3500万人以上にものぼり、空前の大量失業時代となった。そうしたなかで、(²　　　　)や(³　　　　)などは、ⓒ<u>本国とその海外領土を**特恵関税**などで結びつけ、他国からの輸入に高関税をかける排他的な経済政策</u>をとって危機を打開しようとした。しかし、経済基盤が弱いドイツやイタリアなどの**ファシズム諸国**は、この危機を国内統制の強化や軍需産業の振興、対外侵略で切り抜けようとしたため、国際対立をまねくこととなった。

問ⓐ　大恐慌は、ニューヨーク証券取引所のある何という一画でおこったか。
問ⓑ ア　アメリカ資本導入によるドイツの経済復興プラン（1924年）を何というか。
　　イ　ドイツの賠償支払総額を358億金マルクに減額したプラン（1929年）を何というか。
問ⓒ　このような経済政策を何というか。

2　アメリカのニューディール／ブロック経済 ─────────

　アメリカ合衆国では、**民主党**の[¹　　　　]が**1933年**に大統領に就任し、(²　　　　)と呼ばれる経済政策を推進した。それはこれまでの共和党政権がとった自由放任の政策ではなく、国家の積極的な市場介入によって景気回復をめざすものであり、今日に至るⓐ**修正資本主義**の端緒であった。[¹　]は、(³　　　　)制から離脱して金の流出を防いだ。また、(⁴　　　　)によって農産物の生産調整と価格の安定をはかり、(⁵　　　　)により産業の生産統制と労働条件改善を規定した。さらに、(⁶　　　　)など大公共事業をおこして雇用の拡大をはかった。他方、1935年には(⁷　　　　)を制定して、労働者の団結権と団体交渉権を認めて労働組合の結成をうながした。この結果、38年に**アメリカ労働総同盟（AFL）**から分離・独立した(⁸　　　　)が誕生した。[¹　]は対外面では、それまで承認を拒んできた(⁹　　　　)を**1933年**に承認して、貿易の拡大をはかった。また、ラテンアメリカ諸国に対しても、ⓑ<u>従来の高圧的な外交政策</u>を改めて、「(¹⁰　　　　)**外交**」を展開して通商拡大につとめ、34年にはⓒ<u>キューバの完全独立</u>を承認した。

---

1 _____
2 _____
3 _____
問ⓐ _____
問ⓑア _____
イ _____
問ⓒ _____

〈株価暴落で混乱する
（　　　　）街〉

1929年10月24日、株価の大暴落により空前の恐慌が発生した。この日は「暗黒の木曜日」と呼ばれた。

challenge ❶
アメリカ大統領フランクリン＝ローズヴェルトのニューディール政策について、具体的な立法名をあげて、120字程度で説明せよ。
生産統制　　公共事業
団結権・団体交渉権

1 _____
2 _____
3 _____
4 _____
5 _____
6 _____
7 _____
8 _____
9 _____
10 _____

イギリスでは、1929年に第２次[11　　　　]**労働党内閣**が成立した。しかし恐慌の波及により財政が悪化したことから、内閣は**失業保険の削減**など財政緊縮をはかろうとした。このため労働党は党首の[11　　]を除名したが、[11　　]は新たに保守党・自由党の協力を得て1931年に(12　　　　)**内閣**(第３次[11　　]内閣)を組織し、歳出の削減・(3　　)**制の停止**を実施した。また**1932年**には(13　　　　)**連邦会議**(イギリス連邦経済会議)を開き、ⓓ連邦内の関税を下げ、連邦以外の国には高関税を課すブロック経済を形成して恐慌の克服をはかった。フランスでも恐慌による社会不安が高まり、左右両派が勢力を増して政局は不安定となった。ⓔフランスも自国の植民地を囲い込み、ブロック経済を形成した。

ブロック経済は、広大な従属地域を有するイギリス・フランス・アメリカにとっては、ある程度有効だった。しかし、排他的であるために国際経済全体を縮小させ、従属地域をもたないイタリア・ドイツ・日本などの経済を大きく圧迫した。

問ⓐ　主著『雇用・利子および貨幣の一般理論』により、この理論をとなえたイギリスの経済学者は誰か。

問ⓑア　軍事力を背景とした、このような外交政策は何と呼ばれたか。

イ　上記アを推進した、20世紀初頭のアメリカ大統領は誰か。

問ⓒ　アメリカは、キューバに対するアメリカの干渉権・海軍基地設置権などを内容とする何を廃止することで、キューバの完全独立を承認したか。

問ⓓ　このイギリスの通貨による経済圏を何と呼ぶか。

問ⓔ　このフランスの通貨による経済圏を何と呼ぶか。

11
12
13
問ⓐ
問ⓑア
イ
問ⓒ
問ⓓ
問ⓔ

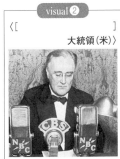

visual❷

〈[　　　　　　　　　]大統領(米)〉

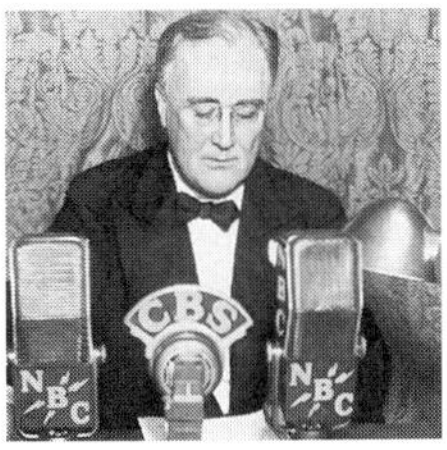

新しいメディアであるラジオ(1920年に放送開始)を利用して、自身の政策を国民に説明して支持を集めた。

❸ ナチス＝ドイツ／ソ連の計画経済とスターリン体制

世界恐慌の影響を受けて急速に社会情勢が悪化したドイツでは、1930年の選挙で(1　　　　)**党**やⓐナチ党(ナチス)が議席をのばした。ヒトラーの率いるナチ党は、1923年のミュンヘン一揆に失敗したのちは合法路線に転じて、(2　　　　)**人排斥**・(3　　　　)**条約**の破棄・大ドイツ国家の建設などを主張し、巧妙な大衆宣伝によって恐慌に苦しむ農民や中産階級の支持を集めた。ナチ党は、労働運動の高揚と(1　　)党の進出に危機感をいだく保守的な産業界や軍部の支持を得て、32年の選挙で第一党となり、**1933年**１月、[4　　　　]大統領はヒトラーを首相に指名した。ヒトラーは、**国会議事堂放火事件**を利用して(1　　)党を弾圧したほか、３月には政府に立法権を与える(5　　　　)を成立させた。その後、ナチ党以外の政党や労働組合を解散させて**一党独裁**体制を確立した。34年に[4　　]大統領が死去すると、ヒトラーは大統領と首相を兼任する(6　　　　)の地位についた。ナチ党は、ⓑ公共事業の成果を喧伝(けんでん)するとともに軍需生産によって失業者を吸収し、36年からは四カ年計画により戦争に向けた経済体制づくりに乗り出した。その一方で、学問や思想、言論、集会などはきびしく統制され、反対派や(2　　)人などは、親衛隊(SS)・秘密警察(ゲシュタポ)により迫害されてⓒ強制収容所に送られた。そのため、多くの(2　　)人・ⓓ学者・文化人などが外国に亡命した。

ソ連は、**計画経済**〈第１次五カ年計画(1928〜32年)・第２次五カ年計画(1933〜37年)〉を採用しており、資本主義国との結びつきが少なかったため、世界恐慌の影響をさほど受けなかった。レーニンの死後に指導権を握った[7　　　　]は、反対派を大量に**粛清**して独裁を強化し、1936年には[7　　]**憲法**を発布した。憲法は市民の権利や自由をうたったが、実際にはその権利や自由は蹂躙(じゅうりん)されていた。

1
2
3
4
5
6
7

column❶

〈世界恐慌期の各国工業生産指数の推移〉

ⓐ〜ⓒの国名を記せ。

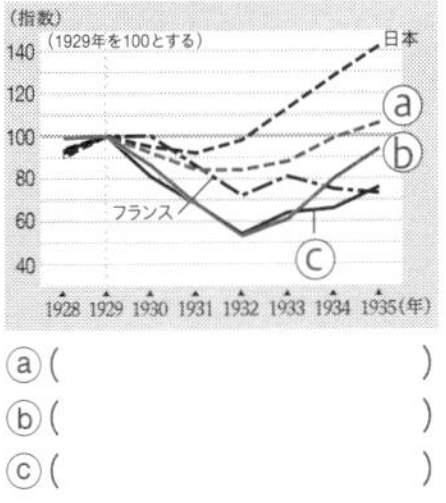

ⓐ(　　　　　　　　)
ⓑ(　　　　　　　　)
ⓒ(　　　　　　　　)

第17章

問ⓐ _____

問ⓑ _____

問ⓒ _____

問ⓓア _____

イ _____

column ❷

〈ナチ党の勢力拡大〉

ナチ党　共産党　赤数字は全議席数

1928.5　2.4%／11%　491

1930.9　19%／13%　577

1932.7　38%／15%　608　初めて第一党

1932.11　34%／17%　584

1933.3　45%／13%　647　1933年2月国会議事堂放火事件。共産党員が多数逮捕される。

1933.11　2人　661　659人 99.7%

1 _____

2 _____

3 _____

4 _____

5 _____

6 _____

7 _____

8 _____

9 _____

10 _____

11 _____

問ⓐ　ナチ党の正式名称を何というか。

問ⓑ　公共事業の一環として建設された、ドイツの自動車専用道路を何というか。

問ⓒ　強制収容所ではガス室などで600万人が殺されたといわれる。ナチ党によるユダヤ人大量虐殺は何と呼ばれるか、カタカナで答えよ。

問ⓓア　1933年、アメリカに亡命したユダヤ系物理学者は誰か。

イ　1933年、アメリカに亡命したドイツ人作家で、代表作『魔の山』で知られるのは誰か。

４　満洲事変と日中戦争

　日本は1923年頃から輸出の不振による不況が続き、27年には**金融恐慌**が発生して全国規模で銀行が倒産した。さらに世界恐慌が追い打ちをかけて、深刻な社会不安が広がった。こうしたなかで、民衆は腐敗した政党政治に不満を強め、軍部は中国大陸での権益確保を主張し、政府の外交姿勢を批判した。

　日本の**関東軍**は中国東北地方の支配拡大をはかる謀略を進め、ⓐ1931年に南満洲鉄道を爆破し、これを口実に東北地方の大半を占領した。これが満洲事変である。翌1932年、日本は清朝最後の皇帝であった[１　　　]を執政（34年から皇帝）として傀儡（かいらい）国家「**満洲国**」を建国した。また同年、中国の排日運動の高まりを背景に、上海（シャンハイ）事変が勃発した。中国の国民政府がこうした日本の軍事行動を国際連盟に訴えると、[２　　　]（英）を団長とする調査団が派遣された。調査団の報告にもとづいて国際連盟が満洲国の不承認を採択すると、日本は**1933年**に**国際連盟を脱退**し、翌年にはワシントン海軍軍縮条約の破棄を通告した。これにより、ワシントン体制は崩壊した。ⓑこの頃、日本国内では政党政治が行き詰まり、一部の軍人によるテロやクーデタがおこり、軍部が政治への発言力を強めていった。

　[３　　　]を指導者とする国民政府は、関税自主権の回復に成功し、世界恐慌による経済混乱を抑制するため、法幣（ほうへい）と呼ばれる銀行券を発行して**通貨の統一**をはかった。他方、[３　]は日本の軍事行動への対応よりも共産党との戦いを優先した。**1934年、中華ソヴィエト共和国臨時政府**の拠点（４　　　）を国民党軍が包囲すると、ⓒ共産党軍（紅軍）はここから脱出し、1万2500kmにもおよぶ行軍の末、陝西省（せんせい）の（５　　　）を新たな根拠地とした。この間、**毛沢東**は共産党の指導権を確立した。**1935年**、コミンテルンの方針を受けて、ⓓ共産党は内戦の停止と抗日民族統一戦線の結成を国民政府に呼びかけた。これに共鳴した国民政府軍の[６　　　]は**1936年**、対共産党作戦の督促のため（７　　　）を訪れた[３　]を監禁し、抗日と内戦停止をせまった。この（７　）**事件**を機に国共の内戦は停止した。

　1937年7月、（８　　　）**事件**を契機に**日中戦争**が始まった。それにともない中国では、同年9月に（９　　　）が成立し、**抗日民族統一戦線**が形成された。日本軍は、華北・華中の主要都市についで国民政府の首都（10　　　）を占領し、多数の捕虜や市民を殺害して世界から非難をあびた〈（10　）事件〉。一方、国民政府は米・英・ソの援助を受けながら、拠点を（10　）から**武漢**、ついで（11　　　）に移して抗戦を続けた。日本は沿海部や長江沿いの主要都市と鉄道を確保しただけで、広い農村地帯を支配できず、軍事的にも経済的にも戦争継続が困難となっていった。事態の打開をはかる日本は、1940年に東亜新秩序の建設を掲げ、（11　）国民政府に対抗して（10　）にⓔ親日政権を建設した。しかし、民衆の支持は広がらず、アメリカとの関係も悪化するなど日本は国際的にも孤立していった。

問ⓐ　関東軍による、南満洲鉄道爆破事件を何というか。

問ⓑ　1936年、日本の軍部の急進派が決起し、一気に軍部政権の樹立をはかろうとした事件を何というか。

問ⓒ　この行軍は何と呼ばれるか。

問ⓓ　共産党による、この呼びかけを何というか。

問ⓔ　日本と結んで、親日政権を樹立した人物は誰か。

問ⓐ＿＿＿＿＿＿
問ⓑ＿＿＿＿＿＿
問ⓒ＿＿＿＿＿＿
問ⓓ＿＿＿＿＿＿
問ⓔ＿＿＿＿＿＿

visual ❸
〈満洲国の成立〉

1932年3月、満洲国が成立した。中央の椅子に座っている人物が執政[　　]。

⑤　ファシズム諸国の攻勢と枢軸の形成 ─────

　ナチス＝ドイツは、軍備平等権を主張して**1933年に国際連盟を脱退**し、**35年**には(1　　　　)**地方**を編入した。同**35年**、ヴェルサイユ条約に違反して(2　　　　)**宣言**をおこない、**徴兵制**を復活させた。しかし、ドイツをソ連に対する防波堤としたいイギリスは、同年に**英独海軍協定**を結び、イギリスの海軍力の35％にあたる海軍の保有をドイツに認め、(2　　)宣言を追認した。(2　　)宣言に脅威を感じたフランスとソ連が仏ソ相互援助条約を結ぶと、**1936年**にドイツは(3　　　　)条約(1925年)を破棄して(4　　　　)に軍隊を進駐させ、ヴェルサイユ体制の破壊を進めた。イタリアは、対外侵略で世界恐慌による苦境を脱しようとして、**1935年**に(5　　　　)**侵略**を強行した。これに対して国際連盟は経済制裁を決議したが効果は薄く、翌年イタリアは(5　　)を併合し、**1937年に国際連盟を脱退**した。

　ファシズム諸国の攻勢は、孤立するソ連の外交に変化をもたらした。**1933年**、(6　　　　)がソ連を承認し、翌**34年にソ連は国際連盟に加盟**した。さらに35年に仏ソ相互援助条約が締結され、モスクワで開かれた**コミンテルン第7回大会**では、ファシズムに対抗するための(7　　　　)**戦術**が採択された。その結果、フランスでは1936年にⓐ社会党・急進社会党に共産党が協力して(7　　)**内閣**が成立した。

　スペインでは、1931年の革命により共和政が樹立されたが、地主・教会・資本家などの保守派が巻き返しをはかり、政局は混乱した。**1936年**に(7　　)政府が成立すると、保守派の支持を受けた[8　　　　]**将軍**がモロッコで反乱をおこし、**スペイン内戦**が始まった。ⓑドイツとイタリアは軍隊を送って公然と[8　　]側を支援したのに対して、ドイツを刺激したくないイギリスやフランスは(9　　　　)**政策**をとった。一方、ソ連やⓒ各国の知識人・労働者からなる**国際義勇軍**は政府側を支援したが、内戦は39年に[8　　]側の勝利に終わった。

　1936年、イタリアは、(5　　)**侵略**やスペイン内戦を通じてドイツと提携した(**ベルリン＝ローマ枢軸**)。同年11月に日本とドイツが**日独**(10　　　　)**協定**を結ぶと、翌**1937年**にはイタリアもこれに参加して、**三国**(10　　)**協定**に拡大された。この結果、日本・ドイツ・イタリアは、ヴェルサイユ体制・ワシントン体制の破壊をはかる**三国枢軸**を結成した。

問ⓐ　社会党の党首で、(7　　)内閣の首相をつとめた人物は誰か。

問ⓑ　ドイツ軍の無差別爆撃により多くの犠牲者を出したスペインの**バスク地方**の小都市を素材に、**ピカソ**が描いた右の大作は何か。

問ⓒ　オーウェルらと並んで国際義勇軍に参加し、のち『誰がために鐘は鳴る』を著したアメリカの作家は誰か。

1＿＿＿＿＿＿
2＿＿＿＿＿＿
3＿＿＿＿＿＿
4＿＿＿＿＿＿
5＿＿＿＿＿＿
6＿＿＿＿＿＿
7＿＿＿＿＿＿
8＿＿＿＿＿＿
9＿＿＿＿＿＿
10＿＿＿＿＿
問ⓐ＿＿＿＿＿
問ⓑ＿＿＿＿＿
問ⓒ＿＿＿＿＿

column ❸
〈ヴェルサイユ体制の破壊〉

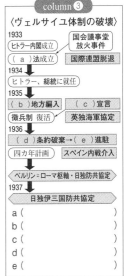

1933
ヒトラー内閣成立｜国会議事堂放火事件
(a)法成立｜国際連盟脱退
1934
ヒトラー、総統に就任
1935
(b)地方編入｜(c)宣言
徴兵制 復活｜英独海軍協定
1936
(d)条約破棄→(e)進駐
四カ年計画｜スペイン内戦介入
ベルリン＝ローマ枢軸・日独防共協定
1937
日独伊三国防共協定

a (　　　　　　)
b (　　　　　　)
c (　　　　　　)
d (　　　　　　)
e (　　　　　　)

第17章

2 第二次世界大戦

1 ナチス＝ドイツの侵略と開戦／ヨーロッパの戦争

ナチス＝ドイツはドイツ人の「民族自決」を大義名分に、**1938年**3月、([1]　　　)**を併合**し、9月には、チェコスロヴァキア内のドイツ人が多数居住する([2]　　　)**地方**の割譲を要求した。チェコスロヴァキアはこれを拒否したが、イギリス首相[[3]　　　]は、戦争を回避するとともにドイツの矛先がソ連に向かうことを期待して、ⓐドイツの対外膨張政策に譲歩する態度をとった。9月末、イギリス・フランス・ドイツ・イタリアの4カ国は([4]　　　)会談を開き、([2]　)地方のドイツへの割譲を認めた。しかし翌39年3月、ドイツは会談での取り決めを破り、チェコ(ベーメン・メーレン)を保護領としてドイツに編入し、スロヴァキアを保護国とした(**チェコスロヴァキアの解体**)。さらにドイツはⓑポーランドに対しても領土の一部を要求した。また、イタリアも4月にアルバニアを併合した。

([4]　)会談におけるイギリス・フランスの態度に不信を強めたソ連のスターリンは、**1939年**8月末、ドイツと([5]　　　)**条約**を結び、世界を驚かせた。ソ連との安全保障を確保したドイツは、9月1日**ポーランドへの侵攻**を開始した。イギリスとフランスはドイツに宣戦し、ここに**第二次世界大戦**が始まった。

ドイツ軍はたちまちポーランドの西半分を占領し、ソ連軍も([5]　)条約の秘密議定書にもとづきポーランドの東半分を占領した。11月にソ連は([6]　　　)に宣戦し、レニングラード北方の国境地帯を奪った〈ソヴィエト＝([6]　)戦争〉。このため、ソ連は国際連盟を除名されたが、1940年8月にはⓒ**バルト3国**を併合した。

1940年4月、ドイツ軍はデンマークとノルウェーに侵攻し、5月にオランダ、ベルギーを降伏させた。6月にはⓓパリが陥落して**フランスも降伏**した。これにより第三共和政は崩壊し、国土の北半はドイツ軍に占領され、南半はドイツに協力する[[7]　　　]元帥が率いる([8]　　　)**政府**が統治した。ドイツが優勢になったのをみて、イタリアもドイツ側に立って参戦した。

一方イギリスでは、1940年5月に[[3]　]にかわって[[9]　　　]が首相となり、激しい空襲をしのいでドイツ軍のイギリス本土への上陸作戦を断念させた。

ドイツは、イタリア支援のため北アフリカに派兵し、さらにバルカン半島へも勢力圏を広げ、1941年春までにⓔユーゴスラヴィアとギリシアを占領した。しかしドイツのバルカン進出は、バルカンに関心をもつソ連との関係を緊張させ、ソ連は**1941年**4月にドイツとの開戦に備えて、日本と([10]　　　)**条約**を結んだ。

問ⓐ　譲歩することでドイツを増長させるに至った、イギリスの外交政策を何というか。

問ⓑア　ドイツがポーランドに返還を求めた、バルト海に面する港市を答えよ。

イ　同じく、東プロイセンへの交通路にあたる地域を答えよ。

問ⓒ　バルト3国と呼ばれる国々の名称を、北から順にあげよ。

問ⓓア　亡命先のロンドンで**自由フランス政府**を樹立し、対ドイツ抗戦を続けた軍人は誰か。

イ　ドイツ占領下のフランスなどで、一般市民が中心となって組織した対ドイツ抵抗運動を何と呼ぶか。

問ⓔ　ユーゴスラヴィアの共産主義者で、ドイツ占領軍に対して**パルチザン**闘争を強力に展開し、戦後はユーゴスラヴィアの大統領となった人物は誰か。

1
2
3
4
5
6
7
8
9
10

visual 1

〈(　　　　)会談〉

1938年9月、**ズデーテン**問題を討議した4国首脳会談。左から**ネヴィル＝チェンバレン**(英)、ダラディエ(仏)・**ヒトラー**(独)、**ムッソリーニ**(伊)。当事国のチェコスロヴァキアと、**ソ連は会談にまねかれなかった**。

問ⓐ
問ⓑア
イ
問ⓒ
問ⓓア
イ
問ⓔ

challenge 1

1939年に独ソ不可侵条約が結ばれた。対立関係にあった独・ソ両国がこの条約を結んだ背景について、120字程度で説明せよ。

ポーランド　宥和政策

② 独ソ戦／太平洋戦争

　1941年6月、ドイツは(¹　　　　)条約を破ってソ連に侵攻し、独ソ戦を開始した。同年末、ドイツ軍はモスクワにせまったが、ソ連軍の抵抗により戦争は長期化した。独ソ戦を機に英ソ関係は改善され、英ソ軍事同盟が結ばれた。当初アメリカは中立を宣言していたが、[²　　　　]大統領は1941年3月に(³　　　　)法を成立させて、イギリスやソ連に武器・軍需品を提供しはじめた。ドイツは、戦争継続のために占領地から工業資源や食料を奪うとともに、**ユダヤ人**の絶滅をはかり、ⓐ強制収容所で約600万人ともいわれるユダヤ人を虐殺した(**ホロコースト**)。また、ⓑ政治犯や障害者・同性愛者なども組織的に殺害された。

　日中戦争がおこると、米・英は**重慶**の国民政府を支援するため、**仏領**(⁴　　　　)やビルマ経由で物資を輸送した(**援蔣ルート**)。日中戦争の長期化で国力を消耗させた日本は、1940年9月、援蔣ルートの遮断と資源確保のため、**仏領**(⁴　　　)北部に進駐し、また**三国防共協定**を発展させて(⁵　　　　)**同盟**を締結した。翌1941年4月、日本はソ連と(⁶　　　　)**条約**を結んで北方の安全をはかり、7月には**仏領**(⁴　　　)**南部**へ進駐した。こうした日本の南進策に対して、ⓒアメリカは日本の在外資産の凍結と石油の対日禁輸を決定し、イギリスとオランダもこれに同調した。戦争を回避するための日米交渉が行き詰まると、**1941年12月8日**、日本軍は、イギリス領の(⁷　　　　)**半島**とハワイの(⁸　　　　)を攻撃、アメリカ・イギリスに宣戦して**太平洋戦争**に突入した。太平洋戦争開始とともに、ドイツとイタリアもアメリカに宣戦したので、日本・ドイツ・イタリアらの**枢軸国**と、アメリカ・イギリス・ソ連らの**連合国**の戦争となり、第二次世界大戦の構図が固まった。

　太平洋戦争開戦当初、日本軍は東南アジアのほぼ全域と南太平洋の島々を短期間で占領し、ⓓ欧米列強による植民地支配からのアジア解放をとなえて各地に親日政権・組織をつくらせた。大戦中は、日本語教育や神社参拝の強制などの**皇民化政策**がさらに強化され、朝鮮では日本式の氏名を強制的に名乗らせる「⁹　　　　」もおこなわれた。また、労働力不足を補うために朝鮮人や中国人を強制連行した。こうした日本軍による苛酷な支配は、住民の激しい反発をまねき、各地で抵抗運動を引きおこした。日本は、**1942年6月**の(¹⁰　　　　)**海戦**で致命的な打撃を受け、翌年にはソロモン諸島のガダルカナル島の攻防戦でもアメリカ軍に敗れた。

問ⓐ　ドイツが現ポーランドのオシフィエンチムに建設した、最大規模の強制収容所の名称を答えよ。

問ⓑ　定住生活をとらず、ジプシー・ジタンなどとも呼ばれ、ユダヤ人とともに迫害・虐殺された民族集団を何というか。

問ⓒ　米・英・中国・オランダによって形成された対日包囲陣を何というか。

問ⓓ　日本の侵略的政策を正当化するために唱えられたスローガンを何というか。

③ 枢軸諸国の敗北

　連合国側は1942年の後半から反転攻勢に移り、43年2月にはソ連軍が(¹　　　　)の戦いでドイツ軍を破った。イタリアでも7月に連合軍がシチリア島に上陸すると[²　　　　]は失脚し、9月にイタリア新政府(バドリオ政府)は無条件降伏した。

　1941年8月、チャーチルとローズヴェルトは会談をおこない、戦後の国際平和の構想を示した(³　　　　)を発表し、翌年1月には連合国26カ国が加わり、**連合国共同宣言**が出され、戦争目的が明示された。43年11月、ⓐ米・英・中の首脳は

1 _____
2 _____
3 _____
4 _____
5 _____
6 _____
7 _____
8 _____
9 _____
10 _____

〈(　　　　　　)
強制収容所〉

ユダヤ人に対するホロコーストがおこなわれた(現ポーランドのオシフィエンチム)。

〈(　　　　　)攻撃〉

1941年12月8日、日本海軍がハワイのアメリカ海軍基地を奇襲し、太平洋戦争が始まった。

問ⓐ _____
問ⓑ _____
問ⓒ _____
問ⓓ _____

第17章

1 _____
2 _____
3 _____

4 _____

5 _____

6 _____

7 _____

8 _____

9 _____

10 _____

問ⓐ _____

問ⓑ _____

問ⓒ _____

問ⓓ _____

（⁴　　　）会談を開き、**対日処理方針**を定めた（⁴　　）**宣言**を発表した。ついで同月末、米・英・ソの首脳は（⁵　　　　）**会談**で、ドイツに対する共同作戦（第二戦線）を協議した。これにもとづいて44年6月、連合軍は北フランスの（⁶　　　　）に上陸して西からドイツへの反攻を開始し、ⓑ8月にパリを解放した。並行して、ソ連軍も東からドイツにせまった。**1945年**2月、米・英・ソの首脳はクリミア半島で（⁷　　　　）**会談**を開き、ドイツや東欧などの戦後処理方針について合意するとともに、ⓒ秘密条項を盛り込んだ（⁷　　）**協定**を結んだ。同年4月末にヒトラーは自殺し、ベルリンが陥落して5月7日**ドイツは無条件降伏**した。

太平洋地域では、反撃に転じたアメリカ軍が1944年7月にサイパン島を占領し、日本本土空襲を本格化させた。さらにアメリカ軍はフィリピン・硫黄島を攻略し、45年4月（⁸　　　）本島に上陸して、激しい戦闘のすえ6月（⁸　　）を占領した。

1945年7月、ⓓ米・英・ソの首脳はベルリン郊外の（⁹　　　　）で会談し、ドイツ管理問題を協議するとともに、日本の無条件降伏を勧告する（⁹　　）**宣言**を発表した（米・英・中による）。日本政府がこれを黙殺すると、アメリカは8月6日広島に、9日に長崎に**原子爆弾**を投下した。また8日に、ソ連が（⁷　　）協定にもとづいて（¹⁰　　　）**条約**を無視して参戦したため、14日、日本は（⁹　　）**宣言**を受諾して**無条件降伏**した。こうして史上最大の犠牲を出した戦争は終わった。

問ⓐ　このときの中国の代表は誰か。
問ⓑ　亡命先のイギリスからフランスに帰国し、臨時政府を組織した軍人は誰か。
問ⓒ　この秘密条項の内容を答えよ。
問ⓓ　1945年4月、ローズヴェルトの死去にともない、副大統領から大統領に昇格し、（⁹　　）会談に出席したのは誰か。

visual ❹

《（a　　　　）会談》

1945年2月、（左から）チャーチル・フランクリン＝ローズヴェルト・スターリンによる会談。
ソ連の（b　　　　）が決定された。

---

4 **Exercise** 第二次世界大戦 ────────────

第二次世界大戦の経過について、表中の空欄に適語を記入せよ。

ア _____

イ _____

ウ _____

エ _____

オ _____

カ _____

キ _____

ク _____

ケ _____

コ _____

サ _____

シ _____

ス _____

セ _____

ソ _____

ヨーロッパ	年	アジア・太平洋
8　（　ア　）**条約** 9　独、（　イ　）侵攻（**第二次世界大戦**開始） 　　ソ、（イ）侵入 → （　ウ　）併合（1940.8） 11　**ソ連＝フィンランド戦争**開始	1939	5　日、重慶爆撃（←1937 日中戦争開始）
4　独、デンマーク・ノルウェー侵入 　　英、**チャーチル内閣**成立 6　独、**パリ占領** 　　→ 南仏にペタンの（　エ　）政府樹立 9　**日独伊三国同盟**成立	40	3　汪兆銘の親日政権（日本の傀儡） 7　日、「大東亜共栄圏」構想発表 9　日、仏領インドシナ北部に進駐
3　米、（　オ　）**法**成立 → 英・ソを支援 6　（　キ　）開始 → **英ソ軍事同盟** 8　**大西洋憲章**発表	41	4　（　カ　）**条約**締結 7　日、仏領インドシナ南部に進駐 12　日、（　ク　）攻撃（**太平洋戦争**開始）
	42	6　（　ケ　）海戦（日本海軍の大敗）
2　（　コ　）の戦いで独軍敗退 7　連合軍、シチリア上陸 → **伊の降伏** 11　（　サ　）**会談・テヘラン会談**	43	2　日、ガダルカナル島撤退
6　連合軍、（　シ　）上陸作戦開始 　　→ 連合軍、パリ解放	44	7　米、サイパン島占領 11　米、日本本土空襲本格化
2　（　ス　）**会談** 5　ベルリン陥落 　　→ 独、連合軍に無条件降伏 7　（　セ　）**会談**	45	4　米、沖縄本島上陸 8　米、広島に原子爆弾投下 　　ソ連、（　ソ　） 　　米、長崎に原子爆弾投下 　　日、（セ）宣言受諾、無条件降伏

3　新しい国際秩序の形成

1　戦後国際秩序の形成 ───────

　第二次世界大戦中の**1941年**8月に米英首脳によって発表された**大西洋憲章**は、連合国の戦争目的を明確にし、戦後の平和機構の構想を示すものであった。44年の米・英・ソ・中による(^{1}　　　　)**会議**で**国際連合憲章**の原案がつくられた。この原案は、**1945年**4月から連合国50カ国が参加して開かれた(^{2}　　　　)**会議**で採択され、同年10月に正式に@**国際連合**が発足した。国際連合の主要機関には、全加盟国で構成する**総会**、社会問題の解決をはかる**経済社会理事会**、国際紛争の法的処理をおこなう**国際司法裁判所**、ⓑ国際紛争の解決にもっとも強力な権限をもつ(^{3}　　　　)などがあり、(^{3}　　)の**常任理事国**である米・英・仏・ソ・中の5大国には(^{4}　　　　)が認められた。しかし米ソの冷戦が深まると、しばしば(^{4}　　)が行使されたため、国際連合の機能麻痺の原因となった。国際連合の専門機関には、国際連合教育科学文化機関〈(^{5}　　　　)〉・(^{6}　　　　)(**ILO**)・**世界保健機関**(**WHO**)などが設けられ、**ユニセフ**(国連児童基金)などの補助機関もおかれた。

　戦後の国際金融・経済協力体制を構築するため、連合国代表は1944年7月にアメリカ合衆国の(^{7}　　　　)で会議を開いて(^{8}　　　　)(**IMF**)と(^{9}　　　　)(**IBRD**、世界銀行)の設立に合意し、翌45年12月に両組織は国連専門機関として発足した。また、関税などの貿易障壁を取り除き、国際的な自由貿易の維持・拡大を目的として「^{10}　　　　」(**GATT**)が成立した。さらに、アメリカの圧倒的な経済力を基盤に、**ドルを基軸通貨**として各国通貨との交換比率を固定する**金・ドル本位制**が導入された。大戦後のこうした国際経済の仕組みは(^{7}　　)体制と呼ばれた。

　ⓒ敗戦国のドイツは、米・英・仏・ソの4カ国により分割占領・共同管理され、ソ連占領地区にある旧首都(^{11}　　　　)も4カ国の分割管理下におかれた。また、非軍事化・非ナチ化が進められ、ナチ党指導者の戦争犯罪を裁くため、(^{12}　　　　)で**国際軍事裁判**が開廷された。1938年以来ドイツに併合されていた(^{13}　　　　)は、ドイツと分離されて4国の共同管理下におかれた。イタリア・ルーマニア・ブルガリア・ハンガリー・フィンランドの旧枢軸国は、1947年に連合国側とパリ講和条約を結んだ。一方、日本はアメリカ軍の事実上の単独占領下におかれ、軍隊の解散・農地改革・財閥解体・教育改革などの民主的改革が実施された。また**極東国際軍事裁判**、いわゆる(^{14}　　　　)**裁判**が開廷され、東条英機ら7名に絞首刑が宣告された。1946年11月に主権在民・基本的人権の尊重・象徴天皇制・戦争放棄を定めた**日本国憲法**が公布され、翌47年5月に施行された。

問@ア　国際連合の本部は何という都市におかれたか。

　　イ　1948年の第3回総会では、人種・性・宗教などによる差別を禁止した宣言が採択された。これを何というか。

問ⓑ　もっとも強力な権限とは、どのようなものか。

問ⓒ　1945年の米・英・ソの協定で、戦後のドイツ処理の大綱や、秘密条項として**ソ連の対日参戦**を定めたものを何というか。

2　米ソ冷戦の始まり／東西ヨーロッパの分断 ───────

　イギリスでは、1945年7月の選挙で(^{1}　　　　)**党**が圧勝し、[^{2}　　　　]が首相となった。[^{2}　　]内閣は、石炭・電気・鉄道など**重要産業の国有化**を進め、「ゆ

1 _____

2 _____

3 _____

4 _____

5 _____

6 _____

7 _____

8 _____

9 _____

10 _____

11 _____

12 _____

13 _____

14 _____

---

column ❶

〈国際連合の成立過程〉

| (a　　　　)憲章(1941) |
| 戦後の平和構想と国連の基礎理念
F=ローズヴェルト(米)・チャーチル(英) ↓ |
| (b　　　　)会議(1944) |
| 国連憲章の草案作成と拒否権問題 ↓ |
| (c　　　　)会議(1945) |
| 国連憲章の採択 ↓ |
| 国際連合発足(1945.10.24) |

---

column ❷

〈国際連盟と国際連合の比較〉

	国際連盟		国際連合
本部	(a　　)(スイス)		(e　　)(アメリカ)
表決手続	総会での全会一致制		・総会は多数決制 ・**安全保障理事会**では常任理事国が(f　　)をもつ
制裁	経済制裁		(g　　)が可能
欠点	・当初は(b　　)を排除 ・(c　　)が不参加 ・(d　　)が不参加		冷戦のなかで、しばしば(f　　)が発動された

a (　　　　　　　)
b (　　　　　　　)
c (　　　　　　　)
d (　　　　　　　)
e (　　　　　　　)
f (　　　　　　　)
g (　　　　　　　)

問@ア _____

イ _____

問ⓑ _____

問ⓒ _____

1 _____

2 _____

第17章

visual ❶

〈大空輸作戦〉

ソ連による（　　　　）
に対抗して展開された。

3 _____
4 _____
5 _____
6 _____
7 _____
8 _____
9 _____
10 _____
11 _____
12 _____
13 _____
14 _____
15 _____
16 _____
17 _____
18 _____

geographic ❶

〈ドイツとベルリンの分割〉

ベルリンの壁(1961年建設)

A～Dを占領した国を記せ。
A（　　　　　）
B（　　　　　）
C（　　　　　）
D（　　　　　）

りかごから墓場まで」と称される**社会福祉制度**の充実をめざした。大戦中に中立をつらぬいた**エール**は、1949年にイギリス連邦を正式に離脱し、（³　　　　）と称した。フランスでは、1944年8月にドイツ軍の占領からパリが解放されると、[⁴　　　　]がロンドンから帰国して臨時政府を樹立した。しかし[⁴　]は共産党・社会党と対立し、46年1月に首班を辞任した。同年10月、第(⁵　　　　)共和政が発足したが、小党が分立し、ⓐ旧植民地の独立運動も激化して政情は不安定であった。イタリアでは、1946年の国民投票の結果、王政が廃止されて共和政となった。他方、大戦中ドイツの占領下にあった東欧諸国の多くは、ソ連軍により解放され、戦後は社会主義政権が樹立されてソ連の勢力圏に組み込まれた。

　ⓑアメリカを中心とする資本主義陣営(西側)は、ソ連を中心とする社会主義陣営(東側)への警戒を強め、やがて両陣営間には、直接の軍事衝突には至らない「冷戦」と呼ばれる緊張状態が続いた。**1947年**3月、アメリカ大統領[⁶　　　　]は、ⓒ社会主義勢力の拡大を阻止するための経済・軍事援助を議会に要請し([⁶　]＝ドクトリン)、同年6月に国務長官[⁷　　　　]が**ヨーロッパ経済復興援助計画**([⁷　]＝プラン)を発表した。こうしたアメリカのソ連圏拡大阻止の政策は、「⁸　　　　」政策と呼ばれた。西欧諸国は[⁷　]＝プランを受け入れて、ヨーロッパ経済協力機構(OEEC)を設立した。一方、ソ連・東欧諸国は受け入れを拒否し、47年9月に(⁹　　　　)(共産党情報局)を結成して陣営の結束をはかった。

　東欧諸国では、ソ連のあと押しを受けた共産党が勢力をのばし、**人民民主主義**の名のもとに共産党一党独裁体制をしいて、土地改革と計画経済による工業化を推進した。**1948年**2月、(¹⁰　　　　)でもクーデタによって共産党政権が樹立された。一方、ⓓパルチザン運動による自力解放に成功した**ユーゴスラヴィア**は、ソ連の支配に反発して自主路線を追求したため、1948年に(⁹　)から**除名**された。

　1948年2月の(¹⁰　)のクーデタは、西側諸国に大きな衝撃を与え、その1ヶ月後に英・仏とベネルクス3国(ベルギー・オランダ・ルクセンブルク)は、(¹¹　　　　)条約(ブリュッセル条約)を結び、集団防衛組織を創設した。翌**1949年**4月、(¹¹　)条約を強化するかたちで、アメリカ・カナダを含む西側12カ国が(¹²　　　　)(**NATO**)を結成した。他方、ソ連と東欧6カ国は[⁷　]＝プランに対抗して、同49年に(¹³　　　　)(**経済相互援助会議**)を設立し、**1955年**5月には共産主義陣営の集団安全保障機構である(¹⁴　　　)を発足させた。

　分割占領下におかれた**ドイツ**では、**1948年**6月、米・英・仏の西側占領地区で(¹⁵　　　　)が実施されると、これに反発したソ連は、西側の「飛び地」であった西ベルリンへの電気・ガスの供給を停止し、西側からのすべての交通路を遮断した(ベルリン封鎖)。米・英・仏は食料・燃料・医薬品など必要物資の大規模な空輸でこれに対抗し、翌年5月に封鎖は解除された。しかし、ドイツの東西分断は決定的となり、**1949年**5月にボンを首都として(¹⁶　　　　)(西ドイツ)が、同年10月にベルリンを首都として(¹⁷　　　　)(東ドイツ)が成立した。西ドイツは、キリスト教民主同盟の[¹⁸　　　　]首相の指導のもとで経済復興に成功し、高い経済成長を実現して「経済の奇跡」と呼ばれた。その後、西ドイツはⓔ1954年に主権を回復し、翌年には**NATO**に**加盟**して西側陣営の一角として**再軍備**を進めた。西ドイツのNATO加盟は、ソ連にとっては大きな脅威であり、同年の(¹⁴　)発足の契機となった。米・英・仏・ソの共同管理下にあった**オーストリア**は、1955年のオーストリア国家条約で独立を回復して永世中立国となった。

問ⓐア　ベトナム独立同盟会を基盤として、1945年9月に**ベトナム民主共和国**の建国を宣言し、ベトナムを独立に導いた政治家は誰か。

イ　**1830年**の**シャルル10世**の出兵により植民地化され、1954年から7年余りにおよぶ独立戦争を展開した、北アフリカのフランス植民地はどこか。

問ⓑ　次の資料は、ソ連による社会主義圏の形成を警告した演説の一部である。

> バルト海のシュテッティンからアドリア海のトリエステまでヨーロッパ大陸を横切って（　X　）がおろされた。中部ヨーロッパおよび東ヨーロッパの歴史ある首都は、すべてその向こうにある。

ア　1946年3月、アメリカのフルトンで、この演説をおこなったイギリスの元首相は誰か。

イ　史料中の空欄（　X　）に入る適語を答えよ。

問ⓒ　社会主義勢力の拡大阻止が急務であるとされた国を2つあげよ。

問ⓓ　第二次世界大戦中はドイツに対するパルチザン運動を指導し、戦後はユーゴスラヴィア大統領として独自の社会主義建設を指導したのは誰か。

問ⓔ　西ドイツの主権回復、再軍備を承認した1954年の協定を何というか。

③　中華人民共和国の成立／朝鮮戦争と東アジア

　第二次世界大戦後、中華民国は戦勝国として国際的地位を高めたが、国内では**国民党**と**共産党**の対立が激化していた。1946年6月、国民党の指導者[1　　　　]は共産党への攻撃を開始し、再び**国共内戦**が始まった。当初はアメリカの支援を受けた国民党が優勢であったが、党幹部の腐敗や経済政策の失敗による激しいインフレなどから、民衆の支持を失っていった。一方、共産党は農村で(2　　　　)を進めて農民の支持を広げ、内戦に勝利した。内戦に勝利した共産党は、**1949年**9月に北京で**人民政治協商会議**を招集し、同年10月1日、[3　　　　]を主席、[4　　　　]を首相とする**中華人民共和国**の成立を宣言した。50年2月には、ソ連とのあいだに(5　　　)**条約**を結び、社会主義陣営に属することを明らかにした。また、53年からの**第1次五カ年計画**もソ連の経済・技術援助のもとで進められた。

　1895年の**下関条約**により日本に割譲された(6　　　　)は、ⓐ日本の敗戦後は中華民国の施政下に入った。1949年12月、国共内戦に敗れた国民党の[1　　]は(6　　)に逃れて**中華民国政府**を維持した。このため、どちらを中国代表として承認するかという問題が生じ、アメリカなどの西側諸国は(6　　)の中華民国政府を、ソ連などの東側諸国は中華人民共和国を承認した。

　(6　　)と同様に日本の植民地であった朝鮮は、北緯(7　　　　)度線を境界として北半がソ連の、南半がアメリカの占領下におかれた。**1948年**8月、南部に[8　　　　]を大統領とする**大韓民国（韓国）**が成立し、同年9月に北部でも[9　　　　]を首相（1972年以降主席）とする**朝鮮民主主義人民共和国（北朝鮮）**の独立が宣言され、南北の分立が始まった。**1950年**6月、北朝鮮は南北統一をめざし、(7　　)度線をこえて韓国に侵攻し、**朝鮮戦争**が勃発した。北朝鮮軍はまたたくまにソウルを陥落させ、半島南端の釜山にまでせまった。国連安保理は、中国の国連代表権をめぐりソ連が欠席するなかで、北朝鮮軍の行動を侵略と認め、アメリカ軍を主体とする(10　　　　)の派遣を決議した。(10　　)は仁川に上陸して中国の国境近くまでせまったが、**中華人民共和国**が北朝鮮を支援するために(11　　　)

問ⓐア
イ
問ⓑア
イ
問ⓒ
問ⓓ
問ⓔ

column ❸

〈〈(　　　　　　)〉〉
[1947年3月のアメリカ連邦議会における大統領特別教書]
　もしギリシアが武装した少数派の支配に陥るならば、その隣国であるトルコへ影響は緊急かつ重大なものであろう。混乱と無秩序は、中東全体に波及するであろう。さらに独立国家としてのギリシアが消滅するならば、戦争の損害を回復しつつ自国の自由と独立の維持のために大きな困難と闘っているヨーロッパ諸国に深刻な影響を与えるであろう。
(杉江栄一編『現代国際政治資料集』法律文化社)

1
2
3
4
5
6
7
8
9
10
11

visual ❷

〈中華人民共和国の建国〉

[　　　　]による建国宣言

第17章

を派遣すると、戦況は膠着していった。ⓑ<u>1953年に朝鮮休戦協定が成立</u>し、南北朝鮮の分断は(⁷　)度線をはさむ停戦ラインで固定化された。

　朝鮮戦争を契機に、アメリカは(⁶　)の中華民国政府への軍事援助を開始するとともに、対日講和の動きを進めた。朝鮮戦争の勃発に際して、日本はアメリカの要請を受けて**警察予備隊**(52年に保安隊、54年に**自衛隊**と改称)を設置した。また、アメリカ向けの軍需物資などの**朝鮮戦争特需**が生まれ、経済復興が加速した。**1951年**、日本は社会主義諸国と一部のアジア諸国の不参加や反対をおして、(¹²　)**条約**に調印して独立を回復した。同時に(¹³　)**条約**を締結し、日本は米軍の駐留および軍事基地や関係施設の存続を承認した。

問ⓐ　対日処理方針(日本の無条件降伏と降伏後の領土問題)を討議・宣言した、1943年の米・英・中の首脳会談を何というか。

問ⓑ　この休戦協定が結ばれた地名を答えよ。

④　東南アジアの独立／南アジアの独立

　第二次世界大戦中、日本の占領下にあった東南アジア・南アジアでは抗日運動が展開され、日本の敗戦とともに独立運動が活発になった。1935年に独立準備政府が発足し、アメリカからの独立が約束されていた(¹　)は、46年に(¹　)**共和国**として独立した。インドネシア(**オランダ領東インド**)では、[²　]を大統領とする**インドネシア共和国**の独立が宣言された。オランダはこれに武力で介入したが、1949年にハーグ協定が結ばれ、独立が承認された。

　フランス領インドシナでは、日本の占領下にホー=チ=ミンが民族統一戦線の(³　)(ベトミン)を組織した。日本の敗戦後、ホー=チ=ミンがベトナム民主共和国の独立を宣言すると、カンボジア・ラオスも独立の動きをみせた。しかし、フランスはこれらの独立を認めず、武力介入をおこない、1949年にはベトナムの南半にⓐ<u>ベトナム国を発足させて民主共和国との交戦を続けた</u>(**インドシナ戦争**)。**1954年**、(⁴　)の戦いに敗れたフランスは、同年(⁵　)**協定**を結んでインドシナから撤退した。(⁵　)協定では、北緯(⁶　)度線を暫定的軍事境界線とすること、および56年に南北統一選挙を実施することが約束されたが、ⓑ<u>東南アジアにおける社会主義勢力の拡大阻止</u>をはかるアメリカは、(⁵　)協定の調印を拒否した。翌55年ベトナム南部にⓒ<u>アメリカの支援を受けたベトナム共和国</u>が樹立され、ベトナムは南北に分断された。1953年、カンボジアはシハヌーク国王のもとで独立し、中立政策を進めた。ラオスも1953年に独立したが、左右両派の対立から内戦が続いた。イギリス領であったビルマは、1948年にイギリス連邦から離脱して独立し、同じくイギリス領であったマレー半島は1957年にマラヤ連邦として独立を達成した。

　大戦後の独立が約束されていたインドでは、一つの国家としての独立をめざす**インド国民会議派**と、(⁷　)の分離・独立を主張するⓓ<u>全インド=ムスリム連盟</u>の対立が激化した。ⓔ<u>1947年にインド独立法</u>が制定され、ヒンドゥー教徒が多数を占める**インド連邦**と、ムスリムが多数を占め、国土が東西にわかれた(⁷　)が分離独立した。しかし、その後もヒンドゥー教徒とムスリムの対立は続き、両教徒の融和を主張した[⁸　]は48年、急進的ヒンドゥー教徒により暗殺された。その後、インドは50年に初代首相[⁹　]のもとでイギリス連邦から離脱し、共和国となった。また、(¹⁰　)(セイロン)は1948年にイギリス連

---

12 ＿＿＿＿＿＿

13 ＿＿＿＿＿＿

問ⓐ ＿＿＿＿＿

問ⓑ ＿＿＿＿＿

challenge ❶
朝鮮戦争の国際的影響について120字程度で説明せよ。
朝鮮戦争特需
人民義勇軍
サンフランシスコ平和条約

visual ❸
〈[　　　　]〉

ベトナム独立の父。ベトナム民主共和国の初代大統領。

1 ＿＿＿＿＿＿

2 ＿＿＿＿＿＿

3 ＿＿＿＿＿＿

4 ＿＿＿＿＿＿

5 ＿＿＿＿＿＿

6 ＿＿＿＿＿＿

7 ＿＿＿＿＿＿

8 ＿＿＿＿＿＿

9 ＿＿＿＿＿＿

10 ＿＿＿＿＿＿

geographic ❷
〈インドシナ戦争〉

A・Bの国名、ⓐの地名を記せ。
A(　　　　　)
B(　　　　　)
ⓐ(　　　　　)

邦内の自治領として独立し、72年に憲法を制定して共和国となった。

問ⓐ　フランスがベトナム国の首班に擁立した、阮朝最後の王は誰か。

問ⓑ　1954年9月に結成された、米・英・仏および東南アジア諸国などによる反共軍事同盟を何というか。

問ⓒ　アメリカの支援を受けたベトナム共和国の初代大統領で、独裁体制を敷いたのは誰か。

問ⓓ　全インド＝ムスリム連盟を指導し、ムスリムの分離・独立を主張した人物は誰か。

問ⓔ　インドの独立を承認した、イギリス労働党内閣の首相は誰か。

問ⓐ _____
問ⓑ _____
問ⓒ _____
問ⓓ _____
問ⓔ _____

visual ④

〈[　　　　　]〉

インド共和国初代首相として、また非同盟外交の担い手として国際社会でも活躍した。

5 中東の動向 ────────

　第二次世界大戦以降、中東のアラブ地域では、イギリス・フランスの影響力が低下するなかで、ⓐ<u>アラブ民族主義</u>が高揚した。(¹　　　　)の委任統治下におかれていたパレスチナでは、大戦中にナチス＝ドイツの迫害を避けて移住してきた(²　　　　)**人**と、先住のアラブ人との対立が激化した。その対応に苦慮した(¹　　)は国際連合に解決をゆだね、1947年、国連総会はパレスチナをアラブ人国家と(²　　)人国家にⓑ<u>分割することを決議した</u>。翌**1948年**に(²　　)人が(³　　　　)の建国を一方的に宣言すると、これに反対するアラブ諸国が(³　　)を攻撃したが敗北した(**パレスチナ戦争、第1次中東戦争**)。勝利したイスラエルは領土を拡大し、パレスチナの約80％がその支配下に入ったため、75万人をこえるアラブ人が郷土を追われて難民となった(**パレスチナ難民**)。

　第二次世界大戦中に連合軍が駐留したイランでは、民族運動が高まり、イランの石油を独占するイギリス系企業への反発が強まった。1951年、[⁴　　　　]首相がアングロ＝イラニアン石油会社の国有化を実施したが、アメリカ・イギリスの支援を受けた国王[⁵　　　　]のクーデタによって失脚し、イランの石油は国際石油資本の支配下におかれることになった。

問ⓐ　アラブの独立と相互協力を目的に、アラブ7カ国が1945年3月に結成した地域機構を何というか。

問ⓑ　この国際連合の決議を一般に何というか。

1 _____
2 _____
3 _____
4 _____
5 _____
問ⓐ _____
問ⓑ _____

6 Exercise 冷戦の展開 ────────

次の表中の空欄に、適当な語句を記入せよ。

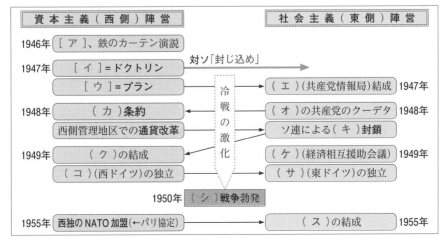

資本主義（西側）陣営		社会主義（東側）陣営
1946年 [ア]、鉄のカーテン演説		
1947年 [イ]＝ドクトリン	対ソ「封じ込め」	
[ウ]＝プラン	冷戦の激化	（ エ ）（共産党情報局）結成 1947年
1948年 （ カ ）条約		（ オ ）の共産党のクーデタ 1948年
西側管理地区での通貨改革		ソ連による（ キ ）封鎖
1949年 （ ク ）の結成		（ ケ ）（経済相互援助会議）1949年
（ コ ）（西ドイツ）の独立		（ サ ）（東ドイツ）の独立
1950年 （ シ ）戦争勃発		
1955年 西独のNATO加盟(←パリ協定)		（ ス ）の結成 1955年

ア _____
イ _____
ウ _____
エ _____
オ _____
カ _____
キ _____
ク _____
ケ _____
コ _____
サ _____
シ _____
ス _____

第18章　冷戦と第三世界の台頭

1　冷戦の展開

1　軍事同盟の広がりと核兵器開発／戦後のアメリカ社会 ――――――

　アメリカ合衆国は1940年代末から50年代にかけて、社会主義陣営包囲の軍事同盟を諸地域に構築した。1948年に中南米諸国とのあいだに[¹　　　　　　　](OAS)を発足させ、ついで51年にオーストラリア・ニュージーランドと[²　　　　　　　](ANZUS)を締結、55年には@**バグダード条約機構**(METO)も発足させた。

　戦後アメリカ合衆国は核兵器を独占していたが、1949年にソ連、52年にイギリス、60年にフランス、64年には中国が保有するなど核開発競争が過熱した。アメリカは、より強力な**水素爆弾**を1951年に開発したが、翌年ソ連も水爆を保有した。

　ⓑあいつぐ核実験は犠牲者を生み、核兵器廃絶運動が世界に広まった。物理学者の[³　　　　　　　]や哲学者の**バートランド＝ラッセル**らの呼びかけによって、カナダの[⁴　　　　　　　]で核兵器廃絶を求める会議が開催され、各国の科学者が参加した。

　戦後のアメリカ社会にも、冷戦は大きな影響をもたらした。国内の共産主義者を監視するため、1947年に**中央情報局**〈[⁵　　　　　　　]〉が設置され、同年タフト・ハートレー法が制定されて、労働組合の活動を規制した。1950年代にはⓒ**左翼運動や共産主義者を攻撃する**赤狩りが始まった。

　1953年に共和党の[⁶　　　　　　　]が大統領に就任すると、朝鮮戦争の休戦協定を実現し、ソ連との緊張緩和をめざすとともにⓓ**東側に対抗する軍事同盟網**の構築も進めた。また原子力の平和利用推進のため、原子力発電の開発を本格化させた。

　アメリカ合衆国は1950～60年代にかけて巨額の軍事予算を支出し、軍部と軍需産業が癒着した**軍産複合体**が形成された。その一方、「ホワイトカラー」(事務職)の人口が工場労働者(ブルーカラー)より増加して、大衆消費社会が一層発展した。

問ⓐ　イラクが共和政となって1959年に脱退したのち、何と改称されたか。

問ⓑ　1954年に日本の漁船がアメリカの水爆実験によって被爆した事件は何か。

問ⓒ　こうした傾向を、反共産主義活動の先頭に立った上院議員の名前をとって、何と呼ぶか。

問ⓓ　次の地図中のa～gの条約・機構名を答えよ。

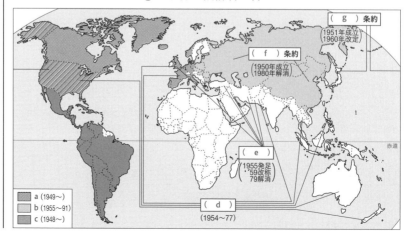

（左欄・コラム）

1 _____
2 _____
3 _____
4 _____
5 _____
6 _____
問ⓐ _____
問ⓑ _____
問ⓒ _____
問ⓓ a _____
b _____
c _____
d _____
e _____
f _____
g _____

visual ❶

〈バートランド＝ラッセル〉

1955年、[a　　　]とともに核兵器廃絶と科学技術の平和利用を訴えた。これを受けて57年に（b　　　　　）会議が開催され、日本からも湯川秀樹らが参加した。

2 西欧・日本の経済復興／ソ連の「雪どけ」─────────

　1950年代になると、西欧諸国では地域統合の必要性がさけばれるようになった。1950年のフランス外相[¹　　　]の提唱（[¹　　　]＝プラン）によって、52年に(²　　　　)（ECSC）が発足して、フランス・西ドイツ・イタリア・ベネルクス3国が石炭・鉄鋼の共同利用をめざした。この動きは58年に(³　　　　)（EEC）と(⁴　　　　)（EURATOM）の設立へと発展し、共通の農業政策・資本の自由移動が可能になった。さらに67年にECSC・EEC・EURATOMが合併して(⁵　　　　)（EC）へと発展し、主権国家の枠をこえた西欧統合の基礎がつくられることとなった。ⓐイギリスは当初この動きに対抗したが、その後ECへの参加を希望して、**1973年**に認められた（**拡大EC**）。

　西ドイツは[⁶　　　]政権（1949～63年）のもとで経済成長と社会政策の両立に成功して、「経済の奇跡」と呼ばれる経済成長を実現した。

　フランスはベトナムからの撤退後、(⁷　　　)の独立をめぐって国内が対立すると、[⁸　　　]が1958年に**第五共和政**を成立させて、62年に(⁷　　　)の独立を承認した。また1960年に核兵器を保有し、64年には中華人民共和国を承認するなど自立的な外交政策をおこない、さらに(⁹　　　)への軍事協力を拒否するなど独自路線を歩んだ〈(⁹　　)軍事部門には2009年に復帰〉。

　日本では戦後、(¹⁰　　　)戦争をきっかけに経済が復興し、1955年に保守政党の合同で**自由民主党**が成立すると、長期政権を担うこととなった。またⓑ1956年には**日ソ共同宣言**を出してソ連と国交を回復した。1960年代からは**高度経済成長**が始まったが、日米安全保障条約改定をめぐり激しい国内対立も生まれた。韓国とのあいだには**1965年**に(¹¹　　　)**条約**を結んで、国交正常化や戦前の諸条約の無効などを確認した。

　ソ連では1953年に[¹²　　　]が死去すると、**1956年のソ連共産党第20回大会**で、[¹³　　　]第一書記が[¹²　　]時代の個人崇拝を批判して、旧反対派への大規模弾圧を暴露し、自由化の方向へ進み出した（「[¹²　　]批判」）。さらにⓒ西側との**平和共存**を掲げて、(¹⁴　　　)を解散（56年）するなど東欧諸国に衝撃を与えた。

　ポーランドでは、1956年に**ポズナニ**で民主化を要求する市民が軍と衝突し、ポーランド共産党の改革派[¹⁵　　　]が経済改革により事態を収拾し、ソ連軍の介入を防いだ。しかし同年ハンガリーでおこった民主化とソ連圏からの離脱を要求する大衆運動を首相の[¹⁶　　　]が支持すると、ソ連は軍事介入をおこなって運動を鎮圧し、のちに[¹⁶　　]を処刑した。

　一方で、ソ連は西側諸国との関係改善に力を注ぎ、1959年には[¹³　　]が訪米してアイゼンハワーと会談をおこなった。しかし翌年、アメリカの偵察機をソ連が撃墜する事件がおこって東西関係は再び冷え込み、**1961年**には東ドイツから西側への脱出を阻止するために(¹⁷　　　)が構築されて、東西対立の象徴となった。ソ連は1957年に**大陸間弾道ミサイル**を開発すると、その技術をもとにⓓ世界初の人工衛星を打ち上げ、さらに有人宇宙飛行に成功して、西側に衝撃を与えた。

問ⓐ　EECに対抗して、イギリスが1960年に提案して発足した経済協力機構を何というか。

問ⓑ　これによって、同年に日本が加盟を認められた国際組織は何か。

問ⓒ　このソ連の平和共存への転換を、ソ連の小説の題名にちなんで何というか。

問ⓓ　これらの成功が西側諸国に与えた衝撃を何というか。

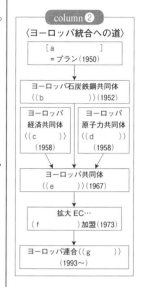

column ❷

〈ヨーロッパ統合への道〉

[a　　　]
＝プラン（1950）

↓

ヨーロッパ石炭鉄鋼共同体
（（b　　））（1952）

↓

| ヨーロッパ経済共同体（（c　　））（1958） | ヨーロッパ原子力共同体（（d　　））（1958） |

↓

ヨーロッパ共同体
（（e　　））（1967）

↓

拡大EC…
（f　　　）加盟（1973）

↓

ヨーロッパ連合（（g　　））
（1993～）

1　　　　　　　
2　　　　　　　
3　　　　　　　
4　　　　　　　
5　　　　　　　
6　　　　　　　
7　　　　　　　
8　　　　　　　
9　　　　　　　
10　　　　　　　
11　　　　　　　
12　　　　　　　
13　　　　　　　
14　　　　　　　
15　　　　　　　
16　　　　　　　
17　　　　　　　

問ⓐ　　　　　　
問ⓑ　　　　　　
問ⓒ　　　　　　
問ⓓ　　　　　　

第18章

1 _____

2 _____

3 _____

4 _____

5 _____

6 _____

7 _____

8 _____

9 _____

10 _____

11 _____

12 _____

13 _____

問ⓐ _____

問ⓑ _____

問ⓒ _____

問ⓓ _____

geographic ❶

〈戦後のアフリカ〉

▨…(a   ) 年に独立した17カ国

A…フランスから1962年に独立した国
(b   )

B…人種隔離・黒人差別政策を実行した国
(c   )

2 第三世界の台頭とキューバ危機

❶ アジア・アフリカ諸国の非同盟運動／アフリカ諸国の独立と南北問題 ─────

東西対立が激化すると、アジア・アフリカの新興諸国は**第三勢力**として連携し、国際社会における存在感を強めた。1954年にスリランカで開催された**コロンボ会議**ではアジア＝アフリカ会議の開催が提唱され、同年、中国首相の[1   ]とインド首相の[2   ]が会談して、**平和五原則**(領土保全と主権尊重・不侵略・内政不干渉・平等と互恵・平和共存)を発表した。翌55年にインドネシアの(3   )で開催された@**アジア＝アフリカ会議**では、反植民地主義など**平和十原則**が採択された。61年には第1回(4   )**会議**がⓑ**ユーゴスラヴィアの首都ベオグラード**で開催されて25カ国が参加し、共同歩調をとることとなった。このような非同盟諸国の台頭により、開発途上国を「**第三世界**」と呼ぶようになった。

非同盟運動の中心の一つであったエジプトでは、1952年に[5   ]らの自由将校団が**エジプト革命**をおこし、王政を打倒して共和国を樹立した。[5   ]らは近代化を推進して、イギリス・アメリカ合衆国の経済支援による**アスワン＝ハイダム**の建設を計画した。ところが、合衆国のイスラエル寄りの外交に反発してエジプトがソ連に接近すると、英米は援助を撤回した。エジプトは建設資金確保のために(6   )運河の国有化を宣言したが、これに対して英・仏・イスラエルがエジプトに対して軍事行動を開始して、**第2次中東戦争**〈(6   )**戦争**〉が勃発した。しかしアメリカはこれに同調せず、国際世論も強く反発したため3国は撤兵した。この結果、エジプトはアラブ民族主義の指導的地位につくこととなった。

フランスがⓒ**インドシナ戦争**に敗れると、アフリカの植民地でも独立をめざす動きが活発となり、1956年に**モロッコ・チュニジア**がフランスから独立した。翌57年にはイギリス植民地の(7   )が、指導者[8   ]のもとで自力独立を果たした。さらにフランスの**ド＝ゴール政権**の譲歩もあり、**1960年**には17の新興独立国が誕生して、この年は「9   」と呼ばれた。

一方、**アルジェリア**では独立運動を軍とフランス人入植者が徹底弾圧したが、1962年に**民族解放戦線(FLN)**が独立を勝ち取った。1963年には原加盟国32カ国で(10   )(**OAU**)が発足し、アフリカ諸国の連帯、宗主国の政治・経済的支配の克服がめざされた。しかしアンゴラ・モザンビークなどのポルトガル植民地は独立できず、また(11   )は、独立後に鉱物資源をめぐって旧宗主国ベルギーの干渉を受けた。さらに、**南アフリカ共和国**では少数の白人支配維持のために、(12   )と呼ばれる極端な人種隔離・黒人差別政策がとられた。

アフリカ新興独立国の課題としては、ⓓ**旧宗主国の利益のため輸出用の商品作物生産に偏った開発がおこなわれた**ために経済基盤が弱く、社会的インフラストラクチャーや教育・医療などが未整備であることなどがあげられる。豊かな先進国とアジア・アフリカの開発途上国との経済格差は南北問題と呼ばれ、経済格差の是正をめざして1964年に(13   )(**UNCTAD**)が結成された。

問ⓐ この会議を主催したインドネシア大統領は誰か。

問ⓑ この会議を主催したユーゴスラヴィア大統領は誰か。

問ⓒ フランス軍が**ベトナム民主共和国**に敗北を喫した戦い(1954年)は何か。

問ⓓ 一国の産業構造が、1～3品目の輸出向け農産物や鉱物資源の生産に特化した経済を何と呼ぶか。

[2] ラテンアメリカ諸国の動向とキューバ革命／キューバ危機と核不拡散体制の成立

戦後のⓐラテンアメリカ諸国はアメリカ合衆国の強い影響下におかれる一方、合衆国への反発の動きも活発であった。アルゼンチンでは大統領[1　　　　]が反米的民族主義を掲げて社会改革をおこない、グアテマラでは1951年に左翼政権が土地改革に着手したが、54年にアメリカが支援する軍部のクーデタで倒された。

キューバでは、アメリカ系企業が広大な土地を所有して砂糖生産をおこない、大多数の農民は貧困と土地不足に苦しんでいた。1959年に[2　　　　]らがキューバ革命をおこして親米の[3　　　　]独裁政権を打倒し、革命政権を樹立してアメリカ系企業から土地を接収した。この革命は、ラテンアメリカ諸国の革命・民族運動に大きな影響をおよぼした。1961年に合衆国のアイゼンハワー政権はキューバと断交し、翌年には[4　　　　]政権が武力転覆をはかったが、失敗に終わった。

1962年にⓑキューバは**社会主義宣言**をおこなってソ連に接近し、ソ連は[2　]の要請でミサイル基地建設に着手した。合衆国の[4　]政権は海上封鎖でソ連船の機材搬入を阻止すると、米ソ間の緊張は高まった。核戦争の危機を前に米ソ両国は妥協して、合衆国のキューバ内政への不干渉と引きかえに、ソ連はミサイル基地を撤去した。このキューバ危機ののち、米ソは緊張緩和に転換し、両国を結ぶ直通通信回線〈(5　　　　)〉が敷設された。

1963年に(6　　　　)条約(PTBT)が米・英・ソにより調印されて、(7　　　　)を除く核実験が禁止された。68年には、(8　　　　)**条約**(NPT)に62カ国が調印した。これは核保有国以外の国が、新たに核を保有することを禁止するものであった。69年には**第1次**(9　　　　)(SALT Ⅰ(ソルト))が始まり、核ミサイル配備数凍結について米ソが交渉を開始した。72年からはSALT Ⅱ(ソルト)が始まり、核弾頭数について交渉したが、79年にソ連が(10　　　　)に侵攻したことにより、失敗に終わった。

問ⓐ　地図中のラテンアメリカ諸国A～Cを説明した、次の文が示す国を答えよ。

A　1959年に親米政権を打倒して、社会主義を宣言した。
B　1951年に成立した左翼政権が土地改革をおこなったが、アメリカが支援する軍部のクーデタで倒された。
C　1946年に就任した大統領が、反米的な民族主義を掲げて主要産業の国有化など社会改革をおこなった。

問ⓑ　このときのソ連の指導者は誰か。

[3] Exercise キューバの歴史

1492	[　ア　]がキューバ島に上陸
1511	スペイン人の入植が始まる
	インディオへの過酷な労働を宣教師[　イ　]が批判
	※ この間、**砂糖プランテーション**の発達──(　ウ　)**奴隷**の導入
1898	(　エ　)**戦争**の結果、スペインから独立
	→ 1902　米大統領[　オ　]は**カリブ海政策**のもと、キューバ憲法に**プラット条項**を強要(キューバを保護国化)
1959	[　カ　]らによる**キューバ革命**、土地改革でアメリカ系企業の土地接収
1961	社会主義宣言 → キューバのソ連接近
1962	**キューバ危機** → **米**[　キ　]・ソ[　ク　]の妥協 → 危機回避

visual 1

〈[　　　　]〉

キューバ革命の指導者。医師でもあった彼は現在でも南米諸国の各地で絶大な人気を誇る。

1
2
3
4
5
6
7
8
9
10
問ⓐA
B
C
問ⓑ
ア
イ
ウ
エ
オ
カ
キ
ク

column 2

〈(　　　　)条項〉

1902年にキューバが独立する際、アメリカがキューバ憲法に修正条項としてアメリカの干渉を認めさせた規定。

第18章

3 冷戦体制の動揺

1 ベトナム戦争とインドシナ半島

冷戦の期間中、米・ソによる**代理戦争**がアジア・アフリカの各地でおこなわれた。1960～70年代の**ベトナム戦争**も、その一つである。**ベトナム共和国**(南ベトナム)では、[1　　　　]政権が独裁化する一方、1960年に(2　　　　)が結成され、ⓐ**ベトナム民主共和国**(北ベトナム)と連携してゲリラ戦を展開した。63年には[1　]政権が軍のクーデタで打倒されると、アメリカ合衆国のケネディ政権による軍事支援が本格化した。64年に北ベトナム軍が南ベトナムに入ると、合衆国の[3　　　　]政権は**1965年**に北ベトナムへの爆撃(**北爆**)を開始して、大規模な軍事援助に踏みきった。北ベトナムと(2　　)は、ソ連・中国の支援のもとで森林地帯でのゲリラ戦を展開して、近代兵器で武装した米軍に抵抗した。米軍は68年までに50万人の地上兵力を派兵したが、戦局は泥沼化する一方であった。

ベトナム戦争に対する国際世論は、アメリカ合衆国をきびしく批判するものが多く、ⓑ合衆国の世論も二分した。合衆国は1968年に北爆を停止して、北ベトナム側とパリで和平交渉を開始した。ベトナム戦争に利用された日本の(4　　　　)米軍基地への批判も高まり、72年に(4　　)が日本に返還されたが、広大な米軍基地は日本に残った。**1973年**にはアメリカ合衆国の[5　　　　]**政権**が(6　　　　)**協定**を結び、米軍をベトナムから撤退させた。北ベトナム・(2　　)は75年に南ベトナムの首都**サイゴン**を占領し、翌76年に**ベトナム社会主義共和国**を成立させて南北は統一された。

カンボジアでは、1970年に親米右派のクーデタにより**シハヌーク**元首が追放された。その後内戦が続き、75年に[7　　　　]が指導する**赤色クメール**が勝利をおさめると、農業を基盤とする共産主義社会建設を強行し、知識人などの反対派を多数処刑した。そのためベトナムが軍事介入をおこない、新政権が成立した。これに対して、中国は1979年に軍事行動をおこしたが〈(8　　　　)**戦争**〉、まもなく撤退した。

問ⓐ　この国の建国を指導した人物は誰か。

問ⓑ　国内の社会的亀裂が深まるなかで、1968年に暗殺された公民権運動の指導者は誰か。

1
2
3
4
5
6
7
8
問ⓐ
問ⓑ

visual 1

〈[　　　　]〉

赤色クメールの指導者。農村を基盤とする共産主義の実現をめざす一方で、多くの反対派や知識人を粛清した。

2 Exercise インドシナ戦争とベトナム戦争

1941	[　ア　]が(　イ　)(ベトミン)組織、抗日民族統一戦線結成
1945	**ベトナム民主共和国**成立 →(　ウ　)**戦争**勃発、仏は**ベトナム国**樹立
1954	仏の拠点(　エ　)が陥落 →(　オ　)**協定**
1955	アメリカの支援で[　カ　]が**ベトナム共和国**(南ベトナム)樹立
1960	南ベトナム内に(　キ　)結成
1965	アメリカ、(　ク　)を開始――(　ケ　)**戦争**本格化→戦局泥沼化 ソ連・中国が北ベトナムを支援…東西両陣営の**代理戦争**へ
1973	(　コ　)**協定**調印――米軍がベトナムから撤兵
1975	**サイゴン**陥落、大量の難民(ボートピープル)が発生
1976	**ベトナム社会主義共和国**成立――首都：(　サ　)
1979	(　シ　)**戦争**(ベトナムのカンボジア侵攻を受けて中国軍が攻撃) → 撃退

ア
イ
ウ
エ
オ
カ
キ
ク
ケ
コ
サ
シ

3 アメリカ合衆国とソ連の変容／ヨーロッパでの緊張緩和

アメリカ合衆国では、1961年に初のカトリック系大統領として民主党の[1　　　]が就任した。彼は**ニューフロンティア政策**を掲げて国内改革を呼びかけるとともに、キューバ危機を回避した。また彼は、[2　　　]**牧師**の指導する(3　　　)**運動**にも理解を示したが、63年に暗殺された。その後継の[4　　　]大統領は64年に(3　　)**法**を成立させて、「偉大な社会」をスローガンとして「貧困との闘い」を推進した。69年に大統領に就任した共和党の[5　　　]は、ベトナムからの撤兵を実現したものの、(6　　　)**事件**によってアメリカ大統領として史上はじめて任期途中の74年に辞任した。

ソ連では、共産党内保守派により1964年に[7　　　]が解任され、[8　　　]書記長が後任にあたった。東欧諸国では、**1968年**にⓐチェコスロヴァキアで民主化を求める市民運動がおこり、共産党第一書記の[9　　　]も自由化を推進した。これに対して、ソ連はワルシャワ条約機構軍を率いて軍事介入をおこない、運動を鎮圧した。ソ連やほかの東欧諸国でも改革の動きは阻害され、経済も停滞した。

ヨーロッパでは、フランスの[10　　　]大統領の自立的外交路線に続いて、西ドイツでも1969年から74年にかけて**社会民主党**の[11　　　]首相がⓑソ連・東欧諸国と関係改善をはかる「(12　　　)**外交**」を開始した。70年に西ドイツはポーランドと戦後国境(オーデル＝ナイセ線)を認めた国交正常化条約を締結し、72年には東西ドイツは相互に承認をおこなって、翌年両国ともに(13　　　)に加盟した。

1975年には、フィンランドのヘルシンキでアルバニアを除く全ヨーロッパ諸国とアメリカ合衆国・カナダの首脳が参加して、**全欧安全保障協力会議(CSCE)**が開催され、主権尊重、武力不行使、科学・人間交流の協力などを謳(うた)ったヘルシンキ宣言が採択された。CSCEは、95年から全欧安全保障協力機構(OSCE)として常設機構化した。

また、1970年代の南欧では軍事政権や独裁政権が消滅していった。ポルトガルでは、**アンゴラ**などの植民地の独立運動がおこり、74年に独裁政権が崩壊した。ⓒスペインでは、ブルボン朝のフアン＝カルロス1世が民主化をはかり、立憲君主制の新憲法を発布した。ギリシアも1975年に軍事政権から民主制に復帰した。

問ⓐ　この運動を何と呼ぶか。
問ⓑ　こうした東西対立の緊張を緩和する1970年代の動きを、フランス語で何というか。カタカナで答えよ。
問ⓒ　スペインの独裁者で、その死が民主化の契機となった人物を答えよ。

1 ______
2 ______
3 ______
4 ______
5 ______
6 ______
7 ______
8 ______
9 ______
10 ______
11 ______
12 ______
13 ______
問ⓐ ______
問ⓑ ______
問ⓒ ______

visual 2

〈[　　　]米大統領〉

アメリカ合衆国初のカトリック系大統領。アイルランド移民の子孫。

challenge 1

ベトナム戦争がアメリカ社会におよぼした影響について、100字程度で説明せよ。
反戦運動　キング牧師　人種差別

4 Exercise アメリカ合衆国大統領(1920年代～70年代前半)

ハーディング(任1921～23)――**ワシントン会議**開催
クーリッジ(任1923～29)――**移民法**(24)、国務長官**ケロッグ**が**不戦条約**(28)提唱
[　ア　](任1929～33)――**世界恐慌**発生、[ア]＝**モラトリアム**
[　イ　](任1933～45)――**ニューディール政策**、第二次世界大戦参戦
[　ウ　](任1945～53)――対ソ「**封じ込め**」**政策**、**NATO** 結成
[　エ　](任1953～61)――**巻き返し政策**(反共政策)、**ジュネーヴ四巨頭会談**
[　オ　](任1961～63)――**ニューフロンティア政策**、**キューバ危機**回避
[　カ　](任1963～69)――**ベトナム戦争**介入(**北爆**開始)、**公民権法**制定
[　キ　](任1969～74)――**ベトナムから撤兵**、**ウォーターゲート事件**で辞任

ア ______
イ ______
ウ ______
エ ______
オ ______
カ ______
キ ______

5 中ソ対立と文化大革命 ─────────

　1956年におこなわれたソ連の**スターリン批判**に対して、スターリンを模範に自己の権力を強化してきた中華人民共和国主席の[¹　　　]は反発した。彼はソ連との競争を意識して、**1958年**から「²　　　」運動を開始し、急激な社会主義建設をめざした。さらに農業の集団化のため(³　　　)を設立したが、性急な大規模集団化や専門技術を軽視したため農業生産は急減し、数千万人の餓死者が出て運動は失敗した。翌59年には**チベット**で**反中国運動**が始まり、中国政府によって鎮圧された。このとき@**チベット仏教**の指導者がインドに亡命して、亡命政権を樹立したことで中国・インドの関係が悪化し、62年に国境で軍事衝突もおこった。

　[¹　]はソ連の平和共存路線を批判すると、ソ連は中国への経済援助を停止した。1960年には技術者も引き揚げて中ソ関係は悪化したが、中国は自力で原爆・水爆を開発した。平和共存の是非をめぐって、中ソが63年から公開論争を開始したことにより**中ソ対立**は表面化し、ⓑ**69年には中ソ国境で軍事衝突**もおこった。

　中国では「²　」運動失敗後の建て直しが[⁴　　　]・[⁵　　　]らによっておこなわれていたが、[¹　]はこの改革派に対抗して、**1966年**からプロレタリア(⁶　　　)という運動を全国に展開した。この運動は若い世代中心に(⁷　　　)など全国的な大衆運動が組織され、党幹部・知識人階級を弾圧した。[⁴　]・[⁵　]らも「**走資派**」(しそうは)(資本主義の復活をはかる修正主義者)と非難されて失脚した。

　中ソ対立が激化して国際的にも孤立化した中国は、アメリカ合衆国との関係改善をはかるようになった。1971年に国連代表権が台湾から北京政府に交替し、**1972年**には合衆国の[⁸　　　]**大統領**が**中国を訪問**して、中国との関係正常化に合意した。同年、日本は[⁹　　　]首相の北京訪問によって国交を正常化し、78年に(¹⁰　　　)**条約**を締結した。翌79年には**米中の国交も正常化**された。

　1971年、[¹　]の後継者とみられていた**林彪**(りんぴょう)がソ連への亡命を企図するも墜落死すると、(⁶　)の混乱を収拾する動きも始まった。1976年1月に[¹¹　　]首相、ついで同年9月には[¹　]が死去すると、**華国鋒**(かこくほう)首相は[¹　]夫人の**江青**(こうせい)ら「¹²　　　」を逮捕して、翌77年に(⁶　)の終了を宣言した。復権した[⁵　]を中心とする新指導部は、計画経済から(¹³　　　)**経済**への転換をはかり、ⓒ**改革開放路線**を推進していった。

問@　インドに亡命した、右の写真の宗教指導者は誰か。

問ⓑ　この軍事衝突がおこった場所はどこか。

問ⓒ　中国政府が、農業・工業・国防・科学技術の発展を国家目標に定めたことを何というか。

〈〈(　　　　　)〉〉

visual ❸

1966年から中国で始まった、大衆運動を利用した権力闘争。社会機能は混乱し、数十万人が死亡、数千万人が迫害されたとされる。

1_____
2_____
3_____
4_____
5_____
6_____
7_____
8_____
9_____
10_____
11_____
12_____
13_____
問@_____
問ⓑ_____
問ⓒ_____

ア_____
イ_____
ウ_____
エ_____
オ_____
カ_____
キ_____
ク_____
ケ_____
コ_____
サ_____
シ_____

6 [Exercise] 中華人民共和国(建国〜1970年代) ─────────

1949	国共内戦に勝利、**中華人民共和国成立。国民党**は(ア)へ
1950	ソ連と(イ)**条約**(80年解消)・**朝鮮戦争**で(ウ)派遣
1954	[エ]首相、インド首相[オ]と会談 → (カ)を発表
1958	(キ)**運動**──農業の集団化 → (ク)を設立するも餓死者続出
1966	**プロレタリア**(ケ)開始──若い世代の(コ)を動員
1971	**国連代表権**、(ア)の中華民国政府から北京政府に交替
1972	米大統領[サ]の**中国訪問**
1976	[エ]首相死去 → [シ]死去 → **華国鋒**首相、(ケ)終了を宣言

7　第三世界の開発独裁と東南・南アジアの自立化

　第三世界では、強権的支配のもと、政治・社会運動を抑圧しながら工業化を強行していく(¹　　　)という体制が1960年代から登場した。この体制の多くが、独裁的な政権のもとで低賃金を維持し、外国企業を積極的に誘致して輸出向けの工業製品を生産する方式を採用した。

　大韓民国では独立回復後、[²　　　]大統領のもとで抑圧的な反共体制がとられていたが、1960年に学生らの民主化運動で[²　]は失脚した。翌61年に軍人の[³　　　]がクーデタをおこして大統領となり、**1965年**に(⁴　　　)条約を結んで日本と国交を正常化した。その後、[³　]は独裁体制のもとで「**漢江の奇跡**」と呼ばれる経済成長を実現したが、79年に暗殺された。80年には大規模な@民主化運動がおこったが、軍部により弾圧されて、その後長く軍事政権が続いた。

　台湾は第二次世界大戦終了後、(⁵　　　)**党**による**中華民国**の施政下へ入ったが、1947年に(⁵　)党政権に対する大規模な暴動がおこり、武力弾圧で多くの犠牲者が出た。この「二・二八事件」を経て49年には戒厳令が敷かれ、(⁵　)党政権の独裁が続くなかで経済発展が進展した。

　ⓑ**東南アジア**では、多くの国で(¹　)体制がとられた。**インドネシア**では、非同盟運動の指導者である[⁶　　　]大統領が、共産党とも協力して中国との関係を深める政策をおこなっていたが、**1965年**に(⁷　　　)**事件**がおこり、軍部が実権を握ると共産党は弾圧され、[⁶　]も失脚した。その後、68年に大統領となった[⁸　　　]は、(¹　)体制を推進していった。**フィリピン**では、[⁹　　　]大統領が(¹　)体制を実現した。**マレーシア**は、1963年にマラヤ連邦とシンガポールなどが合体して成立したが、マレー系住民と中国系住民の対立が激しく、65年に中国系住民中心の**シンガポールが分離**した。その後、シンガポールではリー＝クアンユー首相が(¹　)体制をとって、経済成長を推進した。

　1967年にはインドネシア・マレーシア・フィリピン・シンガポール・タイの5カ国が(¹⁰　　　)(**ASEAN**)を結成した。これは当初、北ベトナムに対抗する目的で結成されたが、その後は大国の介入を排除して、ⓒ**東南アジアの地域協力機構へと移行し、現在は10カ国が加盟している。

　1947年にイスラーム教国パキスタンと分離独立したインドでは、**国民会議派**による長期政権によって非同盟外交と計画経済が推進された。隣国パキスタンとのあいだには、(¹¹　　　)地方の帰属をめぐって衝突が繰り返された。また71年に言語の違いなどから東パキスタンが分離した際には、インドがこれを支援したために第3次**インド＝パキスタン戦争**がおこった。この戦争はインドが優勢に進め、東パキスタンは(¹²　　　)として独立した。

　(¹　)体制は南米諸国でも広くみられた。**チリ**では、1970年に[¹³　　　]を首班として成立した左翼連合政権が、アメリカ合衆国の支援する[¹⁴　　　]を中心とする軍部のクーデタで打倒されて、独裁政権が続いた。

問@　この事件を何と呼ぶか。

問ⓑ　1954年、米英仏などと東南アジア諸国が締結した反共軍事機構で、ベトナム戦争終結後の1977年に消滅した組織は何か。

問ⓒ　右の地図中A～JのASEAN加盟10カ国をそれぞれ答えよ。

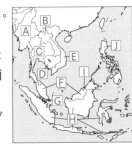

1	
2	
3	
4	
5	
6	
7	
8	
9	
10	
11	
12	
13	
14	
問@	
問ⓑ	
問ⓒA	
B	
C	
D	
E	
F	
G	
H	
I	
J	

geographic ❷
〈20世紀後半の南インド〉

A　1947年に独立したイスラーム共和国
（　　　）
B　1971年にA国から分離したイスラーム共和国
（　　　）
C　インドとA国間で帰属が未解決の地域
（　　　）

第18章

第19章　冷戦の終結と今日の世界

1　産業構造の変容

1　福祉国家と公害／ドル＝ショックとオイルショック

　西側先進国では1960年代以降、国家が国民の福祉に手厚く配慮する政策をおこなう**福祉国家**が登場した。その一方で、経済成長による河川・大気・土壌の汚染による（¹　　　）という社会問題も発生した。（¹　）病による多数の犠牲者が生まれ、自然破壊も進んだ。このような問題に対して、1972年には環境を主題とする（²　　　）**会議**がはじめてスウェーデンのストックホルムで開かれた。

　アメリカ合衆国では、ⓐベトナム戦争の戦費と社会保障費の増大によって財政が悪化した。また、西欧・日本の経済成長により貿易収支が赤字へと転落した。そのため、**1971年**にアメリカ大統領[³　　　　]はⓑドルの金兌換停止を発表して、世界に衝撃を与えた。アメリカの経済力と**金・ドル本位制**を基盤とした（⁴　　　）**体制**は終焉を迎え、73年には先進工業国の通貨は（⁵　　　）**制**に移行した。その結果、世界経済は合衆国・西欧・日本の三極構造化が進んだ。

　1973年、エジプト・シリアがイスラエルに奇襲攻撃をおこなってⓒ**第4次中東戦争**が勃発すると、（⁶　　　）はイスラエルを支援する西側諸国に原油価格の引き上げをおこなった。さらに（⁷　　　）もイスラエル支援国に対して原油輸出を禁止したため、ⓓ西側諸国では急激な**インフレーション**がおこった。この結果、安価な原油供給を前提としてきた先進国の好景気は終了し、まもなく立ち直った日本を除いて、西欧諸国やアメリカ合衆国の経済成長は減速した。そのため、1975年には世界経済の主要問題を討議する（⁸　　　）の開催が始まった。

問ⓐ　**1973年**の何という協定でアメリカ軍はベトナムから撤退したか。

問ⓑ　このことを何というか。

問ⓒ　**4度**にわたる**中東戦争**について、以下の表中の空欄に適当な語句を記せ。

第1次 (1948〜49)	（　A　）戦争	アラブ連盟が（　B　）建国に反対して開戦
第2次 (1956〜57)	（　C　）戦争	英・仏・**イスラエル**がエジプトに侵攻
第3次 (1967)	六日戦争	イスラエルの圧勝 → （　D　）半島などを占領
第4次 (1973)	十月戦争	アラブ諸国による、（　E　）戦略の発動

問ⓓ　原油価格が高騰し、世界に衝撃を与えたことを何というか。

2　量から質へ／中東の変容／開発途上国の工業化

　西側先進諸国では、オイル＝ショックによって、従来の大量生産を重視する経済路線から、量から質への産業構造の転換が始まった。ハイテクノロジー産業が形成され、省エネルギー化も追求された。また、福祉国家的政策も見直されて「（¹　　　）**政府**」を求める声が高まった。その結果、1970年代から80年代にかけてイギリスの[²　　　]、アメリカ合衆国の[³　　　]、西ドイツのコール、日本の中曽根康弘などの各政権が、ⓐ市場原理を最優先して競争原理を重視する政策を実施した。これにより国営・公営企業の民営化や経済の規制緩和が進んだ。

左余白：
1
2
3
4
5
6
7
8
問ⓐ
問ⓑ
問ⓒ A
B
C
D
E
問ⓓ

visual ❶

〈[　　　]大統領〉

金ドル兌換停止（1971）、中国訪問（72）、ベトナム和平協定（73）などの実績。ウォーターゲート事件で辞職。

左余白：
1
2
3

　ラテンアメリカ諸国では、**開発独裁**の過程で累積債務が増大し、オイル＝ショックでも大きな打撃を受け、独裁体制への批判が強まった。1980年代には⒝<u>アルゼンチン・ブラジル・チリで軍事政権が倒れ</u>、民政に移行した。他方、アメリカ合衆国では(⁴　　　)**運動**に参加した女性たちが女性解放運動を始め、1970年代以降女性の社会進出が進み、日本でも85年に男女雇用機会均等法が制定された。

　中東では、**1967年**に**第3次中東戦争**が勃発した。イスラエルはアラブ諸国に圧勝し、(⁵　　　)**半島**・(⁶　　　　)**川西岸地区・ガザ地区**・(⁷　　　)**高原**など占領地を拡大した。その後、69年に(⁸　　　　)の議長に就任した[⁹　　　　]によって、パレスチナ人主体の解放運動が展開された。73年の**第4次中東戦争**(**十月戦争**)では、失地回復をめざしたアラブ側が攻撃を開始した。イスラエルの反撃が始まると、アラブ諸国は(¹⁰　　　)を発動して国際的に大きな影響をおよぼした。しかし、**1979年**にはエジプトの[¹¹　　　]大統領が⒞<u>イスラエルとの和解</u>に踏みきり、(¹²　　　)**条約**を締結して、エジプトはアラブ諸国ではじめてイスラエルを承認した。これはアラブ諸国の反発をまねき、81年に[¹¹　　]は暗殺された。

　イランでは、国王[¹³　　　]によって「**白色革命**」と呼ばれる近代化政策がおこなわれたが、かえって貧富の差が増大した。そのため独裁に反対する抗議運動がおこり、**1979年**に国王が亡命すると、宗教学者[¹⁴　　　]が帰国して**イラン＝イスラーム共和国**を樹立した(**イラン＝イスラーム革命**)。この結果、⒟<u>イラン新体制が欧米系石油企業を追放し、原油生産を国有化した</u>ことから原油価格が高騰し、国際的に大きな影響を与えた。翌80年には、アメリカ合衆国の支援を受けたイラクの[¹⁵　　　]大統領がイランを攻撃して、(¹⁶　　　)**戦争**が始まった。

　開発途上国では、**韓国・台湾・香港・シンガポール・ブラジル・メキシコ**など(¹⁷　　　)と呼ばれる国々で、急速な工業化と高い経済成長率がみられた。一方、先進国では先端技術をめぐる激しい競争がおこり、自動車・コンピュータなどの部門で**貿易摩擦**が激化した。

問⒜　アメリカの経済学者フリードマンらシカゴ学派の主張による、この考え方を何というか。

問⒝　1982年にアルゼンチンとイギリスとのあいだで、大西洋の孤島の領有権をめぐる争いから生じた軍事衝突を何というか。

問⒞　この和解の結果、イスラエルはエジプトにどこを返還したか。

問⒟　このことを何というか。

4	
5	
6	
7	
8	
9	
10	
11	
12	
13	
14	
15	
16	
17	

visual❷

〈宗教学者[　　　　]〉

イラン＝イスラーム革命の指導者。

問⒜　＿＿＿＿＿
問⒝　＿＿＿＿＿
問⒞　＿＿＿＿＿
問⒟　＿＿＿＿＿

3 Exercise **第3次中東戦争** ─────────

　次の地図(ア)をみて、第3次中東戦争でイスラエルが占領した地域a〜dの名称を答えよ。また、写真(イ)が示す条約(1979年)の左側の人物は誰か。

a　＿＿＿＿＿
b　＿＿＿＿＿
c　＿＿＿＿＿
d　＿＿＿＿＿
人物　＿＿＿＿＿

2　冷戦の終結

1　デタントの終わりと「新冷戦」／ペレストロイカから東欧革命へ ————————

　1970年代にヨーロッパではデタント（緊張緩和）が進んだが、産油国で余裕のあったソ連は、アフリカの国々に対して積極的に財政・軍事支援をおこなった。例えば（¹　　　　）**革命**（1974年）では、軍部のクーデタによりハイレ＝セラシエ皇帝が退位し、ソ連の支援による社会主義政策が実施された。

　アメリカ合衆国では、民主党の[²　　　　]大統領（任1977～81）が**人権外交**を追求し、パナマ運河返還条約を成立させ、@<u>エジプトとイスラエルの接近を仲介した</u>。しかし、ソ連が（³　　　　）侵攻に踏みきると、デタントは終わりを迎えた。

　1981年にアメリカ合衆国大統領となった共和党の[⁴　　　　]は、「強いアメリカ」をとなえて強硬な対ソ外交を繰り広げた。宇宙空間での戦略防衛構想や西欧への中距離核兵器配備計画を推進し、83年には社会主義政権打倒のため**グレナダ**に軍事介入をおこなった。こうして、ⓑ<u>1970年代末から80年代前半にかけて米ソ関係は再び緊張した</u>。

　1980年代のソ連は技術革新が立ち遅れ、1982年に書記長の[⁵　　　　]が死去したのち、短命政権が続いた。そうしたなかで、**1985年**に[⁶　　　　]が書記長になると、翌年、（⁷　　　　）原子力発電所で大規模な事故がおこった。[⁶　　]は「（⁸　　　　）（建て直し）」をスローガンに社会主義体制の改革に着手して、「（⁹　　　　）（情報公開）」をとなえて改革を進めた。90年には、共産党書記長のまま大統領に就任した。また彼は、本格的軍縮路線を含む「**新思考外交**」を進め、1985年に[⁴　　]と米ソ首脳会談をおこない、戦略兵器の半減に合意した。さらに1987年に（¹⁰　　　　）**全廃条約**を結び、**1989年**にはソ連軍を（³　　）から撤退させた。

　ソ連が東欧に対する内政不干渉を表明すると、ポーランドでは自主管理労組「¹¹　　　　」の指導者[¹²　　　　]が政府に改革を要求し、1989年には複数政党制の選挙がおこなわれて「¹¹　　」中心の連立内閣が発足した。ハンガリー・ⓒ<u>チェコスロヴァキア</u>・ブルガリアでも民主化運動が活発化して、共産党独裁体制が終焉を迎えた。東ドイツでは、改革に抵抗する**ホネカー書記長**が失脚して、**1989年**に（¹³　　　　）が**開放**された。**ルーマニア**では反体制運動が勝利して、[¹⁴　　　　]の独裁体制が崩壊した。こうして東欧社会主義圏は消滅した（**東欧革命**）。

問@　このときエジプト・イスラエル間で結ばれた条約により、エジプトに返還された地はどこか。

問ⓑ　この時期のことを何と呼ぶか。

問ⓒ　この20年ほど前におこなわれたチェコスロヴァキアの民主化運動で、ソ連を中心とするワルシャワ条約機構軍により抑圧されたものを何というか。

2　中国の動向と民主化の広がり／ソ連の崩壊と冷戦の終結 ————————

　中国では1970年代後半から80年代前半にかけて、[¹　　　　]を中心とする新指導部により、@<u>農業生産の請負制や外国資本・技術の導入による開放経済などの経済改革</u>による「**社会主義市場経済**」化が進んだ。しかし、学生や知識人のなかには共産党一党支配への反発から、ⓑ<u>民主化を要求する運動がおこった</u>。中国政府はこれを武力で鎮圧（**1989年**）し、民主化に理解を示した趙紫陽総書記は解任され、[²　　　　]が後任に任命された。同じ頃、**モンゴル**では1990年に自由選挙が実施

され、92年には社会主義体制から離脱した。

一方、西側陣営の一連の地域でも、アメリカが権威主義的な体制への支援をやめた結果、民主化の道が開かれた。韓国では、1987年に民主化運動の高まりを受けて大統領の直接選挙がおこなわれ、民主化を支持した盧泰愚(ノテウ)が選出された。さらに91年には(3　　　　)とともに国際連合に加盟した。台湾では、国民党の[4　　　　]総統のもとで民主化が推進された。

イギリス連邦の自治領であった南アフリカ連邦は、1961年に連邦から離脱して**南アフリカ共和国**となり、多数派の黒人を隔離する(5　　　　)政策をおこなった。これに対して、国内における(6　　　　)の抵抗や国連の経済制裁を受けたため、**1991年**には白人の**デクラーク**政権により差別法が全廃され、94年の選挙では、[6　]の黒人指導者[7　　　　]が大統領に選出された。

1989年12月、ソ連の[8　　　　]とアメリカ合衆国の**ブッシュ大統領**(父)は(9　　　　)**会談**をおこなって、冷戦の終結を宣言した。**1990年**10月には、西ドイツが東ドイツを吸収してⓒ<u>**統一ドイツ**が成立した</u>。**1991年**には第1次(10　　　　)**条約**(**START Ⅰ**)が成立し、同年**コメコン**(**経済相互援助会議**、1949年設立)や(11　　　　)(1955年設立)も解消された。

1990年8月、イラクの[12　　　　]大統領が隣国の**クウェート**に侵攻し、翌91年1月には(13　　　　)**戦争**が始まった。武力制裁を容認する国連安全保障理事会の決議のもと、アメリカ中心の(14　　　　)がイラク軍を攻撃し、短期間でクウェートは解放された。

ペレストロイカが進展するソ連では、共産党の過去の弾圧や資本主義の優位が公然と主張されるようになった。(15　　　　)**3国**がソ連からの離脱を要求し、ほかの共和国も同様に自立傾向を示した。ソ連を構成する共和国のなかでも最大の**ロシア共和国**では、[16　　　　]が社会主義放棄を訴えて支持を集めた。このようななかで、**1991年**8月に共産党保守派がゴルバチョフに対してクーデタをおこしたが、[16　]を中心に市民が抵抗したため失敗に終わり、**ソ連共産党**は**解散**して(15　)3国も独立を回復した。[16　]は、同年12月にウクライナ・ベラルーシの指導者と会談してⓓ<u>**独立国家共同体**</u>を結成し、ソ連は消滅した。

問ⓐ　これらの改革のなかで解体された、中国の農村基層組織を何というか。
問ⓑ　1989年におこった、中国政府による民主化運動弾圧事件を何と呼ぶか。
問ⓒ　統一ドイツの正式名称を答えよ。
問ⓓ　この組織の略称を、アルファベット3文字で答えよ。

3 ＿＿＿＿
4 ＿＿＿＿
5 ＿＿＿＿
6 ＿＿＿＿
7 ＿＿＿＿
8 ＿＿＿＿
9 ＿＿＿＿
10 ＿＿＿＿
11 ＿＿＿＿
12 ＿＿＿＿
13 ＿＿＿＿
14 ＿＿＿＿
15 ＿＿＿＿
16 ＿＿＿＿
問ⓐ ＿＿＿＿
問ⓑ ＿＿＿＿
問ⓒ ＿＿＿＿
問ⓓ ＿＿＿＿

visual ❸

〈[　　　　]〉

中国共産党の指導者。文化大革命後、**「四つの現代化」**路線のもと、**改革開放**を進めた。

3 Exercise 第二次世界大戦後から20世紀末までの欧米主要国の首脳

アメリカ	1945~53 ア 民主党	1953~61 アイゼンハワー 共和党	1961~63 イ 民主党	1963~69 ウ 民主党	1969~74 エ 共和党	1974~77 フォード 共和党	1977~81 カーター 民主党	1981~89 レーガン 共和党	1989~93 ブッシュ 共和党	1993~2001 クリントン 民主党	
イギリス	1945~51 オ 労働党	1951~55 チャーチル 保守党	1955~57 イーデン 保守党	1957~63 マクミラン 保守党	1963~64 ヒューム 保守党	1964~70 ウィルソン 労働党	1970~74 ヒース 保守党	1974~76 ウィルソン 労働党	1976~79 キャラハン 労働党	1979~90 カ 保守党	1990~97 メージャー 保守党
フランス	1947~53 オリオール	1954~59 ルネ=コティ	1959~69 キ	1969~74 ポンピドゥー	1974~81 ジスカールデスタン	1981~95 ミッテラン	1995~2007 シラク				
ソ連・ロシア	1946~53 スターリン	1953~55 マレンコフ	1955~58 ブルガーニン	1958~64 ク	1964~82 ケ	1982~84 アンドロポフ	1984~85 チェルネンコ	1985~91 コ	1991~99 エリツィン(ロシア)		

ア ＿＿＿＿
イ ＿＿＿＿
ウ ＿＿＿＿
エ ＿＿＿＿
オ ＿＿＿＿
カ ＿＿＿＿
キ ＿＿＿＿
ク ＿＿＿＿
ケ ＿＿＿＿
コ ＿＿＿＿

3 今日の世界

1 旧社会主義圏の民族紛争／東アジアの動向

　冷戦の終結は、旧社会主義圏の国々において、それまでおさえられてきた**民族運動**や民族対立を表面化させた。**チェチェン**における独立運動は、ロシアとの2次にわたる紛争を引きおこした。@**ユーゴスラヴィア**では1980年に[¹　　　]が死去したのち、連邦内の各地域で民族主義が台頭し、連邦の維持を望む**セルビア**とほかの共和国とのあいだで内戦が勃発した。91年に(²　　　)とスロヴェニアが独立を宣言し、翌年には(³　　　)が独立を宣言した。さらに96年には、アルバニア系住民の多い(⁴　　　)地方がセルビアからの分離運動を活発化させた。これをセルビアが弾圧して紛争が本格化すると、99年に(⁵　　　)軍が介入してセルビアを**空爆**し、2008年には(⁴　　　)も独立を宣言した。

　1990年代の中国では、[⁶　　　]の指導のもと、共産党一党支配による「改革開放」路線が進められた。**1997年**にはイギリスより(⁷　　　)が、99年にはポルトガルより(⁸　　　)が返還され、ⓑそれぞれ高度な自治が認められた。一方で、**チベット自治区**や(⁹　　　)**自治区**における民族運動は抑圧された。

　韓国では、1993年に**金泳三**〈キムヨンサム〉が初の文民出身の大統領として文民政治の定着につとめた。北朝鮮では核兵器保有をめぐり、アメリカ合衆国との対立が激化した。1994年に[¹⁰　　　]が死去すると息子の[¹¹　　　]が後継者となり、ⓒ2000年に**南北首脳会談**がおこなわれたが、北朝鮮は03年に核拡散防止条約から離脱した。11年に[¹¹　　　]が死去すると、息子の[¹²　　　]が後継者となった。

　台湾では、2000年に民進党の**陳水扁**〈ちんすいへん〉が、国民党以外ではじめて総統に就任した。16年には**蔡英文**〈さいえいぶん〉が初の女性総統となり、アメリカ合衆国との連携を深めている。

問ⓐ　ユーゴスラヴィアは民族・言語・宗教・文字など、きわめて多様な国であった。この国でおもに信仰された3つの宗教をすべて答えよ。

問ⓑ　これまでの社会経済体制を維持することを認めた、この制度を何と呼ぶか。

問ⓒ　このときの韓国の大統領は誰か。

2 東南アジア・南アジアの変化／アフリカ諸国の困難と経済成長

　ベトナムは、1986年から「¹　　　」(刷新の意)政策を実施し、共産党一党体制のままゆるやかな市場開放を進め、工業化が進展して経済状況は好転している。

　カンボジアでは、@**ベトナム軍の撤退**(1989年)後、91年に諸勢力間で和平協定が調印され、93年の総選挙で王政が復活して**シハヌーク**が再び国王に即位した。

　ミャンマー(ビルマ)では、民主化運動による政権の崩壊(1988年)後、軍部が運動を鎮圧し、独裁政権を樹立した。2011年に民政が復活して、指導者の[²　　　]が経済改革と民主化に着手したが、21年のクーデタで再び軍部の独裁が始まった。

　インドネシアでは、1997年のアジア通貨危機によりⓑ**スハルト**政権が倒れ、民政に移管した。また、2002年には**東ティモール**が独立を達成した。

　インドでは、1990年代に経済の自由化や外資導入が進み、情報産業を中心に急速な経済成長が実現されたが、世俗主義の**インド国民会議派**に対してヒンドゥー至上主義の**インド人民党**が台頭し、政権交代を繰り返している。

　アフリカでは、ソマリア内戦や約100万人の犠牲者を出した1994年の(³　　　)**内戦**など、冷戦終了後も紛争が頻発した。現在、とくにサハラ砂漠以南での人口

---

geographic ❶
〈ユーゴスラヴィアの解体〉

A (　　　　　　)
B (　　　　　　)
C (　　　　　　)
D (　　　　　　)

1 ＿＿＿＿＿＿＿＿
2 ＿＿＿＿＿＿＿＿
3 ＿＿＿＿＿＿＿＿
4 ＿＿＿＿＿＿＿＿
5 ＿＿＿＿＿＿＿＿
6 ＿＿＿＿＿＿＿＿
7 ＿＿＿＿＿＿＿＿
8 ＿＿＿＿＿＿＿＿
9 ＿＿＿＿＿＿＿＿
10 ＿＿＿＿＿＿＿＿
11 ＿＿＿＿＿＿＿＿
12 ＿＿＿＿＿＿＿＿
問ⓐ ＿＿＿＿＿＿＿
＿＿＿＿＿＿＿＿＿
問ⓑ ＿＿＿＿＿＿＿
問ⓒ ＿＿＿＿＿＿＿

---

column ❶
〈香港の歴史〉

1842	**アヘン戦争後**、(a　　　)**条約**で英に割譲
1860	(b　　　)**戦争後の北京条約**で(c　　　)**半島先端部を英に割譲**
1898	(c)**半島を英が99年間租借**
1941	日本軍が占領
1945	英の支配が復活
1997	中国に返還

1 ＿＿＿＿＿＿＿＿
2 ＿＿＿＿＿＿＿＿
3 ＿＿＿＿＿＿＿＿

増加は著しく、低い食糧自給率に苦しんでいる。

問ⓐ　ベトナムは1978年にカンボジアに軍事介入をおこない、民主カンプチアの何という指導者を倒して新政権を成立させたか。

問ⓑア　この人物は、何という事件（1965年）を機に大統領となったか。イ　また、この事件で失脚したインドネシアの初代大統領は誰か。

③　民族・地域紛争の動向 ────────

イスラエル占領下のパレスチナでは、1987年に（¹　　　）（蜂起の意）と呼ばれる投石・デモによる激しい抗議行動がおこった。その後、**パレスチナ解放機構（PLO）**議長の[²　　　]とイスラエル首相[³　　　]は（⁴　　　）協定（オスロ合意、1993年）を結んで、相互承認とパレスチナ人の暫定自治政府の樹立に合意した。しかし、[³　　]首相暗殺後、両者とも再び武力対決路線に戻った。

ⓐ**ソ連撤退後**の**アフガニスタン**では、社会主義政権が崩壊して内戦となり、1996年には内戦を制したイスラーム主義勢力の（⁵　　　）が政権を樹立した。

トルコ・シリア・イラク・イランには、少数民族の（⁶　　　）**人**が居住するが、トルコは独立運動をきびしく取り締まっている。また（⁷　　　）**問題**をめぐるインドとパキスタンの対立も未解決のままである。

問ⓐア　1979年にソ連がアフガニスタンに侵攻したときの書記長は誰か。

イ　1989年にソ連軍は撤退したが、そのときのソ連の書記長は誰か。

④　通商の自由化と地域統合の進展 ────────

第二次世界大戦後、ブレトン゠ウッズ体制のもと1947年に成立した「¹　　　」を中心に、工業製品の輸入関税引き下げがおこなわれ、**貿易の自由化**が進展した。さらに95年には「¹　」にかわって（²　　　）が発足し、関税引き下げの推進と貿易紛争の調停にあたっている。

EC諸国では、1993年に通貨統合などを定めた（³　　　）**条約**が発効して、（⁴　　　）が発足した。2002年にはヨーロッパ共通通貨（⁵　　　）の全面使用が開始され、ⓐ**加盟国は東欧にも拡大**した。一方アメリカ合衆国は、1994年にカナダ・メキシコとのあいだに（⁶　　　）を発足させた。

アジア太平洋地域でも、1989年に（⁷　　　）**会議**が開かれ、2018年には自由貿易圏の創設をめざして11カ国で「環太平洋パートナーシップに関する包括的および先進的な協定（CPTTP）」が発効した。アフリカでは、（⁸　　　）が経済統合の推進をめざして、2002年に（⁹　　　）へと発展した。このように、冷戦終結後の世界は多元的な構造にかわりはじめた。新興国の経済成長によって、ⓑ**G8サミット**に加えて、参加国を拡大したG20も発足した。

冷戦後に世界で進展した**グローバリゼーション**は、世界的規模で自由な流通を促進させた。今日では、ヒト・モノ・資本・情報が国境をこえて大量に行き交い、多国籍企業も各国経済に大きな影響をおよぼしている。経済活動の活発化の一方で、土地や株式などで投機的な動きも発生し、1997年には東アジア・東南アジアで（¹⁰　　　）がおこった。

問ⓐ　（⁴　　　）とともに、西側諸国の軍事同盟も東欧に拡大した。それは何か。

問ⓑ　現在ロシアは、G8から参加資格を停止されている。これは、2014年にロシアが**ウクライナ**の領土に侵攻したためであるが、それはどこか。

問ⓐ _____

問ⓑア _____

イ _____

challenge ❶

アフリカで頻発する紛争の原因について、80字以内で述べよ。

帝国主義　アフリカ分割
植民地　国境線

1 _____

2 _____

3 _____

4 _____

5 _____

6 _____

7 _____

問ⓐア _____

イ _____

visual ❶

〈[　　　　　]〉

ミャンマー民主化運動の指導者。2011年以降は政府の中心として民主化につとめた。21年の軍事クーデタで再び拘束された。

1 _____

2 _____

3 _____

4 _____

5 _____

6 _____

7 _____

8 _____

9 _____

10 _____

問ⓐ _____

問ⓑ _____

5 同時多発テロと対テロ戦争／多極化と国際協力 ────────

湾岸戦争後、イスラーム急進派の反米感情が高まるなかで、2001年9月11日、アメリカ合衆国で(¹　　　)事件がおこった。翌月、アメリカ合衆国の[²　　　]大統領(子)は、イスラーム急進派組織(³　　　)を保護しているとして、アフガニスタンの(⁴　　　)政権に対して**対テロ戦争**をおこなった。さらに03年には、イラクの[⁵　　　]政権が中東の脅威になっているとして、イギリスとともに(⁶　　　)**戦争**をおこし、これを打倒した。09年に初の非白人のアメリカ合衆国大統領となった民主党の[⁷　　　]は、積極的な財政支出による経済の立て直しや社会保障の整備に取り組んだが、社会格差は残った。17年に大統領となった共和党の[⁸　　　]は、国内産業の保護・育成、移民の受け入れ規制に力を注ぎ、グローバリゼーションからは距離をおく姿勢を示した。

2010年末にチュニジアで始まった民主化運動は、エジプト・リビアにも波及して、ⓐ各国で独裁政権が崩壊した。他方、(⁹　　　)では内戦が勃発(2011年〜)して多数の難民が発生した。さらに、イラクと(⁹　　　)にまたがる過激な武装勢力のイスラーム国(IS)が出現して、地域情勢は危機におちいった。

GDP世界第2位の経済大国に成長した中国では、総書記の[¹⁰　　　](任2012〜)が国内での権力集中を実現し、さらにⓑアジア・ヨーロッパ・アフリカにまたがる経済圏構想を提唱するなど、国際社会でも存在感を強めた。一方、東シナ海・南シナ海をめぐる紛争など近隣諸国との摩擦も生んでいる。また、(¹¹　　　)に対しては**国家安全維持法**を導入し、**一国二制度**による自治は形骸化した。

ロシアでは、2000年に大統領となった[¹²　　　]が、国家による基幹産業や資源管理を強化して、中央集権的行政を確立した。[¹²　　　]は14年にウクライナの(¹³　　　)**半島**に侵攻し、一方的にロシアへの併合を宣言した。さらに、22年にはウクライナ全土に侵攻して、国際的な非難を浴びた。

EU諸国では、(⁹　　　)内戦などから逃れるため、多くの**移民・難民**が到来して大きな社会問題となった。西欧諸国では移民増加に対する反発から、排外主義的な主張で世論の支持を集める政治手法(ポピュリズム)が伸張した。また、ⓒイギリスでは国民投票の結果、2020年にEUからの離脱が実現した。

問ⓐ アラブ諸国に広がった、民主化と自由を求める運動を何と呼ぶか。
問ⓑ この構想を何というか。
問ⓒ イギリスのEUからの離脱は、どのような言葉で表現されるか。

6 Exercise おもな国際機構・地域統合 ────────

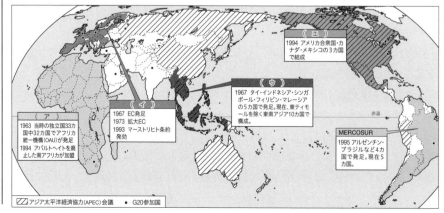

geographic ❷
〈ソ連崩壊後の東欧〉

ロシア

ア(　　　　　)
イ(　　　　　)
ウ(　　　　　)
エ(　　　　　)
オ(　　　　　)

1＿＿＿＿＿
2＿＿＿＿＿
3＿＿＿＿＿
4＿＿＿＿＿
5＿＿＿＿＿
6＿＿＿＿＿
7＿＿＿＿＿
8＿＿＿＿＿
9＿＿＿＿＿
10＿＿＿＿＿
11＿＿＿＿＿
12＿＿＿＿＿
13＿＿＿＿＿
問ⓐ＿＿＿＿＿
問ⓑ＿＿＿＿＿
問ⓒ＿＿＿＿＿

ア＿＿＿＿＿
イ＿＿＿＿＿
ウ＿＿＿＿＿
エ＿＿＿＿＿

(エ) 1994 アメリカ合衆国・カナダ・メキシコの3カ国で結成

(ウ) 1967 タイ・インドネシア・シンガポール・フィリピン・マレーシアの5カ国で発足。現在、東ティモールを除く東南アジア10カ国で構成。

(ア) 1963 当時の独立国33カ国中32カ国でアフリカ統一機構(OAU)が発足 1994 アパルトヘイトを廃止した南アフリカが加盟

(イ) 1967 EC発足 1973 拡大EC 1993 マーストリヒト条約発効

MERCOSUR 1995 アルゼンチン・ブラジルなど4カ国で発足。現在5カ国。

赤道

▨アジア太平洋経済協力(APEC)会議　●G20参加国

4　現代文明の諸相

1　科学技術の進歩と環境問題

　20世紀には、科学技術がめざましい革新をとげた。[¹　　　]の**相対性理論**によって時間と空間の認識が大きく変化し、量子力学の急成長は原子爆弾の開発に結びついた。第二次世界大戦後には**原子力発電**の開発も進められたが、ⓐ<u>アメリカ合衆国(1979年)</u>や、ソ連(**1986年**)、日本(2011年)では深刻な事故が発生した。

　20世紀初めに[²　　　]**兄弟**が発明した飛行機は、二つの世界大戦で兵器として利用され、第二次世界大戦後は民間の大量輸送を実現した。宇宙開発では、ソ連が1957年に人工衛星(³　　　)**1号**の打ち上げに成功し、61年には世界初の有人飛行に成功すると、危機感をいだいたアメリカ合衆国は、69年に宇宙船(⁴　　　)による月面着陸を実現させた。

　コンピュータ開発は、1946年にアメリカで実現した。その後は小型化と低価格化が進み、20世紀末以降ⓑ<u>情報技術(IT)革命</u>が急速に進行した。21世紀に入って**人工知能(AI)**開発も進展している。医学・生物学の分野では、フレミングが発見したペニシリンによって**抗生物質**の製造が可能となり、感染症の治療に効果を発揮した。

　科学技術と医療の発達は**人口の急増**をもたらし、20世紀初めに16億人だった世界の人口は、2019年に77億人をこえた。そのため食料・資源・環境問題などでⓒ<u>持続可能な成長の枠組み</u>が求められている。

　環境問題では、1972年には環境を主題とする初の国際会議である、**国連人間環境会議**がストックホルムで開催された。1980年代からは**地球温暖化**の危険性が指摘されるようになり、1992年にリオデジャネイロで「⁵　　　」が開催され、97年には**二酸化炭素**の排出削減目標を定めた(⁶　　　)が結ばれた。

問ⓐ　ア　アメリカ合衆国、イ　ソ連、ウ　日本において、原子力発電所事故がおきた場所をそれぞれ答えよ。

問ⓑ　情報技術革命を加速させた、コンピュータ・ネットワークを何と呼ぶか。

問ⓒ　2015年に国連サミットで取り決められた、「**持続可能な開発目標**」の略称を答えよ。

visual ❶
〈[　　　]〉
ドイツ出身の物理学者。相対性理論を発表した。

1 ____
2 ____
3 ____
4 ____
5 ____
6 ____

問ⓐ ア ____
イ ____
ウ ____
問ⓑ ____
問ⓒ ____

2　Exercise　現代思想・文化の動向／女性の平等化とジェンダー

人名	国名	事　　　　績
[ア]	独	**超人思想**、『ツァラトゥストラはかく語りき』
[イ]	米	**プラグマティズム**、『民主主義と教育』
[ウ]	独	社会学・経済学、『プロテスタンティズムの倫理と資本主義の精神』
[エ]	墺	**精神分析学**(→シュルレアリスムに影響)、『夢判断』
[オ]	西	**立体派**(キュビズム、画家)、「**ゲルニカ**」「アヴィニョンの娘たち」

その他の動向		
（ カ ）**主義**	ロシア革命・ソ連の超大国化による影響力拡大
ポスト＝モダニズム	合理主義の価値観(理性・進歩・自由・人権など)の相対化
ポスト＝コロニアリズム	「文明」と「野蛮」「未開」という価値観の批判
（ キ ）**主義**	各文化は独自の意義をもち、対等であるという考え方
ポップ＝カルチャー	多様な芸術表現の尊重(「高尚」な芸術・「通俗的」芸術)
（ ク ）**理論**	女性差別を生み出す社会構造の変革を指向
（ ケ ）**平等**	社会的・文化的な規範としての**性差**を否定

ア ____
イ ____
ウ ____
エ ____
オ ____
カ ____
キ ____
ク ____
ケ ____

【写真所蔵・提供一覧】
アフロ／市立岡谷蚕糸博物館／Imagemart（アフロ）／宮内庁正倉院事務所／Getty Images
／時事通信フォト（EPA＝時事、AFP＝時事）／CPCphoto／Shutterstock／田中俊明／東
京国立博物館所蔵 Image:TNM Image Archive ／日本銀行金融研究所貨幣博物館／福岡市博
物館・DNPartcom ／ユニフォトプレス／義井豊／ワールド・フォト・サービス

合格へのトライ　世界史探究マスター問題集

2023 年 12 月　初版発行

編　者	世界史探究マスター問題集編集委員会
発行者	野澤武史
印刷所	信毎書籍印刷株式会社
製本所	有限会社 穴口製本所
発行所	株式会社 山川出版社

　　　　〒 101-0047　東京都千代田区内神田 1-13-13
　　　　電話　03(3293)8131(営業)　8134(編集)
　　　　https://www.yamakawa.co.jp/

装　幀　水戸部功

ISBN978-4-634-03227-9　　　　　　　　NYIZ0102

• 造本には十分注意しておりますが，万一，落丁本などがございましたら，小社
　営業部宛にお送りください。送料小社負担にてお取り替えいたします。
• 定価はカバーに表示してあります。

合格へのトライ

世界史探究 マスター問題集

解 答

山川出版社

世界史へのまなざし

自然環境と人類の進化 (p. 4)

自然環境と人類のかかわり／人類の進化／人類と言語

1・2. 狩猟・採集(順不同)　3. アウストラロピテクス　4. 火　5. ネアンデルタール　6. 更新世　7. クロマニョン　8. アルタミラ　9. ラスコー　10. 旧石器

問ⓐア. ジャワ原人　イ. 北京原人　ⓑ　埋葬の習慣(死者の埋葬)　ⓒ　骨角器　ⓓア. 民族　イ. 語族　ウ. 人種

(visual❶)ラスコー
(visual❷)女性裸像

第1章　文明の成立と古代文明の特質

1　文明の誕生 (p. 5)

[1] 農耕と牧畜のはじまり／文明の誕生

1. 完新世　2. 獲得　3. 生産　4. 磨製　5. 灌漑　6. 青銅　7. ナイル　8. ティグリス　9. インダス

問ⓐ　肥沃な三日月地帯　ⓑ　土器　ⓒ　歴史時代

[2] Exercise――文明の誕生

ア. 完新世　イ. 先史　ウ. 打製石器　エ. 磨製石器　オ. アウストラロピテクス　カ. ジャワ原人(北京原人)　キ. ネアンデルタール人　ク. クロマニョン人　ケ. 埋葬の習慣(死者の埋葬)　コ. 文字

(geographic❶)肥沃な三日月
(visual❶)磨製

2　古代オリエント文明とその周辺 (p. 6～9)

[1] オリエントの風土と人々

1・2. ティグリス、ユーフラテス(順不同)　3. セム　4. インド＝ヨーロッパ　5. オリーヴ

問ⓐ　日が昇るところ　ⓑ　神権政治

[2] シュメール人の都市国家／メソポタミアの統一と周辺地域

1. ウル　2. シュメール　3. アッカド　4. インド＝ヨーロッパ　5. 鉄器　6. 粘土板　7. 六十　8. 太陰

問ⓐ　アムル人　ⓑ　同害復讐法、身分による刑罰の違い(身分法)　ⓒア. カッシート人　イ. ミタンニ王国　ⓓ　ジッグラト

[3] エジプトの統一国家

1. エジプトはナイルのたまもの　2. メンフィス　3. テーベ　4. ヒクソス　5. アメンヘテプ4世　6. テル＝エル＝アマルナ　7. アテン(アトン)　8. パピルス　9. 太陽

問ⓐ　ファラオ　ⓑ　クフ王　ⓒ　ヒッタイト王国　ⓓ　アマルナ美術　ⓔ　オシリス　ⓕア. シャンポリオン　イ. ロゼッタ＝ストーン

[4] 東地中海の諸民族

1. 海の民　2. ダマスクス　3・4. シドン・ティルス(順不同)　5. アルファベット　6. モーセ　7. イスラエル　8. ユダ　9. アッシリア　10. ヤハウェ　11. 選民　12. メシア　13. 旧約聖書

問ⓐ　カルタゴ　ⓑ　出エジプト　ⓒ　バビロン捕囚

[5] エーゲ文明

1. 青銅　2. クノッソス　3. ティリンス

問ⓐ　エヴァンズ　ⓑア. シュリーマン　イ. 線文字B　ⓒ　トロイア(トロヤ)　ⓓ　海の民

[6] オリエントの統一と分裂

1. アッシリア　2. クシュ　3. メロエ

問ⓐ　ニネヴェ　ⓑア. リディア　イ. 新バビロニア　ウ. メディア

(visual❶)ウルのスタンダード
(visual❷)a　ハンムラビ法典　b　楔形
(visual❸)a　ロゼッタ＝ストーン　b　シャンポリオン
(visual❹)a　死者の書　b　オシリス
(challenge❶)メソポタミアは開放的な地形で、セム語系やインド＝ヨーロッパ語系諸民族の進入・興亡が激しく、太陰暦や六十進法が用いられた。一方、エジプトは天然の要害のため閉鎖的で、エジプト語系民族により太陽暦や十進法が発達した。(106字)
(geographic❶)ⓐ　ダマスクス　ⓑ　シドン　ⓒ　ティルス　ⓓ　イェルサレム
(visual❺)クノッソス
(visual❻)ミケーネ
(geographic❷)A　リディア　B　新バビロニア　C　メディア

3　南アジアの古代文明 (p. 10)

[1] 南アジアの風土と人々／インダス文明／アーリヤ人の進入とガンジス川流域への移動

1. パンジャーブ　2. ハラッパー　3. モエンジョ＝ダーロ　4. アーリヤ　5. バラモン　6. ガンジス　7. ヴァルナ　8. クシャトリヤ　9. ヴァイシャ　10. シュードラ

問ⓐ　ドラヴィダ系　ⓑ　リグ゠ヴェーダ　ⓒ　ジャーティ

② Exercise──南アジアの古代文明

ア．ドラヴィダ　イ．ハラッパー　ウ．モエンジョ゠ダーロ　エ．アーリヤ　オ．リグ゠ヴェーダ　カ．ヴァルナ　キ．クシャトリヤ　ク．ヴァイシャ　ケ．シュードラ

(geographic❶)ⓐ　ハラッパー　ⓑ　モエンジョ゠ダーロ
(visual❶)インダス

4　中国の古代文明 (p.11〜12)

■ 東アジアの風土と人々／中華文明の発生／殷・周王朝

1.黄土　2.仰韶　3.竜山　4.邑　5.夏　6.甲骨　7.青銅　8.鎬京　9.封土　10.諸侯　11.封建　12.宗法
問ⓐ　彩陶（彩文土器）　ⓑ　河姆渡遺跡　ⓒ　黒陶　ⓓ　殷墟　ⓔ　神権政治　ⓕ　易姓革命　ⓖ　卿・大夫・士

② 春秋・戦国時代／春秋・戦国時代の社会と文化

1.洛邑　2.鉄　3.牛耕　4.論語　5.春秋　6.孟子　7.荀子　8.韓非（韓非子）　9・10.老子・荘子（順不同）　11.蘇秦　12.陰陽　13.詩経　14.楚辞
問ⓐ　覇者　ⓑA　燕　B　斉　C　楚　D　秦　ⓒ　木簡、竹簡　ⓓア．布銭　イ．刀銭　ⓔ　兼愛　ⓕ　無為自然

(visual❶)甲骨
(visual❷)青銅
(geographic❶)ⓐ　仰韶　ⓑ　竜山　ⓒ　殷墟　ⓓ　鎬京　ⓔ　洛邑
(challenge❶)周王は一族・功臣を世襲の諸侯として封土を与え、その代償として諸侯は軍役・貢納の義務を果たした。この封建制は、同姓の父系集団の宗族を基盤とする血縁関係にもとづく主従関係であり、宗族の結束と秩序を維持するための規範として宗法が定められた。(117字)

5　南北アメリカ文明 (p.13)

■ 南北アメリカの風土と先住民／中南米の先住民文明

1.インディオ（インディアン）　2.トウモロコシ　3.ジャガイモ　4.鉄　5.マヤ　6.アステカ　7.インカ　8.マチュ゠ピチュ
問ⓐ　二十進法　ⓑ　テノチティトラン　ⓒ　クスコ　ⓓ　キープ

② Exercise──南北アメリカ文明

A　アステカ王国（文明）　B　マヤ文明　C　インカ帝国
問ⓐ　テノチティトラン　ⓑ　クスコ

(visual❶)オルメカ
(visual❷)マチュ゠ピチュ

第2章　中央ユーラシアと東アジア世界

1　中央ユーラシア──草原とオアシスの世界 (p.14)

■ 遊牧国家とオアシス民

1.スキタイ　2.匈奴　3.高祖（劉邦）　4.鮮卑　5.柔然　6.タリム　7.オアシス（絹）
問ⓐ　草原の道　ⓑ　冒頓単于　ⓒ　張騫　ⓓ　北魏　ⓔア．クチャ（亀茲）・B　イ．敦煌・A

(visual❶)スキタイ
(challenge❶)匈奴は冒頓単于のもとで強力となり、月氏を破ってモンゴル高原に大帝国を形成した。また前漢の高祖を破って勝利し、有利な和議を結んだ。(64字)

2　秦・漢帝国 (p.15〜16)

■ 「皇帝」の出現

1.李斯　2.郡県　3.匈奴　4.陳勝・呉広
問ⓐ　商鞅　ⓑ　半両銭　ⓒ　焚書・坑儒

② 漢代の政治

1.項羽　2.劉邦　3.長安　4.武帝　5.張騫　6.大宛（フェルガナ）　7.楽浪　8.南越国（南越）　9.外戚　10.王莽　11.新　12.赤眉　13.劉秀　14.洛陽　15.太平道　16.黄巾
問ⓐ　郡国制　ⓑ　呉楚七国の乱　ⓒア．塩、鉄（あるいは酒）　イ．均輸　ウ．平準　ⓓ　郷挙里選　ⓔ　周　ⓕ　光武帝　ⓖア．班超　イ．甘英　ⓗ　党錮の禁

③ 漢代の社会と文化

1.董仲舒　2.鄭玄　3.訓詁　4.史記　5.班固　6.蔡倫
問ⓐ　紀伝体　ⓑ　マルクス゠アウレリウス゠アントニヌス

(visual❶)兵馬俑
(challenge❶)西周の封建制は、世襲の諸侯に封土を授与して統治を委ねたが、秦の郡県制は全国を直轄地として郡と県に分け、中央から官吏を派遣して統治した。前漢の郡国制は、都付近での郡県制と周辺部での封建制を併用して統治した。(102字)

(visual❷)漢委奴国王

3 中国の動乱と変容 (p. 17〜18)

1 動乱の時代
1. 曹丕　2. 魏　3. 劉備　4. 呉　5. 司馬炎　6. 五胡十六国　7. 鮮卑　8. 北魏　9. 孝文帝　10. 宋　11. 陳　12. 六朝　13. 建康

問ⓐ 八王の乱　ⓑ 氐・羌　ⓒア. 平城・a イ. c　ⓓ 胡語・胡服の禁止

2 魏晋南北朝の社会と文化
1. 九品中正　2. 屯田　3. 均田　4. 法顕　5. 仏国記　6. 雲崗　7. 竜門　8. 寇謙之　9. 文選　10. 陶淵明(陶潜)　11. 顧愷之

問ⓐ 「上品に寒門なく、下品に勢族なし」　ⓑ 清談　ⓒア. 仏図澄　イ. 鳩摩羅什　ⓓ 王羲之

3 朝鮮・日本の国家形成
1. 高句麗　2. 楽浪　3. 百済　4. 新羅

問ⓐ 広開土王(好太王)　ⓑア. 邪馬台国　イ. 『魏志』倭人伝

4 Exercise──魏晋南北朝時代
ア. 蜀　イ. 晋(西晋)　ウ. 五胡十六国　エ. 北魏　オ. 北周　カ. 宋　キ. 梁

(challenge❶)中央で任命した中正官を地方におき、人材を9等級に分けて推薦させる制度であったが、有力な豪族が高級官職を独占するようになり、名門の家柄が固定化して門閥貴族の形成につながった。(87字)

(challenge❷)唐と連合した新羅が百済を滅ぼし、百済再興のため出兵した日本を白村江の戦いで破った。新羅はさらに高句麗を滅ぼすと、唐の勢力も排除して朝鮮半島に統一国家を樹立した。(80字)

4 東アジア文化圏の形成 (p. 19〜21)

1 隋から唐へ／唐代初期の制度
1. 楊堅　2. 陳　3. 均田　4. 府兵　5. 租調庸　6. 煬帝　7. 大運河　8. 高句麗　9. 李淵　10. 李世民　11. 長安　12. 百済

問ⓐ 科挙　ⓑ 貞観の治　ⓒ 都護府　ⓓア. 律　イ. 令　ⓔア. 中書省　イ. 門下省　ウ. 尚書省

2 唐と近隣諸国／突厥とウイグル／ソグド人
1. 新羅　2. 慶州(金城)　3. 渤海　4. 吐蕃　5. 南詔　6. 天平　7. ソグド　8. ウイグル　9. ゾロアスター

問ⓐ 白村江の戦い　ⓑ 骨品制　ⓒ チベット仏教　ⓓ 絹馬貿易

3 唐の変容と五代
1. 則天武后(武則天)　2. 玄宗　3. 荘園　4. 節度使　5. 安禄山　6. 黄巣　7. 朱全忠　8. 後梁　9. 後晋　10. 後周

問ⓐ 周　ⓑ 開元の治　ⓒ 募兵制　ⓓ 安史の乱　ⓔ 現住地での土地・資産に応じて、夏・秋2回課税し、銭納を原則とした。　ⓕア. 五代十国　イ. 開封

4 唐の文化
1. マニ　2. 韓愈　3. 李白　4. 杜甫　5. 白居易　6. 顔真卿　7. 呉道玄　8. 唐三彩

問ⓐ 祆教　ⓑ ネストリウス派　ⓒ 市舶司　ⓓア. 玄奘・『大唐西域記』　イ. 義浄・『南海寄帰内法伝』　ⓔア. 孔穎達　イ. 五経正義

(column❶)a 中書　b 門下　c 尚書　d 六部
(visual❶)新羅
(visual❷)a ネストリウス　b 景教

第3章 南アジア世界と東南アジア世界の展開

1 仏教の成立と南アジアの統一国家 (p. 22〜23)

1 都市国家の成長と新しい宗教の展開／統一国家の成立
1. マガダ　2. ウパニシャッド　3. ガウタマ゠シッダールタ　4. ジャイナ　5. ヴァルナ　6. マウリヤ　7. アショーカ

問ⓐア. クシャトリヤ　イ. ヴァイシャ　ⓑ パータリプトラ　ⓒア. 仏典結集　イ. セイロン島(スリランカ)

2 クシャーナ朝と大乗仏教／インド洋交易と南インドの諸王朝
1. クシャーナ　2. プルシャプラ　3. カニシカ　4. 大乗　5. ナーガールジュナ(竜樹)　6. サータヴァーハナ　7. チョーラ　8. ドラヴィダ

問ⓐ 上座部仏教(部派仏教、小乗仏教)　ⓑ ガンダーラ美術　ⓒ 海の道　ⓓ 『エリュトゥラー海案内記』

3 Exercise①──南インドの諸王朝
ア. チョーラ　イ. パーンディヤ　ウ. サータヴァーハナ

4 Exercise②──古代インドの王朝(1)
A マウリヤ　B クシャーナ　C サータヴァーハナ　ⓐ パータリプトラ　ⓑ プルシャプラ　ア. アショーカ　イ. セイロン　ウ. カニシカ　エ. 大乗　オ. ガンダーラ

(visual❶)ストゥーパ(仏塔)

(visual❷)ガンダーラ

(challenge❶)両宗教とも修行による輪廻からの<u>解脱</u>をめざし、<u>バラモン教</u>の祭式主義やヴァルナ制を否定しており、仏教は<u>クシャトリヤ</u>の支持を、ジャイナ教は<u>ヴァイシャ</u>の支持を受けた。(79字)

② インド古典文化とヒンドゥー教の定着 (p.24)

■ グプタ朝とインド古典文化の黄金期／地方王権の時代

1. パータリプトラ　2. サンスクリット　3. カーリダーサ　4. マヌ法典　5. エフタル　6. ハルシャ　7. ヴァルダナ　8. 玄奘　9. 義浄

問ⓐア. チャンドラグプタ2世　イ. 法顕　ⓑ シヴァ神　ⓒ 『マハーバーラタ』、『ラーマーヤナ』　ⓓ アジャンター石窟寺院　ⓔ ナーランダー僧院

② Exercise——古代インドの王朝(2)

A　グプタ　B　ヴァルダナ　ⓐ パータリプトラ　ア. チャンドラグプタ2世　イ. マヌ　ウ. カーリダーサ　エ. アジャンター　オ. ハルシャ　カ. 玄奘　キ. ナーランダー

(visual❶)アジャンター

③ 東南アジア世界の形成と展開 (p.25)

■ 東南アジアの風土と人々／南アジア・中国文明の受容と東南アジアの国家形成

1. 港市　2. ドンソン　3. 扶南　4. チャンパー　5. クメール　6. パガン　7. スコータイ　8. シュリーヴィジャヤ　9. シャイレンドラ　10. 李　11. 陳

問ⓐ オケオ　ⓑ アンコール＝ワット・Ⅱ　ⓒ 義浄　ⓓ ボロブドゥール・Ⅰ　ⓔ チュノム

(visual❶)ドンソン

(column❶)a　ワヤン＝クリ　b　ラーマーヤナ

第4章　西アジアと地中海周辺の国家形成

① イラン諸国家の興亡とイラン文明 (p.26〜27)

■ アケメネス朝の興亡

1. メディア　2. リディア　3. 新バビロニア　4. ダレイオス1世　5. インダス　6. ペルセポリス　7. フェニキア　8. アレクサンドロス大王　9. ゾロアスター　10. アフラ＝マズダ　11. 審判

問ⓐ サトラップ　ⓑ 「王の目」「王の耳」　ⓒ 「王の道」　ⓓ ペルシア戦争

② パルティアとササン朝／イラン文明の特徴

1. セレウコス　2. バクトリア　3. クテシフォン　4. ゾロアスター　5. シャープール1世　6. エフタル　7. ホスロー1世　8. 突厥　9. アヴェスター　10. マニ

問ⓐ 安息　ⓑ クシャーナ朝　ⓒ ニハーヴァンドの戦い　ⓓア. アウグスティヌス　イ. ウイグル　ⓔ ネストリウス派　ⓕ 正倉院

③ Exercise——イラン諸国家

ア. キュロス2世　イ. ダレイオス1世　ウ. サトラップ　エ. アレクサンドロス大王　オ. ゾロアスター　カ. 安息　キ. クテシフォン　ク. ホスロー1世　ケ. エフタル　コ. ニハーヴァンド　サ. アヴェスター　シ. マニ　ス. ネストリウス

(visual❶)ペルセポリス

(visual❷)クテシフォン

(geographic❶)ⓐ クテシフォン　ⓑ ニハーヴァンド　ⓒ エフタル

② ギリシア人の都市国家 (p.28〜31)

■ ポリスの成立と発展／市民と奴隷／アテネとスパルタ

1. 暗黒(初期鉄器)　2. 鉄　3. イオニア　4. ドーリア　5. アクロポリス　6. 集住　7. アゴラ　8. フェニキア　9. ホメロス　10. デルフォイ　11. オリンピア　12. ヘレネス　13. バルバロイ　14. ヘイロータイ(ヘロット)　15. ペリオイコイ

問ⓐA マッサリア　B ネアポリス　C ビザンティオン(ビザンティウム)　ⓑ リディア　ⓒ 債務奴隷　ⓓ リュクルゴスの国制

② 民主政への歩み／ペルシア戦争とアテネ民主政

1. 重装歩兵　2. ドラコン　3. ソロン　4. 債務　5. ペイシストラトス　6. クレイステネス　7. 陶片追放(オストラキスモス)　8. イオニア　9. マラトン　10. サラミス　11. デロス　12. ペリクレス　13. 民会

問ⓐ ファランクス(密集隊形)　ⓑ 財産政治　ⓒ ダレイオス1世　ⓓア. テミストクレス　イ. 無産市民　ⓔ 直接民主制、奴隷・女性に参政権なし、官職は抽選

③ ポリス社会の変容／ヘレニズム時代

1. ペロポネソス　2. テーベ(テーバイ)　3. マケドニア　4. フィリッポス2世　5. カイロネイア　6. コリントス(ヘラス)　7. イッソス　8. インダス　9. アンティゴノス

10. セレウコス　11. プトレマイオス　12. アレクサンドリア

問 ⓐ　傭兵　ⓑ　アリストテレス　ⓒ　ダレイオス3世
ⓓ　ディアドコイ

4　ギリシアの生活と文化

1. オリンポス12神　2. ホメロス　3. ヘシオドス　4. 労働と日々　5. イオニア　6. ソフィスト　7. プロタゴラス
8. プラトン　9. アリストテレス　10. ヘロドトス　11. トゥキディデス　12. フェイディアス　13. ドーリア　14. パルテノン　15. 世界市民　16. ゼノン　17. ストア　18. エピクロス　19. エウクレイデス　20. アルキメデス　21. エラトステネス　22. アリスタルコス

問 ⓐ　サッフォー　ⓑア．タレス　イ．デモクリトス
ウ．ピタゴラス　エ．ヘラクレイトス　ⓒ　ヒッポクラテス　ⓓア．アイスキュロス　イ．ソフォクレス　ウ．エウリピデス　エ．アリストファネス　ⓔ　コイネー　ⓕ　ムセイオン　ⓖア．ラオコーン　イ．ミロのヴィーナス

(visual❶)アクロポリス
(column❶)a　イオニア　b　ドーリア　c　ヘイロータイ(ヘロット)
(visual❷)オストラコン
(geographic❶)ア．アテネ　イ．スパルタ　ウ．イオニア　a　マラトン　b　サラミス
(challenge❶)サラミスの海戦で、三段櫂船の漕ぎ手を務めた無産市民の発言権が増大した。その結果、戦後のペリクレス時代に、すべての成年男性市民に参政権が与えられ、彼らが参加する民会が最高議決機関となった。(93字)
(geographic❷)A　セレウコス　B　プトレマイオス
C　アンティゴノス　ⓐ　アレクサンドリア
(visual❸)ラオコーン

③　ローマと地中海支配 (p.32〜36)

1　ローマ共和政

1. ラテン　2. ティベル　3. エトルリア　4. コンスル
5. 元老院　6. 重装歩兵　7. 護民官　8. 十二表　9. リキニウス・セクスティウス　10. ホルテンシウス

問 ⓐ　パトリキ、プレブス　ⓑ　独裁官(ディクタトル)
ⓒ　貴族による公有地占有の制限　ⓓ　平民会の決議が元老院の承認なしに国法となる

2　地中海征服とその影響

1. カルタゴ　2. ポエニ　3. シチリア　4. 属州　5. ハンニバル　6. 閥族

問 ⓐ　分割統治　ⓑ　ザマの戦い　ⓒ　騎士(エクイテス)
ⓓ　ラティフンディア

3　内乱の1世紀

1. グラックス　2. 自作農　3. スパルタクス　4. ポンペイウス　5. クラッスス　6. ガリア　7. オクタウィアヌス
8. アントニウス　9. クレオパトラ　10. アクティウム

問ⓐア．マリウス　イ．スラ　ⓑ　同盟市戦争　ⓒ　ブルートゥス　ⓓ　ヘレニズム時代

4　ローマ帝国／帝国の変容

1. アウグストゥス　2. 元首政(プリンキパトゥス)　3. ローマの平和(パクス＝ロマーナ)　4. カラカラ　5. 軍人皇帝　6. ゲルマン　7. コロヌス　8. コロナトゥス

問 ⓐ　プリンケプス　ⓑア．トラヤヌス帝　イ．ハドリアヌス帝　ウ．マルクス＝アウレリウス＝アントニヌス帝
ⓒア．ロンドン　イ．パリ　ウ．ウィーン　ⓓ　アッピア街道　ⓔア．季節風(モンスーン)　イ．サータヴァーハナ朝　ウ．『エリュトゥラー海案内記』　ⓕ　シャープール1世

5　西ローマ帝国の滅亡

1. ディオクレティアヌス　2. 四帝分治制(テトラルキア)
3. 専制君主政(ドミナトゥス)　4. コンスタンティヌス
5. ゲルマン　6. テオドシウス

問 ⓐ　皇帝崇拝(皇帝礼拝)　ⓑ　ビザンティウム(ビザンティオン)　ⓒ　オスマン帝国　ⓓ　オドアケル

6　Exercise──ローマ帝政

ア．元首　イ．ローマの平和　ウ．アウグストゥス
エ．ネロ　オ．トラヤヌス　カ．マルクス＝アウレリウス＝アントニヌス　キ．カラカラ　ク．軍人皇帝　ケ．専制君主　コ．ディオクレティアヌス　サ．コンスタンティヌス　シ．テオドシウス

7　ローマの生活と文化

1. ラテン　2. アッピア　3. 万民　4. ユスティニアヌス
5. ローマ法大全　6. ユリウス　7. キケロ　8. ウェルギリウス　9. リウィウス　10. タキトゥス　11. プルタルコス
12. プリニウス　13. プトレマイオス

問 ⓐ　コロッセウム　ⓑ　ガール水道橋　ⓒ　『ガリア戦記』　ⓓ　ストラボン　ⓔ　セネカ　ⓕ　『自省録』

(geographic❶)A　エトルリア　B　ギリシア　C　カルタゴ
(column❶)a　分割　b　同盟市
(column❷)グラックス兄弟
(visual❶)アッピア
(column❸)エリュトゥラー海案内記
(visual❷)四帝分治
(challenge❶)キリスト教を公認することで帝国の統一を

はかり、さらに税収を確保するために職業・身分の固定を
おこない、コロヌスの移動を禁止した。また首都をコンス
タンティノープルに移し、巨大な官僚制を築いた。(94字)
(visual❸)凱旋門
(visual❹)パンテオン

---

4 キリスト教の成立と発展 (p. 37)

■ キリスト教の成立／迫害から国教へ

1. メシア 2. パリサイ 3. 新約聖書 4. 皇帝崇拝(皇帝礼
拝) 5. ディオクレティアヌス 6. コンスタンティヌス
7. ミラノ勅令 8. ニケーア 9. アタナシウス 10. アリウ
ス 11. テオドシウス 12. エフェソス 13. ネストリウス
問ⓐア. ペテロ イ. パウロ ウ. ネロ帝 ⓑ カタコン
ベ ⓒ 三位一体説 ⓓ ユリアヌス帝 ⓔア. アウグス
ティヌス イ.『神の国(神国論)』

(column❶)ミラノ
(visual❶)カタコンベ

第5章 イスラーム教の成立とヨーロッパ世界の形成

1 アラブの大征服とイスラーム政権の成立 (p. 38〜40)

■ アラブ＝ムスリム軍による大征服

1. ホスロー1世 2. アラビア 3. メッカ 4. アッラー
5. 預言者 6. メディナ 7. ヒジュラ 8. カーバ 9. ニハ
ーヴァンド 10. ミスル
問ⓐ ユスティニアヌス大帝 ⓑ 突厥 ⓒ ウンマ
ⓓ 偶像崇拝が禁止されているため ⓔ 正統カリフ
ⓕ アレクサンドリア

■ ウマイヤ朝の成立と拡大／アッバース朝の成立とその繁栄

1. アリー 2. ムアーウィヤ 3. ダマスクス 4. シーア
5. 西ゴート 6. トゥール＝ポワティエ間 7. ジズヤ
8. ハラージュ 9. バグダード 10. ハールーン＝アッラシ
ード
問ⓐ スンナ派(スンニー) ⓑ 啓典の民 ⓒ マワーリ
ー ⓓア. タラス河畔の戦い イ. 製紙法

■ イスラーム文化の成立／イスラーム政権の多極化

1. アラビア 2. フワーリズミー 3. アリストテレス
4. コーラン(クルアーン) 5. ウラマー 6. 千夜一夜物語
(アラビアン＝ナイト) 7. モスク 8. アラベスク 9. コ
ルドバ 10. ファーティマ 11. カイロ 12. シーア
13. マムルーク 14. ブワイフ 15. 大アミール
問ⓐ ゼロ ⓑ イブン＝シーナー ⓒ 六信五行

ⓓ タバリー ⓔ 蔡倫 ⓕ 西ゴート王国 ⓖ イクタ
ー制

(geographic❶)A ビザンツ B ササン
(geographic❷)ⓐ メッカ ⓑ メディナ ⓒ ニハー
ヴァンド ⓓ ダマスクス
(visual❶)カーバ
(geographic❸)ⓐ ダマスクス ⓑ トゥール＝ポワテ
ィエ間 ⓒ バグダード ⓓ コルドバ
(visual❷)アラベスク
(challenge❶)イスラーム教徒の学問は、アラビア語とコ
ーランが柱となっており、言語学・法学・神学・歴史学な
どが発展した。またギリシア哲学、とくにアリストテレス
哲学はイスラーム神学の形成に重要な役割を果たした。
(96字)

---

2 ヨーロッパ世界の形成 (p. 41〜45)

■ ヨーロッパの風土と人々／ゲルマン人の移動とイスラーム勢力の侵入

1. ケルト 2. 民会 3. コロヌス 4. フン 5. 東ゴート
6. 西ゴート 7. ヴァンダル 8. ブルグンド 9. フランク
10. アングロ＝サクソン 11. 七王国 12. アッティラ
13. オドアケル 14. ランゴバルド
問ⓐア.『ガリア戦記』 イ. タキトゥス ⓑA アングロ
＝サクソン B フランク C ブルグンド D 西ゴー
ト E 東ゴート F ランゴバルド G ヴァンダル
ⓒア. 東ゴート王国 イ. テオドリック

■ ビザンツ帝国の成立

1. コンスタンティノープル 2. ギリシア正 3. ユスティ
ニアヌス 4. ヴァンダル 5. 東ゴート 6. ローマ法大全
7. ハギア＝ソフィア 8. 絹織物
問ⓐ コンスタンティヌス帝 ⓑA 東ゴート王国
B ヴァンダル王国 C ササン朝

■ フランク王国の発展

1. クローヴィス 2. メロヴィング 3. アタナシウス
4. 西ゴート 5. カール＝マルテル 6. トゥール＝ポワテ
ィエ間 7. ピピン 8. カロリング
問ⓐ ニケーア公会議 ⓑA ウマイヤ B フランク
C ランゴバルド D ビザンツ ⓒア. ランゴバルド王
国 イ. ラヴェンナ(地方)

■ ローマ＝カトリック教会の成長

1. グレゴリウス1世 2. ペテロ 3. レオン3世 4. 聖像
禁止令 5. カール＝マルテル 6. ピピン 7. ランゴバル
ド 8. ラヴェンナ

問ⓐA　ローマ　B　コンスタンティノープル　C　アンティオキア　D　イェルサレム　E　アレクサドリア
ⓑ　「祈り、働け」　ⓒ　「ピピンの寄進」

5　カール大帝／分裂するフランク王国
1. アヴァール　2. 伯　3. アルクイン　4. レオ3世　5. 西ローマ　6. ギリシア正　7. オットー1世　8. 神聖ローマ　9. イタリア　10. ユーグ＝カペー　11. カペー
問ⓐ　カロリング＝ルネサンス　ⓑア．ヴェルダン　イ．メルセン　A　西フランク（フランス）　B　東フランク（ドイツ）　C　イタリア　ⓒ　ハンガリー

6　外部勢力の侵入とヨーロッパ世界
1. マジャール　2. ロロ　3. ノルマンディー　4. 両シチリア　5. アルフレッド　6. クヌート（カヌート）　7. ノルマンディー公ウィリアム　8. リューリク　9. ルーシ　10. ノヴゴロド　11. キエフ公
問ⓐ　ヴァイキング　ⓑ　エグバート　ⓒ　ノルマン＝コンクェスト

7　封建社会の成立
1. 貨幣　2. 現物　3. 諸侯　4. 封土　5. 恩貸地　6. 従士　7. コロヌス　8. 農奴　9. 領主裁判権
問ⓐ　騎士道　ⓑ　三圃制　ⓒ　賦役　ⓓ　不輸不入権（インムニテート）

（geographic❶）a　ラテン　b　ゲルマン　c　スラヴ
（visual❶）ユスティニアヌス
（visual❷）a　モンテ＝カシノ　b　ベネディクトゥス
（visual❸）カール
（geographic❷）a　ザクセン　b　アヴァール　c　ランゴバルド　d　イスラーム
（visual❹）オットー1世
（geographic❸）A　ノルマンディー　B　ノヴゴロド　C　キエフ　D　両シチリア
（visual❺）a　三圃　b　秋

第6章　イスラーム教の伝播と西アジアの動向

1　イスラーム教の諸地域への伝播（p. 46〜48）

1　中央アジアのイスラーム化
1. タラス河畔　2. サーマーン　3. カラハン　4. トルキスタン
問ⓐ　製紙法　ⓑ　マムルーク　ⓒ　ウイグル

2　南アジアへのイスラーム勢力の進出／東南アジアの交易とイスラーム化
1. ヴァルダナ　2. ガズナ　3. ゴール　4. アイバク　5. デリー　6. 奴隷　7. 陳　8. パガン　9. マジャパヒト　10. マラッカ
問ⓐ　ラージプート　ⓑ　デリー＝スルタン朝　ⓒ　スーフィズム　ⓓ　ダウ船　ⓔ　広州　ⓕ　ジャンク船
ⓖア．マタラム王国　イ．アチェ王国

3　Exercise──東南アジアへのイスラームの伝播
ア．マジャパヒト王国　イ．ⓐ　アチェ王国　ⓑ　マラッカ王国　ⓒ　マタラム王国

4　アフリカのイスラーム化
1. アクスム　2. マリンディ　3. モノモタパ　4. ガーナ　5. マリ　6. ソンガイ　7. トンブクトゥ
問ⓐ　クシュ王国　ⓑ　スワヒリ語　ⓒ　大ジンバブエ遺跡　ⓓ　岩塩（塩）、金

5　Exercise──アフリカのイスラーム化
A　マリ王国　B　ソンガイ王国　C　アクスム王国　D　モノモタパ王国　ⓐ　トンブクトゥ　ⓑ　メロエ　ⓒ　マリンディ

（visual❶）トルコ
（geographic❶）ア．ガズナ　イ．ゴール
（visual❷）クトゥブ＝ミナール
（visual❹）トンブクトゥ
（column❶）マリ

2　西アジアの動向（p. 49〜51）

1　トルコ人の西アジア進出とセルジューク朝／十字軍とアイユーブ朝
1. マムルーク　2. セルジューク　3. ブワイフ　4. トゥグリル＝ベク　5. スルタン　6. ニザーム＝アルムルク　7. イクター　8. サラーフ＝アッディーン（サラディン）　9. ファーティマ　10. アイユーブ　11. 3
問ⓐ　ウマル＝ハイヤーム　ⓑ　ガザーリー　ⓒ　ニザーミーヤ学院　ⓓ　イェルサレム

2　イル＝ハン国の西アジア支配
1. フレグ　2. イル　3. マムルーク　4. ガザン＝ハン
問ⓐ　ラシード＝アッディーン

3　マムルーク朝とカイロの繁栄
1. カイロ　2. モスク　3. スーク　4. キャラヴァンサライ　5. カーリミー　6. イブン＝ハルドゥーン

問ⓐ　バイバルス　ⓑ　アズハル学院　ⓒ　ワクフ
ⓓ　スーフィー

[4] 北アフリカ・イベリア半島の情勢

1. ベルベル　2. ムラービト　3. ムワッヒド　4. グラナダ　5. ナスル　6. アルハンブラ　7. イブン＝ルシュド　8. イブン＝バットゥータ
問ⓐ　ガーナ王国　ⓑ　レコンキスタ（国土回復運動）
ⓒ　トレド

[5] Exercise①――イスラーム世界

A　後ウマイヤ朝　B　ファーティマ朝　C　ブワイフ朝　D　ムラービト朝　E　セルジューク朝　F　アイユーブ朝　G　ナスル朝　H　マムルーク朝　I　イル＝ハン国

[6] Exercise②――イスラーム諸王朝の変遷

ア．ウマイヤ　イ．ガズナ　ウ．サーマーン　エ．セルジューク　オ．イル　カ．ファーティマ　キ．マムルーク　ク．ムラービト　ケ．ナスル

（column❶）ブワイフ
（challenge❶）彼らはマムルークと呼ばれた奴隷軍人であり、カリフの親衛隊として重用され、しだいに軍事力の中核を担うようになった。（56字）
（visual❶）a　アズハル
（column❷）a　カリフ　b　大アミール　c　スルタン
（visual❷）a　アルハンブラ　b　ナスル

第7章　ヨーロッパ世界の変容と展開

1　西ヨーロッパの封建社会とその展開（p. 52～54）

[1] 教会の権威

1. 教皇　2. 十分の一　3. クリュニー　4. グレゴリウス7世　5. 叙任　6. ハインリヒ4世　7. ヴォルムス　8. インノケンティウス3世
問ⓐア．教皇　イ．大司教　ウ．司教　ⓑア．カノッサの屈辱　イ．1077年

[2] 十字軍とその影響

1. 三圃　2. 東方植民　3. 国土回復運動（レコンキスタ）　4. セルジューク　5. イェルサレム　6. ウルバヌス2世　7. クレルモン　8. サラーフ＝アッディーン（サラディン）　9. インノケンティウス3世　10. ヴェネツィア　11. コンスタンティノープル　12. ラテン　13. ドイツ
問ⓐA　国土回復運動（レコンキスタ）　B　東方植民　C　コンスタンティノープル　ⓑ　ルブルック　ⓒ　トレド

[3] 商業の発展／中世都市の成立／都市の自治と市民たち

1. 貨幣　2. 東方（レヴァント）　3・4. ヴェネツィア・ジェノヴァ（順不同）　5. 香辛料　6. フィレンツェ　7. 毛織物　8. リューベック　9. フランドル　10. シャンパーニュ　11. アウクスブルク　12. 自由都市　13. ハンザ　14. 同職ギルド（ツンフト）　15. 親方　16. フッガー　17. メディチ
問ⓐA　リューベック　B　ハンブルク　C　ジェノヴァ　D　ヴェネツィア　E　フィレンツェ　ア．フランドル地方　イ．シャンパーニュ地方　ⓑ　ロンバルディア同盟　ⓒ　「都市の空気は（人を）自由にする」　ⓓ　ツンフト闘争

（column❶）破門
（visual❶）a　インノケンティウス3世　b　教皇は太陽、皇帝は月
（visual❷）サンティアゴ＝デ＝コンポステーラ
（challenge❶）十字軍の失敗は教皇の権威を失墜させ、諸侯・騎士が没落する一方、国王の権威は高まった。また商業活動が活発化して都市が繁栄し、東方との交易が盛んになり、ビザンツ帝国やイスラーム圏から文化が流入した。（97字）
（visual❸）ヴェネツィア
（visual❹）メディチ

2　東ヨーロッパ世界の展開（p. 55～56）

[1] ビザンツ帝国の統治とその衰退／ビザンツ文化

1. ユスティニアヌス　2. ランゴバルド　3. スラヴ　4. ブルガール　5. セルジューク　6. コンスタンティノープル　7. ラテン　8. オスマン　9. 軍管区（テマ）　10. プロノイア　11. ギリシア正　12. ギリシア　13. モザイク　14. イコン
問ⓐ　ダマスクス、アレクサンドリア　ⓑ　インノケンティウス3世　ⓒ　レオン3世　ⓓア．ハギア＝ソフィア聖堂　イ．ラヴェンナ

[2] スラヴ人と周辺諸民族の自立

1. ギリシア正　2. ローマ＝カトリック（カトリック）　3. ウクライナ　4. ノヴゴロド　5. キエフ　6. ウラディミル1世　7. バトゥ　8. キプチャク　9. モスクワ　10. イヴァン3世　11. ツァーリ　12. イヴァン4世　13. セルビア　14. ポーランド　15. ヤゲウォ（ヤゲロー）　16. ブルガール　17. マジャール　18. オットー1世
問ⓐ　リューリク　ⓑ　オゴデイ（オゴタイ）　ⓒ　ドイツ騎士団

[3] Exercise――ビザンツ帝国の盛衰

ア．ユスティニアヌス　イ．軍管区（テマ）　ウ．聖像禁止　エ．ラテン　オ．オスマン

（visual❶）イコン

（column❶）キリル

（geographic❶）A　リトアニア＝ポーランド王国
B　ハンガリー王国　C　セルビア王国　D　ブルガリア
帝国

3　西ヨーロッパ世界の変容（p. 57〜59）

❶　封建社会の衰退／教皇権の衰退

1. 賦役　2. 黒死病（ペスト）　3. ヨーマン　4. ジャックリ
ー　5. ボニファティウス8世　6. フィリップ4世　7. ア
ヴィニョン　8. 教会大分裂（大シスマ）　9. ウィクリフ
10. フス　11. コンスタンツ
問ⓐ　ジョン＝ボール　ⓑ　火砲（火器）　ⓒ　アナーニ事
件　ⓓ　教皇のバビロン捕囚

❷　イギリスとフランス／百年戦争とバラ戦争

1. ノルマン　2. ヘンリ2世　3. プランタジネット　4. ジ
ョン　5. フィリップ2世　6. インノケンティウス3世
7. 大憲章（マグナ＝カルタ）　8. シモン＝ド＝モンフォー
ル　9. 模範議会　10. ルイ9世　11. アルビジョワ　12. フ
ィリップ4世　13. 全国三部会　14. フランドル　15. ヴァ
ロワ　16. エドワード3世　17. 黒死病（ペスト）　18. シャ
ルル7世　19. ジャンヌ＝ダルク　20. ランカスター
21. ヨーク　22. ヘンリ7世　23. テューダー
問ⓐ　アンジュー伯　ⓑ　ジェントリ（郷紳）　ⓒ　ジャッ
クリーの乱　ⓓ　バラ戦争

❸　スペインとポルトガル／ドイツ・スイス・イタリア・
北欧

1. 後ウマイヤ　2. 国土回復運動（レコンキスタ）　3. カス
ティリャ　4. アラゴン　5. イサベル　6. フェルナンド
7. グラナダ　8. ポルトガル　9. 大空位　10. カール4世
11. 金印勅書　12. ハプスブルク　13. 東方植民　14. ブラ
ンデンブルク　15. 両シチリア　16・17. ヴェネツィア・
フィレンツェ（順不同）　18. ゲルフ　19. ギベリン　20. マ
ルグレーテ　21. カルマル
問ⓐ　アルハンブラ宮殿　ⓑ　喜望峰　ⓒ　農場領主制
（グーツヘルシャフト）

（visual❶）黒死病（ペスト）
（visual❷）a　ワット＝タイラー　b　ジョン＝ボール
（visual❸）a　フス　b　コンスタンツ
（visual❹）エドワード黒太子
（visual❺）ジャンヌ＝ダルク
（geographic❶）A　カスティリャ　B　アラゴン
C　ポルトガル　D　ナスル　ア．マドリード　イ．リス

ボン　ウ．グラナダ

4　西ヨーロッパの中世文化（p. 60〜61）

❶　教会と修道院／学問と大学

1. ベネディクトゥス　2. モンテ＝カシノ　3. 神学　4. ス
コラ　5. 普遍　6. アンセルムス　7. ウィリアム＝オブ＝
オッカム　8. アリストテレス　9. トマス＝アクィナス
10. 神学大全　11. ロジャー＝ベーコン　12. ボローニャ
13. パリ　14. サレルノ　15. オクスフォード
問ⓐ　「祈り、働け」　ⓑ　トレド　ⓒ　12世紀ルネサンス
ⓓA　オクスフォード　B　パリ　C　ボローニャ
D　サレルノ

❷　美術と文学

1. モザイク　2. ロマネスク　3. ピサ　4. ゴシック　5. ス
テンドグラス　6. シャルトル　7. ケルン　8. ローランの
歌　9. ニーベルンゲンの歌　10. アーサー王物語
問ⓐI　ロマネスク　II　ビザンツ　III　ゴシック
ⓑ　吟遊詩人

❸　Exercise──中世の神学

ア．アルクイン　イ．アンセルムス　ウ．アベラール
エ．トマス＝アクィナス　オ．ウィリアム＝オブ＝オッカ
ム　カ．ロジャー＝ベーコン

（column❶）a　フランチェスコ　b　ドミニコ
（challenge❶）9世紀初め、バグダードを中心にギリシア
語文献のアラビア語への翻訳がおこなわれ、ギリシアの文
化がイスラーム圏に継承された。その後、11〜13世紀にか
けてトレドを中心にアラビア語文献がラテン語へと翻訳さ
れ、ギリシアの文献が西ヨーロッパへと伝えられた。（121
字）
（visual❶）ステンドグラス

第8章　東アジア世界の展開とモンゴル帝国

1　アジア諸地域の自立化と宋（p. 62〜65）

❶　東アジアの勢力交替

1. ウイグル　2. キタイ（契丹）　3. 耶律阿保機　4. 渤海
5. 後晋　6. 契丹　7. 王建　8. 高麗版大蔵経　9. 高麗青磁
10. 大理　11. 李　12. タングート　13. 鎌倉
問ⓐ　遼　ⓑ　燕雲十六州　ⓒ　開城　ⓓ　国風文化

❷　宋と金

1. 趙匡胤　2. 開封　3. 王安石　4. 新法　5. 旧法　6. 完顔
阿骨打　7. カラキタイ（西遼）　8. 臨安　9. 淮河

問ⓐ 殿試 ⓑ 文治主義 ⓒ 澶淵の盟 ⓓア．青苗法
イ．市易法 ウ．均輸法 エ．募役法 ⓔア．猛安・謀克
イ．女真文字 ⓕ 靖康の変

③ 唐末から宋代の社会と経済
1. 藩鎮 2. 大運河 3. 開封 4. 士大夫 5. 蘇湖（江浙）
6. 茶 7. 交子 8. 会子 9. 泉州
問ⓐ 後梁 ⓑ 形勢戸 ⓒ 佃戸 ⓓ 占城稲
ⓔア．行 イ．作 ⓕ 市舶司

④ 宋代の文化
1. 周敦頤 2. 朱熹（朱子） 3. 四書 4. 禅宗 5. 全真教
6. 編年 7・8. 欧陽脩・蘇軾（順不同） 9. 文人 10. 木版
印刷 11. 羅針盤
問ⓐ 孔穎達 ⓑ 資治通鑑 ⓒ 徽宗 ⓓ 景徳鎮
ⓔ 詞

⑤ Exercise──宋代の東アジア
問ⓐA 高麗 B キタイ（遼） C 西夏 D 大理
E 大越（李朝） F 金 G カラキタイ（西遼） H ゴ
ール朝 ⓑ 燕雲十六州 ⓒ 王建 ⓓ 耶律阿保機
ⓔ 李元昊 ⓕ 完顔阿骨打 ⓖ 猛安・謀克

(visual❶)高麗青磁
(challenge❶)胡服・胡語の禁止など積極的な漢化政策を
とった前者に対し、後者は二重統治体制をとってその民族
性を保持した。（52字）
(visual❷)清明上河図
(visual❸)a 院体 b 文人

② モンゴルの大帝国（p. 66〜69）

① モンゴル帝国の形成
1. 大モンゴル 2. 千戸 3. カラキタイ（西遼） 4. 西夏
5. オゴデイ（オゴタイ） 6. カラコルム 7. バトゥ 8. フ
レグ 9. アッバース 10. 南宋
問ⓐ クリルタイ ⓑ ホラズム＝シャー朝 ⓒ ワール
シュタットの戦い ⓓ カイドゥ ⓔア．チャガタイ＝ハ
ン国（チャガタイ＝ウルス） イ．チャガタイ ウ．キプチ
ャク＝ハン国（ジョチ＝ウルス） エ．バトゥ オ．イル＝
ハン国（フレグ＝ウルス） カ．フレグ

② 元の東アジア支配
1. 大都 2. 高麗 3. 科挙 4. 色目人 5. 駅伝制（ジャム
チ） 6. 海運 7. 交鈔 8. 西廂記 9. チベット仏教
10. 郭守敬
問ⓐ 陳朝 ⓑ マジャパヒト王国 ⓒ 元寇（蒙古襲来）
ⓓ ジャンク船 ⓔ 漢人 ⓕ 南人 ⓖ ダウ船

ⓗ 元曲 ⓘ ガザン＝ハン

③ モンゴル帝国時代の東西交流
1. マルコ＝ポーロ 2. クビライ 3. プラノ＝カルピニ
4. ルブルック 5. モンテ＝コルヴィノ 6. イブン＝バッ
トゥータ 7. ラシード＝アッディーン 8. チベット
9. パクパ
問ⓐ 『世界の記述』（『東方見聞録』） ⓑ オルトク商人
ⓒ 『集史』 ⓓ 細密画（ミニアチュール）

④ モンゴル帝国の解体／ティムール朝の興亡
1. 交鈔 2. 白蓮教 3. チャガタイ 4. キプチャク 5. イ
ル 6. アンカラ 7. サマルカンド 8. ウルグ＝ベク
9. ウズベク
問ⓐ 黒死病（ペスト） ⓑ 紅巾の乱 ⓒ 北元 ⓓ バ
ヤジット1世

⑤ Exercise──モンゴル帝国の発展
A キプチャク＝ハン国（ジョチ＝ウルス） B イル＝ハ
ン国（フレグ＝ウルス） C チャガタイ＝ハン国（チャガ
タイ＝ウルス） ア．サライ イ．タブリーズ ウ．大都

(challenge❶)ユーラシアの大部分を支配下におさめた史
上最大の帝国が成立し、ヨーロッパから中国に至る交通路
が整備された。その結果、交易の拡大とともに人物の往来、
学問芸術の交流発展など東西文化の交流が促進された。
（97字）
(geographic❶)a パガン b 高麗 c 陳 d マ
ジャパヒト
(column❶)a オゴデイ（オゴタイ） b バトゥ
c カイドゥ d クビライ e フレグ
(visual❶)交鈔

第9章　大交易・大交流の時代

① アジア交易世界の興隆（p. 70〜73）

① モンゴル帝国解体後のアジア／明初の政治
1. 倭寇 2. 李成桂 3. 漢城 4. 紅巾 5. 朱元璋 6. 南京
7. 洪武 8. 大都 9. 中書省 10. 里甲制 11. 朱子
12. 永楽 13. 北京
問ⓐ 一世一元の制 ⓑ 衛所制 ⓒ 六諭 ⓓ 靖難の
役 ⓔ 鄭和

② 明朝の朝貢世界／交易の活発化
1. 鄭和 2. 琉球 3. マラッカ 4. 朱子 5. 金属活字
6. 室町 7. 勘合 8. 黎 9. オイラト 10. アルタン＝ハー
ン 11. 長城 12. メキシコ

問ⓐ　海禁　ⓑ　両班　ⓒ　訓民正音(ハングル)　ⓓ　土木の変　ⓔ　北虜南倭

問ⓐ　トスカネリ　ⓑ　カボット　ⓒ　トルデシリャス条約　ⓓ　ラス＝カサス　ⓔ　商業革命

❸ 明代後期の社会と文化

1. 生糸　2. 湖広　3. 景徳鎮　4・5. 山西・徽州(新安)(順不同)　6. 永楽大典　7. 王陽明(王守仁)　8・9. 水滸伝・西遊記(順不同)　10. 本草綱目　11. 天工開物　12. 農政全書　13. (フランシスコ＝)ザビエル　14. 崇禎暦書
問ⓐ　郷紳　ⓑ　一条鞭法　ⓒ　会館、公所　ⓓ 「坤輿万国全図」　ⓔ 『幾何原本』

❹ 東南アジアの動向／東アジアの新興勢力

1. マラッカ　2. マタラム　3. アユタヤ　4. タウングー　5. マニラ　6. メキシコ　7. 徳川家康　8. 朱印船　9. マカオ　10. 台湾　11. ヌルハチ　12. 後金(アイシン)　13. 八旗　14. ホンタイジ　15. チャハル　16. 清
問ⓐ　港市国家　ⓑ　李舜臣　ⓒ　張居正　ⓓ 「鎖国」　ⓔ　李自成

❺ Exercise──明の政治

ア. 中書省　イ. 里甲制　ウ. 衛所制　エ. 永楽帝　オ. 北京　カ. 鄭和　キ. 正統帝　ク. 土木の変　ケ. 張居正　コ. 李自成

(visual❶)万里の長城
(visual❷)訓民正音(ハングル)
(challenge❶)明の永楽帝は、イスラーム教徒で宦官の鄭和を指揮官とする大艦隊を数回にわたって南海へ派遣した。この遠征は、南海諸国に朝貢貿易を促すことが目的で、東南アジアからアフリカ東海岸にまで到達した。(93字)

❷ ヨーロッパの海洋進出とアメリカ大陸の変容 (p.74〜75)

❶ ヨーロッパの海洋進出／ヨーロッパのアジア参入

1. オスマン　2. 香辛料　3. 世界の記述(東方見聞録)　4. 羅針盤　5. 国土回復運動(レコンキスタ)　6. エンリケ　7. バルトロメウ＝ディアス　8. ヴァスコ＝ダ＝ガマ　9. ゴア　10. マラッカ　11. マカオ　12. 平戸
問ⓐ　リスボン　ⓑ　喜望峰　ⓒ　カリカット　ⓓ　ジョアン2世

❷ ヨーロッパのアメリカ「発見」と征服／「世界の一体化」と大西洋世界の形成

1. ナスル　2. イサベル　3. インディオ(インディアン)　4. アメリゴ＝ヴェスプッチ　5. カブラル　6. バルボア　7. マゼラン　8. フィリピン　9. コルテス　10. アステカ　11. ピサロ　12. インカ　13. エンコミエンダ　14. アカプルコ　15. 農場領主制(グーツヘルシャフト)

❸ Exercise──大航海時代

ア. コロンブス　イ. カボット　ウ. カブラル　エ. ヴァスコ＝ダ＝ガマ　オ. バルトロメウ＝ディアス　カ. マゼラン　A　スペイン　B　ポルトガル

(geographic❶)ⓐ　マカオ　ⓑ　ゴア
(challenge❶)アステカ王国やインカ帝国を滅亡させ、エンコミエンダ制のもとで、先住民をプランテーションや鉱山での労働に酷使して、彼らの人口を激減させた。またキリスト教やヨーロッパ文化の受容も強制した。(92字)

第10章　アジアの諸帝国の繁栄

❶ オスマン帝国とサファヴィー朝 (p.76〜77)

❶ オスマン帝国の成立／オスマン帝国の拡大

1. バヤジット1世　2. アンカラ　3. メフメト2世　4. ビザンツ　5. セリム1世　6. マムルーク　7. メッカ　8. スレイマン1世　9. ウィーン　10. サファヴィー　11. レパント　12. イクター　13. ティマール
問ⓐ　イスタンブル　ⓑ　カール5世　ⓒ　プレヴェザの海戦　ⓓ　ウラマー　ⓔ　イェニチェリ

❷ 拡大後のオスマン帝国下の社会／サファヴィー朝とイラン社会

1. 徴税請負　2. カピチュレーション　3. フランス　4. サファヴィー　5. イスマーイール(1世)　6. シャー　7. アッバース1世　8. イスファハーン
問ⓐ　シャリーア　ⓑ　ミッレト制　ⓒ　十二イマーム派　ⓓ 「イスファハーンは世界の半分」

❸ Exercise──オスマン帝国の発展

ア. (第1次)ウィーン包囲(戦)　イ. プレヴェザ　ウ. レパント　エ. アンカラ　オ. ビザンツ

(visual❶)スレイマン＝モスク
(visual❷)a　シーア　b　イスファハーン　c　アラベスク
(challenge❶)1300年頃のアナトリアでの建国後、バルカン半島に進出した。1402年にアンカラの戦いでティムールに敗れたが、1453年にはコンスタンティノープルを攻略して遷都した。1517年にはマムルーク朝を滅ぼし、聖地メッカ・メディナを掌握した。16世紀半ばにはスレイマン1世のもとで最盛期を迎え、ヨーロッパ諸国を圧迫した。(147字)

2 ムガル帝国の興隆 (p. 78)

1 ムガル帝国の成立とインド＝イスラーム文化／インド地方勢力の台頭

1. バーブル 2. パーニーパット 3. アグラ 4. 人頭税(ジズヤ) 5. ヴィジャヤナガル 6. アウラングゼーブ 7. マラーター 8. ペルシア 9. ウルドゥー

問ⓐ ロディー朝 ⓑ マンサブダール制 ⓒ ナーナク ⓓ シャー＝ジャハーン

2 Exercise──イスラーム国家の発展

ア. ビザンツ イ. マムルーク ウ. スレイマン1世 エ. プレヴェザ オ. アンカラ カ. アッバース1世 キ. イスファハーン ク. アクバル ケ. アウラングゼーブ

(visual❶)タージ＝マハル

3 清代の中国と隣接諸地域 (p. 79〜81)

1 多民族国家・清朝

1. 呉三桂 2. 李自成 3. 鄭成功 4. 三藩 5. 康熙帝 6. ジュンガル 7. 雍正帝 8. 乾隆帝 9. 新疆 10. ダライ＝ラマ

問ⓐ オランダ ⓑ ネルチンスク条約 ⓒ 理藩院 ⓓ ツォンカパ

2 清と東アジア・東南アジア

1. 両班 2. 儒教 3. 薩摩 4. 両属 5. 首里 6. 鎖国 7. 長崎 8. アイヌ 9. マニラ 10. コンバウン 11. ラタナコーシン(チャクリ) 12. 阮

問ⓐ 小中華思想 ⓑ 朱印船貿易 ⓒ 朝鮮通信使 ⓓ アカプルコ貿易 ⓔ バタヴィア ⓕ 華人(華僑)

3 清代中国の社会と文化

1. 八旗 2. 軍機処 3. 康熙字典 4. 四庫全書 5. 辮髪 6. 華人(華僑) 7. 乾隆 8. 広州 9. 考証 10. 顧炎武 11. 紅楼夢 12. アダム＝シャール 13. 典礼

問ⓐ 緑営 ⓑ 文字の獄 ⓒ 行商 ⓓ 地丁銀制 ⓔ 円明園 ⓕ 中国趣味(シノワズリ)

4 Exercise──イエズス会宣教師の活躍

ア. マテオ＝リッチ イ. 坤輿万国全図 ウ. アダム＝シャール エ. ブーヴェ オ. カスティリオーネ カ. 円明園

(visual❶)紫禁城
(visual❷)ポタラ宮殿

(challenge❶)清は中央に満洲人と漢人を同数任命する満漢併用制を採用し、大編纂事業をおこして学者を優遇するなど懐柔策をとった。一方で漢人男性に辮髪を強制し、反清的言論を文字の獄で弾圧するなどの威圧策もとった。(96字)

第11章 近世ヨーロッパ世界の動向

1 ルネサンス (p. 82〜83)

1 ルネサンス運動／ルネサンスの精神

1. フィレンツェ 2. メディチ 3. 神曲 4. ペトラルカ 5. ボッカチオ 6. ブルネレスキ 7. ボッティチェリ 8. レオナルド＝ダ＝ヴィンチ 9. ミケランジェロ 10. ラファエロ

問ⓐ ヒューマニズム(人文主義) ⓑ マキァヴェリ

2 ルネサンスの広がり

1. ファン＝アイク 2. ブリューゲル 3. エラスムス 4. ラブレー 5. モンテーニュ 6. チョーサー 7. (トマス＝)モア 8. シェークスピア 9. デューラー 10. セルバンテス 11. 火器(火薬) 12. 羅針盤 13. 地球球体 14. コペルニクス

問ⓐ 『愚神礼賛』 ⓑ (第1次)囲い込み(エンクロージャー) ⓒ グーテンベルク ⓓ タラス河畔の戦い

3 Exercise──ルネサンス

ア. Ⓒ・⑨・ⓑ イ. Ⓕ・⑧・ⓑ ウ. Ⓖ・⑤・ⓑ
エ. Ⓗ・①・ⓒ オ. Ⓔ・②・ⓑ カ. Ⓑ・⑦・ⓒ
キ. Ⓘ・④・ⓐ ク. Ⓓ・⑥・ⓑ ケ. Ⓐ・③・ⓑ

(column❶)ユートピア
(column❷)エラスムス、『愚神礼賛』

2 宗教改革 (p. 84〜85)

1 宗教改革とルター

1. 贖宥状 2. 九十五カ条の論題 3. カール5世 4. アウクスブルク 5. 領邦教会

問ⓐ 『キリスト者の自由』 ⓑ 『新約聖書』のドイツ語訳 ⓒ ミュンツァー ⓓ (第1次)ウィーン包囲(戦) ⓔ プロテスタント ⓕ 諸侯にカトリックかルター派いずれかを選択して信仰する自由を認める。

2 カルヴァンと宗教改革の広がり／カトリック改革とヨーロッパの宗教対立

1. ツヴィングリ 2. カルヴァン 3. ジュネーヴ 4. 長老 5. ヘンリ8世 6. 首長法 7. 修道院 8. エリザベス1世

9. 統一法　10. イグナティウス＝ロヨラ　11. イエズス会
問ⓐ　予定説　ⓑ　ユグノー、ゴイセン、プレスビテリア
ン　ⓒ　テューダー朝　ⓓ　トリエント公会議　ⓔ　（フ
ランシスコ＝）ザビエル

❸ Exercise──宗教改革時代の国際関係

問ⓐ ア. カール 5 世　イ. スレイマン 1 世　ウ. フランソ
ワ 1 世　ⓑ　カルロス 1 世　ⓒ　（第 1 次）ウィーン包囲
（戦）　ⓓ　イタリア戦争　ⓔ　カピチュレーション

（visual❶）贖宥状
（challenge❶）ヘンリ 8 世は離婚問題で教皇と対立し、首
長法を発布してイギリス国教会を成立させた。<u>エドワード
6 世</u>が一般祈祷書を制定し、エリザベス 1 世が<u>統一法</u>で国
教会を確立させた。教会は国家に従属するが、教義・祭礼
には<u>カトリック</u>的な儀式や<u>司教制</u>を残した。（117字）
（geographic❶）A　カルヴァン派　B　ルター派
C　イギリス国教会　D　カトリック　E　ギリシア正教

3　主権国家体制の成立（p.86〜87）

❶ イタリア戦争と主権国家体制

1. 絶対王政　2. 王権神授　3. 重商
問ⓐ　ヴァロワ家、ハプスブルク家　ⓑ　勢力均衡
ⓒ　マニュファクチュア（工場制手工業）

❷ ヨーロッパ諸国の動向

1. カルロス 1 世　2. フェリペ 2 世　3. ポルトガル　4. カ
ルヴァン　5. ユトレヒト　6. 無敵艦隊（アルマダ）　7. ユ
グノー　8. ブルボン　9. アンリ 4 世　10. ナントの王令
問ⓐ　レパントの海戦　ⓑ　オラニエ公ウィレム　ⓒ　ネ
ーデルラント連邦共和国　ⓓ　エリザベス 1 世　ⓔ ア. 羊
毛生産の増大　イ. ジェントリ（郷紳）　ⓕ　ヴァージニア
ⓖ　サンバルテルミの虐殺

❸ 三十年戦争

1. アウクスブルク　2. 三十年　3. ベーメン（ボヘミア）
4. ハプスブルク　5. ヴァレンシュタイン
問ⓐ　グスタフ＝アドルフ　ⓑ ア. ウェストファリア条約
イ. カルヴァン派　ウ. 領邦主権が確立したため　エ. ア
ルザス　オ. スイス、オランダ

❹ Exercise──三十年戦争の国際関係図

ア. ハプスブルク　イ. ヴァレンシュタイン　ウ. グスタ
フ＝アドルフ　エ. フランス　オ. リシュリュー

（visual❶）エリザベス 1 世
（visual❷）サンバルテルミ

4　オランダ・イギリス・フランスの台頭（p.88〜90）

❶ オランダの繁栄と英仏の挑戦

1. 東インド会社　2. マラッカ　3. アンボイナ　4. バタヴ
ィア　5. ケープ　6. ニューアムステルダム　7. ニューヨ
ーク　8. ポンディシェリ
問ⓐ　マニラ　ⓑ　アムステルダム　ⓒ　カルカッタ・イ、
ボンベイ・ウ、マドラス・エ

❷ イギリスの 2 つの革命

1. ジェームズ 1 世　2. ジェントリ（郷紳）　3. 王権神授
4. チャールズ 1 世　5. 権利の請願　6. アイルランド
7. 護国卿　8. チャールズ 2 世　9. 人身保護法　10. 名誉革
命　11. 権利の章典　12. グレートブリテン　13. ハノーヴ
ァー　14. ウォルポール
問ⓐ　ステュアート朝　ⓑ　ピューリタン革命　ⓒ　航海
法　ⓓ　非国教徒の公職就任を禁止　ⓔ ア. トーリ党
イ. ホイッグ党　ⓕ　ウィリアム 3 世、メアリ 2 世
ⓖ　議院内閣制（責任内閣制）

❸ フランスの絶対王政

1. ブルボン　2. リシュリュー　3. ハプスブルク　4. 三十
年　5. マザラン　6. アルザス　7. コルベール　8. 東イン
ド会社　9. ヴェルサイユ　10. スペイン継承　11. ユトレ
ヒト　12. ナントの王令
問ⓐ　全国三部会　ⓑ　フロンドの乱　ⓒ　ボシュエ
ⓓ ア. アカディア、ニューファンドランド、ハドソン湾地
方　イ. ジブラルタル

❹ イギリスとフランスの覇権争い

1. プラッシー　2. フレンチ＝インディアン　3. クライヴ
4. パリ　5. 黒人奴隷　6. 三角
問ⓐ　ユトレヒト条約　ⓑ　ルイジアナ東部　ⓒ　リヴァ
プール

（visual❶）グロティウス、戦争と平和の法
（challenge❶）イギリスの港からオランダ商船を排除して
<u>中継貿易</u>で繁栄するオランダに打撃を与え、イギリス貿易
の保護・促進を目的としたが、その結果、<u>英蘭戦争</u>が勃発
し、優勢となったイギリスが<u>海上権</u>を握った。（92字）
（challenge❷）アメリカ大陸では、イギリスが<u>フレンチ＝
インディアン戦争</u>で勝利し、1763年の<u>パリ条約</u>でカナダお
よびルイジアナ東部を獲得することで、北米における支配
権を確立した。アジアでは、1757年の<u>プラッシーの戦い</u>で

イギリス東インド会社の<u>クライヴ</u>がベンガル太守とフランスの連合軍を破り、インドからフランス勢力を駆逐した。（149字）

---

5 北欧・東欧の動向 （p. 91〜92）

1 ポーランドとスウェーデン／ロシアの大国化

1. ヤゲウォ（ヤゲロー）　2. フリードリヒ2世　3. ヨーゼフ2世　4. エカチェリーナ2世　5. コシューシコ　6. カルマル　7. イヴァン4世　8. ツァーリ　9. イェルマーク　10. ロマノフ　11. ピョートル1世　12. クリミア　13. プガチョフ
問ⓐ　キプチャク＝ハン国（ジョチ＝ウルス）　ⓑ　ステンカ＝ラージン　ⓒ　ペテルブルク　ⓓ　ラクスマン

2 プロイセンとオーストリアの動向／啓蒙専制主義

1. フリードリヒ＝ヴィルヘルム1世　2. 神聖ローマ　3. ウィーン　4. カルロヴィッツ　5. マジャール　6. マリア＝テレジア　7. フリードリヒ2世　8. オーストリア継承　9. シュレジエン　10. 七年　11. ヴォルテール　12. ヨーゼフ2世
問ⓐ ア. ドイツ騎士団領　イ. ホーエンツォレルン家　ⓑ　ユンカー　ⓒ　外交革命　ⓓ　啓蒙専制君主　ⓔ　サンスーシ宮殿

3 Exercise──ポーランド分割

ⓐ ア. プロイセン　イ. オーストリア　ウ. ロシア
ⓑ A　フリードリヒ2世　B　ヨーゼフ2世　C　エカチェリーナ2世　D　コシューシコ

（challenge❶）シベリア方面では清と<u>ネルチンスク条約</u>を結んで国境を画定する一方、南方では不凍港を求めてアゾフ海に進出した。さらに<u>北方戦争</u>でスウェーデンのカール12世を破って<u>バルト海</u>に進出し、<u>ペテルブルク</u>を建設して首都とした。（103字）
（visual❶）コシューシコ

---

6 科学革命と啓蒙思想 （p. 93〜95）

1 科学革命

1. 科学　2. ガリレイ　3. ケプラー　4. ニュートン　5. ハーヴェー　6. リンネ　7. ラヴォワジェ　8. ジェンナー　9. フランシス＝ベーコン　10. カント　11. 戦争と平和の法　12. グロティウス　13. ホッブズ　14. ロック
問ⓐ　地動説　ⓑ　『方法序説』　ⓒ ア. スピノザ　イ. パスカル　ⓓ　『リヴァイアサン』　ⓔ　抵抗（革命）権

2 啓蒙思想

1. 啓蒙　2. ヴォルテール　3. モンテスキュー　4. ルソー　5. ケネー　6. アダム＝スミス
問ⓐ　ディドロ、ダランベール　ⓑ　『諸国民の富（国富論）』

3 Exercise①──宮廷文化と市民文化

1. ヴェルサイユ　2. コルネイユ　3. モリエール　4. ロココ　5. サンスーシ　6. バッハ　7. ミルトン　8. デフォー　9. スウィフト　10. コーヒーハウス
問ⓐ ア. ルーベンス　イ. ベラスケス　ⓑ　レンブラント

4 Exercise②──17・18世紀のヨーロッパ絵画

ア. C・①　イ. A・①　ウ. D・②　エ. B・③

5 Exercise③──ヨーロッパ諸国のアジア進出

① ゴア・イ　② マラッカ・サ　③ マカオ・ケ　④ マニラ・コ　⑤ バタヴィア・シ　⑥ アンボイナ・ス　⑦ カルカッタ・エ　⑧ ポンディシェリ・カ

6 Exercise④──英仏間の植民地争奪戦争

ア. スペイン継承　イ. ユトレヒト　ウ. オーストリア継承　エ. 七年　オ. フレンチ＝インディアン　カ. パリ　キ. ルイジアナ東部　ク. プラッシー

（visual❶）リヴァイアサン
（visual❷）コーヒーハウス
（column❶）a　砂糖　b　武器　c　黒人奴隷

第12章　産業革命と環大西洋革命

1 産業革命 （p. 96〜97）

1 近世ヨーロッパ経済の動向

1. 商業　2. 17世紀の危機　3. 農業
問ⓐ　農場領主制（グーツヘルシャフト）　ⓑ　価格革命

2 イギリス産業革命と資本主義／イギリスによる世界経済の再編成

1. 毛織物　2. マニュファクチュア　3. 囲い込み　4. インド　5. ジョン＝ケイ　6. カートライト　7. ワット　8. 蒸気機関　9. 資本　10. 世界の工場　11. 原料
問ⓐ ア. マンチェスター・b　イ. リヴァプール・a　ウ. バーミンガム・d　ⓑ ア. ハーグリーヴズ　イ. アークライト　ウ. ミュール紡績機　ⓒ ア. 交通革命　イ. フルトン　ウ. スティーヴンソン　ⓓ ア. 工場法　イ. 社会主義

❸ Exercise──綿織物業・交通手段における技術革新

ア．蒸気機関　イ．ダービー　ウ．ジョン=ケイ　エ．ハーグリーヴズ　オ．水力　カ．クロンプトン　キ．力織機　ク．ホイットニー　ケ．フルトン　コ．スティーヴンソン

(challenge❶) 三圃制に代わってノーフォーク農法が普及し、穀物増産を目的に第2次囲い込みが進んで資本主義的農業経営が確立された。その結果、土地を失った多数の農民が工場労働者となって産業革命が促進された。(93字)

(column❶) a 羊毛　b 穀物　c 資本

(column❷) a ベルギー　b 七月　c ドイツ関税同盟　d 南北　e フランス

2 アメリカ合衆国の独立と発展 (p. 98〜99)

❶ イギリスの北アメリカ植民地

1．プランテーション　2．七年　3．印紙　4．茶　5．ボストン茶会

問ⓐア．ピルグリム=ファーザーズ(巡礼祖)　イ．ヴァージニア　ⓑ「代表なくして課税なし」　ⓒ　大陸会議

❷ アメリカ合衆国の独立

1．フィラデルフィア　2．レキシントン　3．ワシントン　4．(トマス=)ペイン　5．フランクリン　6．フランス　7．武装中立　8．ヨークタウン　9．パリ

問ⓐア．ジェファソン　イ．抵抗(革命)権、ロック　ⓑ　コシューシコ、ラ=ファイエット　ⓒ　ルイジアナ東部(ミシシッピ川以東のルイジアナ)　ⓓ　三権分立

❸ Exercise──北アメリカ植民地とイギリス本国の対立

ア．ヴァージニア　イ．プリマス　ウ．ユトレヒト　エ．フレンチ=インディアン　オ．パリ　カ．ルイジアナ東部(ミシシッピ川以東のルイジアナ)　キ．印紙　ク．代表　ケ．茶　コ．ボストン茶会　サ．大陸　シ．レキシントン・コンコード　ス．コモン=センス　セ．ジェファソン　ソ．フランス　タ．フランクリン　チ．武装中立　ツ．エカチェリーナ2世　テ．ヨークタウン　ト．パリ

(geographic❶) A　イギリス　B　フランス　C　スペイン

(geographic❷) A　13　B　ルイジアナ東部(ミシシッピ川以東のルイジアナ)

3 フランス革命とナポレオンの支配 (p. 100〜102)

❶ フランス革命の始まり

1．ルイ16世　2．聖職者　3．テュルゴ　4．ネッケル　5．全国三部会　6．バスティーユ牢獄　7．封建的特権　8．人権宣言　9．ヴェルサイユ行進

問ⓐ　アンシャン=レジーム(旧体制)　ⓑ　シェイエス　ⓒア．球戯場の誓い　イ．ミラボー、ラ=ファイエット　ⓓ　ギルドの廃止　ⓔ　立法議会　ⓕア．ジロンド派　イ．ヴァレンヌ逃亡事件

❷ フランス革命の展開

1．国民公会　2．山岳(ジャコバン)　3．公安委員会　4．徴兵　5．テルミドール　6．総裁

問ⓐ　革命の拡大を防ぐため、第1回対仏大同盟を結成してフランス包囲網を形成した。　ⓑ　封建地代の無償廃止　ⓒア．恐怖政治　イ．ロベスピエール　ⓓ　バブーフ

❸ ナポレオンのヨーロッパ支配

1．エジプト　2．ブリュメール18日　3．統領　4．トラファルガー　5．ネルソン　6．アウステルリッツ　7．ライン同盟　8．ティルジット　9．ワルシャワ　10．大陸封鎖令　11・12．シュタイン・ハルデンベルク(順不同)　13．フィヒテ　14．ロシア　15．エルバ　16．ワーテルロー

問ⓐ　アミアンの和約　ⓑ　ナポレオン法典　ⓒ　神聖ローマ帝国　ⓓ　ゴヤ　ⓔア．ルイ18世　イ．ブルボン朝　ⓕ　セント=ヘレナ島

❹ Exercise──フランス革命

A　国民議会　B　立法議会　C　国民公会　D　総裁　E　統領　ア．テュルゴ　イ．球戯場　ウ．バスティーユ　エ．人権　オ．ジロンド　カ．8月10日　キ．ルイ16世　ク．ロベスピエール　ケ．テルミドール　コ．ブリュメール18日

(visual❶) アンシャン=レジーム　ⓐ　聖職者　ⓑ　貴族　ⓒ　平民

(visual❷) ダヴィド

(challenge❶) イギリスと大陸諸国の通商を禁止し、イギリスに経済的打撃を与えるとともに、大陸をフランス産業の市場として確保しようとした。(60字)

(geographic❶) a　コルシカ　b　ライン　c　ワルシャワ

4 中南米諸国の独立 (p. 103)

❶ 環大西洋革命とハイチ革命／スペイン・ポルトガル植民地での独立運動

1．環大西洋革命　2．トゥサン=ルヴェルチュール　3．(シモン=)ボリバル　4．サン=マルティン　5．ポルトガル　6．メッテルニヒ　7．モンロー

問ⓐ　ハイチ　ⓑ　クリオーリョ　ⓒ　エ　ⓓ　カニング

② Exercise──中南米諸国の独立

ア．メッテルニヒ　イ．トゥサン＝ルヴェルチュール
ウ．ハイチ　エ．（シモン＝）ボリバル　オ．サン＝マルティン　カ．メキシコ　キ．カニング　ク．モンロー

──────

（geographic❶）a　アメリカ独立　b　フランス
c　ハイチ　d　コシューシコ

──────

第13章　イギリスの優位と欧米国民国家の形成

1　ウィーン体制とヨーロッパの政治・社会の変動（p.104〜107）

① ウィーン会議

1．メッテルニヒ　2．エルバ　3．正統　4．ブルボン　5．スイス　6．神聖ローマ　7．ポーランド　8．セイロン島　9．ケープ　10．神聖
問ⓐ　タレーラン　ⓑ　ドイツ連邦　ⓒ　ロンバルディア、ヴェネツィア　ⓓ　アレクサンドル1世　ⓔア．ロシア、イギリス、プロイセン、オーストリア　イ．フランス

② 立憲改革の進展とウィーン体制の動揺

1．カルボナリ　2．デカブリスト（十二月党員）　3．ルイ18世　4．シャルル10世　5．アルジェリア　6．ルイ＝フィリップ　7．ベルギー
問ⓐ　ブルシェンシャフト　ⓑ　ギリシア　ⓒ　七月革命　ⓓ　ロシア　ⓔ　ドイツ関税同盟

③ イギリスの自由主義的改革／社会主義思想の成立

1．審査法　2．第1回選挙法改正　3．人民憲章　4．自由　5．東インド会社　6．穀物法　7．航海法　8．オーウェン　9．サン＝シモン　10．ルイ＝ブラン　11．プルードン　12．エンゲルス　13．共産党宣言
問ⓐ　オコネル　ⓑ　腐敗選挙区　ⓒ　チャーティスト運動　ⓓ　工場法　ⓔ　『資本論』

④ 1848年革命

1．ルイ＝フィリップ　2．ルイ＝ブラン　3．ルイ＝ナポレオン　4．諸国民の春　5．三月　6．メッテルニヒ　7．マジャール　8．チェック　9．大ドイツ　10．小ドイツ
問ⓐ　ジャガイモ　ⓑ　第二共和政　ⓒ　第二帝政　ⓓ　コシュート　ⓔ　フランクフルト国民議会

⑤ Exercise──七月革命と二月革命

ア．シャルル10世　イ．ルイ＝フィリップ　ウ．七月王政　エ．ベルギー　オ．選挙法改正　カ．ルイ＝ブラン　キ．ルイ＝ナポレオン　ク．三月　ケ．メッテルニヒ　コ．ハンガリー

（challenge❶）フランス革命前の主権と領土を正統とし、革命前の状態を回復させようとする理念。（38字）
（visual❶）a　七月　b　ドラクロワ
（challenge❷）東インド会社の独占権を縮小・廃止し、また反穀物法同盟の運動を背景に穀物法を廃止した。さらに航海法も廃止した。（54字）
（visual❷）a　マルクス　b　資本論
（column❶）a　ブルボン　b　第一帝政　c　第二共和政　d　第二帝政

──────

2　列強体制の動揺とヨーロッパの再編成（p.108〜112）

① クリミア戦争／列強の新体制──ロシアの対応

1．デカブリスト（十二月党員）　2．ギリシア正教徒　3．パリ　4．アレクサンドル2世　5．ポーランド　6．ナロードニキ
問ⓐ　クリミア戦争　ⓑ　農奴解放令　ⓒ　ミール　ⓓ　インテリゲンツィア　ⓔ　「ヴ＝ナロード（人民のなかへ）」

② 列強の新体制──イギリス・フランスの対応

1．ロンドン　2．ヴィクトリア　3．万国博覧会　4．トーリ　5．自由　6．ディズレーリ　7．グラッドストン　8．都市部の労働者（都市労働者）　9．オコネル　10．ジャガイモ　11．ナポレオン3世　12．インドシナ　13．メキシコ　14．ドイツ＝フランス（独仏、プロイセン＝フランス）　15．ティエール
問ⓐ　交通革命　ⓑ　パクス＝ブリタニカ　ⓒ　農村部の労働者（農業労働者）　ⓓ　レセップス　ⓔ　パリ＝コミューン

③ 新国民国家の成立

1．ローマ共和国　2．ヴィットーリオ＝エマヌエーレ2世　3．カヴール　4．クリミア　5・6．サヴォイア・ニース（順不同）　7．ガリバルディ　8．両シチリア　9．ローマ教皇領　10．トリエステ　11．フランクフルト　12．ドイツ関税同盟　13．ユンカー　14・15．シュレスヴィヒ・ホルシュタイン（順不同）　16．北ドイツ連邦
問ⓐ　マッツィーニ　ⓑ　J　ⓒ　ロンバルディア・C　ⓓ　H　ⓔ　D　ⓕ　「未回収のイタリア」　ⓖ　ドイツ連邦　ⓗ　オーストリアを除いて、プロイセンを中心にドイツを統一しようとする考え　ⓘ　鉄血政策　ⓙ　オーストリア＝ハンガリー帝国（二重帝国）　ⓚ　アルザス、ロレーヌ

④ ドイツ帝国とビスマルク外交

1．ヴィルヘルム1世　2．ヴェルサイユ　3．社会主義者鎮

圧法　4. フランス　5. 三国同盟　6. 再保障条約　7. サン＝ステファノ　8. イギリス　9. ベルリン　10・11. ルーマニア・セルビア(順不同)　12. ブルガリア

問ⓐ 「文化闘争」 ⓑ 社会民主党 ⓒ ドイツ、オーストリア、ロシア ⓓ ロシア＝トルコ戦争 ⓔア. キプロス島　イ. ボスニア・ヘルツェゴヴィナ

5 北欧地域の動向／国際運動の進展

1. カルマル　2. 北方　3・4. シュレスヴィヒ・ホルシュタイン(順不同)　5. ロンドン　6. デュナン　7. オリンピア

問ⓐ マルグレーテ ⓑ グスタフ＝アドルフ ⓒ 第1インターナショナル ⓓ ナイティンゲール ⓔ 国際オリンピック大会

6 Exercise①――ベルリン会議

(ア) ルーマニア・D、セルビア・C、モンテネグロ・B

(イ) ボスニア・ヘルツェゴヴィナ・A

(ウ) ブルガリア・E　(エ) キプロス島・G

7 Exercise②――イギリスの選挙法改正

ア. 1832　イ. 腐敗選挙区　ウ. 中産階層(産業資本家など)　エ. 1867　オ. 都市部の労働者(都市労働者)

カ. 1884　キ. 農村部の労働者(農業労働者)

(visual❶) a　ナイティンゲール　b　クリミア

(visual❷) a　ヴィクトリア女王　b　パクス＝ブリタニカ

(visual❸) ガリバルディ

(visual❹) ビスマルク

3 アメリカ合衆国の発展 (p. 113〜114)

1 アメリカ合衆国の領土拡大

1. ジェファソン　2. ルイジアナ　3. ナポレオン　4. フロリダ　5. アメリカ＝イギリス(米英)　6. モンロー　7. 相互不干渉　8. 孤立　9. ジャクソン　10. 強制移住法

11. テキサス　12. ペリー　13. アラスカ　14. プランテーション　15. ミズーリ

問ⓐ サン＝ドマング(ハイチ) ⓑ 「明白なる運命」 ⓒア. アメリカ＝メキシコ戦争　イ. ゴールドラッシュ ⓓ 民主党 ⓔ 共和党 ⓕ ストウ

2 南北戦争／アメリカ合衆国の大国化

1. 共和　2. ホームステッド法　3. 奴隷解放宣言　4. リッチモンド　5. 大陸横断鉄道　6. フロンティア　7. 移民

8. シェアクロッパー

問ⓐ アメリカ連合国(南部連合) ⓑ 「人民の、人民による、人民のための政治」 ⓒ アメリカ労働総同盟(AFL)

3 Exercise――西部開拓(西漸運動)

ア. ルイジアナ東部(ミシシッピ川以東のルイジアナ)

イ. ルイジアナ西部(ミシシッピ川以西のルイジアナ)

ウ. フロリダ　エ. テキサス　オ. オレゴン　カ. カリフォルニア

(visual❶) ジャクソン

(visual❷) ゲティスバーグ

(challenge❶) 北部の勝利は、南北の分裂を収拾して国民国家の統一をもたらし、北部産業資本の主導による飛躍的な工業発展の起点となった。(58字)

4 19世紀欧米文化の展開と市民文化の繁栄 (p. 115〜117)

1 文化潮流の変遷と市民文化の成立／各国の国民文化の展開

1. ハイネ　2. ドラクロワ　3. スタンダール　4. バルザック　5. ゾラ　6. クールベ　7. 印象　8. ルノワール　9. ゴッホ　10. ロダン

問ⓐア. ダヴィド　イ. ゲーテ ⓑ ヴィクトル＝ユゴー ⓒア. ドストエフスキー　イ. イプセン ⓓ 『戦争と平和』

2 近代諸科学の発展／近代大都市文化の誕生

1. ヘーゲル　2. マルクス　3. ベンサム　4. マルサス

5. リカード　6. ファラデー　7. エネルギー保存　8. レントゲン　9. キュリー夫妻　10. パストゥール　11. コッホ

12. マルコーニ　13. ベル　14. ライト兄弟　15. エディソン　16. リヴィングストン　17. アムンゼン

問ⓐ カント ⓑ ドイツ関税同盟 ⓒ ランケ

ⓓ 『種の起源』 ⓔ ノーベル ⓕ ナポレオン3世

3 Exercise――19世紀欧米の文化

ア. ハイネ　イ. ヴィクトル＝ユゴー　ウ. スタンダール

エ. ディケンズ　オ. ドストエフスキー　カ. トルストイ

キ. ゾラ　ク. イプセン　ケ. ドラクロワ　コ. ミレー

サ. クールベ　シ. ルノワール　ス. ゴッホ　セ. ロダン

ソ. ベートーヴェン　タ. ヘーゲル　チ. ベンサム

ツ. マルサス　テ. リスト　ト. ランケ　ナ. マルクス

ニ. ファラデー　ヌ. レントゲン　ネ. キュリー夫妻

ノ. ダーウィン　ハ. パストゥール　ヒ. ベル　フ. ノーベル　ヘ. リヴィングストン　ホ. アムンゼン

(visual❶) クールベ

(visual❷) ミレー

(visual❸) a　ダーウィン　b　進化

(visual❹) ルノワール

第14章　アジア諸地域の動揺

1　西アジア地域の変容（p. 118〜119）

1　オスマン帝国の動揺と「東方問題」／オスマン帝国の経済的な従属化

1. スレイマン1世　2. 第2次ウィーン包囲（戦）　3. ワッハーブ　4. サウード　5. ナポレオン　6. ムハンマド＝アリー　7. 東方問題　8. 南下　9. カピチュレーション　10. レセップス

問@ カルロヴィッツ条約　ⓑ エカチェリーナ2世　ⓒ セリム1世　ⓓ エジプト＝トルコ戦争　ⓔ ボスフォラス海峡、ダーダネルス海峡　ⓕ スエズ運河

2　オスマン帝国の改革／イラン・アフガニスタンの動向

1. イェニチェリ　2. クリミア　3. ミドハト＝パシャ　4. アブデュルハミト2世　5. ロシア＝トルコ　6. ガージャール　7. 治外法権　8. バーブ

問@ タンジマート　ⓑ オスマン主義　ⓒ オスマン帝国憲法（ミドハト憲法）　ⓓ トルコマンチャーイ条約　ⓔ グレートゲーム

3　Exercise──19世紀の西アジア

問@ ムハンマド＝アリー　ⓑ ワッハーブ派　ⓒ ガージャール朝　ⓓ トルコマンチャーイ条約　ⓔ アフガン戦争

(visual❶)ムハンマド＝アリー
(visual❷)a　ミドハト＝パシャ　b　アブデュルハミト2世
(challenge❶)19世紀前半に<u>イェニチェリ</u>軍団が廃止され、近代化改革が始まった。その後広範な西欧化をめざす改革である<u>タンジマート</u>により帝国は近代法治国家へと転換し、1876年には改革派宰相のもとミドハト憲法が制定された。(99字)

2　南アジア・東南アジアの植民地化（p. 120〜122）

1　西欧勢力の進出とインドの植民地化

1. アウラングゼーブ　2. 綿布　3・4. ボンベイ・カルカッタ（順不同）　5. ポンディシェリ　6. プラッシー　7. マイソール　8. マラーター　9. シク　10. 藩王

問@ アンボイナ事件　ⓑ カーナティック戦争　ⓒ パリ条約

2　植民地統治下のインド社会／インド大反乱とインド帝国の成立

1. ライヤットワーリー　2. 蒸気機関　3. アヘン　4. 自由

5. 中国　6. ムガル　7. インド帝国　8. 分割

問@ ザミンダーリー制　ⓑ ミュール紡績機　ⓒ シパーヒー　ⓓア. ヴィクトリア女王　イ. ディズレーリ

3　東南アジアの植民地化／タイの情勢

1. 強制栽培　2. マラッカ　3. シンガポール　4. ゴム　5. コンバウン　6. マニラ　7. 西山　8. 阮福暎　9. カンボジア　10. フエ(ユエ)　11. 天津　12. インドシナ連邦　13. ラオス　14. ラタナコーシン（チャクリ）　15. チュラロンコン(ラーマ5世)

問@ バタヴィア　ⓑ マレー連合州　ⓒ ビルマ戦争　ⓓ アカプルコ　ⓔ 黎朝　ⓕ 劉永福

4　Exercise──東南アジアの植民地化

A　フランス　B　イギリス　C　オランダ　D　スペイン
a　ハノイ　b　マニラ　c　シンガポール　d　バタヴィア

(visual❶)ヴィクトリア
(challenge❶)イギリスは1757年の<u>プラッシーの戦い</u>以降、インド全域に植民地支配を拡大した。これに対してインド人は、1857年に<u>シパーヒーの反乱</u>をおこしたが鎮圧された。1858年、イギリスは<u>東インド会社</u>を解散して直接的な統治に乗り出し、1877年には<u>インド帝国</u>を成立させた。(122字)
(visual❷)チュラロンコン(ラーマ5世)
(challenge❷)イギリスは海峡植民地を成立させ、<u>ビルマ戦争</u>によってコンバウン朝を滅ぼした。フランスは、ベトナム南部からカンボジアに進出し、<u>清仏戦争</u>の勝利によりフランス領インドシナ連邦を築いた。オランダは、ジャワ島やスマトラ島を支配して<u>オランダ領東インド</u>を形成した。(124字)

3　東アジアの激動（p. 123〜125）

1　内外からの清朝の危機

1. 乾隆帝　2. 白蓮教徒　3. 広州　4. マカートニー　5. 茶　6. 銀　7. 林則徐

問@ 行商　ⓑ 三角貿易

2　中国の開港と欧米諸国との条約

1. 南京　2. 香港島　3. 行商　4・5. 上海・広州(順不同)　6. 虎門寨追加　7. 領事裁判権　8. 天津　9. キリスト教布教　10. 九竜　11. アイグン　12. 沿海州　13. ウラジヴォストーク　14. コーカンド　15. イリ

問@ 租界　ⓑ望厦条約、黄埔条約　ⓒ アロー戦争　ⓓ 円明園　ⓔ 総理各国事務衙門(総理衙門)　ⓕ ウズベク人

❸ 内乱と秩序の再編

1. 洪秀全　2. 辮髪　3. 南京　4. 八旗　5. 曽国藩　6. 李鴻章　7. ゴードン　8. 中体西用

問ⓐ 上帝会　ⓑ 郷勇　ⓒ 常勝軍　ⓓ 西太后　ⓔ 同治中興　ⓕ 洋務運動

❹ 日本・朝鮮の開港と東アジアの貿易拡大／明治維新と東アジア国際秩序の変容

1. ペリー　2. 日米和親　3. 日米修好通商　4. 大日本帝国憲法　5. 台湾　6. 沖縄　7. 大院君　8. 江華島　9. 金玉均　10. 甲申政変　11. 甲午農民　12. 下関　13. 遼東

問ⓐ 明治維新　ⓑ 樺太・千島交換条約　ⓒ 清仏戦争　ⓓ 日朝修好条規　ⓔ 崔済愚　ⓕ 租界　ⓖ ロシア、ドイツ、フランス

(column❶) 三角
(visual❶) a 円明園　b カスティリオーネ
(challenge❶) 太平天国の乱後、曽国藩や李鴻章などの漢人官僚主導による洋務運動と呼ばれる近代化政策がおこなわれた。紡績工場の設立など西洋の学問や技術の導入をおこなったが、改革は社会秩序の回復に重点がおかれ、社会変革は進まなかった。(106字)
(visual❷) 富岡製糸場

第15章　帝国主義とアジアの民族運動

1 　第2次産業革命と帝国主義 (p.126〜128)

❶ 第2次産業革命／帝国主義

1. 電気　2・3. カルテル・トラスト(順不同)　4. 市場　5. 移民

問ⓐ 第2次産業革命　ⓑ 蒸気船

❷ 帝国主義時代の欧米列強の政治と社会——イギリス・フランス

1. ジョゼフ＝チェンバレン　2. 南アフリカ(南ア、ブール)　3. フェビアン協会　4. 労働　5. 議会　6. アイルランド自治　7. シン＝フェイン　8. 露仏　9. 社会

問ⓐ カナダ、オーストラリア　ⓑ スエズ運河会社の株式買収　ⓒ グラッドストン　ⓓ ブーランジェ事件　ⓔア. ゾラ　イ. シオニズム運動

❸ 帝国主義時代の欧米列強の政治と社会——ドイツ・ロシア

1. ヴィルヘルム2世　2. パン＝ゲルマン　3. 社会主義者鎮圧法　4. 社会民主　5. フランス　6. シベリア　7. エスエル　8. ソヴィエト　9. ニコライ2世　10. 国会(ドゥーマ)　11. ストルイピン

問ⓐア. 世界政策　イ. 再保障条約　ⓑ 第2インターナショナル　ⓒ ベルンシュタイン　ⓓア. ボリシェヴィキ　イ. メンシェヴィキ　ⓔ 血の日曜日事件　ⓕ ミール

❹ 帝国主義時代の欧米列強の政治と社会——アメリカ／国際労働運動の発展

1. 革新　2. フロンティア　3. マッキンリー　4. アメリカ＝スペイン(米西)　5. ハワイ　6. ジョン＝ヘイ　7. 門戸開放　8. セオドア＝ローズヴェルト　9. パナマ　10. カリブ　11. ウィルソン　12. マルクス　13. 社会民主

問ⓐ ロックフェラー　ⓑ 新移民　ⓒ フィリピン、グアム、プエルトリコ　ⓓ パリ

(column❶) a ジャガイモ飢饉　b 移民
(column❷)ⓐ イギリス　ⓑ アメリカ　ⓒ ドイツ
(visual❶) a ドレフュス　b シオニズム
(visual❷) 血の日曜日
(visual❸) a 棍棒　b セオドア＝ローズヴェルト

2 　列強の世界分割と列強体制の二分化 (p.129〜131)

❶ アフリカの植民地化

1. ベルリン＝コンゴ　2. ウラービー　3. ローズ　4. カイロ　5. ケープタウン　6. カルカッタ　7. 3C　8. アルジェリア　9. マダガスカル　10. 英仏協商　11. モロッコ　12. エチオピア　13. リビア

問ⓐア. リヴィングストン　イ. スタンリー　ⓑ H　ⓒ レセップス　ⓓ マフディー運動　ⓔア. ブール人　イ. トランスヴァール共和国、オレンジ自由国　ⓕ ファショダ事件・e　ⓖ エジプトにおけるイギリスの優越と、モロッコにおけるフランスの優越　ⓗ タンジール・a、アガディール・b　ⓘ E　ⓙ リベリア共和国・F

❷ 太平洋地域の分割

1. クック　2. マオリ　3. ドイツ　4・5. フィリピン・グアム(順不同)　6. ハワイ

問ⓐ アボリジニー　ⓑA オランダ　B ドイツ　C アメリカ　D フランス　E イギリス

❸ ラテンアメリカ諸国の従属と発展

1. パン＝アメリカ　2. キューバ　3. パナマ　4. ナポレオン3世　5. ディアス

問ⓐ セオドア＝ローズヴェルト　ⓑア. メキシコ革命　イ. サパタ(またはビリャ)

❹ 列強体制の二分化

1. 再保障　2. 露仏同盟　3. バグダード　4. 光栄ある孤立　5. 日英同盟　6. 英仏協商　7. 英露協商　8. 未回収のイタ

リア

問ⓐ 三帝同盟 ⓑ ベルリン、イスタンブル(ビザンティウム)、バグダード ⓒ カイロ、ケープタウン、カルカッタ ⓓ 三国協商

(visual❶)ローズ
(visual❷)ハワイ
(geographic❶)ⓐ ケープタウン ⓑ カイロ ⓒ カルカッタ
(challenge❶)イギリスはロシアの南下に対抗するため日英同盟を結んでいたが、日露戦争後にロシアはバルカン進出に転じた。ドイツの３Ｂ政策とバルカン進出を警戒したイギリスとロシアは、イラン分割を主とする英露協商を結んだ。(100字)

3 アジア諸国の変革と民族運動 (p.132〜135)

1 列強の中国進出と清朝

1. 洋務 2. 明治維新 3. 康有為 4. 光緒 5. 立憲君主
6. 西太后 7. 遼東 8. 膠州湾 9. 威海衛 10. 広州湾
11. 機会均等 12. 領土保全 13. 義和団 14. 扶清滅洋
15. 北京議定書 16. 外国軍隊
問ⓐ 戊戌の変法(変法運動) ⓑ 戊戌の政変 ⓒ 三国干渉 ⓓ 東清鉄道・Ａ ⓔ ア ⓕ エ ⓖ 教案

2 日露戦争と韓国併合

1. 日英同盟 2. ポーツマス 3. 東清(南満洲) 4. 遼東
5. 日韓協約 6. 朝鮮総督府
問ⓐ 血の日曜日事件 ⓑ セオドア゠ローズヴェルト
ⓒ 伊藤博文 ⓓア. (抗日)義兵闘争 イ. 安重根

3 清朝の改革と辛亥革命

1. 科挙 2. 袁世凱 3. 興中会 4. 中国同盟会 5. 四川
6. 武昌 7. 辛亥
問ⓐ 民族主義(民族の独立)、民権主義(民権の伸張)、民生主義(民生の安定) ⓑ 宣統帝(溥儀) ⓒ モンゴル人民共和国

4 インドにおける民族運動の形成

1. インド国民会議 2. カルカッタ 3. ティラク 4. 全インド゠ムスリム
問ⓐ ベンガル分割令 ⓑ スワデーシ、スワラージ

5 東南アジアにおける民族運動の形成

1. 強制栽培 2. イスラーム同盟(サレカット゠イスラム)
3. ホセ゠リサール 4. アギナルド 5. ファン゠ボイ゠チャウ 6. ドンズー(東遊)
問ⓐア. タイ イ. チュラロンコン(ラーマ５世) ⓑ グ

アム

6 西アジアの民族運動と立憲運動

1. ウラービー 2. マフディー 3. ガージャール 4. タバコ゠ボイコット 5. 立憲 6. アブデュルハミト２世
7. ミドハト(オスマン帝国)
問ⓐ アフガーニー ⓑ ゴードン ⓒ 青年トルコ革命

7 Exercise——帝国主義時代の民族運動

ア. 立憲 イ. 青年トルコ ウ. ウラービー エ. マフディー オ. インド国民会議 カ. 義和団 キ. 辛亥
ク. 義兵 ケ. アギナルド コ. ドンズー(東遊)

(column❶)ⓐ 李鴻章 ⓑ 中体西用 ⓒ 日清
ⓓ 康有為 ⓔ 光緒 ⓕ 立憲君主 ⓖ 戊戌
(challenge❶)変法は西太后ら保守派のクーデタで失敗した。義和団戦争後、体制の維持にせまられた清朝は、科挙の廃止や憲法大綱の発布などの改革をおこなった。(68字)
(visual❶)孫文
(challenge❷)反英運動の中心であったベンガル州を、イスラーム教徒の多い東ベンガルと、ヒンドゥー教徒の多い西ベンガルに分割し、両教徒を対立させることで反英的な傾向を強める民族運動の分断をはかった。(90字)
(visual❷)ファン゠ボイ゠チャウ
(visual❸)アフガーニー

第16章 第一次世界大戦と世界の変容

1 第一次世界大戦とロシア革命 (p.136〜139)

1 バルカン半島の危機

1. ブルガリア 2. ボスニア・ヘルツェゴヴィナ 3. スラヴ 4. セルビア 5. ゲルマン 6. ヨーロッパの火薬庫
問ⓐ 「統一と進歩団」 ⓑ イタリア゠トルコ戦争

2 第一次世界大戦の勃発

1. サライェヴォ 2. セルビア 3. ロシア 4. ベルギー
5. マルヌ 6. タンネンベルク 7. 日英
問ⓐＡ イタリア Ｂ オスマン帝国 Ｃ ブルガリア
Ｄ セルビア Ｅ 日本 ア. 未回収のイタリア イ. パン゠ゲルマン ウ. パン゠スラヴ ⓑ 南チロル、トリエステ ⓒア. 戦車 イ. 飛行機、毒ガス、潜水艦など
ⓓア. 総力戦 イ. 参政権(選挙権) ⓔ 膠州湾(青島)

3 戦時外交と総力戦／大戦の結果

1. フセイン・マクマホン 2. アラブ 3. バルフォア
4. ユダヤ 5. アメリカ合衆国 6. 無制限潜水艦 7. ウィルソン

問ⓐ　サイクス・ピコ協定　ⓑ　ブレスト＝リトフスク条約　ⓒア．キール軍港　イ．ヴィルヘルム２世

4 ロシア革命

1. ペトログラード　2. ニコライ２世　3. ボリシェヴィキ　4. レーニン　5. 四月テーゼ　6. ケレンスキー　7. 平和に関する布告　8・9・10. 無併合・無償金・民族自決（順不同）　11. ロシア共産　12. モスクワ　13. チェカ　14. 赤軍　15. 戦時共産　16. コミンテルン　17. 新経済政策（ネップ）

問ⓐ　血の日曜日事件　ⓑ　メンシェヴィキ　ⓒ　立憲民主党　ⓓ　土地に関する布告　ⓔ　シベリア出兵　ⓕ　余剰農産物の自由販売、小企業の私的営業、穀物徴発制の廃止など

5 Exercise①――第一次世界大戦中のヨーロッパ

ア．サライェヴォ－ⓒ　イ．マルヌ－ⓐ　ウ．タンネンベルク－ⓓ　エ．ブレスト＝リトフスク－ⓔ　オ．モスクワ－ⓖ　カ．キール－ⓑ

6 Exercise②――ロシア革命

ア．血の日曜日　イ．ストルイピン　ウ．二月（三月）　エ．ニコライ２世　オ．レーニン　カ．ケレンスキー　キ．十月（十一月）　ク．ブレスト＝リトフスク　ケ．戦時共産　コ．コミンテルン　サ．新経済政策（ネップ）

（geographic❶）A　ルーマニア　B　ブルガリア　C　セルビア　D　モンテネグロ　E　ボスニア・ヘルツェゴヴィナ

（visual❶）a　バルカン

（visual❷）戦車

（column❶）バルフォア

（challenge❶）イギリスはフセイン・マクマホン協定で、オスマン帝国内のアラブ人が独立運動を起こすことを条件にアラブ人の独立国家建設を約束した。しかし一方では、ユダヤ人の資金援助を条件に、パレスチナでのユダヤ人国家建設を支援するバルフォア宣言を発した。（117字）

（visual❸）レーニン

（challenge❷）1918年から農産物の強制徴発や中小工場の国有化などの戦時共産主義を実施したが、生産力は低下し、国民の不満が高まった。そのため、1921年から余剰農産物の自由販売や小企業の私的営業を認めるなどの新経済政策を導入して、生産力の回復をはかった。（121字）

（column❷）平和に関する布告

2 ヴェルサイユ体制下の欧米諸国（p. 140～143）

1 ヴェルサイユ体制とワシントン体制

1. ロイド＝ジョージ　2. クレマンソー　3. ウィルソン　4. 十四カ条　5・6. アルザス・ロレーヌ（順不同）　7. ラインラント　8. 民族自決　9. ジュネーヴ　10. アメリカ合衆国　11. ソ連　12. ワシントン　13. 日英同盟　14. 四カ国　15. 九カ国

問ⓐア．サン＝ジェルマン条約　イ．セーヴル条約　ウ．トリアノン条約　エ．ヌイイ条約　ⓑA　フィンランド　B　エストニア　C　ラトヴィア　D　リトアニア　E　ポーランド　F　チェコスロヴァキア　G　ハンガリー　H　ユーゴスラヴィア（セルブ＝クロアート＝スロヴェーン王国）　ⓒア．イラク、トランスヨルダン、パレスチナ　イ．シリア　ⓓ　ジョン＝ヘイ

2 西欧諸国の模索

1. マクドナルド　2. ウェストミンスター　3. アイルランド自由国　4. エール　5. ルール　6. ブリアン　7. 社会民主　8. エーベルト　9. ヴァイマル　10. シュトレーゼマン　11. レンテンマルク

問ⓐア．第４回　イ．第５回　ⓑア．イースター蜂起　イ．シン＝フェイン党　ⓒア．スパルタクス団　イ．ローザ＝ルクセンブルク　ⓓア．ドーズ案　イ．ヤング案

3 国際協調と軍縮の進展

1. シュトレーゼマン　2. ブリアン　3. ロカルノ　4. ラインラント　5. 国際連盟　6. ケロッグ　7. 不戦

問ⓐ　フィウメ　ⓑ　ワシントン会議

4 イタリアのファシズム／東欧・バルカン諸国の動揺

1. ムッソリーニ　2. ローマ進軍　3. ラテラノ　4. ピウスツキ

問ⓐ　ファシズム　ⓑ　ドイツ＝フランス（独仏）戦争（プロイセン＝フランス戦争）　ⓒ　チェコスロヴァキア

5 ソ連の成立／アメリカ合衆国の繁栄

1. 新経済政策（ネップ）　2. ソヴィエト社会主義共和国連邦　3. スターリン　4. 世界革命　5. トロツキー　6. 五カ年計画　7. 債権　8. 孤立　9. 共和　10. 移民

問ⓐ　ラパロ条約　ⓑ　コルホーズ、ソフホーズ　ⓒ　ケロッグ　ⓓ　フォード　ⓔ　ワスプ（WASP）

6 Exercise――第一次世界大戦後の国際協調の進展

ア．ワシントン　イ．四カ国　ウ．日英同盟　エ．九カ国　オ．ドーズ　カ．ロカルノ　キ．不戦　ク．ブリアン　ケ．ケロッグ　コ．ヤング

（geographic❶）ⓐ　ラインラント　ⓑ　アルザス・ロレーヌ

（visual❶）ルール占領

（column❶）ドーズ

（column❷）ロカルノ

（visual❷）ローマ進軍

（visual❸）a　スターリン　b　トロツキー

（challenge❶）アメリカ合衆国は当初、第一次世界大戦に中立であったが、ドイツが無制限潜水艦作戦を実施すると、連合国側で参戦した。戦後は孤立主義に戻り、国際連盟には加盟しなかったが、軍縮や国際協調を推進した。(95字)

３　アジア・アフリカ地域の民族運動 (p.144〜147)

❶　第一次世界大戦と東アジア

1. 陳独秀　2. 新青年　3. 胡適　4. 魯迅　5. 阿Q正伝
6. 李大釗
問ⓐ　治安維持法　ⓑ　白話運動　ⓒ　北京大学

❷　日本の進出と東アジアの民族運動

1. 日英　2. 山東　3. 膠州　4. 南洋諸島　5. 二十一カ条の要求　6. シベリア　7. 三・一独立　8. 文化政治　9. 五・四
問ⓐ　袁世凱　ⓑ　朝鮮総督府　ⓒ　創氏改名、皇居遙拝、神社参拝など　ⓓ　九カ国条約

❸　南京国民政府の成立と共産党

1. 陳独秀　2. 蔣介石　3. 南京　4. 張作霖　5. 張学良
6. 毛沢東　7. 紅軍　8. 瑞金　9. 中華ソヴィエト共和国臨時政府
問ⓐ　李大釗　ⓑ　連ソ、容共、扶助工農　ⓒ　五・三〇運動　ⓓ　関東軍

❹　インドにおける民族運動の展開／東南アジアにおける民族運動の展開

1. ローラット　2. 非協力（非暴力・不服従）　3. ネルー
4. プールナ＝スワラージ　5. 英印円卓　6. 1935年インド統治　7. オランダ　8. スカルノ　9. フランス　10. ホー＝チ＝ミン　11. タキン　12. タイ
問ⓐ ア. 全インド＝ムスリム連盟　イ. ジンナー　ⓑ　塩の行進　ⓒ　イスラーム同盟（サレカット＝イスラム）
ⓓ　アメリカ＝スペイン（米西）戦争

❺　西アジアの民族運動／アフリカの民族運動

1. ムスタファ＝ケマル　2. アンカラ　3. スルタン　4. ローザンヌ　5. レザー＝ハーン　6. パフレヴィー　7. イブン＝サウード　8. ワフド　9. イラク　10. シリア　11. アフリカ民族会議（ANC）
問ⓐ　セーヴル条約　ⓑ　カリフ制の廃止　ⓒ　太陽暦の採用、女性参政権、ローマ字の採用など　ⓓ　スエズ運河地帯　ⓔ ア. フセイン・マクマホン協定　イ. シオニズム運動　ウ. バルフォア宣言　ⓕ　エチオピア、リベリア

ⓖ　マフディー運動

（visual❶）a　陳独秀　b　白話

（visual❷）三・一独立

（geographic❶）① 武昌－C　② 広州－E　③ 上海－A　④ 南京－B　⑤ 瑞金－D

（visual❸）塩の行進

（challenge❶）国民会議派のガンディーは、非協力運動を指導したが、1922年に運動を中断した。1929年、ネルーらは国民会議派ラホール大会でプールナ＝スワラージを決議した。こうしたなか、イギリスは英印円卓会議を開き、さらに1935年インド統治法を制定して懐柔をはかったが成功しなかった。(139字)

（visual❹）アタテュルク

（challenge❷）ムスタファ＝ケマルは、スルタン制を廃止し、共和国を樹立した。また、カリフ制を廃止して政教分離をはかり、イスラーム法に代えてヨーロッパ法や太陽暦を採用するなど西欧化に努めた。また、女性参政権を認め、アラビア文字を廃してローマ字を採用した。(118字)

第17章　第二次世界大戦と新しい国際秩序の形成

１　世界恐慌とヴェルサイユ体制の破壊 (p.148〜151)

❶　世界恐慌とその影響

1. フーヴァー＝モラトリアム　2・3. イギリス・フランス（順不同）
問ⓐ　ウォール街　ⓑ ア. ドーズ案　イ. ヤング案
ⓒ　ブロック経済

❷　アメリカのニューディール／ブロック経済

1. フランクリン＝ローズヴェルト　2. ニューディール
3. 金本位　4. 農業調整法（AAA）　5. 全国産業復興法（NIRA）　6. テネシー川流域開発公社（TVA）　7. ワグナー法　8. 産業別組合会議（CIO）　9. ソ連　10. 善隣
11. マクドナルド　12. 挙国一致　13. オタワ
問ⓐ　ケインズ　ⓑ ア.「棍棒外交」　イ. セオドア＝ローズヴェルト　ⓒ　プラット条項　ⓓ　スターリング＝ブロック（ポンド＝ブロック）　ⓔ　フラン＝ブロック

❸　ナチス＝ドイツ／ソ連の計画経済とスターリン体制

1. 共産　2. ユダヤ　3. ヴェルサイユ　4. ヒンデンブルク
5. 全権委任法　6. 総統（フューラー）　7. スターリン
問ⓐ　国民社会主義ドイツ労働者党　ⓑ　アウトバーン
ⓒ　ホロコースト　ⓓ ア. アインシュタイン　イ. トーマス＝マン

4 満洲事変と日中戦争
1．溥儀　2．リットン　3．蔣介石　4．瑞金　5．延安　6．張学良　7．西安　8．盧溝橋　9．第２次国共合作　10．南京　11．重慶
問ⓐ　柳条湖事件　ⓑ　二・二六事件　ⓒ　長征
ⓓ　八・一宣言　ⓔ　汪兆銘

5 ファシズム諸国の攻勢と枢軸の形成
1．ザール　2．再軍備　3．ロカルノ　4．ラインラント　5．エチオピア　6．アメリカ合衆国　7．人民戦線　8．フランコ　9．不干渉(非介入)　10．防共
問ⓐ　ブルム　ⓑ　ゲルニカ　ⓒ　ヘミングウェー

（visual❶）ウォール
（challenge❶）農業生産の調整をはかる農業調整法、および産業の生産統制をはかる全国産業復興法を制定して生産過剰を抑制した。また、テネシー川流域開発公社に代表される公共事業によって失業者を吸収した。1935年にはワグナー法を制定して労働者の団結権・団体交渉権を保障した。(124字)
（visual❷）フランクリン＝ローズヴェルト
（column❶）ⓐ　イギリス　ⓑ　ドイツ　ⓒ　アメリカ
（visual❸）溥儀
（column❸）a　全権委任　b　ザール　c　再軍備
d　ロカルノ　e　ラインラント

2 第二次世界大戦（p.152〜154）

1 ナチス＝ドイツの侵略と開戦／ヨーロッパの戦争
1．オーストリア　2．ズデーテン　3．ネヴィル＝チェンバレン　4．ミュンヘン　5．独ソ不可侵　6．フィンランド　7．ペタン　8．ヴィシー　9．チャーチル　10．日ソ中立
問ⓐ　宥和政策　ⓑア．ダンツィヒ　イ．ポーランド回廊
ⓒ　エストニア、ラトヴィア、リトアニア　ⓓア．ド＝ゴール　イ．レジスタンス　ⓔ　ティトー

2 独ソ戦／太平洋戦争
1．独ソ不可侵　2．フランクリン＝ローズヴェルト　3．武器貸与　4．インドシナ　5．日独伊三国　6．日ソ中立　7．マレー　8．パールハーバー(真珠湾)　9．創氏改名　10．ミッドウェー
問ⓐ　アウシュヴィッツ強制収容所　ⓑ　ロマ
ⓒ　「ABCD包囲陣」　ⓓ　大東亜共栄圏

3 枢軸諸国の敗北
1．スターリングラード　2．ムッソリーニ　3．大西洋憲章　4．カイロ　5．テヘラン　6．ノルマンディー　7．ヤルタ　8．沖縄　9．ポツダム　10．日ソ中立

問ⓐ　蔣介石　ⓑ　ド＝ゴール　ⓒ　（ドイツ降伏後の）ソ連の対日参戦　ⓓ　トルーマン

4 Exercise──第二次世界大戦
ア．独ソ不可侵　イ．ポーランド　ウ．バルト３国
エ．ヴィシー　オ．武器貸与　カ．日ソ中立　キ．独ソ戦　ク．パールハーバー(真珠湾)　ケ．ミッドウェー　コ．スターリングラード　サ．カイロ　シ．ノルマンディー　ス．ヤルタ　セ．ポツダム　ソ．対日参戦

（visual❶）ミュンヘン
（challenge❶）ドイツはポーランドへの侵攻を計画したが、侵攻は英仏との開戦をまねき、東西両面での戦闘となる恐れがあった。一方、ソ連は英仏の対ドイツ宥和政策に不信を強めており、将来の対ドイツ戦に備えて軍事力を強化するための時間が必要であった。(112字)
（visual❷）アウシュヴィッツ
（visual❸）パールハーバー(真珠湾)
（visual❹）a　ヤルタ　b　対日参戦

3 新しい国際秩序の形成（p.155〜159）

1 戦後国際秩序の形成
1．ダンバートン＝オークス　2．サンフランシスコ　3．安全保障理事会　4．拒否権　5．ユネスコ(UNESCO)　6．国際労働機関　7．ブレトン＝ウッズ　8．国際通貨基金　9．国際復興開発銀行　10．関税と貿易に関する一般協定　11．ベルリン　12．ニュルンベルク　13．オーストリア　14．東京
問ⓐア．ニューヨーク　イ．世界人権宣言　ⓑ　武力制裁(軍事的制裁)　ⓒ　ヤルタ協定

2 米ソ冷戦の始まり／東西ヨーロッパの分断
1．労働　2．アトリー　3．アイルランド　4．ド＝ゴール　5．四　6．トルーマン　7．マーシャル　8．封じ込め　9．コミンフォルム　10．チェコスロヴァキア　11．西ヨーロッパ連合　12．北大西洋条約機構　13．コメコン(COMECON)　14．ワルシャワ条約機構　15．通貨改革　16．ドイツ連邦共和国　17．ドイツ民主共和国　18．アデナウアー
問ⓐア．ホー＝チ＝ミン　イ．アルジェリア　ⓑア．チャーチル　イ．鉄のカーテン　ⓒ　ギリシア、トルコ　ⓓ　ティトー　ⓔ　パリ協定

3 中華人民共和国の成立／朝鮮戦争と東アジア
1．蔣介石　2．土地改革　3．毛沢東　4．周恩来　5．中ソ友好同盟相互援助　6．台湾　7．38　8．李承晩　9．金日成　10．国連軍　11．人民義勇軍　12．サンフランシスコ平和　13．日米安全保障

問[a] カイロ会談 [b] 板門店

[4] 東南アジアの独立／南アジアの独立

1. フィリピン 2. スカルノ 3. ベトナム独立同盟会 4. ディエンビエンフー 5. ジュネーヴ休戦 6. 17 7. パキスタン 8. ガンディー 9. ネルー 10. スリランカ
問[a] バオダイ [b] 東南アジア条約機構(SEATO) [c] ゴ＝ディン＝ジエム [d] ジンナー [e] アトリー

[5] 中東の動向

1. イギリス 2. ユダヤ 3. イスラエル 4. モサッデグ 5. パフレヴィー2世
問[a] アラブ連盟(アラブ諸国連盟) [b] パレスチナ分割案

[6] Exercise――冷戦の展開

ア. チャーチル イ. トルーマン ウ. マーシャル エ. コミンフォルム オ. チェコスロヴァキア カ. 西ヨーロッパ連合 キ. ベルリン ク. 北大西洋条約機構(NATO) ケ. コメコン(COMECON) コ. ドイツ連邦共和国 サ. ドイツ民主共和国 シ. 朝鮮 ス. ワルシャワ条約機構

(column❶) a 大西洋 b ダンバートン＝オークス c サンフランシスコ
(column❷) a ジュネーヴ b・c ドイツ・ソ連(順不同) d アメリカ合衆国 e ニューヨーク f 拒否権 g 武力制裁(軍事的制裁)
(visual❶) ベルリン封鎖
(geographic❶) A ソ連 B イギリス C フランス D アメリカ合衆国
(column❸) トルーマン＝ドクトリン
(visual❷) 毛沢東
(challenge❶) 米軍主体の国連軍や、中国の人民義勇軍が派遣されて国際的な戦争に発展したこと。日本は朝鮮戦争特需により、経済復興が加速するとともに、サンフランシスコ平和条約で独立を回復し、日米安全保障条約を結んで、西側陣営の一員となったことなどがあげられる。(120字)
(visual❸) ホー＝チ＝ミン
(geographic❷) A ベトナム民主共和国 B ベトナム国 [a] ディエンビエンフー
(visual❹) ネルー

第18章 冷戦と第三世界の台頭

1 冷戦の展開 (p. 160～161)

[1] 軍事同盟の広がりと核兵器開発／戦後のアメリカ社会

1. 米州機構 2. 太平洋安全保障条約 3. アインシュタイン 4. パグウォッシュ 5. CIA 6. アイゼンハワー
問[a] 中央条約機構(CENTO) [b] 第五福竜丸事件 [c] マッカーシズム [d] a 北大西洋条約機構(NATO) b ワルシャワ条約機構 c 米州機構(OAS) d 東南アジア条約機構(SEATO) e 中東(バグダード)条約機構(METO) f 中ソ友好同盟相互援助 g 日米安全保障

[2] 西欧・日本の経済復興／ソ連の「雪どけ」

1. シューマン 2. ヨーロッパ石炭鉄鋼共同体 3. ヨーロッパ経済共同体 4. ヨーロッパ原子力共同体 5. ヨーロッパ共同体 6. アデナウアー 7. アルジェリア 8. ド＝ゴール 9. 北大西洋条約機構(NATO) 10. 朝鮮 11. 日韓基本 12. スターリン 13. フルシチョフ 14. コミンフォルム 15. ゴムウカ 16. ナジ 17. ベルリンの壁
問[a] ヨーロッパ自由貿易連合(EFTA) [b] 国際連合 [c] 「雪どけ」 [d] スプートニク＝ショック

(column❶) ウクライナ
(visual❶) a アインシュタイン b パグウォッシュ
(column❷) a シューマン b ECSC c EEC d EURATOM e EC f イギリス g EU

---

2 第三世界の台頭とキューバ危機 (p. 162～163)

[1] アジア・アフリカ諸国の非同盟運動／アフリカ諸国の独立と南北問題

1. 周恩来 2. ネルー 3. バンドン 4. 非同盟諸国首脳 5. ナセル 6. スエズ 7. ガーナ 8. エンクルマ(ンクルマ) 9. アフリカの年 10. アフリカ統一機構 11. コンゴ 12. アパルトヘイト 13. 国連貿易開発会議
問[a] スカルノ [b] ティトー [c] ディエンビエンフーの戦い [d] モノカルチャー経済

[2] ラテンアメリカ諸国の動向とキューバ革命／キューバ危機と核不拡散体制の成立

1. ペロン 2. カストロ 3. バティスタ 4. ケネディ 5. ホットライン 6. 部分的核実験禁止 7. 地下 8. 核拡散防止 9. 戦略兵器制限交渉 10. アフガニスタン
問[a] A キューバ B グアテマラ C アルゼンチン [b] フルシチョフ

3 Exercise──キューバの歴史

ア．コロンブス　イ．ラス=カサス　ウ．黒人　エ．アメリカ=スペイン（米西）　オ．マッキンリー　カ．カストロ　キ．ケネディ　ク．フルシチョフ

（column❶）a　レセップス　b　ディズレーリ　c　ウラービー　d　ナセル　e　スエズ（第2次中東）
（geographic❶）a　1960　b　アルジェリア　c　南アフリカ共和国
（visual❶）チェ=ゲバラ
（column❷）プラット

3 冷戦体制の動揺（p. 164〜167）

1 ベトナム戦争とインドシナ半島

1. ゴ=ディン=ジエム　2. 南ベトナム解放民族戦線
3. ジョンソン　4. 沖縄　5. ニクソン　6. ベトナム（パリ）和平　7. ポル=ポト　8. 中越
問ⓐ　ホー=チ=ミン　ⓑ　キング牧師

2 Exercise──インドシナ戦争とベトナム戦争

ア．ホー=チ=ミン　イ．ベトナム独立同盟会　ウ．インドシナ　エ．ディエンビエンフー　オ．ジュネーヴ休戦　カ．ゴ=ディン=ジエム　キ．南ベトナム解放民族戦線　ク．北爆　ケ．ベトナム　コ．ベトナム（パリ）和平　サ．ハノイ　シ．中越

3 アメリカ合衆国とソ連の変容／ヨーロッパでの緊張緩和

1. ケネディ　2. キング　3. 公民権　4. ジョンソン　5. ニクソン　6. ウォーターゲート　7. フルシチョフ　8. ブレジネフ　9. ドプチェク　10. ド=ゴール　11. ブラント　12. 東方　13. 国際連合
問ⓐ　プラハの春　ⓑ　デタント　ⓒ　フランコ

4 Exercise──アメリカ合衆国大統領（1920年代〜70年代前半）

ア．フーヴァー　イ．フランクリン=ローズヴェルト　ウ．トルーマン　エ．アイゼンハワー　オ．ケネディ　カ．ジョンソン　キ．ニクソン

5 中ソ対立と文化大革命

1. 毛沢東　2. 大躍進　3. 人民公社　4. 劉少奇　5. 鄧小平　6. 文化大革命　7. 紅衛兵　8. ニクソン　9. 田中角栄　10. 日中平和友好　11. 周恩来　12. 四人組　13. 市場
問ⓐ　ダライ=ラマ14世　ⓑ　ダマンスキー島（珍宝島）　ⓒ　四つの現代化

6 Exercise──中華人民共和国（建国〜1970年代）

ア．台湾　イ．中ソ友好同盟相互援助　ウ．人民義勇軍　エ．周恩来　オ．ネルー　カ．平和五原則　キ．大躍進　ク．人民公社　ケ．文化大革命　コ．紅衛兵　サ．ニクソン　シ．毛沢東

7 第三世界の開発独裁と東南・南アジアの自立化

1. 開発独裁　2. 李承晩　3. 朴正熙　4. 日韓基本　5. 中国国民　6. スカルノ　7. 九・三〇　8. スハルト　9. マルコス　10. 東南アジア諸国連合　11. カシミール　12. バングラデシュ　13. アジェンデ　14. ピノチェト
問ⓐ　光州事件　ⓑ　東南アジア条約機構（SEATO）
ⓒA　ミャンマー　B　ラオス　C　タイ　D　カンボジア　E　ベトナム　F　マレーシア　G　シンガポール　H　インドネシア　I　ブルネイ　J　フィリピン

（visual❶）ポル=ポト
（visual❷）ケネディ
（challenge❶）ベトナム戦争が泥沼化すると、反戦運動が高揚して人種差別や貧困・性差別などに対する抗議運動とも連動した。さらに1968年にキング牧師が暗殺されると人種問題をめぐる暴動が多発し、社会的な亀裂が拡大した。（97字）
（visual❸）プロレタリア文化大革命
（geographic❷）A　パキスタン　B　バングラデシュ　C　カシミール地方

第19章　冷戦の終結と今日の世界

1 産業構造の変容（p. 168〜169）

1 福祉国家と公害／ドル=ショックとオイル=ショック

1. 公害　2. 国連人間環境　3. ニクソン　4. ブレトン=ウッズ　5. 変動相場　6. 石油輸出国機構（OPEC）　7. アラブ石油輸出国機構（OAPEC）　8. 先進国首脳会議（サミット）
問ⓐ　ベトナム（パリ）和平協定　ⓑ　ドル=ショック
ⓒA　パレスチナ　B　イスラエル　C　スエズ　D　シナイ　E　石油　ⓓ　第1次石油危機（オイル=ショック）

2 量から質へ／中東の変容／開発途上国の工業化

1. 小さな　2. サッチャー　3. レーガン　4. 公民権　5. シナイ　6. ヨルダン　7. ゴラン　8. パレスチナ解放機構（PLO）　9. アラファト　10. 石油戦略　11. サダト　12. エジプト=イスラエル平和　13. パフレヴィー2世　14. ホメイニ　15. サダム=フセイン　16. イラン=イラク　17. 新興工業経済地域（NIES）
問ⓐ　新自由主義　ⓑ　フォークランド戦争　ⓒ　シナイ

半島　ⓓ　第2次石油危機

❸ Exercise──第3次中東戦争

a　シナイ半島　b　ガザ地区　c　ゴラン高原　d　ヨ
ルダン川西岸　**人物.** サダト

(visual❶)ニクソン

(visual❷)ホメイニ

❷ 冷戦の終結 (p. 170〜171)

❶ デタントの終わりと「新冷戦」／ペレストロイカから東欧革命へ

1. エチオピア　2. カーター　3. アフガニスタン　4. レー
ガン　5. ブレジネフ　6. ゴルバチョフ　7. チョルノービ
リ(チェルノブイリ)　8. ペレストロイカ　9. グラスノス
チ　10. 中距離核戦力(INF)　11. 連帯　12. ワレサ
13. ベルリンの壁　14. チャウシェスク
問ⓐ　シナイ半島　ⓑ　新冷戦(第2次冷戦)　ⓒ　プラハ
の春

❷ 中国の動向と民主化の広がり／ソ連の崩壊と冷戦の終結

1. 鄧小平　2. 江沢民　3. 北朝鮮　4. 李登輝　5. アパルト
ヘイト　6. アフリカ民族会議(ANC)　7. マンデラ　8. ゴ
ルバチョフ　9. マルタ　10. 戦略兵器削減　11. ワルシャ
ワ条約機構　12. サダム＝フセイン　13. 湾岸　14. 多国籍
軍　15. バルト　16. エリツィン
問ⓐ　人民公社　ⓑ　天安門事件　ⓒ　ドイツ連邦共和国
ⓓ　CIS

❸ Exercise──第二次世界大戦後から20世紀末までの欧米主要国の首脳

ア. トルーマン　イ. ケネディ　ウ. ジョンソン　エ. ニ
クソン　オ. アトリー　カ. サッチャー　キ. ド＝ゴール
ク. フルシチョフ　ケ. ブレジネフ　コ. ゴルバチョフ

(visual❶)チョルノービリ(チェルノブイリ)

(visual❷)ベルリンの壁

(visual❸)鄧小平

❸ 今日の世界 (p. 172〜174)

❶ 旧社会主義圏の民族紛争／東アジアの動向

1. ティトー　2. クロアティア　3. ボスニア＝ヘルツェゴ
ヴィナ　4. コソヴォ　5. 北大西洋条約機構(NATO)
6. 鄧小平　7. 香港　8. マカオ　9. 新疆ウイグル　10. 金日
成　11. 金正日　12. 金正恩

問ⓐ　イスラーム教、カトリック、ギリシア正教　ⓑ　一
国二制度　ⓒ　金大中

❷ 東南アジア・南アジアの変化／アフリカ諸国の困難と経済成長

1. ドイモイ　2. アウン＝サン＝スー＝チー　3. ルワンダ
問ⓐ　ポル＝ポト　ⓑア. 九・三〇事件　イ. スカルノ

❸ 民族・地域紛争の動向

1. インティファーダ　2. アラファト　3. ラビン　4. パレ
スチナ暫定自治　5. ターリバーン　6. クルド　7. カシミ
ール
問ⓐア. ブレジネフ　イ. ゴルバチョフ

❹ 通商の自由化と地域統合の進展

1. GATT(関税および貿易に関する一般協定)　2. 世界貿
易機関(WTO)　3. マーストリヒト　4. ヨーロッパ連合
(EU)　5. ユーロ　6. 北米自由貿易協定(NAFTA)　7. ア
ジア太平洋経済協力(APEC)　8. アフリカ統一機構
(OAU)　9. アフリカ連合(AU)　10. アジア通貨危機
問ⓐ　NATO(北大西洋条約機構)　ⓑ　クリミア半島

❺ 同時多発テロと対テロ戦争／多極化と国際協力

1. 同時多発テロ　2. ブッシュ　3. アル＝カーイダ　4. タ
ーリバーン　5. フセイン　6. イラク　7. オバマ　8. トラ
ンプ　9. シリア　10. 習近平　11. 香港　12. プーチン
13. クリミア
問ⓐ　アラブの春　ⓑ　一帯一路　ⓒ　ブレグジット

❻ Exercise──おもな国際機構・地域統合

ア. アフリカ連合(AU)　イ. ヨーロッパ連合(EU)
ウ. 東南アジア諸国連合(ASEAN)　エ. 北米自由貿易協
定(NAFTA)

(geographic❶)A　スロヴェニア　B　クロアティア
C　ボスニア＝ヘルツェゴヴィナ　D　コソヴォ
(column❶)a　南京　b　第2次アヘン(アロー)
c　九竜
(challenge❶)帝国主義時代のアフリカ分割によって、リ
ベリアとエチオピアを除く地域がヨーロッパ列強の植民地
となり、人為的な国境線が引かれて民族が分断されるなど
したため。(76字)
(visual❶)アウン＝サン＝スー＝チー
(geographic❷)ア. エストニア　イ. ラトヴィア
ウ. リトアニア　エ. ベラルーシ　オ. ウクライナ

4　現代文明の諸相（p. 175）

1　科学技術の進歩と環境問題

1. アインシュタイン　2. ライト　3. スプートニク　4. アポロ11号　5. 地球サミット（環境と開発に関する国連会議）　6. 京都議定書

問ⓐア. スリーマイル島　イ. チョルノービリ（チェルノブイリ）　ウ. 福島第一原子力発電所　ⓑ　インターネット　ⓒ　SDGs

2　Exercise──現代思想・文化の動向／女性の平等化とジェンダー

ア. ニーチェ　イ. デューイ　ウ. ヴェーバー　エ. フロイト　オ. ピカソ　カ. 社会　キ. 文化多元　ク. フェミニズム　ケ. ジェンダー

....

（visual❶）アインシュタイン

....

合格へのトライ　世界史探究マスター問題集　解答

2023 年 12 月　初版発行

編　者　世界史探究マスター問題集編集委員会

発行者　野澤武史

印刷所　信毎書籍印刷株式会社

製本所　有限会社 穴口製本所

発行所　株式会社 山川出版社

　　　　〒 101-0047　東京都千代田区内神田 1-13-13
　　　　電話　03(3293)8131(営業)　8134(編集)
　　　　https://www.yamakawa.co.jp/

装　幀　水戸部功

ISBN978-4-634-03227-9　　　　　　　　　　　NYIZ0102